LA FENOMENOLOGÍA
DE LO SAGRADO

LA FENOMENOLOGÍA DE LO SAGRADO

FUNDAMENTOS PARA UNA FENOMENOLOGÍA RETROPROGRESIVA

LA FENOMENOLOGÍA DE LO SAGRADO
Fundamentos para una fenomenología retroprogresiva
por Prabhuji

Copyright © 2025
Segunda edición

Impreso en Round Top, Nueva York, Estados Unidos

Derechos Reservados. Queda prohibida la reproducción total o parcial de esta publicación, por cualquier medio o procedimiento, sin para ello contar con la autorización previa, expresa y por escrito del editor.

Publicado por Prabhuji Mission
Sitio: prabhuji.net

Avadhutashram
PO Box 900
Cairo, NY, 12413
USA

Pintura en la tapa por Prabhuji:
«La fenomenología de lo sagrado»
Acrílico en lienzo, Nueva York, 2022
Tamaño del lienzo: 12" x 36"

Library of Congress Control Number: 2024917101
ISBN-13: 978-1-945894-59-6

ÍNDICE

Prefacio 1
Introducción 5

Sección I: El Ser y el fenómeno

Capítulo 1: El fenómeno humano 19
Capítulo 2: El Ser como fenómeno 25
Bibliografía de la sección I 37

Sección II: La fenomenología y el simbolismo

Capítulo 3: La potencialidad y la actualización del Ser 41
Capítulo 4: De la fenomenología al simbolismo 53
Bibliografía de la sección II 57

Sección III: La fenomenología trascendental

Capítulo 5: Del escepticismo a la realización 61
Capítulo 6: El retorno al Ser de las cosas 69
Capítulo 7: La destrucción del concepto 77
Bibliografía de la sección III 91

Sección IV: La fenomenología de lo manifiesto y lo oculto

Capítulo 8: La fenomenología de lo no-manifiesto 95
Capítulo 9: Críticas a la filosofía trascendental 103
Capítulo 10: El misterio de la donación 109
Capítulo 11: La intencionalidad y el conocimiento 115
Capítulo 12: La percepción y la intuición según Husserl 131

Capítulo 13: La autodonación pura 147
Bibliografía de la sección IV 155

Sección V: La fenomenología de la revelación

Capítulo 14: La historia de la revelación religiosa 159
Capítulo 15: La revelación en la filosofía occidental según
San Agustín 169
Capítulo 16: La revelación según Schelling: un camino hacia
lo divino 185
Capítulo 17: La revelación según René Descartes 193
Capítulo 18: La importancia de la revelación divina según
Kierkegaard 219
Capítulo 19: Fundamentos fenomenológicos de la revelación
de lo sacro 229
Bibliografía de la sección V 239

Sección VI: De la fenomenología a la ontología

Capítulo 20: La exploración fenomenológica de la consciencia 243
Capítulo 21: El «giro ontológico» de Heidegger 261
Capítulo 22: El objeto de la fenomenología: de Husserl a Heidegger ... 273
Capítulo 23: El «giro teológico» en la fenomenología 289
Capítulo 24: El método como criterio fenomenológico 301
Capítulo 25: La fenomenología de lo oculto 311
Capítulo 26: La relacionalidad y el aparecer del Ser como lo sagrado ... 323
Bibliografía de la sección VI 337

Sección VII: De la ontología a la (pos)fenomenología

Capítulo 27: El fenómeno saturado 341
Capítulo 28: La manifestación divina 367
Capítulo 29: Manifestación y ocultamiento: fenómeno, tiempo y lenguaje 381
Bibliografía de la sección VII... 395

Sección VIII: La fenomenología del tiempo

Capítulo 30: Una genealogía del tiempo 399
Capítulo 31: El tiempo según Aristóteles... 403
Capítulo 32: El tiempo y la eternidad según San Agustín 415
Capítulo 33: El tiempo según Kant, Husserl y Heidegger 425
Capítulo 34: La trascendencia del tiempo..431
Capítulo 35: El arte de la espera... 441
Bibliografía de la sección VIII... 463

Sección IX: La fenomenología de lo sagrado

Capítulo 36: El fenómeno saturado desde la hermenéutica 467
Capítulo 37: La comprensión de lo sagrado desde Heidegger.............. 481
Capítulo 38: La intencionalidad en la revelación de lo sagrado 495
Capítulo 39: El rol del observador... 507
Bibliografía de la sección IX 515

Sección X: En la búsqueda de Dios

Capítulo 40: Ecos de Spinoza, Hegel y Schopenhauer acerca de Dios..519
Capítulo 41: Una travesía filosófica en la búsqueda de Dios................527
Bibliografía de la sección X 541

Sección XI: Hacia una Fenomenología Retroprogresiva

Capítulo 42: La inversión retroprogresiva 545

Capítulo 43: La luz y la consciencia: una exploración retroprogresiva .. 553

Apéndices

Sobre Prabhuji 571

El término Prabhuji por S. G. Swami Ramananda 583

El término *avadhūta* 585

Sobre la Misión Prabhuji 595

Sobre el Avadhutashram 599

El Sendero de Alineamiento Retroprogresivo 601

Prabhuji hoy 603

Libros por Prabhuji 607

ॐ अज्ञानतिमिरान्धस्य ज्ञानाञ्जनशलाकया ।
चक्षुरुन्मीलितं येन तस्मै श्रीगुरवे नमः ॥

oṁ ajñāna-timirāndhasya
jñānāñjana-śalākayā
cakṣur unmīlitaṁ yena
tasmai śrī-gurave namaḥ

Reverencias a ese santo Gurú que, aplicando el ungüento [medicina] del conocimiento [espiritual], elimina la oscuridad de la ignorancia de los cegados [no iluminados] y les abre los ojos.

Este libro está dedicado, con profundo agradecimiento y eterno respeto, a los santos pies de loto de mis amados maestros Su Divina Gracia Bhakti-kavi Atulānanda Ācārya Mahārāja (Gurudeva) y Su Divina Gracia Avadhūta Śrī Brahmānanda Bābājī Mahārāja (Guru Mahārāja).

Prefacio

La historia de mi vida es una odisea desde lo que creía ser, hasta lo que realmente soy... un peregrinaje, tanto interior como exterior. Una travesía desde lo personal a lo universal, desde lo parcial a lo total, desde lo ilusorio a lo real, desde lo aparente a lo verdadero. Un vuelo errante desde lo humano a lo divino.

Todo lo que al alba despierta, en el ocaso descansa; toda llama encendida, al fin se extingue. Solo lo que empieza, termina; solo lo que principia, finaliza. Pero lo que habita en el presente no nace ni muere, porque lo que carece de comienzo no perece jamás.

Como simple autobiográfico y relator de vivencias significativas, comparto mi historia íntima con los demás. Mi historia no es pública, sino profundamente privada e íntima. No pertenece al alboroto de la vida social, sino que es un suspiro guardado en lo más recóndito del alma.

Soy discípulo de veedores, seres iluminados, sombras del universo que son nadie y caminan en la muerte. Soy solo un capricho o quizás una broma del cielo y el único error de mis amados maestros espirituales. Fui iniciado en mi infancia espiritual por la luz de la luna, que me enseñó su luz y me compartió su ser. Mi musa era una gaviota que amaba volar más que cualquier otra cosa en la vida.

Enamorado de lo imposible, atravesé el universo obsesionado por el brillo de una estrella. Recorrí innumerables senderos, siguiendo las huellas y los vestigios de aquellos con la visión para descifrar lo oculto. Cual océano que anhela el agua, busqué mi hogar dentro de mi propia casa.

No pretendo ser guía, coach, profesor, instructor, educador, psicólogo, iluminador, pedagogo, evangelista, rabino, *posek halajá*, sanador, terapeuta, satsanguista, psíquico, líder, médium, salvador, gurú o autoridad de ninguna clase, ya sea espiritual o material. Me permito la osadía y el atrevimiento de no representar a nada ni a nadie más que a mí mismo. Soy solo un caminante a quien puedes preguntarle sobre la dirección que buscas. Con gusto te señalo un lugar donde todo se calma al llegar… más allá del sol y las estrellas, de tus deseos y anhelos, del tiempo y el espacio, de los conceptos y conclusiones y más allá de todo lo que crees ser o imaginas que serás.

Pinto suspiros, esperanzas, silencios, aspiraciones y melancolías… paisajes interiores y atardeceres del alma. Soy pintor de lo indescriptible, lo inexpresable, lo indefinible e inconfesable de nuestras profundidades… O quizás solo escribo colores y pinto palabras. Consciente del abismo que separa la revelación y las obras, vivo en un intento frustrado de expresar con fidelidad el misterio del espíritu.

Desde la infancia, ventanitas de papel cautivaron mi atención; a través de ellas recorrí lugares, conocí personas e hice amistades. Aquellas mándalas diminutas han sido mi verdadera escuela primaria, mi escuela secundaria y mi universidad. Cual avezados maestros, esas *yantras* me han guiado a través de la contemplación, la atención, la concentración, la observación y la meditación.

Al igual que un médico estudia el organismo humano, o un abogado estudia leyes, he dedicado mi vida al estudio de mí mismo. Puedo decir con certeza que sé lo que reside y vive en este corazón.

Mi propósito no es persuadir a otros. No es mi intención convencer a nadie de nada. No ofrezco ninguna teología o filosofía, ni predico o enseño, sino que solo pienso en voz alta. El eco de estas palabras puede conducir a ese infinito espacio donde todo es paz, silencio, amor, existencia, consciencia y dicha absoluta.

No me busques a mí. Búscate a ti. No me necesitas a mí ni a nadie, porque lo único que realmente importa eres tú. Lo que anhelas yace en ti, como lo que eres, aquí y ahora.

No soy un mercader de información repetida, ni pretendo hacer negocios con mi espiritualidad. No enseño creencias ni filosofías. Solo hablo de lo que veo y únicamente comparto lo que sé.

Escapa de la fama, porque la verdadera gloria no se basa en la opinión pública, sino en lo que eres en realidad. Lo importante no es lo que otros piensen de ti, sino tu propia apreciación acerca de quién eres.

Elige la dicha en vez del éxito, la vida en lugar de la reputación, la sabiduría por encima de la información. Si tienes éxito, no conocerás solo la admiración, sino también los verdaderos celos. La envidia es el tributo de la mediocridad al talento y una aceptación abierta de inferioridad.

Te aconsejo volar libremente y jamás temer equivocarte. Aprende el arte de transformar tus errores en lecciones. Jamás culpes a otros de tus faltas: recuerda que asumir la completa responsabilidad de tu vida es un signo de madurez. Volando aprendes que lo importante no es tocar el cielo, sino poseer el valor para desplegar tus alas. Cuanto más alto te eleves, el mundo te parecerá más graciosamente pequeño e insignificante. Caminando, tarde o temprano comprenderás que toda búsqueda comienza y finaliza en ti.

Tu bienqueriente incondicional,

Introducción

Fenomenología: consciencia y fenómeno

La fenomenología, definida como la ciencia que se dedica al estudio de los fenómenos en su manifestación inmediata, constituye un pilar fundamental en la investigación filosófica contemporánea. Este estudio, de carácter histórico y conceptual, se despliega como un vasto panorama que ha ejercido un notable impacto en el pensamiento filosófico hasta la actualidad. Esta travesía intelectual tiene sus cimientos en los siglos XVIII y XIX, más concretamente en la obra de Immanuel Kant, y se extiende hasta consolidarse como corriente filosófica predominante durante el siglo XX. Kant fue el primero en delinear el marco para investigar los fenómenos tal como se revelan a nuestra consciencia. Resaltó la relevancia de explorar las condiciones que hacen posible la experiencia misma. Desarrollando esta línea de pensamiento, Edmund Husserl, conocido como el progenitor de la fenomenología, instauró un enfoque metodológico detallado para el escrutinio de las experiencias conscientes. Se esforzó por caracterizar de manera auténtica los seres que se manifiestan en la consciencia. Bajo el eslogan filosófico de «ir a las cosas mismas» (*die Sachen Selbst*) que transpira ya en su libro *Investigaciones lógicas* como respuesta a la filosofía kantiana, y más aún neokantiana, Husserl jugó un papel crucial en el desarrollo de la fenomenología, especialmente notable en obras como *Ideas relativas a una fenomenología pura y una filosofía fenomenológica*. Husserl definió la fenomenología como la disciplina dedicada al estudio de las esencias mediante la intuición eidética y la ejecución de la reducción fenomenológica. Este proceso implica poner entre paréntesis los prejuicios acerca de la existencia objetiva de los fenómenos, eso es, las cosas-mismas, para enfocarse en su aparición ante la consciencia.

Martin Heidegger, discípulo de Husserl, llevó la fenomenología más allá, hacia el terreno de la ontología fundamental. En su obra cumbre, *Ser y Tiempo*, Heidegger se sumerge en el análisis del ser humano (*Dasein*) y su vínculo con el Ser de manera más amplia, introduciendo conceptos como la «angustia» y el «ser-para-la-muerte», que identifica como aspectos esenciales del existir humano.

Más tarde, Merleau-Ponty enriqueció la fenomenología con su enfoque en la percepción y la corporalidad. Su principal trabajo, *Fenomenología de la percepción*, sostiene que nuestro cuerpo no actúa meramente como un objeto más en el mundo, sino como el eje central a través del cual el mundo se nos hace accesible. Dicho de otro modo, la consciencia es consciencia encarnada y los fenómenos son fenómenos de una consciencia que late corpóreamente. A raíz de la propuesta fenomenológica de Merleau-Ponty, Jean-Paul Sartre integra la fenomenología con el existencialismo, poniendo énfasis en conceptos como libertad, decisión y subjetividad individual. En *El ser y la nada*, Sartre profundiza en la importancia de la nada para entender la consciencia y la existencia humana. Paralelamente, Emanuel Levinas, discípulo tanto de Husserl como Heidegger en su juventud, dio un paso más en el campo de la fenomenología, alejándola de la epistemología husserliana y la ontología heideggeriana. En cambio, él sitúa el origen de toda experiencia en «lo ético» y en «lo absolutamente Otro».

Estos enfoques a la fenomenología han tenido una influencia significativa y se han entrelazado con múltiples corrientes filosóficas, entre ellas, la hermenéutica, la deconstrucción y la filosofía de la mente. Pensadores como Gadamer y Derrida han extendido todavía más las fronteras de la fenomenología, indagando en la intersección entre fenomenología, hermenéutica y estructura textual. En parte gracias a estos diferentes procesos e intersecciones con otras escuelas de pensamiento, la fenomenología sigue inmersa en un proceso de evolución. Aborda desafíos filosóficos en ética, política, psicología y ciencias cognitivas, lo que demuestra su pertinencia y versatilidad frente a diversos contextos.

Salvando las diferencias, o a veces incluso las grietas, entre los diferentes fenomenólogos y sus líneas de investigación, la trayectoria genealógica de la fenomenología evidencia un esfuerzo persistente por dilucidar la dinámica entre la consciencia y el mundo. Resalta el papel esencial de la experiencia inmediata en la formación de sentido y conocimiento. Como ya hemos avanzado, la fenomenología se enfoca en el análisis de cómo los fenómenos se presentan o emergen en la consciencia. Da prioridad a la observación de su aparición en los confines de su realidad aparente. Según este enfoque, la comprensión de cualquier fenómeno está inherentemente limitada al ámbito en el que se hace evidente a la consciencia. Por eso, en primer lugar, es importante que exploremos brevemente la genealogía histórica del concepto de «consciencia». Su trayectoria comienza en los albores de la reflexión filosófica y continúa hasta nuestros días.

En los orígenes del pensamiento occidental, no será hasta la aparición del cristianismo que el latín empleará el término *conscientia* con los significados que hoy reconocemos. Con anterioridad a eso, dentro de la filosofía antigua griega no se identifica el uso de ningún término directamente equivalente al actual concepto de consciencia, ya sea entendida como consciencia (epistemológica) o como conciencia (moral). No obstante, los fundamentos de la autoexploración y la ética personal ya se vislumbran en las reflexiones de figuras como Platón y Aristóteles. Platón, mediante su emblemática «alegoría de la caverna», esboza una versión inicial de la consciencia caracterizada por el despertar al conocimiento y la aspiración hacia la Verdad. Más tarde, ya en el período helenístico, las doctrinas estoicas y epicúreas contribuyen significativamente a la comprensión de una dimensión moral intrínseca al Ser. Los estoicos introducen el concepto de *syneidēsis*, implicando una conciencia moral y autoconsciencia, en contraste con el énfasis que los epicúreos pusieron en la reflexión interna y la soberanía emocional.

En el cristianismo temprano, el término *conscientia* emerge de la mano de San Agustín y otros teólogos para describir la imbricación de la divinidad en el alma humana, marcando una guía moral y un conocimiento introspectivo. Agustín concretamente resalta la consciencia como un diálogo interno y la presencia divina orientadora. La era medieval y el esquema escolástico profundizan el estudio de esta consciencia, con figuras como Tomás de Aquino, que diferenció entre *synderesis*, una aprehensión innata de los principios éticos, y *conscientia*, el razonamiento aplicado a contextos morales concretos.

Siglos más tarde, la modernidad introduce una expansión conceptual significativa de la consciencia a través del trabajo de pensadores como René Descartes y John Locke. Ellos vincularon la consciencia con la introspección y el proceso cognitivo individual. Mientras que Descartes posiciona la consciencia en el núcleo de la existencia con su *cogito, ergo sum*, Locke la conceptualiza como el entendimiento de los procesos mentales personales.

En el siglo XIX y con el surgimiento del psicoanálisis, figuras como Friedrich Nietzsche y Sigmund Freud complejizan la noción de consciencia, explorando las capas subyacentes de la psique y estableciendo la dicotomía entre con(s)ciencia e incon(s)ciencia, transformando radicalmente la percepción de la mente. En el siglo XX y la filosofía contemporánea, autores como Jean-Paul Sartre y Maurice Merleau-Ponty examinan la consciencia desde perspectivas existencialistas y fenomenológicas, resaltando su importancia en la construcción de la experiencia, la libertad y la subjetividad.

Como podemos ver en este recuento, el término latín *conscientia* da lugar a una doble acepción en la lengua castellana: «conciencia» y «consciencia». Conciencia hace referencia a la capacidad de distinguir entre el bien y el mal en el plano de la moralidad. Consciencia generalmente se refiere a la facultad que permite a los seres humanos y a diversas formas de vida discernir su propia existencia, así como la complejidad de su contexto; se manifiesta en la capacidad para vivenciar internamente percepciones, sensaciones, pensamientos y sentimientos de una forma profundamente personal. Se distingue por varios atributos fundamentales: el reconocimiento de uno mismo, la habilidad para captar estímulos a través de los sentidos, el proceso de pensamiento, la experiencia íntima de fenómenos (aspecto fenomenológico) y la facultad para decidir libremente.

Abordado desde múltiples campos del saber cómo la filosofía, la psicología y las neurociencias, el estudio de la consciencia es un terreno fértil para discusiones apasionadas acerca de su esencia y sus cimientos. Es uno de los temas más provocativos y enigmáticos en el discurso académico contemporáneo. Este entramado conceptual no solo ilustra la riqueza de la consciencia, sino que también subraya la diversidad de enfoques y perspectivas que intentan desentrañar su misterio. Durante los años recientes, la investigación sobre la consciencia ha experimentado notables progresos, impulsada en gran medida por los avances en neurociencia y psicología cognitiva. Científicos de la talla de Antonio Damasio y Daniel Dennett han profundizado en el estudio de la relación entre la actividad neuronal y la experiencia consciente. Paralelamente, la «Teoría de la Información Integrada de la Consciencia», formulada por Giulio Tononi, ofrece un enfoque novedoso para comprender la consciencia, interpretándola a través del prisma del procesamiento y la integración de información. Nuestra propia definición es que la consciencia es la fuente de donde toda vivencia surge, el dónde metafísico donde estas ocurren y la sustancia de toda experiencia.

Ahora exploremos la evolución filosófica del término «fenómeno», cuya diversidad y riqueza atraviesa diversos períodos filosóficos. En la era antigua, Platón y Aristóteles diferenciaban entre las percepciones sensoriales y las formas o esencias subyacentes, pero no emplearon el término «fenómeno» en su acepción contemporánea. Para ellos, los fenómenos equivaldrían a nuestras experiencias sensoriales directas. Durante el período medieval, este término no jugó un papel central. Cuestiones teológicas y de revelaciones divinas predominaban sobre la observación empírica del mundo. En el Renacimiento y la modernidad, René Descartes llamó «fenómeno» a lo aparente y sensorial, aunque no en un marco filosófico completamente desarrollado. Fue Immanuel Kant quien introdujo una distinción crucial, definiendo los fenómenos como lo que experimentamos, opuesto a los nóumena, o 'cosas en sí' (*dinge an sich*), inaccesibles a nuestra percepción directa. En virtud de esta distinción entre fenómeno y nóumeno, Kant sostuvo que solo los fenómenos son accesibles al conocimiento humano. Más tarde, en el siglo XIX, Hegel define fenomenología como el estudio del progreso de la consciencia y el espíritu históricamente, divergiendo así de la concepción kantiana. Luego, Edmund Husserl reorientó el término al centro de su pensamiento filosófico, llevándolo a definir la fenomenología como el análisis de los fenómenos en la consciencia, abstrayéndose de su existencia «objetiva». En el siglo XX, Heidegger y Sartre expandieron la fenomenología husserliana. Heidegger consideró los fenómenos como aquello que se revela en la experiencia. En la filosofía analítica, por otro lado, «fenómeno» se asocia más con su uso científico, refiriéndose a datos empíricos y observaciones. Actualmente, «fenómeno» abarca tanto el sentido fenomenológico como el empírico. En la filosofía continental, como suele llamársele para diferenciarla de la corriente analítica, el término en cuestión frecuentemente retiene connotaciones husserlianas o heideggerianas, mientras que, en el lenguaje general y la ciencia, se refiere a cualquier suceso observable.

Luego de este exponer el contexto histórico y etimológico del término «fenómeno», quisiera dar nuestra propia definición: es la capacidad de los entes de mostrarse. Eso es, cada fenómeno siempre se revela ante alguien, ya que una revelación sin un receptor sería inconcebible. El fenómeno se manifiesta ante la percepción de la consciencia. De este modo, el fenómeno y la consciencia son las dos facetas que conectan el objeto de observación y el observador. El papel del objeto consiste en manifestarse, mientras que el observador asume la tarea de interpretar aquello que se le revela. No obstante, en fenomenología, la distinción tradicional entre observador como entidad pasiva y objeto como entidad activa se disuelve. En su lugar, se produce una interacción recíproca entre observador y objeto, que puede ser descrita como reducción fenomenológica. En este proceso, la noción de un observador autónomo y de un objeto aislado cede lugar al concepto de fenómeno. En estos espacios de encuentro y diálogo entre observador y objeto, que Nietzsche denominaría «los pasillos», ambos pierden su carácter unilateral para interactuar.

Por lo tanto, entendemos la fenomenología como el planteamiento filosófico que se centra en examinar cómo se manifiestan estos fenómenos a la consciencia, enfatizando que un análisis exhaustivo solo es factible dentro de los límites de su presentación directa.

En este contexto, cualquier inferencia que vaya más allá de lo que es explícitamente revelado por el fenómeno se considerará especulativa. Por ende, lo que no es revelado inmediatamente por el fenómeno queda fuera del ámbito de estudio fenomenológico. Es esencial comprender que el proceso mediante el cual los fenómenos se revelan y se donan a la consciencia constituye un elemento clave de su manifestación. Este proceso no depende de los sentidos. Aunque percibimos mediante nuestros sentidos, no podemos afirmar con certeza que los objetos percibidos posean una existencia auténtica e independiente más allá de la consciencia o, lo que es lo mismo, de su comprensión en la consciencia. En última instancia, la realidad de la cosa observada permanece indemostrable. En palabras de Descartes: «algunas veces he comprobado que esos sentidos eran engañadores».[1] Nuestra labor, por tanto, como fenomenólogos, se centra en describir lo manifestado, independientemente de si nuestra percepción ocurre en un sueño o en estado de vigilia, o incluso si se trata de un acto de la imaginación o un producto de nuestra fantasía; lo crucial es que no podemos afirmar con certeza la naturaleza de lo que percibimos.

Al describir fenómenos, tanto si estos se presenten en sueños como en la vigilia, nuestro enfoque no se detiene en validar su veracidad o en investigar si se basan en hechos reales. Ser fenomenólogo implica dedicarse a relatar lo que se presenta en esta «película» de la experiencia, evitando cuestionar su realidad o adentrarse en debates metafísicos. El compromiso está en narrar los eventos tal como se despliegan ante nosotros. Si al observar un árbol empezamos a especular sobre su existencia real, nos desviamos del camino fenomenológico para adentrarnos en la metafísica. La fenomenología nos insta a permanecer fieles a la descripción de la experiencia inmediata, sin entrelazarla con interrogantes sobre la realidad última de lo observado. Esta decisión metodológica distingue la fenomenología de otros enfoques filosóficos. No es un mero capricho, sino una necesidad filosófica con la cual se pretende

---

1. René Descartes, *Obras filosóficas*, vol. I, Primera Meditación, trad. de Manuel García Morente, ed. y est. introd. de Cirilo Flórez Miguel (Madrid: Gredos, 2011), 166.

no dar por sentada la existencia real o física de lo observado, imaginado o soñado. Husserl sostiene que la fenomenología no puede dar nada por sentado, y esto incluye considerar que los objetos tienen su propia existencia antes de que los experimentemos. De lo contrario, como advierte Husserl, estaríamos basando nuestra investigación en una «actitud natural», es decir, en prejuicios y suposiciones que nublan tanto nuestra investigación como nuestra comprensión de la realidad y del ser humano. La fenomenología husserliana llamó «la reducción fenomenológica», o *epojé*, a excluir de nuestra investigación la dimensión real e independiente del objeto. Mediante la *epojé*, suspendemos todo juicio en torno a la preexistencia de la esencia sobre la existencia, o sobre si el Ser equivale a la esencia, que son cuestiones filosóficas que ocuparon a pensadores como Avicena, Duns Scotus, Santo Tomás de Aquino y Suárez.

Por este motivo, planteamos una fenomenología trascendental que no se ocupa de la naturaleza de lo que se revela, sino de la revelación misma. Como corolario de esta aproximación, la fenomenología, de la mano de Husserl, se concibe como la metodología que pone todo el énfasis en la importancia de la aparición de los fenómenos ante la consciencia. Este es un marco analítico-descriptivo robusto para comprender la experiencia humana. Este enfoque permite explorar la realidad de forma más directa y esclarecedora, destacando que la esencia de todo ser o entidad solo se aprehende dentro del contexto específico de su autorrevelación, sin ser presupuesta de antemano. La fenomenología se centra exclusivamente en cómo las cosas se presentan ante la consciencia y para la consciencia, dejando de lado la indagación sobre la esencia última de las cosas en sí mismas. En este marco, y ahora ya en terminología fenomenológica, podemos definir el fenómeno como «la relación entre el sujeto y el objeto mediante la aparición (*phainómenon*)». En la percepción inmediata es un objeto-que-aparece-a-la-consciencia y luego un objeto-de-la-consciencia. En este sentido, podemos decir que la tarea fenomenológica se limita a documentar y narrar los fenómenos tal como emergen en la experiencia cotidiana, manifestándose a la consciencia, sin adentrarse en otros tipos de interrogantes.

INTRODUCCIÓN

De la fenomenología de consciencia a la fenomenología de lo sagrado

La obra *La idea de la fenomenología*, recopila cinco lecciones que Husserl impartió en 1907. Marcó su primera exposición pública sobre fenomenología, ofreciendo una exploración incisiva de cómo los fenómenos se revelan en la consciencia humana. Este libro constituye un hito que describe la fenomenología como método y postura filosófica única. En obras anteriores como *Investigaciones lógicas*, Husserl utilizó la fenomenología como un método descriptivo para analizar las experiencias intencionales, más que como un campo de estudio claramente definido. Esta metodología implicaba una descomposición minuciosa y una descripción detallada de las experiencias, tratándolas como unidades fundamentales de análisis.

La evolución intelectual de Husserl lo llevó hacia una comprensión más profunda y filosóficamente integrada de la fenomenología. Posteriormente a las *Investigaciones lógicas*, Husserl pasó de ver la fenomenología como una mera psicología descriptiva a considerarla un componente esencial en la arquitectura de la filosofía. Este cambio no solo estaba dirigido a resolver problemas específicos del conocimiento, sino a redefinir y revitalizar la noción misma de la ciencia filosófica. Husserl inicia su discurso evitando cuestionamientos sobre la naturaleza del Ser, la esencia, la existencia o las causas del universo, centrándose en la descripción de las cosas tal como se presentan ante nosotros. En etapas posteriores de su obra, abordó interrogantes más filosóficos, aproximándose a cuestiones metafísicas, aunque siempre manteniendo el foco en lo que efectivamente se manifiesta. La labor del fenomenólogo, en este sentido, podría equipararse a la observación de una pintura neorrealista, donde se describe la técnica y el resultado visual sin adentrarse inicialmente en interrogantes sobre la esencia del arte. Más adelante, profundizó en estos otros cuestionamientos filosóficos que, entendidos según este ejemplo, equivaldrían a reflexionar en qué constituye el arte, si cualquier obra pintada puede ser considerada arte, cómo se define el arte y cuál es su relación con la ética.

Este cambio refleja una evolución en el pensamiento de Husserl, desde una aproximación descriptiva y directa de los fenómenos tal como se presentan, hacia un análisis más profundo que, sin abandonar el marco fenomenológico, se permite explorar las implicaciones filosóficas de estos fenómenos dentro de los límites en que se manifiestan. Así, el segundo y tercer Husserl desarrollan planteamientos más complejos, analizando los fenómenos con una profundidad mayor, siempre en el contexto de su aparición a la consciencia. Durante esta fase de introspección y evolución de sus conceptos, Husserl empezó a considerar la crítica de la razón como un pilar esencial para la validación tanto de sus contribuciones previas como de su proyecto filosófico en curso. Esta reorientación situó a la fenomenología firmemente como una disciplina crítica, dedicada a la reflexión racional y al autoanálisis filosófico.

Esta breve exposición sobre los aspectos más básicos de la fenomenología de Husserl servirá de punto de partida para el presente estudio. En los siguientes capítulos, analizaremos las contribuciones de otros autores principales, especialmente Heidegger, Marion y Henry. Con ellos mostraremos cómo evoluciona la fenomenología, desde la posición más clásica de Husserl, pasando por la ontología fenomenológica de Heidegger hasta lo que hemos llamado la (pos) fenomenología de Henry y Marion. Esta evolución nos mostrará cómo la fenomenología empieza siendo un estudio de cómo los fenómenos se aparecen en la consciencia de manera clara y sin dogmatismos, pasa a ser una investigación ontológica sobre el Ser, y, por último, reemerge como un estudio de la revelación y lo sagrado. En este proceso, la fenomenología supera la exploración de la consciencia y el fenómeno e incluso del Ser como tal, para sumergirse en la revelación, que es aquello que acontece y desborda la aparición de cualquier objeto en la consciencia humana.

Principalmente, este estudio mostrará cómo el propio desarrollo de la fenomenología—como filosofía y como método—contribuye a delinear, definir e iluminar lo que significa ser humano. En un primer momento, el ser humano es concebido como una consciencia subjetiva trascendental, una presencia que conoce el mundo. Posteriormente, este ser humano se convierte en un ser-en-el-mundo, alguien que se correlaciona con el Ser incluso antes de pensar al Ser o al mundo. Finalmente, el ser humano emerge como testigo de la revelación de lo sagrado. La introducción de la revelación y de lo sagrado no responde a un mero capricho, sino que constituye una necesidad filosófica—una que permite abordar la religión sin dogma, y que así abre la puerta a las profundidades más íntimas del espíritu humano.

La Fenomenología Retroprogresiva

Nuestros dos temas fundamentales, la fenomenología y lo sagrado, nos conducen a una formulación preliminar de la Fenomenología Retroprogresiva. Esta nueva corriente de pensamiento, enraizada en la tradición fenomenológica, emplea la noción de lo sagrado como medio para expandir el horizonte de toda experiencia. En este proceso, se trascienden los límites tradicionales de la percepción y la intuición visual, así como los marcos establecidos de conocimiento y comprensión que comúnmente acompañan estas facultades. La Fenomenología Retroprogresiva observa el fenómeno de lo sagrado a través de la metáfora de la luz (del griego *phos*, que es también la raíz etimológica de *fainómena*, fenómeno). La luz no es simplemente un agente de visibilidad, sino una clave fundamental para investigar la cuestión del Ser. El Ser, en este contexto, se entiende como la luz originaria que hace posible toda forma de percepción y cognición. Aunque esta luz ilumina el horizonte del entendimiento, sigue siendo opaca e inaccesible en su esencia última. Este planteamiento fenomenológico busca superar las formas ordinarias de percepción. Utiliza una nueva concepción del significado que no depende de los canales convencionales del lenguaje, los sentidos ni el intelecto. El sentido aquí propuesto surge directamente de lo sagrado, entendido como una irradiación de la luz primordial, a la que la consciencia se abre en un acto de receptividad y revelación. Esta nueva perspectiva transforma nuestra relación con el mundo, al revelar que la auténtica naturaleza de la existencia no es una entidad pasiva, sino un proceso profundamente dinámico, en el cual la consciencia y la luz se entrelazan en la revelación del Ser. Esto nos revelará una nueva realidad. Todo lo que nos rodea, lejos de ser una colección de objetos inertes, está dotado de vida y, en su núcleo más íntimo, es pura consciencia luminosa.

Sección I

El Ser y el fenómeno

Capítulo 1

El fenómeno humano

Aspectos fundamentales de la fenomenología

Como hemos avanzado en la introducción, la fenomenología se define como la ciencia que aborda el estudio de los fenómenos tal como se despliegan en la consciencia, enfatizando que su análisis solo es fenomenológicamente posible en el contexto de su manifestación. La premisa central en su metodología es que las conclusiones solo pueden derivarse de lo que se revela intrínsecamente en el fenómeno mismo. En este marco teórico, se sostiene que las inferencias no deben sobrepasar lo que es evidente y se desvela en el fenómeno mismo. Es decir, es inviable postular cualquier aserto que no se haya evidenciado en la manifestación fenomenológica.

La fenomenología, entendida como la «ciencia de los fenómenos» que se consagra al análisis y escrutinio de los fenómenos en la forma en que estos se presentan a la consciencia, se ocupará eminentemente del ser de lo que se da en la consciencia, pero en tanto que se da en la consciencia y no como una esencia previa a su donación.[2] Por eso, como principio rector, se sostiene que, aunque el Ser se manifieste de innumerables formas, solo podrá ser comprendido y estudiado dentro de los límites en los que se presenta, aparece o se da en la consciencia. Este enfoque resalta la relevancia de la presentación de los fenómenos en la consciencia como el único marco para comprender la experiencia humana a través de una perspectiva más inmediata y esclarecedora.

---

2. John Panteleimon Manoussakis and Neal DeRoo, eds., *Phenomenology and Eschatology: Not Yet in the Now* (Farnham: Ashgate Publishing Limited, 2009), 155. Traducción propia.

Nos referiremos a los fenómenos en términos de «vivencias» en lugar de «experiencias». La experiencia podría reducirse a aspectos sensoriales. En cambio, la vivencia también implica ser consciente-de-algo y le acontece al ser humano en su totalidad, abarcando todo su ser. Por ejemplo, para describir fenomenológicamente la angustia, el miedo, la alegría, la libertad o la depresión, evitaremos involucrarnos en cuestionamientos metafísicos. Nos basaremos únicamente en las estructuras cognitivas que acogen y moldean la vivencia subjetiva y las operaciones involucradas en la manifestación y absorción de fenómenos por la consciencia.

Para ello, y especialmente en su vertiente filosófica, la fenomenología ostenta una metodología que el mismo Husserl bautizó con el término *epojé* (ἐποχή), o 'reducción fenomenológica'. Para usar la *epojé*, el fenomenólogo debe suspender todo juicio acerca de la objetividad de la realidad para permitir que el objeto emerja simplemente como objeto de la consciencia. Esta estrategia metodológica permite que la consciencia y sus objetos se nos revelen como estructura elemental de toda experiencia con el fin de poder investigarla y describir cómo es posible la experiencia y el conocimiento humano más allá de cualquier relación mente-objeto anclada en una mera dinámica de causa-efecto. Este planteamiento filosófico y metodológico, forjado tanto por Husserl y posteriormente refinado y reinterpretado por Heidegger, dejó huellas indelebles en el pensamiento del siglo XX, especialmente por la receptividad de sus postulados en el ámbito académico francés.

En este marco, es pertinente destacar contribuciones de figuras intelectuales tales como Maurice Merleau-Ponty, Emmanuel Levinas, Jean-Paul Sartre y Jean-Luc Marion quienes, si bien en un principio acogieron los postulados fundamentales de la fenomenología de Husserl y Heidegger, posteriormente también supieron redibujarlos hasta el punto de contribuir activamente a renovarlos. Con el transcurrir del tiempo, diversas disciplinas como la epistemología, la hermenéutica, la pedagogía, ciertas expresiones artísticas y las ciencias sociales, e incluso algunas ciencias exactas, han convergido hacia la fenomenología. Más aún, ha penetrado también la religión y ya se hacen estudios en el campo de la fenomenología de la religión, con el fin de describir la vivencia religiosa.

Etimológicamente hablando, la palabra *fenomenología* está compuesta del griego *phainómenon* (φαινόμενον), o 'fenómeno', y del término *logos* que es traducido como 'ciencia' o 'estudio'. De aquí que la fenomenología sea entendida como el estudio o ciencia de los fenómenos. *Phainómenon* tiene su origen en la partícula gramatical *phós*, que significa 'luz'. El fenómeno es, así pues, «lo que se da a la luz», «el aparecer» o «lo que se muestra». En su obra magna *Ser y Tiempo*, Heidegger sostiene que, por su origen etimológico, el fenómeno debe ser comprendido como «el mostrarse en sí mismo» o en su «eseidad», y no por relación analógica. En una relación analógica hacemos inteligible un ente a través de otro.[3]

Bajo este precepto, y como ejemplo, la fenomenología propone describir a una persona sin aludir a lo que comparte con otras. Lo compartido describe su aspecto como humanidad, pero no su particularidad. Por ejemplo, cuando digo «yo vi morir a Horacio y a Pablo, y deduzco que Daniel y Sergio también morirán», creo conocer a una persona por lo que posee en común con otros. Pero de esta manera, no conoceré lo más propio del ser de una persona, si no que mi conocimiento se verá reducido a aquello que comparte con todos los seres humanos. Por eso, podemos afirmar que la fenomenología nace precisamente como una crítica al método analógico, que al afirmar que, si Pablo murió, Daniel y Sergio también morirán, lleva a generalizar que todos los seres humanos son mortales, introduciéndonos en cuestiones metafísicas sobre la mortalidad y el significado de la vida.

Este salto a la generalidad es precisamente lo que la fenomenología busca evitar, esforzándose por mantenerse enfocada en el fenómeno específico, sin desviar la atención de este. Siguiendo a Duns Scotus, Heidegger hace referencia a una haecceidad, eso es, una esencia formal del individuo concreto, una «estidad» que se debe mostrar a sí misma y no a través de otro. En este sentido, y parafraseando

---

3. Martin Heidegger, *Ser y Tiempo*, trad. José Gaos (México: Fondo de Cultura Económica, 1951; reedición, 2022), 41 (§7).

a Duns Scotus, la haecceidad es precisamente lo que hace que una entidad dada sea individual, es decir, que sea «este individuo y no otro».[4] Sin embargo, no deberemos reducir esta haecceidad a la materia, como defiende Santo Tomás, ni tampoco a la forma, como últimos determinantes, ya que ninguna de estas dos puede singularizar una entidad.

La haecceidad, así pues, es lo que podríamos denominar la realidad última de la cosa individuada. La analogía y el concepto también se muestran estériles para captar dicha «estidad». El concepto solo piensa lo universal o abstracto y el ser humano es un ser concreto e individuado. Aunque los seres humanos son, sin duda, seres vivos, racionales y políticos, conceptualizarlos es, por defecto, referirse a todos ellos y no a uno en particular. La fenomenología desea sacar a la luz precisamente su haecceidad. La generalidad, por medio de la analogía o la conceptualización, impiden que el ser como haecceidad, como fenómeno, pueda mostrarse en su esencial individuación. En este libro exploraremos qué recurso permitirá que el fenómeno se desvele como tal, sin analogías ni conceptos que lo desvirtúen y oculten su seidad.

El símbolo y la haecceidad del fenómeno

Avanzamos aquí la propuesta de que solo podremos permitir el desvelamiento y describir la mismidad del fenómeno mediante el símbolo. El símbolo incluye una historia, biografía, perfume, sabor, textura, imagen y todo lo concreto que permite al fenómeno manifestarse en su mismidad, sin recurrir a abstracciones ni generalidades. Para explicar aquí la necesidad del símbolo, recurrimos a la distinción entre lo que llamamos la esencia universal y la esencia individual.

Por un lado, la esencia universal es aquella que compartimos todos los de una misma especie, pero en la cual —como ya hemos visto— no se resuelve la haecceidad. La haecceidad, o la cualidad única de

---

4. Philip Tonner, "*Haecceitas and the Question of Being: Heidegger and Duns Scotus*," KRITIKE: An Online Journal of Philosophy 2, no. 2 (December 2008): 153. Traducción propia.

ser uno mismo, no se encuentra en conceptos abstractos o generales, sino en la esencia singular, en la «estidad» de cada individuo. El símbolo, por su parte, posee una dimensión universal y otra singular; por un lado, la universal correspondería a lo que la fenomenología entiende como la «imagen» (y que en el campo de la metafísica se ha llamado la «forma»), mientras que la singular sería la carga interpretativa que dicha imagen posee para cada individuo. En ese sentido, la existencia individuada cabe en el símbolo porque este implica una manera de apropiarse de esa imagen. Eso es, el ser individual y concreto se apropia de esa imagen a la manera que le cabe a su historia y a su existencia, sin que dicha apropiación corrompa su seidad.

No obstante, existe el riesgo de transforma el símbolo en concepto, cuando imponemos nuestra manera de apropiarnos del símbolo en la única valida y lo convertimos en una regla. En la estrategia del poder pastoral, por ejemplo, se crea un canon para declarar que quien no se apropie del símbolo de esta manera específica estará cometiendo herejía y, por tanto, será señalado como blasfemo. Obviamente, esa no es una estrategia para la verdad sino para el ejercicio del poder, que consiste en excluir a todo aquel que no se apropie del símbolo como la ortodoxia establece. Cuando ocurre eso, individuo se ve obligado a crear una metodología precisa que le permita apropiarse del símbolo según lo impuesto, y no como se presentó ante su propia consciencia. El problema al conceptualizar un símbolo es que se absolutiza una particularidad, olvidando que el símbolo es, ante todo, una biografía. Esa biografía es dinámica, porque está viva y continúa sucediendo. Al universalizar una imagen, se excluyen muchas otras experiencias vinculadas esa imagen. Este es un intento de totalizar la experiencia del Ser, que no se presta a totalizaciones.

Es improbable que alguien se sienta identificado con la descripción «animal racional y político». Aunque esta definición clásica del ser humano está enraizada en la tradición filosófica, excluye la singularidad y la complejidad de la vivencia individual. Por el contrario, componer una canción o pintar un retrato que resalte los atributos únicos de una persona puede resonar más íntimamente con su sentido de identidad. Al detallar características personales específicas y experiencias vividas, estas obras artísticas ofrecen una representación que muchos podrían considerar más fiel a la esencia de cada individuo. Así, el arte se asocia con el ámbito de los símbolos, capaz de evocar y comunicar aspectos profundos de la experiencia humana, mientras que las definiciones conceptuales se alinean con la metafísica. Al abordar la realidad desde una perspectiva universal y teórica, la seidad individual se escurre como agua que cae sobre un puño cerrado.

Sin embargo, algo concreto tiene la capacidad de revelarse en su propia esencia y fenomenalidad mediante símbolos. El símbolo permite la revelación a través de otro medio. Por ejemplo, un ser humano particular, puede ofrecer una ventana hacia su singularidad y esencia mediante expresiones como poemas, pinturas y libros. Esta misma idea aparece claramente delineada en el Nuevo Testamento, donde leemos:

> Jesús le dijo: «¿Tanto tiempo he estado con vosotros, y todavía no me conoces, Felipe? El que me ha visto a mí, ha visto al Padre; ¿cómo dices tú: "Muéstranos al Padre"?».
>
> (Juan ,14:9)

Jesús es el símbolo del Padre, revelando al Padre mismo, mostrándose a sí mismo. El fenómeno de la manifestación implica un deseo de revelarse. De manera similar, el Señor Chaitanya Mahāprabhu simboliza a Kṛṣṇa, ya que Kṛṣṇa se manifiesta como el Señor Chaitanya Mahāprabhu.

No podemos conocer a alguien mediante la universalidad abstracta. Podemos conocerle mediante símbolos, porque estos nos revelan la haecceidad fenomenológica de lo que simbolizan. Los conceptos son ahistóricos y no contienen narrativa propia. Por eso, no pueden describir a los seres humanos que son entidades históricas. El mito es una narración con historia. Podríamos decir que nuestra biografía es un mito porque es un relato que consideramos real. Concluimos afirmando que el fenómeno, es decir, la aparición de algo en su haecceidad, guarda una estrecha relación con el símbolo en cuanto que aquello que se revela, se revela simbólicamente.

Capítulo 2

El Ser como fenómeno

Hacia una fenomenología de lo divino

En virtud de lo dicho en el capítulo anterior, y dada nuestra condición de seres históricos, toda comprensión de una nación o un pueblo requiere asimismo de una aproximación simbólica. El judaísmo habla del Dios de Abraham, Isaac y Jacob. La concepción de Dios no se limita a una discusión metafísica sobre un Ser que existe por sí mismo, sino que incluye una dimensión fenomenológica que enfatiza la relación histórica y personal con lo divino. Esto subraya cómo la simbología, más que la abstracción conceptual, captura la esencia de nuestra vivencia experiencial y existencia en el mundo, ofreciendo una vía más rica y profunda para el entendimiento humano y divino. Esto queda claramente reflejado en varios textos religiosos, como mostramos a continuación:

वयं तु न वितृप्याम उत्तमश्लोकविक्रमे ।
यच्छृण्वतां रसज्ञानां स्वादु स्वादु पदे पदे ॥

vayaṁ tu na vitṛpyāma
uttama-śloka-vikrame
yac-chṛṇvatāṁ rasa-jñānāṁ
svādu svādu pade pade

Nosotros nunca nos cansamos de oír hablar de los pasatiempos trascendentales de Dios, a quien se le glorifica mediante himnos y oraciones. Aquellos que han desarrollado un gusto por las relaciones trascendentales que se tienen con Él, disfrutan de oír hablar de Sus pasatiempos en todo momento.

(Bhāgavata Purāṇa, 1.1.19)

El devoto no se refiere a Dios sin contar una historia o referirse a Sus pasatiempos.

सतां प्रसङ्गान्मम वीर्यसंविदो
भवन्ति हृत्कर्णरसायनाः कथाः ।
तज्जोषणादाश्वपवर्गवर्त्मनि
श्रद्धा रतिर्भक्तिरनुक्रमिष्यति ॥

satāṁ prasaṅgān mama vīrya-saṁvido
bhavanti hṛt-karṇa-rasāyanāḥ kathāḥ
taj-joṣaṇād āśv apavarga-vartmani
śraddhā ratir bhaktir anukramiṣyati

Las conversaciones acerca de los pasatiempos y actividades de la suprema Personalidad de Dios en compañía de devotos puros son muy placenteras y satisfactorias para el oído y el corazón. Aquel que cultiva este conocimiento avanza gradualmente por el sendero de la liberación hasta que se libera y su atracción queda fija. Comienzan entonces la verdadera devoción y el verdadero servicio devocional.

(Bhāgavata Purāṇa, 3.25.25)

De manera parecida, en el Antiguo Testamento leemos:

וְהִגַּדְתָּ לְבִנְךָ בַּיּוֹם הַהוּא לֵאמֹר בַּעֲבוּר זֶה עָשָׂה ה' לִי בְּצֵאתִי מִמִּצְרָיִם:
(שמות י"ג, ח')

Ese día les dirán a sus hijos: «Esto lo hacemos por lo que hizo el Señor por nosotros cuando salimos de Egipto».

(Éxodo, 13:8)

Capítulo 2: El Ser como fenómeno

מַשְׂכִּיל לְאָסָף הַאֲזִינָה עַמִּי תּוֹרָתִי הַטּוּ אָזְנְכֶם לְאִמְרֵי־פִי:
אֶפְתְּחָה בְמָשָׁל פִּי אַבִּיעָה חִידוֹת מִנִּי־קֶדֶם:
אֲשֶׁר שָׁמַעְנוּ וַנֵּדָעֵם וַאֲבוֹתֵינוּ סִפְּרוּ־לָנוּ:
לֹא נְכַחֵד מִבְּנֵיהֶם לְדוֹר אַחֲרוֹן מְסַפְּרִים תְּהִלּוֹת ה' וֶעֱזוּזוֹ וְנִפְלְאֹתָיו אֲשֶׁר עָשָׂה:
וַיָּקֶם עֵדוּת בְּיַעֲקֹב וְתוֹרָה שָׂם בְּיִשְׂרָאֵל אֲשֶׁר צִוָּה אֶת־אֲבוֹתֵינוּ לְהוֹדִיעָם לִבְנֵיהֶם:
לְמַעַן יֵדְעוּ דּוֹר אַחֲרוֹן בָּנִים יִוָּלֵדוּ יָקֻמוּ וִיסַפְּרוּ לִבְנֵיהֶם:

(תהילים ע"ח, א'-ו')

Maskil de Asaf. Escucha, pueblo mío, mis enseñanzas; inclinad vuestros oídos a las palabras de mi boca. Abriré mi boca con parábola; Pronunciaré dichos oscuros acerca de los días de antaño; Lo que hemos oído y conocido, y lo que nos contaron nuestros padres no lo esconderemos, desde sus hijos hasta la generación venidera, las alabanzas del Señor, y su fuerza, y sus maravillas que Él ha hecho. Porque estableció testimonio en Jacob, e impuso ley en Israel, la cual ordenó a nuestros padres, para que la hicieran saber a sus hijos; Para que los conozca [incluso] la última generación, incluso los niños que deberían nacer; quién debería levantarse y decírselas a sus hijos.

(Salmos, 78:1-6)

וַאֲפִילוּ כֻּלָּנוּ חֲכָמִים כֻּלָּנוּ נְבוֹנִים כֻּלָּנוּ זְקֵנִים כֻּלָּנוּ יוֹדְעִים אֶת הַתּוֹרָה מִצְוָה עָלֵינוּ לְסַפֵּר בִּיצִיאַת מִצְרָיִם. וְכָל הַמַּרְבֶּה לְסַפֵּר בִּיצִיאַת מִצְרָיִם הֲרֵי זֶה מְשֻׁבָּח.

(הגדה של פסח)

Y aunque fuéramos todos [hombres] sabios, todos perspicaces, todos santos, todos eruditos de la Torá, sería un mandamiento para nosotros relatar la historia del éxodo de Egipto. Y cualquiera que se explaye [y dedique tiempo extra] a contar la historia del éxodo de Egipto, he aquí que es digno de alabanza.

(*La Hagadá de Pésaj*)

בִּשְׁלֹשִׁים וּשְׁתַּיִם נְתִיבוֹת פְּלִיאוֹת חָכְמָה חָקַק י-ה ה' צְבָאוֹת אֱלֹהֵי יִשְׂרָאֵל אֱלֹהִים חַיִּים וּמֶלֶךְ עוֹלָם אֵל שַׁדַּי רַחוּם וְחַנּוּן רָם וְנִשָּׂא שֹׁכֵן עַד מָרוֹם וְקָדוֹשׁ שְׁמוֹ וּבָרָא אֶת עוֹלָמוֹ בִּשְׁלֹשָׁה סְפָרִים: בְּסֵפֶר וּסְפָר וְסִפּוּר:

(ספר יצירה, א', א')

Con 32 senderos místicos de Sabiduría, Y-H, el Señor de los Ejércitos, el Dios de Israel, el Dios viviente, Rey del universo, Él Shaddai, Compasivo y Misericordioso, Alto y Exaltado, que habita en la eternidad, cuyo Nombre es Sagrado (Isaías, 57:15), engendró y creó Su mundo con tres S.P.Rs [es decir, 3 palabras con la raíz S.P.R]: con *sefer* (pergamino, libro), *sefar* (enumeración) y *sippur* (historia, narración).

(*Sefer Yetzirá*, 1:1)

Referirse a Dios en términos abstractos entra en el ámbito de la metafísica, pero esta aproximación no necesariamente nutre la devoción o la vivencia espiritual personal. Lo que verdaderamente enriquece la devoción y aporta significado es hablar de Dios en un contexto personal, es decir, en relación con su presencia y acción en la vida del individuo, y cómo se manifiesta en su consciencia. Esta perspectiva íntima y vivencial permite una conexión más profunda y significativa con lo divino. Sin embargo, toda historia de Dios es **con** el ser humano y, por tanto, responde a un simbolismo que reintegra lo humano y lo divino.

Este contexto relacional con lo divino nos permite diferenciar entre el mito y la filosofía. Por un lado, el mito, cuya naturaleza reside en su capacidad genética de relatar los orígenes de la realidad, se centra en desvelar la génesis de fenómenos dentro de confines bien definidos por el tiempo y la cultura. Con frecuencia, los mitos dilucidan cómo emergieron ciertos aspectos del cosmos, estructuras sociales, rituales culturales o esquemas de creencias, a través de relatos que incorporan figuras divinas, héroes legendarios o entidades sobrenaturales, anclados firmemente en un período histórico o protohistórico específico.

En contraposición al enfoque mitológico, la filosofía adopta una postura arqueológica, esforzándose por descubrir los cimientos transhistóricos del cosmos. Dicho de otro modo, la filosofía se esfuerza por trascender las narrativas circunscritas a épocas y culturas determinadas, con el fin de desentrañar los pilares básicos, las causas primigenias o las verdades subyacentes que trascienden las barreras temporales. Mediante este enfoque arqueológico, se busca profundizar en las estructuras fundamentales que forman la base de la existencia, aspirando a comprender la quintaesencia de los entes más allá de cómo se manifiestan en episodios históricos concretos.

Así, mientras el mito ofrece narraciones que se arraigan y florecen dentro del sustrato de las tradiciones culturales específicas del tiempo, la filosofía persigue un entendimiento que es universal y eterno, interrogando sobre la esencia, la estructura de la realidad, los principios éticos, la naturaleza del conocimiento y otras cuestiones fundamentales, sin confinarse a un marco histórico delimitado. Este enfoque filosófico busca, entonces, una claridad y una verdad que no están atadas a las fluctuaciones del relato histórico, sino que pretenden resonar a través de las épocas con una validez que es, en esencia, atemporal. Dicho de otro modo, en el terreno de la filosofía, la búsqueda de la Verdad equivale a desenterrar el Ser de las cosas, es decir, a dejar que aquello que hace que algo sea lo que es y cómo es se muestre o se manifieste en la consciencia.

Por ese motivo, la historia de la filosofía occidental siempre ha caminado de la mano de la cuestión del Ser. Los filósofos griegos, por su parte, desacralizaron al Ser al intentar abordarlo desde la metafísica, sin concebirlo en el horizonte de la historia, pues lo definieron como inmutable. En Parménides, Ser es lo siempre idéntico a sí mismo, inmóvil, permanente, fijo, necesario y estable. Parménides, conocido como el filósofo del Ser inmóvil, distingue entre dos rutas de indagación «hay un camino que es y un camino que no es». Es decir, hay un sendero de realidad o Verdad y otro de meras opiniones sobre las entidades. Para el filósofo de Elea, es imperativo comprender el sendero «que es» para alcanzar una comprensión profunda sobre el fundamento de la vida. Parménides defiende la existencia de una Verdad única y perpetua, rechazando cualquier forma de relativismo o cambio. Obviamente, bajo la óptima parmenidia del Ser, resulta imposible fundamentar una historia, lo que quizás explicaría por qué los griegos nunca hicieron filosofía de la historia. La historia y lo sagrado quedaron en manos de la mitología y el arte. Partiendo de esta perspectiva de Parménides, y considerando el significado de fenómeno junto con el de logos, podemos afirmar que la fenomenología consiste en el estudio —y, por lo tanto, en la habilitación de la visión— de lo que se muestra a sí mismo o de los fenómenos en su mostrarse. Fenomenología es el estudio de lo que se muestra en los límites en los que se muestra.

El Ser como fenómeno saturado

René Descartes, uno de los pilares de la metodología y de los quehaceres fenomenológicos, especialmente husserlianos, ya advierte que el ser de las cosas no es lo que se muestra ante los ojos, pues toda apariencia a los sentidos es indefectiblemente ilusoria y, por tanto, debe ser corregida por la razón. Dicho de otro modo, lo que aparece es un «aparentar» en tanto que el ser de la cosa no se muestra tal como es. El concepto de *phainómenon*, de «aparecer», es en Descartes el de «aparentar». Desde la óptica de Descartes, así pues, lo que aparece ante los ojos es una simple apariencia de la realidad, pero no la realidad en sí misma, y solo lo que muestra la razón, el *cogito* mediante el *cogitatum*, o la consciencia, cobra realidad para el sujeto. En este sentido, Descartes discierne que el aparecer consiste en un aparentar. Esta concepción de la «realidad fenomenológica», como podemos llamarla, no niega ni pervierte en sentido alguno el significado del término «fenómeno» (*phainómenon*), que puede significar tanto 'aparecer' como 'aparentar'. De hecho, existen tres conceptos de fenómenos a los que seguidamente prestaremos especial atención:

- Aparentar o mostrarse como lo que no se es.
- Parecer o no mostrarse como lo que se es.
- Aparecer o mostrarse como lo que es.

Como hemos mencionado antes a modo introductorio, la fenomenología, en su concepción general, sostiene que los entes se revelan por sí mismos en la consciencia. Sin embargo, existe una corriente denominada fenomenología hermenéutica que argumenta que los fenómenos no se manifiestan en su esencia real, sino que se presentan bajo una apariencia. Es en este espectro donde se sitúa Descartes, a quien se asocia con esta perspectiva debido a su énfasis en la necesidad de interpretar aquello que se nos presenta, dado que lo que aparece no se revela en su verdadera naturaleza. Se habla de fenomenología hermenéutica precisamente por este requerimiento de interpretación ante la apariencia de los fenómenos, a diferencia de cuando un ente se muestra en su autenticidad, en cuyo caso la interpretación se torna innecesaria. Ese podría ser el caso, por ejemplo, de una planta, cuya presencia se revela como directa y, por lo tanto, no requiere de una interpretación adicional, ni siquiera para un niño, ya que la planta, como planta, se presenta tal cual es, sin necesidad de descifrar su esencia.

Kant siguió en cierto modo la misma línea al decir que lo que muestran las cosas al presentársenos como objetos del entendimiento no es su ser. Según Kant, el ser de las cosas no «aparece» y, en cambio, permanece ajeno a nuestra «intuición sensible» y, por tanto, también a nuestra comprensión. De hecho, Kant denomina a este ser de las cosas con el término noúmeno, concepto con el cual establece una clara separación entre la realidad en sí, en su ser (que como tal no se nos «aparece») y, por el otro lado, el fenómeno, eso es, la dimensión de la realidad que sí se nos aparece mediante la intuición sensible y que convertimos en objeto de nuestro entendimiento. Para Kant, así pues, la cosa en sí no aparece y, por tanto, no es fenómeno del conocimiento humano. Al situar al noúmeno más allá de la comprensión humana, e incluso de los sentidos en el campo de los cuales la compresión ocurre, Kant ya está delimitando un marco fenoménico del «aparecer» en el que, no obstante, el Ser no tiene cabida. En ese sentido, la filosofía kantiana argumenta que, en el campo del conocimiento, únicamente accedemos a cómo las cosas se muestran a la consciencia, pero sin tener acceso a lo que la cosa es en sí misma.

Sin embargo, a diferencia del «aparecer» ilusorio de Descartes, el mostrarse en Kant sería un «parecer». Desde la óptica kantiana, nos «parece» que la realidad es eso, pero desconocemos que es así porque la cosa en sí es incognoscible para el sujeto, lo que nos lleva a definir el fenómeno kantiano como el ser que se presenta de cierta manera a nuestra percepción, pero no en sí ni como sí mismo. Bajo esta visión del conocimiento, del fenómeno y del Ser, el universo se configura de una forma específica, aunque el conocimiento de su naturaleza exacta nos elude.

Es importante enfatizar que, para Kant, nuestra percepción de los fenómenos siempre es mediada por nuestros sentidos y facultades cognitivas. En contraposición, las entidades no percibidas en el tiempo y el espacio no son directamente experimentadas o vividas mediante los sentidos ya que están más allá de nuestra capacidad de juicio. Estas se clasifican dentro de la realidad nouménica, que hemos introducido más arriba con la que se hace referencia a una dimensión conceptual que engloba aquello que permanece inaccesible a la experiencia directa o que surge a partir de ideas o conceptos que se tienen sobre cosas que no se experimentan. La limitación del ser humano para comprender la esencia de las cosas tal como son en sí mismas radica en la naturaleza de su estructura cognitiva, que solo permite conocer las cosas según se manifiestan dentro de dicho esquema. Según Kant, no es que las entidades deliberadamente se oculten, sino que nuestra capacidad de conocimiento está configurada de cierta manera, siendo precisamente dentro de los límites de estas capacidades o facultades tanto perceptivas como cognitivas que el conocimiento científico es posible.

En el caso de Descartes, la «apariencia» viene acompañada de una dimensión de incertidumbre; es decir, el mundo no se conforma realmente como parece. Existe, según Descartes, una discrepancia entre la presentación y la realidad, sugiriendo un velo de ilusión sobre la verdadera naturaleza del mundo. En cambio, según Kant, nos enfrentamos a una limitación en nuestro conocimiento; los fenómenos solo nos aparecen de cierta manera, y permanecemos en la incertidumbre sobre su esencia auténtica. Mientras que en Descartes se plantea una suerte de engaño en la apariencia, ya que se afirma un conocimiento de que la realidad difiere de cómo se nos presenta, en Kant, el ente nunca se revela completamente, dejándonos en un estado de especulación sobre lo que verdaderamente es. Esta diferencia nos lleva a decir que, si en Kant el ente se oculta detrás de su apariencia, en Descartes la apariencia misma es desenmascarada como una falsedad. En ambos casos, no obstante, y a pesar de la diferencia establecida, es imposible hablar del Ser, tanto si este parece como si aparenta.

Para conocer la cosa en sí, aunque sea incognoscible, Jean-Luc Marion propone el concepto del «fenómeno saturado». Según el fenomenólogo francés, la cosa en sí es efectivamente incognoscible para el sujeto, excepto que pueda revelarse por sí misma y con sus propias normas, tal como es. La cosa aparece, pero por donación. La cosa en sí se dona, pero lo hace fonéticamente, es decir, ante los oídos y no ante los ojos, como la tradición filosófica había determinado ya desde Platón. Esto sugiere la necesidad de atender al Ser mediante la escucha, y no mediante la visión. Según Marion, debe atenderse más allá de la mera objetividad con la que la tradición ha insistido en «verlo», como imagen y forma, y debe por tanto explorarse la riqueza de la experiencia que supera lo evidente. Si la mirada, ya desde los antiguos griegos, se había erigido como el medio de toda comprensión, Marion desplaza ahora este parámetro cognoscitivo de la tradición filosófica occidental y reconfigura los marcos del conocimiento y de la epistemología a través de una nueva fenomenología, a la que más adelante prestaremos especial atención.

Precisamente en esta encrucijada se encuentran Kant, Descartes y aquellos filósofos que anhelan percibir el Ser con la mirada. Marion retoma esa vena de la fenomenología hermenéutica que advierte sobre el engaño de los ojos en la búsqueda del Ser y, en su lugar, propone un aprendizaje para escucharlo. Aquí radica el pathos de la escucha, porque lo que se escucha no necesita de una presencia física, no tiene por qué ser imagen y semejanza de los ojos que la miran y que al mirarla la dibujan sin escucharla. Más bien se trataría de una presencia fenoménica que resuena en la consciencia, más allá incluso de la capacidad auditiva física. Así pues, según Marion el oído es el que nos conecta con el texto sagrado donde habita el Ser.

Esta conexión auditiva con las escrituras sagradas puede apreciarse en el camino yóguico hacia la devoción, *śrāvaṇam*, o 'escuchar', que representa un primer paso en dicha dirección. Este acto de escucha nos vincula a las Sagradas Escrituras, las cuales no se ven, sino que se escuchan y se comprenden a través de un encuentro íntimo con la palabra revelada. Aquello que se dona o revela en el «fenómeno saturado» es Dios.[5] En Marion, Dios no es sino la cosa en sí de Kant, el noúmeno, el Ser que no se muestra ante los ojos pero que se torna accesible a través de una donación en el símbolo, que es el que une la imagen sensible con el mito auditivo, unificando lo que se ve y lo que se escucha. Lo que se ve, así pues, es la imagen sensible que es señal de lo invisible. El sentido de la imagen es el mito narrado que nos cuenta esa imagen. Por ejemplo, la flauta de Kṛṣṇa no es más que una imagen que se convierte en un símbolo solo cuando la historia es contada. La flauta deviene en símbolo cuando el devoto *vaiṣṇava* nos relata *Kṛṣṇa-kathā*, o las 'historias relacionadas con Kṛṣṇa'. Lo mismo ocurre con la cruz del cristianismo. Si la historia de la crucifixión de Cristo no es narrada, la cruz no será más que dos simples maderos uno sobre el otro. El signo es la imagen visible, señal del símbolo, y el símbolo es señal de Dios. El símbolo es el relato que une aquel signo invisible con la imagen y que permite que se done a la consciencia individual.

Por lo tanto, identificamos la cosa-en-sí de Kant con Dios. Dios escapa a todo conocimiento humano, porque no se muestra. Es imperceptible como el noúmeno. No obstante, lo que no aparece también puede ser conocido en tanto que se dona en la palabra a través de la escucha, abriéndose de este modo una manera diferente de aparecer y, por tanto, incluso de conocer. Dios es ilimitado y, por ende, no puede mostrarse como un ente u objeto limitado en el espacio y el tiempo. Sin embargo, esto no significa que Dios, el Ser, se oculte solo porque no cabe dentro de un espacio y tiempo. Más bien, lo que aquí se sugiere es que precisamente se está mostrando de tal manera que siempre excede. Como sostiene Heráclito: «La verdadera naturaleza gusta de ocultarse».[6] Es decir, el Ser se oculta

---

5. Jean-Luc Marion, *Siendo dado. Ensayo para una fenomenología de la donación*, presentación, traducción y notas de Javier Bassas Vila (Madrid: Síntesis, 2008), 329-360 (§§21-22).
6. Heráclito, en *Fragmentos presocráticos: de Tales a Demócrito*, ed., trad. e introd. de Alberto Bernabé (Madrid: Alianza Editorial, 2008), 130. (frag. 8 = DK B123).

en un permanente mostrarse. Paradójicamente, el ocultamiento del Ser consiste en un mostrarse constante, convirtiéndose en lo que Marion llama «el fenómeno saturado», que en lugar de desvanecerse no deja de darse. Aunque más adelante volveremos a esta cuestión en mucha mayor profundidad, adelantaremos ahora que lo que esto significa es que en cada acto de conocimiento del ente se revela la conoceidad del Ser.

A diferencia de un fenómeno empobrecido, que solo se muestra temporalmente en la cosa, este fenómeno saturado que nos propone Marion —que excede en su constante donación— responde a una relacionalidad fenomenológica fundamental en la que solo hay sujeto para un objeto y viceversa, pero en la que el sujeto y objeto son ambos términos ónticos, lo que significa que el Ser es tanto el conocedor como lo conocido. La omnipresencia del Ser obviamente no permite la existencia de un sujeto u objeto independientes, con vida propia ajena a esta relación y, por tanto, carente de Ser. Al mismo tiempo, el fenómeno saturado, cuyo propio Ser palpita en su constante donación y se desvela en su propia pronunciación, no puede conceptualizarse porque, para tal efecto, necesitaríamos un género que nos permitiera delimitarlo y decir que es esto y no aquello. Esta nueva perspectiva fenomenológica hace superflua la función del predicador y del difusor de credos. Dado que el Ser se manifiesta constantemente, es precisamente por esa perpetua manifestación que al mismo tiempo se oculta. Lo esencial es aprender a discernir aquello que sin cesar se revela ante nosotros. La intervención de un mediador, a quien se le escucha revelar lo que de otro modo permanecería inaudible, se torna innecesaria pues no tiene acceso a la manifestación del Ser en la vivencia del sujeto en el que se manifiesta. Este enfoque que se desprende de la fenomenología religiosa de Marion sugiere, paradójicamente, el ocaso de las creencias organizadas y estructuradas en torno a figuras de autoridad espirituales o religiosas que actúan como puentes entre lo divino y lo humano. La fenomenología de la religión, de la mano de Marion, contribuye a salvaguardar la misma religión y la sacralidad del Ser de la institucionalización, eso es, de sus cadenas metafísicas tradicionales.

Como veremos más adelante, esta noción del «fenómeno saturado» de Jean-Luc Marion significará un giro importante dentro de la misma fenomenología. En la introducción ya habíamos dicho que la fenomenología de Husserl era epistemológica y más tarde se vio superada por la ontología de Heidegger y la fenomenología de «lo ético» de Levinas. Ahora podemos afirmar que la propuesta de Marion dibuja un «giro teológico» que desborda los límites de la misma fenomenología con el fin de abrirse al Ser, a lo divino, a lo sagrado. Esto permite describir las maneras en las que el Ser se da y se revela, manifestándose en su mismo ocultarse. Esto no significará el final de la fenomenología, sino un rediseño de su manera de proceder. Como acabamos de presentar, aunque solo sea a título introductorio y de manera excesivamente genérica, el Ser se muestra de muchas maneras y solamente se le puede estudiar en los límites en que se muestra. La fenomenología, según Marion, se ocupa de examinar la totalidad de las formas en que los fenómenos se hacen presentes a la consciencia, superando así las limitaciones que impondría su reducción a meros actos de revelación, ocultamiento o disimulo. Este enfoque abarca un espectro más amplio de modos de manifestación, lo cual señala que la fenomenología trasciende la simple categorización en términos de estos tres procesos. Por consiguiente, intentar confinar la fenomenología a estas tres dinámicas sería obviar la riqueza y diversidad de las experiencias y las formas en que la realidad se despliega ante el sujeto. La esencia de la fenomenología radica, por tanto, en su capacidad para explorar y entender las múltiples vías a través de las cuales los fenómenos se nos presentan, en un esfuerzo por capturar la complejidad de la experiencia humana en su totalidad.

Bibliografía de la sección I

- Descartes, René. *Obras filosóficas*. Vol. I. Traducción de Manuel García Morente. Edición y estudio introductorio de Cirilo Flórez Miguel. Madrid: Gredos, 2011. Colección Biblioteca de Grandes Pensadores.
- Heidegger, Martin. *Introducción a la metafísica*. Traducción de Ángela Ackermann Pilári. Barcelona: Herder, 2025.
- Heidegger, Martin. *La época de la imagen del mundo*. Versión castellana de Helena Cortés y Arturo Leyte en *Caminos de bosque*. Madrid: Alianza Editorial, 1996.
- Heidegger, Martin. *Ser y tiempo*. Traducción de José Gaos. México: Fondo de Cultura Económica, 1951; reed. 2022.
- Heráclito. *Fragmentos presocráticos: de Tales a Demócrito*. Edición, introducción y traducción de Alberto Bernabé. Madrid: Alianza Editorial, 2008.
- Manoussakis, John Panteleimon, and Neal DeRoo, eds. *Phenomenology and Eschatology: Not Yet in the Now*. Farnham: Ashgate Publishing Limited, 2009.
- Marion, Jean-Luc. *Siendo dado. Ensayo para una fenomenología de la donación*. Presentación, traducción y notas de Javier Bassas Vila. Madrid: Síntesis, 2008. Colección Perspectivas.

Sección II
La fenomenología y el simbolismo

Capítulo 3

La potencialidad y la actualización del Ser

La relación de Martin Heidegger con la fenomenología, y con el enfoque de Husserl en particular, ha sido compleja, hasta el punto de no ser siempre posible decir que su filosofía está simplemente inscrita dentro de la corriente de la fenomenología. Al mismo tiempo, la influencia que recibió de Husserl es innegable, especialmente el primer Heidegger. Creemos que esto debe tomarse siempre en consideración para entender el punto de partida y el desarrollo de la filosofía de Heidegger. A pesar de estas dificultades, podemos afirmar que su filosofía conecta directamente con la tradición fenomenológica a través de varias concepciones clave alrededor de las cuales la filosofía occidental en general, y la fenomenología en particular, han debatido durante siglos. Concretamente, y en nuestro contexto, entendemos las tesis de Heidegger a partir de la relación entre los términos «potencia» y «acto» que ya desde Aristóteles, y los orígenes de la metafísica, han contribuido a formular y diseñar las estructuras del pensamiento filosófico y de la cultura occidentales. Una de las críticas clave en la que se fundamenta la filosofía de Heidegger es su respuesta a lo que se denomina «la metafísica de la presencia», es decir, a aquella perspectiva metafísica tradicional que ha asociado el Ser de manera absoluta con la presencia.

La palabra *presente* puede significar 'tiempo' o 'ser'. Si afirmamos «yo estoy presente», estaremos refiriéndonos al Ser. A su vez, si decimos que «el tiempo presente es problemático» estaremos hablando del tiempo. Resulta, por tanto, complicado resolver el tiempo solo como presencia, porque el pasado y el futuro, aunque forman parte del Ser, advienen sin estar presentes. La noción de temporalidad, tal como se despliega en este análisis, revela un enfoque profundo sobre cómo el pasado y el futuro influyen en el presente a pesar de su ausencia física, operando a través de dimensiones emocionales como la culpa y el temor a la muerte, respectivamente. Esta lectura heideggeriana de la cuestión del tiempo subraya la idea de que la experiencia humana del tiempo trasciende la mera secuencia de eventos presentes, extendiéndose hacia dimensiones que, aunque no presentes, ejercen una influencia tangible en nuestra vida cotidiana.

Al cuestionar la «metafísica de la presencia», Heidegger introduce la perspectiva de que el tiempo no se constituye únicamente por lo que es inmediatamente tangible o presente, sino más bien como un campo de posibilidad pura. En este marco, define al ser humano como *Dasein* (el ser-ahí o el ser-ahí-en-el-mundo), que se caracteriza por su temporalidad y se entiende como la manifestación de estas posibilidades.[7] En este sentido, los entes posibles, aquellos que aún no han llegado a ser pero que podrían llegar a ser, contrastan con los entes imposibles, ejemplificados por figuras de la imaginación como gatos voladores o vacas verdes, que, aunque concebibles, no encuentran un correlato en la realidad tangible.

Esta distinción entre lo posible y lo imposible se refleja en la experiencia humana del Ser y el tiempo. Por ejemplo, la prole futura de un individuo, antes no existente pero concebible, ilustra cómo la posibilidad precede a la efectividad. La temporalidad, entonces, se vive a través de un constante juego entre lo que fue posible, lo que es posible ahora, y lo que será posible en el futuro, marcando así la existencia humana con una apertura hacia futuras realidades aún no realizadas.

Esta tensión entre el pasado y el futuro que se experimenta en el presente ilustra la dinámica continua en la que los seres humanos se encuentran, habitando un mundo lleno de posibilidades que determinan nuestras acciones, decisiones y proyectos de vida. La posibilidad, como tal, se convierte en la esencia de la apertura humana hacia el futuro, definiendo nuestra capacidad para imaginar, planificar y aspirar. En este contexto, la muerte se presenta como

---

7. Martin Heidegger, *Ser y Tiempo*, trad. José Gaos (México: Fondo de Cultura Económica, 1951; reedición, 2022), 65 (§12).

el límite último de la posibilidad, pues un ser que haya perecido ya no participa en el campo de las posibilidades futuras. Así, para Heidegger, la existencia humana puede entenderse como un continuo despliegue de potencialidades. Cada momento presente está saturado de la influencia de los tiempos tanto pasados como futuros, configurando nuestra manera de estar en el mundo.

Esta reflexión sobre la temporalidad y la posibilidad, a través del prisma de lo que potencialmente podemos ser y devenir, cuestiona nuestra comprensión tradicional del tiempo e invita a una reconsideración de la condición humana misma. Por un lado, bajo la perspectiva heideggeriana, el tiempo ha dejado de seguir el orden natural que había estipulado la metafísica tradicional, y que establecía que el pasado simplemente precedía secuencialmente al presente y este al futuro. Como ya esbozamos, el futuro se abre como un horizonte de posibilidad donde se esculpe no solo el presente, sino quizás incluso el pasado. Es decir, la vida no es una mera concatenación de hechos o actos que cometemos, uno detrás de los otros, respondiendo a un mero patrón de causa-efecto bajo el cual el presente rige, controla y da sentido a pasado y futuro, hasta el punto de presencializar constantemente pasado y futuro a modo de darles sentido. Al contrario, el estudio heideggeriano del tiempo propone una comprensión del tiempo que nos permite entender la tensión permanente e indisoluble entre pasado, presente y futuro fuera del marco de la metafísica tradicional. Con ello, Heidegger «libera» al tiempo de la metafísica de la presencia tradicional, la cual concibe la existencia como aquello que está meramente presente ante nuestros ojos en el espacio y el tiempo, aquí y ahora. Esa visión destierra del Ser todo aquello que no habita en el espacio y el tiempo inmediatamente presentes.

La naturaleza de la temporalidad vista desde la óptica de la metafísica tradicional de la presencia se caracteriza por una secuencialidad en la cual cada momento se sucede uno tras otro de manera exclusiva y lineal; es decir, la existencia de un instante determinado excluye la presencia del anterior. Así, cuando se experimenta un segundo momento posterior al primero, el primero ya habría cesado de ser y ese segundo momento se habrá desvanecido al llegar a un tercero, y así sucesivamente. Bajo la premisa presencialista, esta cadena de instantes que continúa de manera indefinida revela que la temporalidad está intrínsecamente ligada al presente en una secuencia de momentos discretos: uno sigue al otro en un flujo constante, pero siempre limitado al «ahora» actual. En este sentido, nada trasciende la actualidad de la presencia del Ser.

Esta presencialización absoluta de la existencia que Heidegger desarticula es el origen del prejuicio que él mismo expresara con la frase *usía estim parousía* o «el Ser es presencia». Bajo este prisma, y cuando entendido como mera y absoluta presencia, el Ser es solo lo que es ahora, como diría Parménides. Esto implica, no obstante, que el Ser no es lo que es, fue y será, ni lo que podría ser, porque —desde esta óptica— no es posible afirmar que el Ser pueda dejar de ser en ningún instante para ser de otro modo. Cuando entendido como pura presencia (*parousía*), el Ser solo es, y solo puede ser, lo que está aquí y ahora permanentemente. El problema con esta presencialización absoluta del Ser es que lleva el Ser a poderse pensar únicamente como una estagnación permanente, una quietud absoluta, que lo llenaría todo, y fuera de lo cual no habría ni cabría nada, ni siquiera la nada. Nada podría escapar la quietud absoluta del Ser que lo inunda todo permanentemente porque ya lo es todo.

La crítica de Heidegger, en su *Introducción a la metafísica*[8], *La época de la imagen del mundo*[9] y otros textos, es que esta concepción del Ser reduce el Ser a acto puro, vaciándolo de toda potencialidad. Más aún, al vaciar el Ser de su potencialidad, la metafísica de la presencia no hace más que, en última instancia, negar e imposibilitar el mismo Ser. Si solamente existiera lo que está presente en el tiempo y el espacio, solo existiría el ente y no existiría el Ser. De ser así, sería imposible hablar de la diferencia ontológica entre Ser y ente, a la que más tarde prestaremos especial atención. Ante esta posición, Heidegger sugiere pensar el Ser en, o incluso como, la temporalidad (*Zeitlichkeit*); eso es,

---

8. Martin Heidegger, *Introducción a la metafísica*, trad. de Ángela Ackermann Pilári (Barcelona: Herder, 2025).
9. Martin Heidegger, *La época de la imagen del mundo*, versión castellana de Helena Cortés y Arturo Leyte, en *Caminos de bosque* (Madrid: Alianza Editorial, 1996).

como la tensión de un pasado, presente y futuro que se entrelazan y se interpenetran constantemente en un orden que no responde a la concatenación de tres unidades impermeables las unas de las otras.

Los términos *Zeit*, *Zeitlichkeit* y *Temporalität*, con los cuales Heidegger disecciona el tiempo, no admiten traducción directa al español o a otros idiomas sin pérdidas, desplazamientos o reformulaciones. La lengua alemana, en la que Heidegger piensa y escribe, no es un simple vehículo de sus ideas: es la escena misma en la que esas ideas se configuran. Por eso, cada traductor, al elegir entre 'temporeidad', 'temporalidad' o 'temporariedad', interpreta en lugar de limitarse a nombrar o renombrar.

No sorprende que la concepción heideggeriana del tiempo se distancie de la visión dominante. El tiempo cotidiano (*Zeit*), el que organiza agendas, ritmos laborales y rutinas domésticas, puede ser útil, pero su utilidad no lo convierte en fundamento. Opera con esquemas derivados que empobrecen la experiencia temporal cuando se los absolutiza. La propuesta heideggeriana no consiste en reemplazar una cronología por otra. Al contrario, justamente, propone, más bien, un quiebre: un pensamiento que se abra a una forma de tiempo que no se deja tematizar como objeto. Por eso, la cuestión del tiempo es tan central en la obra y el pensamiento de Heidegger, porque no es un tema o un capítulo más, sino el prisma a través del cual Heidegger puede repensar y reinterpretar el Ser. Es en este sentido que Heidegger afirma que:

> El concepto de tiempo de la experiencia vulgar del tiempo (*Zeit*), y los problemas que brotan de esa experiencia no pueden, por tanto, funcionar irreflexivamente como criterios de lo adecuado de una exegesis del tiempo.[10]

---

10. Martin Heidegger, *Ser y tiempo*, traducción de José Gaos (México: Fondo de Cultura Económica, 1951), §61. Véase también el original alemán *Zeiterfahrung und die ihr entwachsende Problematik können deshalb nicht unbesehen als Kriterien der Angemessenheit einer Zeitinterpretation fungieren*. En *Sein und Zeit* (Tübingen: Max Niemeyer Verlag, 1927), §61.

Esta declaración subraya la crítica de Heidegger a las concepciones tradicionales del tiempo, que lo consideran como una secuencia objetiva de momentos. Estas concepciones piensan el tiempo como un gráfico en el que se circunscribe al ser humano. Esto implica, por defecto, externalizar el tiempo del ser humano en lugar de pensar el tiempo como la temporalidad que es estructura intrínsecamente constitutiva del *Dasein*. Desde el punto de vista de Heidegger, y de la fenomenología y la hermenéutica en general, esta representación convencional del tiempo a la que Heidegger se opone no soporta el más mínimo análisis fenomenológico sin caer en la más obvia de las contradicciones. Pensemos en el presente, en ese «ahora» al que el Ser se asocia tan fácilmente. Si repetimos cinco veces la palabra «ahora», lo que parecía estar allí se ha esfumado. El primer «ahora» ya no es. El segundo tampoco. La presencia se convierte en fuga. Así, lo presente ya es pasado en el momento en que se intenta fijarlo. El Ser, si se lo identifica con esa presencia, no resiste. Aquí es donde Heidegger interviene con mayor radicalidad. No niega la presencia, pero tampoco se deja fascinar por ella.

El pensamiento de Heidegger propone una ruptura con la tendencia de la metafísica occidental, que desde Platón ha identificado el Ser con la presencia —con lo que está dado, disponible, presente ante el sujeto. Donde la tradición ve lo constante, Heidegger detecta un olvido: la cancelación del carácter dinámico, abierto e inestable del Ser. La presencia, bajo esta mirada, deja de ser una garantía ontológica y se revela como una figura históricamente condicionada del aparecer. Por eso para Heidegger, en lugar de presentarse como unidad simple, continua o lineal, el tiempo emerge más bien como una pluralidad de modos temporales. La esencia del tiempo consiste en su diferencia interna, en la diversidad de estructuras que lo configuran. Tal concepción remite directamente a una matriz central del pensamiento heideggeriano: la imposibilidad de decir el Ser en una única clave. Heidegger lo afirma sin cesar: *Sein* no se reduce a unívoco.

La ontología fundamental, entonces, en vez de limitarse a producir una teoría más sobre el tiempo con explicaciones físicas, psicológicas o cosmológicas, abre la dimensión de la experiencia originaria que hace posible que algo aparezca como temporal. Esa experiencia, que no es lineal ni acumulativa, es sin embargo condición. Pensar el tiempo, en última instancia, es pensar desde el tiempo la posibilidad misma del Ser, el horizonte que da lugar al Ser mismo. Dicho de otro modo, el tiempo es la condición de posibilidad del mismo *Dasein* para pensarse a sí mismo. Cuando Heidegger piensa en el tiempo, piensa en lo más íntimo del mismo *Dasein*, en la dimensión a partir de la cual, y en la cual, el *Dasein* puede pensarse (y pensarse como tiempo) a sí mismo y todo lo demás.

La temporalidad (*Zeitlichkeit*) como sentido ontológico de la cura (*Sorge*).[11]

Heidegger vincula esta noción de temporalidad (*Zeitlichkeit*) como esencia del *Dasein* con la noción de cura (*Sorge*), que es la estructura ontológica que describe cómo el *Dasein* está en el mundo, es decir, la manera en que existe. Esta estructura fundamental del Ser del *Dasein* no es una emoción ni una actitud moral, ni tampoco la consciencia intencional husserliana. El cuidado (*Sorge*) es más bien la estructura misma mediante la cual el *Dasein* está volcado hacia el Ser. Esta estructura está compuesta por tres dimensiones temporales fundamentales: (1) la existencialidad (proyección anticipadora hacia el futuro), (2) la facticidad (apertura al peso del pasado no elegido) y (3) la caída (la posibilidad siempre latente de diluirse en lo impersonal de lo cotidiano). Estas no son fases, ni componentes disociables. Son vectores que, entrelazados, configuran la temporalidad (*Zeitlichkeit*) propia del *Dasein*. *Sorge* significa permanecer abierto a lo que aún no es, sostener la posibilidad como posibilidad sin que haya aún objeto por categorizar, por conocer, por conceptualizar. Por eso, en este marco, el Ser no comparece como una presencia consolidada, mas se anuncia como aquello que exige interpretación, lo que aún está por decirse. Pensar el tiempo, desde esta perspectiva, implica

---

11. Martin Heidegger, *Ser y tiempo*, traducción de José Gaos (México: Fondo de Cultura Económica, 1951), §61. Véase también el original en alemán *Die Zeitlichkeit als der ontologische Sinn der Sorge* en *Sein und Zeit* (Tübingen: Max Niemeyer Verlag, 1927), §61.

cuestionar el supuesto de que el tiempo puede ser representado mediante esquemas.

Asimismo, Heidegger no concibe la estructura del cura (*Sorge*) como un agregado mecánico de partes, como si la totalidad pudiera ser reconstruida a partir de una suma externa. Se trata más bien de una configuración viviente, cuya coherencia no se agota en la disposición sucesiva de sus momentos. Es una unidad que se despliega desde la tensión interna que la constituye y cuya clave se encuentra, inevitablemente, en la temporalidad.

En aras de esta noción de *Sorge*, Heidegger puede ver al *Dasein* —ese ente que somos— como a un ser-ahí-en-el-mundo que no está fijado en el presente ni disuelto en una sucesión de instantes efímeros. Su estructura existencial está atravesada por una tensión que lo desborda: proyección hacia lo venidero y apropiación de lo ya sido. El *Dasein* es simultaneidad tensional y, por eso, no se mueve entre pasado y futuro como si se tratara de dos polos externos. Su modo de ser consiste en esa articulación que los sostiene juntos, en un presente que no es punto, sino horizonte.

El tiempo que atraviesa esta estructura de temporalidad (*Zeitlichkeit*) del cuidado que mantiene al *Dasein* abierto al Ser como pura posibilidad no es el tiempo (*Zeit*) abstracto de la física ni el que ordena la agenda cotidiana. No es una secuencia homogénea de instantes, ni una cadena uniforme de eventos. Al contrario, se trata del tiempo que el *Dasein* vive desde dentro, en la forma de su ser-ahí. Es el modo en que el *Dasein* acontece, en que su existencia se da como posibilidad y no como dato consumado. Es la textura misma del existir. Por eso Heidegger dice de manera directa que el *Dasein*, concebido en su posibilidad más extrema de ser, no es en el tiempo, sino que es el tiempo mismo. Quizás lo más riguroso sea decir que el *Dasein* es temporalidad (*Zeitlichkeit*). Más que el tiempo que se mide, que se ordena o que se representa, *Zeitlichkeit* es la estructura viviente de apertura, en la que el pasado, el futuro y el presente se entrelazan en tensión: como retención, como anticipación, como presencia que no se clausura.

Heidegger desactiva así toda concepción del tiempo como algo exterior al sujeto, y con ello desmantela también la noción de una subjetividad portadora de un «ahora» puro. La temporalidad (*Zeitlichkeit*) no es una función del sujeto; es aquello por lo cual el sujeto es. La temporalidad es lo que otorga espesor al existir como tensión vivida. Sin embargo, afirmar que el sentido de la temporalidad permite el ser de la existencia no es una fórmula decorativa. Al contrario, es asumir que toda comprensión del ser humano debe ser histórica, porque el tiempo no pasa, sino que conforma, estructura y otorga sentido.

Así pues, el Ser, tal como Heidegger lo piensa, no puede ni ser fijo ni fijarse en ningún caso, y es por eso que usa la expresión de que el Ser es «advenir presentando que va siendo sido».[12] Esta expresión, lejos de cualquier lirismo, indica que el Ser es en sí una estructura dinámica, marcada por la simultaneidad dislocada de futuro, pasado y presente. El Ser no se estabiliza en un punto. No puede capturarse en la presencia. Lo que aparece ya está deslizándose, ya se ha desfondado. Más que un ente terminado o una identidad sustancial, el *Dasein* es una totalidad temporal. El Ser es siempre el mío, el de este que escribe o piensa, el de cada uno. Así lo recuerda Heidegger:

> El «ser ahí» (*Dasein*) es, además, un ente que en cada caso soy yo mismo.[13]

Este «yo mismo» no remite al yo empírico ni a la subjetividad psicológica. Tampoco es una interioridad accesible mediante la introspección. Lejos de todo eso, se trata de una estructura ontológica cuya concreción se da en lo existencial, pero que no puede reducirse a lo observable ni a lo que los otros reconocen. Ese «yo» es el que permanece incluso cuando todas las máscaras han caído. No se identifica con «el ser humano» como categoría general. El *Dasein* aparece cuando el ser humano se convierte en problema para sí,

---

12. Martin Heidegger, *Ser y tiempo*, traducción de José Gaos (México: Fondo de Cultura Económica, 1951), §65. Heidegger desgrana la idea de la temporalidad como estructura dinámica y unitaria, donde el futuro, el pasado y el presente se configuran mutuamente en la existencia del *Dasein*.

13. Ibid., §12. Véase también el original en alemán *Dasein ist ferner Seiendes, das je ich selbst bin.* en *Sein und Zeit* (Tübingen: Max Niemeyer Verlag, 1927), §12.

cuando su existencia se vuelve pregunta. Y al preguntarse por su existencia y problematizarse, el ser humano «toma consciencia» de sí y se comprende a sí mismo como *Dasein*, eso es, como su propio «poder-ser», como un ser cuya existencia auténtica está inexorablemente abierta y orientada a sus propias posibilidades (de ser) y no como un ser plenamente actualizado, terminado y (en) cerrado en sí.

En este punto, Heidegger introduce en *Ser y tiempo* otra noción de tiempo a la que él mismo llama *Temporalität* (y que suele traducirse como temporariedad). *Temporalität* sería el «tiempo del Ser», que no debe confundirse con una categoría cronológica, ni mucho menos con una suerte de recipiente externo donde los entes se despliegan como si el tiempo los contuviera pasivamente. Esta fórmula es una figura ontológica que nos obliga a revisar, desde la raíz, los supuestos más básicos de nuestra comprensión del tiempo.

> El problema ontológico fundamental, de la exegesis del ser en cuanto tal, abarca por ende el poner de manifiesto la «temporariedad» (*Temporalität*) del Ser.[14]

La diferencia entre *Zeitlichkeit* (temporalidad) y *Temporalität* (temporariedad) es ontológicamente importante. Mientras que, como hemos visto, la *Zeitlichkeit* es la estructura temporal interna del *Dasein*, la *Temporalität* vendría a ser la estructura aún más fundamental del tiempo, y eso incluye a la *Zeitlichkeit*. Esta *Temporalität* sería condición de posibilidad del Ser mismo. Esto significa que la *Temporalität* hace posible la *Zeitlichkeit* y, por tanto, la comprensión del sentido del Ser y no solo del *Dasein*. Esta distinción permite al *Dasein* tomar consciencia tanto de sí como del Ser (*Sein*). Es decir, cuando el ser humano se pregunta por su existencia y toma consciencia de sí mismo, lo que hace es pensarse a sí mismo como estructura de *Zeitlichkeit* (temporalidad), al mismo tiempo que se abre a sí mismo a pensar y comprender el sentido del Ser en general. En última instancia,

---

14. Ibid., §5. Véase también el original en alemán *Die fundamentale ontologische Aufgabe der Interpretation von Sein als solchem begreift daher in sich die Herausarbeitung der Temporalität des Seins* en *Sein und Zeit* (Tübingen: Max Niemeyer Verlag, 1927), §5.

Heidegger parece sugerir que para comprenderse a sí mismo como *Dasein*, el ser humano debe abrirse a comprender el sentido del Ser en general, lo cual, paradójicamente, no podría hacer sin pensarse y tomar consciencia de sí mismo como *Dasein*.

Con esta inversión, Heidegger rompe una herencia filosófica que había sido, hasta entonces, raramente cuestionada. Tradicionalmente, el tiempo era concebido como fondo neutro sobre el cual los entes aparecían, persistían y desaparecían. En su lugar, Heidegger introduce una torsión decisiva: no es el tiempo el que contiene al *Dasein*, es el *Dasein* el que abre el tiempo como horizonte de posibilidad. No hay un tiempo (entendido como *Zeitlichkeit*) anterior a la existencia, y no hay existencia (del *Dasein*) sin la temporareidad (*Temporalität*) del Ser (*Sein*) del *Da-Sein*. Es a través del *Dasein* que lo que entendemos como tiempo ocurre, se constituye y se deja ser. Por eso puede decirse, sin recurso al exceso, que sin *Dasein* no habría mundo, ni historia, ni devenir. Porque el acontecer necesita un *Da* (ahí) que permita al *Sein* (Ser) desplegarse como tal.

Desde esta perspectiva, todo devenir —del amor, del lenguaje, del sufrimiento o incluso de lo sagrado— acontece porque hay *Dasein*. No porque el *Dasein* lo cause, pero sí porque lo sostiene como experiencia. Nada acontece **para alguien** sin **alguien** que pueda recibir ese acontecer como tal. El mundo no se da por sí mismo: se da porque hay un ser capaz de acogerlo. Y no hay devenir sin un existir que lo habite, lo interprete, lo atraviese. El *Dasein* no produce lo que sucede, pero sin él, lo que sucede no sería ni **sucedido** ni **reconocido** como acontecimiento.

Esto permite comprender por qué Heidegger descarta cualquier teoría del tiempo que prescinda de la existencia humana. Lo que ocurre, ocurre no por la existencia de una secuencia objetiva de hechos, sino porque hay un ente que —al ser tiempo— sostiene el mundo como horizonte. No hay tiempo sin mundo. No hay mundo sin *Dasein*. Esta no es una formulación abstracta ni una tesis decorativa. Es, en su núcleo, una exigencia ontológica

Esta revisión de las nociones de Ser y de tiempo, y de la metafísica misma, nos lleva en última instancia a una nueva visión del ser humano. El *Dasein*, el ser-ahí-en-el-mundo, se encuentra en la

51

encrucijada de estas dos dimensiones de tiempo y Ser que acabamos de describir. Por un lado, su existencia corpórea lo ancla a una vida vivida en términos de presencialidad, de actualidad, que lo sujeta a la secuencia de momentos consecutivos y excluyentes a través de la cual irremediablemente vive su cotidianidad fáctica. Por otro lado, no obstante, su estructura ontológica, el Ser de su ser, lo proyecta hacia la temporalidad, permitiéndole englobar y trascender la sucesión lineal del tiempo para abarcar pasado, presente y futuro como una totalidad integrada y siempre accesible de significado en la que puede pensarse y comprender su auténtico Ser. Lo que esta dualidad, esta doble vida del *Dasein*, subraya por encima de todo es la complejidad del *Dasein*, viviendo momentáneamente mediante el cuerpo, mientras que, en su esencia más profunda, se extiende a través del vasto continuum del tiempo originario.

Capítulo 4

De la fenomenología al simbolismo

El fenómeno como potencia del Ser

Como hemos avanzado en el capítulo anterior, el concepto según el cual la posibilidad prevalece sobre la efectividad se presenta como un tópico recurrente en varias interpretaciones de la fenomenología. Además, se vincula directamente al desarrollo y expansión de tanto esta corriente de pensamiento como de la filosofía y la cultura occidentales en general. La posibilidad, en el terreno de la metafísica, recibe el nombre de «potencia» [*dynamis* (δύναμις)], mientras que la efectividad se denomina «acto» [*energeia* (ενέργεια)]. En este sentido, una cosa es un ente posible y otra diferente un ente efectivo. Tras el planteamiento de Heidegger, que en cierta manera escapa de la inmovilidad que defiende Parménides, la primacía ya no recaerá en el acto ni la presencia, sino en la posibilidad o potencialidad, que es anterior al acto. Todo cuanto existe, existe porque en algún momento pudo existir, y no meramente porque es un efecto consecuente de una acción previa.

Este debate de raíz aristotélica ya había surgido con fuerza en la filosofía medieval, y más concretamente de la mano de Juan Duns Scotus, quien sostuvo la tesis de la preeminencia de la potencia, es decir, de la posibilidad sobre el acto. Según Duns Scotus, lo primero es el no ente o la nada. Posteriormente está el ente, que viene a negar al no ente, por lo que el ente es el «no no ente» o la negación del no ente. Lo que Scotus viene a decirnos con ello es que el no ente es pura posibilidad que se convierte en acto a través de la negación de la posibilidad que es la efectividad.

En aras de lo expuesto hasta ahora, tanto brevemente a través de Duns Scotus como en mayor detalle con Heidegger, nuestro enfoque no se centrará en la metafísica del acto, es decir, de la presencia, sino en la de la potencia, extendiéndose por tanto hacia el ámbito de todos los entes posibles, y más allá de los posibles. No nos interesa lo real como real, sino las condiciones de posibilidad de que lo real se dé como tal. Lo que nos convoca no es la realidad en su estado actual, sino las condiciones bajo las cuales esta realidad tiene la potencialidad de darse. No nos interesan las condiciones efectivas sino las condiciones posibles. Es decir, nuestro estudio se ocupará del terreno de lo potencialmente realizable y no del de lo ya realizado.

Es aquí donde yace la importancia de la fenomenología, y de la crítica de Heidegger, pues su planteamiento y crítica filosófica desbrozan un camino hacia una metafísica no anclada en la presencialidad del acto sino abierta a la potencialidad de este, eso es, a la posibilidad de que algo pueda darse, aunque no se dé. Es más, ni siquiera nos interesa si se da, solo si se puede dar. Dicho fenomenológicamente, nuestro interés reside en las condiciones de posibilidad de que los fenómenos puedan realizarse y no en las condiciones de su actual realización. Nuestro objetivo no será describir los fenómenos en su estaticidad presencial, en su facticidad, sino abrirnos a su posibilidad, a su génesis más allá de su presencia.

No obstante, y como bien vieron tanto Husserl como Heidegger, la posibilidad la estudiamos, y solo la podemos estudiar, en la efectividad, pues es en el mostrarse de las cosas que estudiamos su poder mostrarse, su poder ser, del mismo modo que solo podemos abordar lo oculto a través del fenómeno dado. De lo contrario, estaríamos violando el principio de la fenomenología de estudiar lo que se muestra en los límites en que se muestra. La importancia de enlazar la crítica heideggeriana de la metafísica de la presencia y el tiempo con la fenomenología es que nos permite entender que el objeto de estudio de la fenomenología no es el fenómeno como acto, como objeto fáctico que es y se nos muestra aquí y ahora en toda su presencialidad, sino el fenómeno como lo que es y lo que, a su vez, puede ser sin ser aún o quizás nunca. El fenómeno, aunque abordado desde los límites de su manifestación, encierra una riqueza que trasciende su presencia, pues todo fenómeno es su actualidad juntamente con su potencialidad de ser. Uno no es solo lo que es, sino también lo que aún no es, pero puede ser. Uno es todo lo que puede ser. Nuestra esencia no se limita meramente a nuestro estado actual de ser, sino que abarca igualmente aquello en lo que tenemos el potencial de convertirnos. Cada uno de nosotros constituye la totalidad de todas sus posibilidades futuras. En ese sentido, el fenómeno no es lo que es sino todo lo que puede ser: lo efectivo y mesurable, pero también, y al mismo tiempo, lo oculto y no efectivo.

El fenómeno como revelación

El mismo Husserl deja claro en buena parte de sus textos que su objeto de interés no es el mero fenómeno como tal, *qua* fenómeno, sino si el fenómeno como posibilidad y, por tanto, cómo puede darse. Esta fue la auténtica revolución husserliana: desplazar el fenómeno-objeto factual de la centralidad como objeto filosófico de estudio para abordar su condición de posibilidad, entendida como correlación entre cómo se presentan los objetos y las formas en que el sujeto los experimenta. La importancia de la intencionalidad —concepto que trataremos en mayor detalle en futuros capítulos— reside explícitamente en este punto, pues lo que la intencionalidad de la consciencia viene a mostrarnos, entre otras cosas, es que el fenómeno es, en esencia, su condición de posibilidad como manifestación en la consciencia. Es decir, el fenómeno no surge *ex nihilo* del ego de la consciencia como si de un producto fabricado al azar se tratara, sino que emerge de su propia potencialidad como fenómeno de la consciencia. Este es un punto importante que nos permitirá sintetizar la fenomenología con el simbolismo.

Como hemos sugerido en el capítulo anterior, el aparecer del fenómeno no responde al régimen de la causa y el efecto, sino al de la temporalidad heideggeriana. Hablar del fenómeno en términos de temporalidad nos conduce indefectiblemente a entenderlo más allá de la metafísica de la presencia y, por tanto, como un manifestarse (*phainómenon*) que no es efecto de una causa sino más bien una revelación. Si el fenómeno no es un mero efecto de una causa, su aparecer no excluye ni niega su potencialidad sino todo lo contrario. Es decir, podemos decir que el fenómeno se revela en tanto que se muestra o se dona a sí mismo, pero a través de lo que le es otro. Del mismo modo que lo oculto se muestra por lo manifiesto, el fundamento se muestra por el fenómeno, lo invisible se muestra por lo visible, y lo indeterminado por lo determinado. En este sentido, y como hemos visto en el capítulo 2, todo fenómeno se revela así, como ser saturado que integra lo invisible y lo visible, lo oculto y lo manifiesto, lo efectivo y lo potencial. Es en este mismo sentido, y en virtud de todo lo dicho hasta ahora, que podemos avanzar la tesis de que el Ser se muestra a través de todo y todos. Aunque nosotros generalmente lo percibamos como fenómeno pobre, el Ser se muestra de muchas maneras, pero siempre según el símbolo.

Es a partir de la estructura presentada en los primeros cuatro capítulos, es decir, de los conceptos de Ser como temporalidad, fenómeno saturado y su revelación como forma de darse, que más adelante podremos articular la fenomenología como aquel campo filosófico que nos permitirá atender a aquello que excede los límites de nuestra comprensión, eso es, la experiencia de lo sagrado. Dicho de otro modo, estudiaremos lo que se oculta a través de lo que se muestra, lo que se puede dar a través de lo que se da y aparece. Cabe advertir de que, aunque el presente estudio aborda temáticas eminentemente religiosas, como la cuestión de la revelación, lo sagrado y la fe, nuestro enfoque se mantendrá en el campo de la filosofía fenomenológica y no de los discursos religiosos.

Bibliografía de la sección II

- Heidegger, Martin. *Introducción a la metafísica*. Traducción de Ángela Ackermann Pilári. Barcelona: Herder, 2025.
- Heidegger, Martin. *La época de la imagen del mundo*. Versión castellana de Helena Cortés y Arturo Leyte. En *Caminos de bosque*. Madrid: Alianza Editorial, 1996.
- Heidegger, Martin. *Ser y Tiempo*. Traducción de José Gaos. México: Fondo de Cultura Económica, 1951; reed. 2022.

Sección III

La fenomenología trascendental

Capítulo 5

Del escepticismo a la realización

El desvanecimiento de la duda cartesiana

Puede afirmarse que la fenomenología de Edmund Husserl, y por tanto la manifestación fenomenológica de los entes u objetos de la consciencia, redefine los límites y la naturaleza de la experiencia humana. Esto abre una brecha en la tradición de la filosofía occidental. Como resultado, se desencadena el desvanecimiento de la duda cartesiana, con la que el racionalismo moderno había recobrado la centralidad filosófica tras siglos de escolasticismo. Podríamos decir que el nacimiento de la filosofía racionalista moderna ocurre en el mismo momento en que Descartes plantea la hipótesis de un ente engañoso, cuestionando si lo que se percibe como real podría no serlo. No obstante, y paradójicamente, este interrogante marca el inicio de un desplazamiento hacia la confianza en la autenticidad de la manifestación de las cosas, instándonos a permitir su existencia sin restricciones. Para ello, obviamente, la filosofía más estrictamente fenomenológica tendrá que saltar las limitaciones que impuso el pensamiento cartesiano. Atendamos, no obstante, por un momento al argumento cartesiano para ver en qué sentido y de qué modo la fenomenología supera la duda de Descartes y abre un nuevo camino dentro de la filosofía occidental.

Descartes plantea dos fundamentos principales para cuestionar la fiabilidad del conocimiento sensible. El primero se centra en las ilusiones de los sentidos, argumentando que estos a menudo nos engañan al presentarnos una realidad distorsionada. El segundo fundamento alude a la experiencia de los sueños, durante los cuales se experimentan sensaciones indistinguibles de las de la vigilia, llevándonos a dudar de la capacidad de nuestros sentidos para discernir entre la realidad y la ficción. Y es por eso mismo, que Descartes escribe:

> Ahora bien, algunas veces he comprobado que esos sentidos eran engañadores, y es prudente no fiarse nunca por completo de quienes hemos sido alguna vez engañados.[15]

Cuando alguien nos ha defraudado claramente alguna vez, como podría ser en asuntos comerciales, sería imprudente y quizás insensato confiar nuevamente en esa persona, en vez de mantenerse escéptico respecto a sus acciones futuras. De manera similar, nuestros sentidos, que se ha demostrado que en numerosas ocasiones nos han llevado a error, invitan a una actitud de desconfianza. Dado que es un hecho bien establecido que los sentidos pueden fallar (como se menciona en el capítulo I, § 6 de *Los Principios de la filosofía*), la fiabilidad de las «cosas sensibles» queda en entredicho. No tenemos certeza de que los sentidos no nos estén engañando constantemente; al menos, no podemos estar seguros de su infalibilidad. Por ende, siguiendo la directriz metodológica de Descartes de considerar como falso aquello que no ofrece certeza absoluta, se concluye que el conocimiento derivado de los sentidos debe ser descartado.

Siguiendo a Descartes en sus *Meditaciones metafísicas I*, es válido afirmar que los sentidos fallan en casos puntuales, como al ver una torre lejana o una partícula minúscula sin instrumentos. Sin embargo, también nos ofrecen certezas indudables, por ejemplo: que estoy aquí, sentado junto al fuego, vestido con una bata y sosteniendo este papel en las manos.

No obstante, la posibilidad de dudar de realidades evidentes, como el acto de escribir en este mismo momento, ¿no podría asimilarse a las ilusiones de aquellos que, perdidos en su locura, se creen reyes o generales? Descartes responde a este planteamiento diciendo:

---

15. René Descartes, *Obras filosóficas*, vol. I, Primera Meditación, trad. de Manuel García Morente, ed. y est. introd. de Cirilo Flórez Miguel (Madrid: Gredos, 2011), 166.

Sin embargo, tengo que considerar que soy hombre, y que por consiguiente acostumbro dormir y representarme en mis sueños las mismas cosas, y algunas veces hasta menos verosímiles, que esos insensatos cuando están despiertos.[16]

Y sigue reflexionando, sobre la experiencia de soñar, cuando en ocasiones se encuentra uno mismo en un estado de vigilia, escribiendo, tal como podría estarlo en la realidad, cuando en verdad se hallaba dormido y en reposo en su lecho. Dice:

Pero, pensando en ello con cuidado, me acuerdo de haber sido engañado con frecuencia por semejantes ilusiones mientras dormía. Y al detenerme en este pensamiento; veo con tal evidencia que no hay indicios concluyentes, ni marcas tan ciertas por las cuales se pudiese distinguir con nitidez la vigilia del sueño, que me lleno de extrañeza; y esta extrañeza es tal, que es casi capaz de persuadirme de que estoy dormido.[17]

De manera crucial, hasta este punto, carecemos de un signo fiable que nos permita distinguir con certeza entre la vigilia y el estado onírico, ya que no existe forma clara de diferenciarlos. A partir de estos dos argumentos se desprende, por tanto, que cualquier conocimiento obtenido a través de los sentidos es susceptible de duda.

Ante lo dicho, podemos argumentar en contra de Descartes que su metodología obstaculiza la auténtica revelación de las cosas y sugerir que si las cosas no se manifiestan libremente no es por una incapacidad inherente a ellas, sino porque Descartes mismo, a través de su escepticismo, impide su manifestación. Esta crítica apunta a que Descartes atribuye a los sentidos la responsabilidad de esta limitación, cuando en realidad, es su propia predisposición lo que restringe la percepción genuina de la realidad. Dicho de otro modo, las cosas no se revelan en su seidad por su posible irrealidad o

---

16. Ibid.
17. Ibid.

falta de veracidad en su manifestación, sino más bien por la propia predisposición hacia la desconfianza del discurso cartesiano.

Esta «contraduda» se basa en la actitud fenomenológica que sostiene que lo apropiado no es dudar, sino comprender la naturaleza de las cosas tal como se presentan, evitando la suposición de que estas no se estén manifestando como realmente son. Para comprender la naturaleza de lo que se nos da en la consciencia, por tanto, debemos dejar que las cosas se den en su propia forma de darse. Como ya hemos anticipado en algunos momentos de nuestra exposición, y como iremos viendo más adelante en mayor detalle, no todo lo que percibimos se manifiesta siempre en su esencia verdadera y no todo se manifiesta de un mismo modo. Los entes del dominio físico se hacen visibles de manera tangible, mientras que los entes psíquicos se expresan mediante símbolos. Por otro lado aún, en el caso de lo divino, su presencia se conoce a través de la revelación. Es crucial, así pues, empezar por entender el modo específico en que cada entidad se revela.

Aplicar un escepticismo absoluto a toda la realidad, y especialmente a su manifestación, resulta finalmente insostenible. Los filósofos pueden iniciar su búsqueda desde una duda universal, pero no pueden sostener esa postura indefinidamente. En algún momento, la certeza se vuelve necesaria para que la investigación misma tenga valor o sentido. Para preservar ese valor, el escepticismo cartesiano otorga primacía a la consciencia individual, o al sujeto, sugiriendo que solo la razón ofrece verdades incontestables. Si los sentidos pueden engañar, la razón se presenta como la única fuente de principios indudables. Así, en lugar de dejar que las cosas se manifiesten para poder entenderlas en su propia seidad, el racionalismo cartesiano fundamentado en la duda termina por (re)construir la realidad bajo el amparo de la razón y sus propias normas.

Bajo el espíritu cartesiano, las cosas no son vistas por cómo se muestran o revelan en la consciencia, sino tal como se filtran por las estructuras de una racionalidad que las perfila. Ante esto, y siguiendo este mismo espíritu, podríamos no obstante plantear la pregunta de por qué no deberíamos también dudar de esa razón, de sus propias estructuras y, por extensión, de la misma capacidad de dudar. Quien cuestiona todo, debe estar dispuesto a someter incluso su propio escepticismo a escrutinio. En última instancia, si seguimos esta línea, llegaremos a la conclusión de que lo único que se resiste a cualquier duda acaba siendo la propia subjetividad que duda.

Así, y contra la perspectiva cartesiana bajo la cual las cosas quedan aprisionadas en esquemas conceptuales que la razón impone, el enfoque fenomenológico sugiere que el ser humano debe liberar las cosas de dichos esquemas conceptuales para permitir que se manifiesten en sus propios términos y seidad. Ante esto, podemos ahora afirmar que el enemigo de la fenomenología y el símbolo no es otro que el «genio maligno» cartesiano que establece la sospecha de lo que se muestra, al mismo tiempo que instaura el régimen de la conceptualidad como fundamento. Más concretamente, el genio maligno desconfía de lo que aparece como real y concluye que o bien se esconde tras una apariencia falsa o permanece completamente velado. A raíz de esto, solo podemos conocer lo que nosotros creamos en el concepto. Debido a que, según el planteamiento cartesiano, los sentidos nos engañan y, en última instancia, lo visible no nos llevará nunca a lo invisible. Lo único que puedo conocer como verdadero es lo que yo mismo pienso.

No obstante, y como Rilke sostiene: «En tanto no recojas sino lo que tú mismo arrojaste, todo será no más que destreza y botín sin importancia».[18] Es decir, según el planteamiento cartesiano, la realidad nunca puede ser más que el producto de la habilidad del pensador; por lo tanto, carece de valor intrínseco. Desde esta perspectiva, el genio maligno solo puede entenderse como una herida en la consciencia. Porque una consciencia que sospecha de sí misma es una consciencia herida o fracturada que expresa una ruptura entre la certeza sensible y el mundo invisible. Por eso, el genio es maligno, es decir, es *diabolo*, porque es aquello que, como el mismo término sugiere en latín, separa o divide.

---

18. Rainer Maria Rilke, citado en Hans-Georg Gadamer, *Verdad y método*, trad. de Ana Agud Aparicio y Rafael de Agapito, 5ª ed. (Salamanca: Ediciones Sígueme, 1993).

La ilusión según el *vedānta*

Lejos de la perspectiva de la filosofía occidental, y más específicamente de su dimensión cartesiana, el *vedānta advaita* sostiene precisamente que la esencia de nuestro ser es divina, es decir, somos pureza, perfección y libertad eterna. No se trata de transformarnos en Brahman, sino de reconocer que ya somos Brahman. Nuestro *ātman*, o verdadero yo, es inherentemente uno con Brahman. Sin embargo, surge la interrogante: si nuestra esencia es divina, ¿por qué nos resulta tan difícil percibirla? La respuesta yace en el concepto sánscrito de *māyā*, y que podemos traducir como 'ignorancia' o 'ilusión'. *Māyā* actúa como un velo ocultando nuestra verdadera naturaleza y la realidad del mundo. Es un misterio, cuyo origen y propósito se nos escapan, pero que al mismo tiempo sabemos que se disipa ante el conocimiento de nuestra divinidad intrínseca.

Brahman constituye la Verdad fundamental de nuestra existencia; es en Brahman donde encontramos vida, movimiento y Ser. Según los *upaniṣads*, textos sagrados del *vedānta*, «Todo esto es Brahman»[19]. El universo en constante cambio es como las imágenes de una película proyectadas en una pantalla; sin la pantalla permanente de Brahman, el mundo carecería de realidad. Nuestra percepción de la realidad, sin embargo, está distorsionada por el tiempo, el espacio y la causalidad. Esta visión errónea se agrava al identificarnos con el cuerpo, la mente y el ego, en lugar de con el *ātman*, nuestro ser divino, desencadenando un ciclo de ignorancia y sufrimiento. Al identificarnos con aspectos efímeros de nuestra existencia, tememos a la enfermedad, el envejecimiento y la muerte. Al aferrarnos al ego, experimentamos emociones destructivas. No obstante, nada de esto altera nuestra verdadera esencia, el *ātman*.

Śaṅkara, el gran maestro del siglo VII n. e., utilizó la analogía de la cuerda y la serpiente para explicar *māyā*. Uno puede temer a una serpiente en la oscuridad, pero el miedo desaparece al descubrir que solo es una cuerda. De manera similar, la ilusión de nuestra mortalidad y la apariencia del universo se disuelven al reconocer

---

19. *Chāndogya Upaniṣad*, 3.14.1

que todo es Brahman. En última instancia, comprendemos que Brahman lo permea todo. *Māyā* es como las nubes que ocultan el sol; el sol sigue brillando, pero no podemos verlo debido a las nubes. Nuestras «nubes» personales —egoísmo, odio, codicia— se disipan mediante la meditación en nuestra verdadera naturaleza y la práctica del altruismo y la disciplina, revelando así nuestra divinidad.

CAPÍTULO 6

El retorno al Ser de las cosas

Husserl: la consciencia intencional y el nacimiento del fenómeno

La crítica de la que parte la fenomenología de Husserl es que, bajo la batuta de la metafísica tradicional, nos hemos ido aproximando a las cosas a la luz de los conceptos que la misma metafísica había creado, en lugar de permitir que las cosas pudieran mostrarse en su propia fenomenalidad. Esta construcción conceptual de raíz cartesiana, y resultado directo de la duda del genio maligno, es de tal magnitud que gradualmente hemos dejado de crear conceptos que nos permitan expresar las cosas mismas, tal como ellas son, para acabar buscando cosas que se adapten a los conceptos previamente creados.

En ese sentido, la filosofía y la metafísica tradicionales, y especialmente el kantianismo del siglo XIX que ocupaba la centralidad filosófica del momento, priorizan los conceptos que hemos creado *a priori*, de tal modo que las cosas terminan teniendo sentido únicamente cuando se adaptan a dichos conceptos. En otras palabras, el mapa conceptual metafísico y filosófico es el que acaba inyectándole significado al mundo, independientemente de cómo el mundo se nos pueda revelar a través de la experiencia. En este contexto, la fenomenología de Husserl emprende un largo viaje para volver a las cosas mismas, como el mismo Husserl pregona, para hacerles justicia y poder salvarlas de la conceptualización y el sentido que se les ha impuesto.

Heidegger retoma más tarde esta crítica de manera especialmente detallada abordando el término griego *orthotes*, que podemos traducir como 'la corrección de la representación', con el cual nos remite a Platón para ilustrar cómo la realidad, al presentarse ante nosotros, es posteriormente reinterpretada mediante nuestras ideas. Esto implicará que la Verdad no reside en las manifestaciones directas de la realidad, sino en nuestro pensamiento acerca de dichas manifestaciones. Según Heidegger, el origen de la noción de subjetividad, característica de la modernidad, se encuentra en la filosofía de Platón. En este paradigma filosófico, el ser humano pasa a ser concebido como el sujeto, como el fundamento de la verdad, situando así la esencia de la Verdad en el sujeto humano más que en la realidad «externa» que se manifiesta. Más aún, esta perspectiva inaugura un giro hacia la interioridad, donde la Verdad es entendida como algo que subyace en el ser humano, y no necesariamente en el mundo tal como se nos presenta a través de la experiencia.

La denuncia, así pues, de tanto Husserl como Heidegger, es que una vez instaurada la primacía del concepto, la cosa ya no habla libremente, porque solo puede hablar según el modo y el marco del concepto. Es precisamente ante esta posición, fundamentada en la filosofía y la metafísica tradicionales, que ambos proponen volver a las cosas en sí. Husserl sugiere volver a las cosas mismas y Heidegger, al Ser de las cosas. Aunque cada uno diseñará una respuesta filosófica diferente, con procedimientos y objetivos divergentes, ambos compartirán la noción de permitir que las cosas nos hablen, nos penetren, nos habiten.

En el caso de Husserl, una vez que las cosas estén en nuestra consciencia, podremos estudiarla con detenimiento como el campo de aparición o manifestación de las cosas. No obstante, la consciencia a la que Husserl hace referencia no es una supuesta consciencia pura, como si de una caja vacía se tratara, sino de una consciencia habitada por las cosas. Para explicar esta noción, el mismo Husserl articula el concepto de la «intencionalidad» de la consciencia con la que viene a postular la idea de que la consciencia está siempre, y por defecto, orientada hacia un objeto. Por lo tanto, hablar de la consciencia es hablar, indefectiblemente, de la consciencia-de-algo, como una especie de unidad cuyos elementos fundadores —la consciencia y su objeto— aunque eminentemente diferentes el uno del otro, solo pueden entenderse en relación el uno con el otro. Es por eso que Husserl, en respuesta a Descartes, dirá que no hay *cogito* puro sino *cogito* con *cogitatum*, del mismo modo que no hay pensamiento sin algo que sea pensado, siendo lo pensado lo que habita en la consciencia como pensado. Con este argumento, la fenomenología de Husserl pretende liberar lo pensado de las cadenas del pensamiento para que el objeto emerja y, con su emerger, también lo haga el mismo acto de pensar, el acto de la consciencia, en toda su riqueza. Es a partir de ahí, según Husserl, que podremos estudiarlo tal como aparece a nuestra reflexión filosófica. Es en este sentido que Husserl afirma que la fenomenología es la ciencia de la consciencia, eso es, el estudio que da acceso a una comprensión objetiva y no adulterada del mundo como objeto de la consciencia. Más adelante abordaremos esta cuestión en mayor profundidad.

La respuesta husserliana de la intencionalidad de la consciencia asume, así pues, una revisión de la noción platónica, y también cartesiana, de sujeto y objeto. Esta relación intencional, que es más originaria que el sujeto y el objeto en sí mismos, abre un nuevo campo al que Husserl llamará la «consciencia intencional» y a veces la «subjetividad del sujeto». La correlación de la consciencia con su objeto intencional se transforma de tal manera que cualquier acción específica se adapta y cambia con el tiempo; no es una relación aislada ni estática, sino que más bien se produce en un entorno dotado de múltiples acciones posibles que podrían realizarse. Estas opciones pueden, en cualquier momento, llevar a cabo su función, relegando la acción original a una posición menos destacada. En este marco, cada acción experimenta un cambio en sí misma y también compite con otras posibles, creando un dinamismo complejo. En este contexto, la correlación entre la consciencia y el objeto es dinámica y transformadora. Cuando la cosa se presenta en la consciencia, se convierte en un objeto intencional de la consciencia. La consciencia imparte la forma de la consciencia a la cosa, lo que modifica a ambas.

Este cambio o modificación, no obstante, no debe entenderse como un retorno a las posiciones metafísicas tradicionales vistas anteriormente, ya sea de Platón o de Descartes. En ellas, la consciencia, como un faro en medio de la noche, llena de luz sus objetos, creándolos de la nada con su propia forma y significado preestablecido. Al contrario, la interacción entre la cosa y la consciencia da lugar a una entidad híbrida conocida como «fenómeno» que, como veremos, constituye la base para toda interpenetración de la consciencia por las cosas y viceversa. En este contexto, debemos distinguir entre, por un lado, la consciencia pura y libre de toda influencia externa, y, por el otro, la «cosa pura» como concepto meramente teórico, dado que su existencia independiente de la consciencia es inverificable. En otros términos, esto significa que el ser humano para Husserl experimenta las cosas a través de la consciencia, es decir, siendo consciente de ellas. Como mencionamos anteriormente, no puede haber consciencia por sí sola si no está siendo consciente de algo. Del mismo modo, tampoco es posible asignar objetividad a ninguna cosa más allá de nuestra consciencia de ella.

Este planteamiento nos lleva, por lo tanto, a la conclusión de que las «cosas puras» teóricas, lo que Kant llamaría las «cosas en sí», como cosas con vida y significado propios y desligadas de la percepción consciente, son filosóficamente indeterminables.[20] Desde la fenomenología, solo puede hablarse de la cosa en cuanto que objeto intencional de la consciencia, es decir, como cosa que se ha manifestado o ha aparecido en la consciencia, pero a su propia manera.

La correlación entre consciencia y cosa en ese encuentro implica que ninguna de las dos permanece idéntica. Si la cosa se nos muestra a su manera o en su transformación en fenómeno, la consciencia deberá también asemejarse, abrirse, a la cosa *qua* fenómeno para poder comprenderla en su propia manifestación. Esta transformación de tanto la consciencia como de la cosa que ocurre en su encuentro intencional también ha recibido el nombre de «inversión ontológica».

---

20. Georges Dicker, "Kant's Transcendental Idealism," *in Kant's Theory of Knowledge: An Analytical Introduction* (Oxford: Oxford University Press, 2004), 43. Traducción propia.

La fenomenología como filosofía trascendental

La manera en que Husserl dibuja esta relación de la consciencia con el objeto intencional en términos de transformación y cambio, tanto del uno como del otro, tiene un claro vínculo con la filosofía de Hegel, para quien ser y pensar son lo mismo. Expuesto muy brevemente y de manera simplificada, podemos decir que, para Hegel, el Ser vendría a ser lo que él mismo llama el Espíritu, y que podríamos tomar como Dios, mientras que el pensar sería su actividad. Cuando el Ser crea al mundo, esa actividad se emancipa de Él, porque para poder pensarse, Dios necesita compararse, ya que el «yo» solo puede conocerse a través del «no yo». Por lo tanto, siempre hay un *exitus*, o 'salida' y un *reditus*, o 'retorno', porque desde la lógica de Hegel, pensar es retornar a uno mismo. No obstante, sería imposible retornar sin antes salir, extraviarse, trascenderse, por lo que en este caso se hace necesario lo que llamaríamos extravío divino. En dicho extravío del Espíritu, ser y pensar son distintos porque el pensamiento de Dios está extraviado y la identidad se recupera en el autoconocimiento del Ser de sí mismo. Es allí donde Dios se recupera a sí mismo a través del pensar.

Desde la concepción hegeliana, en los principios de la historia, Dios dice «soy», y luego pregunta «¿qué soy?». Esta pregunta es una necesidad, ya que el «Soy», por sí solo, carece de algo o alguien con lo cual compararse, y por lo tanto no sabe que no es, porque no hay otro fuera de Él y no tiene un parangón con el que medirse. La respuesta a la afirmación «soy» y a la pregunta «¿qué soy?» es: «nada». Ante dicha respuesta se desespera y se rompe la plenitud, o el *pléroma*, y es dicha desesperación lo que crea el universo objetual. Esta sería la historia del universo con un Dios enajenado o perdido en el universo, pero que a través de la historia de la filosofía va progresando en su autoconocimiento, hasta que el conocimiento de Dios llega a Dios mismo y recupera su identidad. Este mismo progreso es lo que Heidegger denominará más tarde el *itinerarium admentideum*, o 'el itinerario de la mente hacia Dios', pero que Hegel adopta a partir del *pléroma* de Plotino para efectuar su articulación. En su *Introducción a la filosofía del derecho*, Hegel dirá que «Todo lo real es racional y todo lo racional es real» apuntando precisamente a esa reunión del pensamiento y Ser.[21]

Lo aquí dicho sobre Hegel y esta concepción de Dios y la creación aclara la «fenomenología trascendental» de Husserl. Para Husserl, la fenomenología es trascendental porque entiende que la consciencia, o el potencial cognitivo, no reposa meramente en sí mismo. La consciencia no está orientada, tensionada o tendida hacia sí misma, sino hacia al mundo, eso es, «fuera» de ella. Esta idea de la intencionalidad de la consciencia es lo que, más tarde, Sartre también llamará «la trascendencia del ego». Como ya hemos visto, si en un primer momento Husserl afirma que no hay *cogito* sin *cogitatum*, o no hay consciencia sin mundo para ser pensado (porque, de otro modo, ¿qué pensaría la consciencia?). Al mismo tiempo también nos está diciendo que «no hay mundo sin consciencia», como hemos argumentado anteriormente al definir el objeto como objeto necesariamente intencional.[22] Esta relación entre consciencia y objeto intencional implica que la consciencia nunca es primeramente consciencia de sí. Aunque toda reflexión o meditación signifique un retorno hacia sí misma, todo retorno implicará primero una pérdida, una salida, un extraviarse, como Hegel bien ha mostrado. Eso es, la autoconsciencia, el ser consciente de uno mismo, implica una consciencia del mundo previa, sin la cual no podría haber autoconsciencia alguna.

Por eso, Sartre afirma que, en la filosofía de Husserl, el ego está orientado hacia las cosas, de tal manera que no hay consciencia por un lado y mundo por otro, como incorrectamente algunos autores habían afirmado, sino que hay una consciencia-mundo o consciencia-del-mundo. El mismo Sartre sostiene que yo soy consciente de mí cuando soy consciente del mundo porque soy un ser en el mundo.[23]

---

21. G. W. F. Hegel, *Introduction to the Philosophy of History: With Selections from The Philosophy of Right*, trans. and introd. Leo Rauch (Indianapolis: Hackett Publishing Company, 1988), 10 (x). Traducción propia.
22. Citado en James K. A. Smith, *The Fall of Interpretation: Philosophical Foundations for a Creational Hermeneutic* (Baker Publishing Group, 2012), 94. Traducción propia.
23. Jean-Paul Sartre, *El ser y la nada: ensayo de ontología fenomenológica*, trad. Hazel E. Barnes (Madrid: Alianza, 2005), 10.

Si no soy consciente del mundo tampoco puedo ser consciente de mí. No hay un Ser por un lado y un mundo por otro, sino que la consciencia está «arrojada» en el mundo, como diría Heidegger, por lo tanto, no puede ser más que consciencia del mundo.

En este contexto, debemos entender la crítica que hace la fenomenología en general y Husserl en particular. Criticó lo que llamó «psicologismo», que es la posición que afirma que los seres humanos pueden conocerse a sí mismos en su consciencia sin haber pasado por la mediación del mundo como fenómeno de la consciencia. Para Husserl, psicologismo implica que la consciencia se sumerge en sí misma sin haber sido influenciada directamente por el mundo «externo». El psicologismo se centra exclusivamente en los contenidos de la psique, ignorando cualquier influencia externa. Ante esta posición, Husserl sostiene que el mundo y la consciencia son inseparables —como hemos mostrado más arriba con la ayuda de Sartre—, a raíz de lo cual resulta inviable investigar el mundo prescindiendo de la consciencia, como lo intenta hacer la ciencia, o explorar la consciencia sin considerar su relación con el mundo, como lo hace la psicología. Aquellos que se conocen a sí mismos sin haber conocido el mundo hacen filosofías intestinas o filosofías de la interioridad. Se refugian en la interioridad, pero esa supuesta interioridad no está poblada de cosas, no está penetrada por cosas y, por lo tanto, no es más que una introversión, pero en ningún caso podrá considerarse una introspección.

Es a partir de esta crítica al psicologismo que la fenomenología de Husserl puede presentarse como estrictamente trascendental, porque su objeto de estudio no es una consciencia introspectiva que ha perdido su relación con el mundo, sino una que está relacionada con este y en cuya relación se trasciende a sí misma por defecto. Solo una consciencia que es capaz de observar algo, al fin de cuentas, puede volverse sobre sí y observar la observación misma, como Hegel bien ha expuesto. Si es incapaz de observar un objeto, tampoco podrá observarse a sí misma. Ya que solo puede verse, debe salir y trascenderse para poder conocerse. Dicho de otro modo, solo la consciencia que puede mirarse en un espejo puede conocerse a sí misma.

Capítulo 7

La destrucción del concepto

Crítica de Heidegger a la ontología clásica

Como hemos visto, la irrupción de la fenomenología de Husserl —más allá de todo positivismo y psicologismo— asume un replanteamiento radical de la relación del ser humano con el mundo. Propone la consciencia intencional como condición de posibilidad para que el objeto pueda darse como fenómeno, eso es, sin presuposiciones ni conceptualizaciones. Por lo tanto, el objeto puede conocerse en su propia seidad como objeto-de-la-consciencia. No obstante, y siguiendo ahora a Martin Heidegger, este planteamiento se detiene y se acomoda en los límites de la epistemología, eso es, del conocimiento, reduciendo la existencia tanto del fenómeno como de la consciencia a objetos del conocimiento. En este contexto, Heidegger abre la investigación filosófica al terreno de la ontología, es decir, del Ser, transcendiendo la epistemología o el saber. Para ello, no obstante, el mismo Heidegger desplegará antes que nada una crítica a la ontología tradicional. En *Ser y Tiempo*, Heidegger sostiene lo siguiente:

> Con la caracterización provisional del objeto temático de la investigación (el Ser de los entes o el sentido del Ser en general) parece estar trazado ya también su método. Destacar el Ser de los entes y explicar el Ser mismo es el problema de la ontología. Y el método de la ontología resulta cuestionable en sumo grado, mientras se pretenda

pedir consejo acerca de él a las ontologías de la tradición histórica u otros intentos semejantes.[24]

En su reflexión, Heidegger sostiene que el tema de la ontología radica en la pregunta por el Ser. Sin embargo, critica la aproximación metodológica que ha predominado en el pensamiento occidental para tal indagación, considerándola inadecuada y deficiente. Según él, la ruta hacia el Ser ha sido trazada erróneamente. Por ende, propone replantear este interrogante fundamental que ha inquietado a Occidente, pero bajo una perspectiva metodológica distinta, una que nos conduzca adecuadamente hacia el Ser. En este contexto, Heidegger prosigue argumentando:

> Como el término de ontología se usa en un sentido formalmente lato para designar esta investigación, el camino consistente en aclarar el método de esta por medio de su historia se prohíbe del suyo. Con el uso del término de ontología tampoco se habla en favor de una disciplina filosófica determinada que esté en relación con las restantes. No se trata en absoluto del problema de una disciplina previamente dada, sino a la inversa: es la necesidad objetiva de determinadas cuestiones y de la forma de tratarlas requerida por las «cosas mismas» de donde puede salir si acaso una disciplina.[25]

Heidegger sostiene que la ontología no es una disciplina en sí misma, sino que más bien representa un campo de temas fundamentales tales como el Ser, la nada, la entidad, el tiempo, el fundamento y la esencia, que pueden abordarse desde diversas disciplinas. De este modo, impide que la ontología se encasille en una única categoría disciplinar y la presenta como una amalgama de cuestiones filosóficas profundas. En este contexto, Heidegger añade:

---

24. Martin Heidegger, *Ser y tiempo*, traducción de José Gaos (México: Fondo de Cultura Económica, 1951), §7.
25. Ibid.

Con la directiva pregunta que interroga por el sentido del Ser está la investigación ante la cuestión fundamental de la filosofía en general. La forma de tratar esta cuestión es la fenomenológica. Con esto no se adscribe este tratado ni a una «posición», ni a una «dirección», porque la fenomenología no es ninguna de las dos cosas, ni puede llegar a serlo nunca, mientras se comprenda a sí misma. La expresión «fenomenología» significa primariamente el concepto de un método. No caracteriza el «qué» material de los objetos de la investigación filosófica, sino el «cómo» formal de esta. Cuanto más genuinamente se explaya el concepto de un método y cuanto más ampliamente determina el sesgo fundamental de una ciencia, tanto más originalmente está arraigado en la brega con las cosas mismas, tanto más se aleja de lo que llamamos un artificio técnico, de los que hay muchos también en las disciplinas teoréticas.[26]

Así, según el mismo Heidegger, el método de la fenomenología desplaza el enfoque tradicional de la filosofía que coloca el método antes de la experiencia, y en su lugar prioriza la experiencia directa de las «cosas mismas». A diferencia de la actitud filosófica convencional, que insiste en definir un método antes de abordar el objeto de estudio, la fenomenología invierte este orden, argumentando que es en el encuentro inmediato con las «cosas mismas» donde se revela el método más adecuado para su comprensión. No es la reflexión metodológica previa la que ilumina el camino hacia el conocimiento del ente, sino la relación directa con este. Esta perspectiva fue inicialmente introducida por Husserl, pero fue Heidegger quien la llevó a su máxima expresión, enfatizando que acercarse a las «cosas mismas» debe ser un proceso libre de la interferencia metodológica. El posicionamiento de Heidegger, así pues, implica reconocer que ya estamos en presencia del ente y que este, a su vez, reside en nosotros. Según la fenomenología, y como hemos visto en el capítulo anterior, sujeto

---

26. Ibid.

y objeto no están disociados, sino intrínsecamente interconectados. Esto implica afirmar, tanto desde la óptica de Husserl como la de Heidegger, que el conocimiento no es un viaje hacia un «otro», sino un acto de revelación recíproca. En este contexto Heidegger afirma que el método no conduce al ente, sino a un reconocimiento de la unión inherente entre sujeto y objeto.

> El título «fenomenología» expresa una máxima que puede formularse así: «¡a las cosas mismas!», frente a todas las construcciones en el aire, a todos los descubrimientos casuales, frente a la adopción de conceptos solo aparentemente rigurosos, frente a las cuestiones aparentes que se extienden con frecuencia a través de generaciones como «problemas». Pero esta máxima —se podría replicar— es más que comprensible de suyo y encima es la expresión del principio de todo conocimiento científico.[27]

Heidegger sostiene que la fenomenología trasciende la noción de ser una mera disciplina científica o un compendio de conceptos y procedimientos, adoptando una postura de atención exclusiva a las «cosas mismas». Este enfoque implica despojar el objeto de estudio de todo el aparato conceptual previamente construido que oscurece la percepción directa de las cosas. Según Heidegger, la filosofía ha tendido a construir conceptos que eventualmente enmascaran los objetos de su estudio. Es decir, las cosas se manifiestan ante nosotros, pero la filosofía tiende a envolverlas en conceptos que terminan por ocultar su verdadera naturaleza. Por lo tanto, la labor de la fenomenología consiste en desentrañar o desvelar estas cosas, despojándolas del caparazón conceptual que las oculta. Por eso, según Heidegger, fundamentar no significa añadir o superponer conceptos, sino más bien despejar o extraer elementos para revelar lo que yace en la base.

Por eso, en *Interpretaciones fenomenológicas sobre Aristóteles*, Heidegger se refiere a la destrucción con las siguientes palabras:

---

27. Ibid.

Capítulo 7: La destrucción del concepto

La filosofía que se practica hoy en día se mueve, en gran parte y de manera impropia (*uneigentlich*), en el terreno de la conceptualidad griega, a saber, en el terreno de una conceptualización que se ha transmitido a través de una cadena de interpretaciones heterogéneas (*Interpretationen hindurchgegengen ist*). Los conceptos fundamentales han perdido sus funciones expresivas originarias (*ursprünglichen*) y siguen el patrón de determinadas regiones de la experiencia objetiva [...]. Por consiguiente, la hermenéutica fenomenológica de la facticidad en la medida en que pretende contribuir a la posibilidad de una apropiación radical de la situación actual de la filosofía por medio de la interpretación —y esto se lleva a cabo llamando la atención sobre las categorías concretas dadas previamente—, se ve obligada a asumir la tarea de deshacer el estado de interpretación heredado y dominante, de poner de manifiesto los motivos ocultos, de destapar las tendencias y las vías de interpretación no siempre explicitadas y de remontarse a las fuentes originarias que motivan toda explicación por medio de una estrategia de desmontaje. La hermenéutica, pues, cumple su tarea solo a través de la destrucción (*Destruktion*). La investigación filosófica [...] es conocimiento «histórico» en el sentido radical del término. La confrontación destructiva con su historia no es para la investigación filosófica un simple procedimiento destinado a ilustrar cómo eran las cosas antaño, ni encarna el momento de pasar ocasionalmente revista a lo que otros «hicieron» antes, ni brinda la oportunidad de esbozar entretenidas perspectivas acerca de la historia universal. La destrucción es más bien el único camino a través del cual el presente debe salir al encuentro de su propia actividad fundamental; y debe hacerlo de tal manera que de la historia brote la pregunta constante de hasta qué punto se inquieta el presente mismo por la apropiación y por la interpretación de las posibilidades radicales y fundamentales de la experiencia. Así, los proyectos de una lógica radical del origen (*eine radikale Ursprunglogik*) y las primeras contribuciones a la ontología se esclarecen de una manera fundamentalmente crítica [...] Aquello que no logramos interpretar y expresar de un modo originario (*ursprünglich*), no sabemos custodiarlo en su autenticidad (*eigentlicher*).[28]

Fundamentar no consiste en sumar o aplicar nuevos conceptos, sino en extraer o eliminar lo superfluo para dejar emerger lo fundamental. No se trata de acumular conceptos que finalmente oculten el objeto, sino de desmantelar o remover las estructuras conceptuales que impiden su visión clara. Es solo tras haber desmantelado o removido la tradición metafísica y la historia filosófica, que el Ser se podrá revelar de manera nítida y distinta.

La «vía de la remoción»

En relación con este tema del desmantelamiento de la tradición filosófica y metafísica, Heidegger prestó especial atención a Santo Tomás de Aquino y su «vía de la remoción». Una de las primeras afirmaciones de la *Suma contra los gentiles* es justamente que «de Dios no podemos saber qué es, sino que no es», pues, como añade posteriormente, «para el conocimiento de Dios es necesario utilizar la vía de la remoción». Así escribe:

> Después de haber demostrado que existe un primer ser, que llamamos Dios, es necesario que asignemos cuáles son sus títulos (c. 9). Para estudiar la substancia divina hemos de valernos principalmente del método de remoción, porque, sobrepasando por su inmensidad todas las formas de nuestro entendimiento, no podemos alcanzarla conociendo qué es. Sin embargo, podemos alcanzar alguna noticia conociendo «qué no es», y tanto mayor será cuanto más niegue de ella nuestro entendimiento, porque el conocimiento que tenemos

---

28. Martin Heidegger, *Interpretaciones fenomenológicas sobre Aristóteles (Indicación de la situación hermenéutica)* [Informe Natorp], ed. y trad. Jesús Adrián Escudero (Madrid: Trotta, 2002), 50-52.

de cada uno de los seres es tanto más perfecto cuanto más percibimos sus diferencias de los otros seres, pues cada cosa tiene un ser propio, distinto de los otros. Y de aquí que, tratándose de seres cuya definición poseemos, en primer lugar, les damos un género, que nos hace ver qué son en general; después les añadimos sus diferencias, que los distinguen de los otros seres; y así tenemos conocimiento perfecto del ser. Mas en el estudio de la substancia divina no podemos servirnos de la quiddidad como género. Es necesario acudir a las diferencias negativas para distinguirla de otros seres, porque tampoco podemos hacerlo por las diferencias afirmativas. Si se trata de diferencias afirmativas, una nos conduce a la otra y nos aproxima a una designación más completa del Ser a medida que nos hace distinguirlo de los demás. Si es de diferencias negativas, una es restringida por otra, que hace al ser distinguirse de muchos otros. Al afirmar, por ejemplo, que Dios no es accidente, lo distinguimos de todos los accidentes; si decimos después que no es cuerpo, lo distinguimos también de algunas substancias; y así ordenadamente, por medio de negaciones, vamos distinguiéndole de todo lo que no es Él. Y tendremos conocimiento propio de su substancia cuando veamos que es distinta de todo otro ser, aunque no será perfecto, porque no se conoce qué es en sí mismo. Si queremos, pues, proceder al conocimiento de Dios por vía de remoción, tomemos como principio lo que ya se ha demostrado (c. prec.), es decir, que Dios es completamente inmóvil, verdad confirmada por la Sagrada Escritura. Dice Malaquías: «Porque soy Dios y no cambio»; y Santiago: «En el cual no se da mudanza»; y en los Números: «No es Dios como el hombre para que se mude».[29]

El aquinatense propone, así pues, una estrategia de depuración conceptual en el estudio de la naturaleza divina, eliminando

---

29. Tomás de Aquino, *Suma contra los gentiles*, Libro I, cap. 14, ed. crítica basada en la Editio Leonina, vol. XIII.

cualquier característica finita atribuida a la divinidad. La razón humana, limitada en su esencia, tiende a asignar atributos finitos a Dios que provienen de nuestra propia experiencia finita. Por lo tanto, cualquier atributo que el ser humano pueda asignar a Dios inevitablemente cae dentro del dominio de lo finito, dado nuestro inherente marco referencial finito. Conocemos, por ejemplo, lo que significa ser finito, pero nos es imposible concebir plenamente la infinidad. Así, negamos la finitud al hablar de Dios. De manera similar, nuestra familiaridad innata con la mortalidad dificulta concebir la inmortalidad de Dios. Pero, mediante la técnica de la negación progresiva, podemos negar la mortalidad de Dios y así avanzar hacia una comprensión más pura de lo divino, despojándolo de imperfecciones concebibles desde una perspectiva humana.

La idea de eliminar nuestras preconcepciones acerca de la divinidad nos introduce en el sendero apofático o de negación, defendiendo la premisa de que un acercamiento genuino a Dios requiere liberarnos de los adjetivos y las nociones preconcebidas que hemos asignado a Su ser. Esta metodología sugiere que nuestras herramientas lingüísticas y conceptuales resultan deficientes, e incluso desacertadas, para captar la verdadera esencia de lo divino, cuya naturaleza es de una trascendencia y misterio sin límites. Dentro del marco de esta vía, se nos invita a prescindir de cualquier imagen o definición propia de Dios, como estrategia para iniciar un verdadero proceso de comprensión hacia Su esencia. Esto no debe entenderse como una negación de la existencia divina, sino más bien como un reconocimiento de los límites del lenguaje y el pensamiento humano al intentar abarcar la totalidad de Su realidad.

Este procedimiento de «depuración» conlleva un proceso tanto intelectual como espiritual de desprendimiento de ideas equivocadas o limitadas sobre lo divino, propiciando así una inmersión en una experiencia más íntima y mística con Dios. El objetivo perseguido es vivenciar a Dios de manera que se supere la comprensión lógica, acogiendo el enigma y la imposibilidad de definir a la divinidad. Este itinerario hacia Dios, centrado en reconocer lo que «Él no es», como arguye Santo Tomás, facilita el desarrollo de un vínculo más directo y menos condicionado por las barreras inherentes a nuestro razonamiento humano.

Esta vía negativa apofática de Santo Tomás tiene sus raíces en lo que podríamos llamar «el enfoque socrático» hacia la filosofía. Aunque nos resulte atípico en el presente, este enfoque era en realidad un reflejo de una corriente de pensamiento extendida entre varios predecesores griegos, quienes asignaban gran valor al diálogo y la interacción personal como medio para indagar en cuestiones filosóficas. Platón, marcado profundamente por la influencia de Sócrates, compuso prácticamente toda su obra utilizando el formato dialógico. Sócrates, por su parte, se distingue en el panorama filosófico como el último gran filósofo itinerante de Grecia, distanciándose de la escritura de tratados y considerando la enseñanza como un compromiso tanto con la espiritualidad como con la sociedad. A través de su metodología pedagógica basada en el diálogo, Sócrates pretendía orientar a la sociedad hacia un entendimiento más profundo y genuino del cosmos, incitando a un examen minucioso sobre el fundamento de nuestra existencia.

Lo relevante para nuestro objeto de discusión es que Sócrates subrayó que reconocer nuestra propia ignorancia es el primer paso hacia la adquisición de una sabiduría verdadera, sentando así las bases para indagar en lo más profundo de nuestro ser. Con una aproximación al saber semejante a la de un niño, Sócrates arrojó el cúmulo de conocimientos, la filosofía elaborada, la inteligencia excepcional y los razonamientos que había forjado a lo largo de sus años, con el propósito de acercarse a la Verdad mediante los debates que mantenía con sus rivales dialécticos en las ágoras de debate de la polis. Tal empeño lo elevó a la posición del más erudito entre los griegos. A pesar de ello, no obstante, exhibió un coraje notable al declarar: «Solo sé que nada sé».

Con la muerte de Sócrates, Grecia ejecutó metafóricamente su propio fin. Si en vez de condenarlo a muerte, hubiera escuchado lo que Sócrates sugería, se habría liberado de sus prejuicios. Grecia, cuna de la democracia y el pensamiento occidentales y, en especial, la efervescente Atenas del momento, como el máximo exponente del modelo político, filosófico, científico e incluso artístico de Occidente, se hubiera transcendido a sí misma, tornándose una sociedad basada en el afán por descubrir la Verdad.

Filosóficamente hablando, la estrategia dialogante de Sócrates constituye una de sus señas de identidad más notables. Este erudito ateniense se oponía al relativismo que dominaba su era, promovido por numerosos sofistas que despojaban a los conceptos de «bien» y «mal» de cualquier valor absoluto, tratándolos como meras construcciones sociales. Sócrates adoptó una postura crítica frente al escepticismo moral por su falta de coherencia lógica. Sin embargo, no propone un sistema moral alternativo y detallado en los textos que lo mencionan, especialmente en los de Platón.

En términos generales, así pues, podemos definir la dialéctica socrática como un método dividido en dos segmentos cruciales, la *parts destruyens* y la *parts construyens*, que pertenecen a la «ironía socrática». *Parts destruyens*, en latín 'la parte negativa de criticar opiniones', se enfoca en desmantelar prejuicios, la falsa sensación de conocimiento y suposiciones de entendimiento cabal. Según Sócrates, creer con certeza que uno posee conocimiento antes de iniciar la indagación de la Verdad, representa una barrera considerable hacia la adquisición del conocimiento auténtico. Solo quien reconoce abiertamente su ignorancia y su comprensión limitada de la realidad, liberándose de las nociones preexistentes que sugieren algún grado de saber, puede acercarse genuinamente al conocimiento. Esta primera etapa «irónica» del método socrático se desarrolla a través de la formulación de preguntas meticulosamente estructuradas con las cuales Sócrates guiaba a sus interlocutores hacia este entendimiento sin proponer declaraciones categóricas. Mediante esta técnica de interrogación, descomponía las presuposiciones de su contraparte, provocando el desconcierto entre aquellos que se consideraban a sí mismos sabios y exponía sus falacias. Por ejemplo, leemos en el *Banquete de Jenofonte* (5.5-7):

> «¿Tú crees que la belleza se da únicamente en el hombre, o también en otras cosas?». «Yo creo, ¡por Zeus!, que también existe en un caballo, en un toro y en muchas cosas inanimadas. «Sé, por ejemplo, que también puede ser bello

un escudo, una espada y una lanza». «¿Y cómo es posible», preguntó, «que estas cosas, que no se parecen en nada, sin embargo, sean bellas?» «¡Por Zeus!», dijo Critóbulo, también estas cosas son bellas si están bien fabricadas con vistas a las actividades para las que adquirimos cada una o bien dotadas por la naturaleza para nuestras necesidades» «¿Sabes entonces para qué necesitamos los ojos?». «Evidentemente, para ver». «En ese caso, mis ojos son ya más hermosos que los tuyos». «¿Cómo es eso?». «Porque los tuyos solo ven en línea recta, mientras que los míos, por ser muy saltones ven también de lado». «¿Quieres decir», respondió, «que el cangrejo tiene los ojos más bellos?». «Sin duda», respondió, «pues tiene los ojos mejor conformados para su fuerza». «De acuerdo, pero ¿qué nariz es más hermosa, la tuya o la mía?». «Yo creo», dijo, «que la mía, si efectivamente los dioses nos pusieron la nariz para oler, pues las ventanas de la tuya miran hacia tierra, mientras que las mías son respingonas hacia arriba, de modo que pueden captar los olores de todas partes». «¿Y cómo va a ser una nariz chata más hermosa que una nariz recta?». «Porque no levanta barrera, sino que permite a los ojos ver directamente lo que desean. En cambio, una nariz alta levanta con arrogancia una muralla entre los ojos». «Pues en cuanto a la boca», dijo Critóbulo, «desde luego me doy por vencido, pues si se ha hecho para morder, tú puedes dar mordiscos más grandes que yo, y, por el hecho de tener labios gruesos, ¿no crees que también deben ser más dulces tus besos?». «Oyéndote hablar», dijo Sócrates, «da la impresión de que tengo la boca más fea que los burros. Pero como prueba de que soy más bello que tú ¿no incluyes el hecho de que las náyades, diosas como son, dan a luz a los silenos que se parecen a mí mucho más que a ti?».[30]

La ironía, así pues, se emplea para revelar que, en efecto, lo

---

30. Jenofonte, *Banquete* IV.58–61, en *Recuerdos de Sócrates. Económico. Banquete. Apología de Sócrates*, introd., trad. y notas de Juan Zaragoza (Madrid: Editorial Gredos, 1993), 339-340.

que uno considera saber o entender no siempre coincide con su verdadero conocimiento.

Esta vía negativa o apofática, conocida tanto en esferas filosóficas como religiosas, traza sus orígenes a través de diversos linajes intelectuales y espirituales, abarcando desde la filosofía griega hasta las enseñanzas fundacionales del cristianismo, el islam y el judaísmo. Dentro de la tradición vedántica, por ejemplo, esta metodología se manifiesta bajo el concepto de *neti-neti*, una expresión sánscrita que se traduce como 'ni esto ni aquello', como vemos en la siguiente cita:

अथात आदेशः—नेति नेति, न ह्येतस्मादिति नेत्यन्यत्परमस्ति; अथ नामधेयम्—सत्यस्य सत्यमिति ।

athāta ādeśaḥ—neti neti, na hy etasmād iti nety anyat param asti; atha nāmadheyaṁ satyasya satyam iti.

[...] Ahora, por lo tanto, la instrucción es *neti-neti* o «no esto, no esto». No hay otra instrucción más excelente que *neti*, o «esto no»; se llama la Verdad de las verdades. [...]
(*Bṛhad-āraṇyaka Upaniṣad*, 2.3.6b)

Dicha expresión se integra de manera prominente en el *jñana-yoga*, sirviendo como un vehículo para la autorrealización. Su esencia radica en la utilización de la mente para negar y desvincularse de todas las formas y denominaciones, facilitando la distinción entre el mundo fenoménico, limitado y relativo, y la perfección eterna e inmutable de la realidad absoluta. La práctica del *neti-neti* conlleva a la comprensión de que cualquier entidad o concepto que pueda ser concebido por la mente no corresponde a Brahman, la realidad última. De esta forma, la práctica orienta progresivamente hacia la revelación de esta verdad fundamental.

Es dentro de este marco apofático que debemos entender el nacimiento de la crítica de Heidegger y, más importante, su proceder. La fenomenología hermenéutica de Heidegger pretende llegar al Ser no a través de conceptualizarlo como si de un objeto se tratara, sino de dejarlo aparecer como fenómeno (*phainómenon*) y atenderlo en su propia manera de ser y mostrarse. Esa será, como veremos, la tarea de lo que podemos llamar «la ontología fenomenológica de Heidegger».

Bibliografía de la sección III

- Descartes, René. *Obras filosóficas*. Vol. I. Traducción de Manuel García Morente. Edición y estudio introductorio de Cirilo Flórez Miguel. Madrid: Gredos, 2011. Colección Biblioteca de Grandes Pensadores.
- Dicker, Georges. *Kant's Theory of Knowledge: An Analytical Introduction*. Oxford: Oxford University Press, 2004.
- Dogan, Sevgi. *Marx and Hegel on the Dialectic of the Individual and the Social*. Lexington Books, 2018.
- Gadamer, Hans-Georg. *Verdad y método*. Traducción de Ana Agud Aparicio y Rafael de Agapito. 5ª ed. Salamanca: Ediciones Sígueme, 1993.
- Hegel, G. W. F. *Introduction to the Philosophy of History: With Selections from The Philosophy of Right*. Translated and with an introduction by Leo Rauch. Indianapolis: Hackett Publishing Company, 1988.
- Heidegger, Martin. *Interpretaciones fenomenológicas sobre Aristóteles (Indicación de la situación hermenéutica)* [Informe Natorp]. Edición y traducción de Jesús Adrián Escudero. Madrid: Trotta, 2002.
- Heidegger, Martin. *Ser y tiempo*. Traducción de José Gaos. México: Fondo de Cultura Económica, 1951.
- Jenofonte. *Recuerdos de Sócrates. Económico. Banquete. Apología de Sócrates*. Introducciones, traducciones y notas de Juan Zaragoza. Biblioteca Clásica Gredos, 182. Madrid: Editorial Gredos, 1993.
- Sartre, Jean-Paul. *El ser y la nada: Ensayo de ontología fenomenológica*. Traducción de Juan Valmar. Madrid: Alianza Editorial, 2005.
- Tomás de Aquino. *Suma contra los gentiles*. Libro I, cap. 14. Edición crítica basada en la Editio Leonina, vol. XIII.

Sección IV

La fenomenología de lo manifiesto y lo oculto

Capítulo 8

La fenomenología de lo no-manifiesto

Martin Heidegger: la ontología como fenomenología del Ser

La visión ontológica de Heidegger, como veremos a continuación, altera el modo en que Husserl había conceptualizado y fundado el estudio de la fenomenología. Esta revisión, no obstante, no es un mero capricho filosófico, sino el resultado de un estudio profundo, tanto filológico como filosófico. En su estudio del término, Heidegger nos recuerda que, tras un primer uso de la palabra de puño de Erik Wolff, previamente a la era filosófica kantiana, fenomenología viene a significar la 'ciencia de los fenómenos'. Heidegger escribe:

> La expresión [fenomeno-logía] tiene dos partes: fenómeno y logos; ambas se remontan a términos griegos: φαινόμενον y λόγος. Superficialmente tomado, está el título de fenomenología formado exactamente como teología, biología, sociología, nombres que se traducen como: ciencia de Dios, de la vida, de la sociedad. Fenomenología sería según esto la ciencia de los fenómenos. Un primer concepto de la fenomenología debe salir de la caracterización de lo que se refiere con las dos partes del título, *fenómeno* y logos, y de la fijación del sentido del nombre compuesto con ellas.[31]

Continúa Heidegger:

---
31. Martin Heidegger, *Ser y tiempo*, traducción de José Gaos (México: Fondo de Cultura Económica, 1951), §7.

La expresión griega φαινόμενον, a la que se remonta el término *fenómeno*, se deriva del verbo φαίνεσθαι o *fainestai*, que significa mostrarse. φαινόμενον o *fainomenon* quiere por ende decir: lo que se muestra, lo patente. φαῖνεσθαι o *fainestai* por su parte es una forma media de φαίνω o *faino*, poner o sacar a la luz del día o a la luz en general. φαίνω pertenece a la raíz φα o *fa*, como φῶς o *fos*, la luz, es decir, aquello en que algo puede hacerse patente, visible en sí mismo. Como significación de la expresión «fenómeno» hay por ende que fijar esta: lo que se muestra en sí mismo, lo patente. Los φαινόμενα o *fainomena*, los «fenómenos', son entonces la totalidad de lo que está o puede ponerse a la luz, lo que los griegos identificaban a veces simplemente con τὰ ὄντα o *ta onta* (los entes).[32]

Dicho de otro modo, la fenomenología será el estudio de aquello que se hace patente, visible, en sí mismo, pero en cuanto que realidad objetual que sale a la luz, en lugar de permanecer oculta. El fenómeno, por tanto, es fenómeno en tanto que se muestra. Más aún, como acabamos de ver, y según el mismo Heidegger, el término en plural se refiere a «la totalidad de lo que está o puede ponerse a la luz» (los entes). Y continúa aún Heidegger:

> Ahora bien, los entes pueden mostrarse por sí mismos de distintos modos, según la forma de acceso a ellos. Hay hasta la posibilidad de que un ente se muestre como lo que no es en sí mismo. En este mostrarse tiene el ente el «aspecto de...». Tal mostrarse lo llamamos «parecer ser...». Y así tiene también en griego la expresión φαινόμενον, fenómeno, esta significación: lo que «tiene aspecto de...», lo que «parece ser», el «parecer ser...» φαινόμενον ἀγαθόν quiere decir un bien que tiene «aspecto de...», pero que «en realidad» no es lo que pretexta. Para comprender mejor el concepto de fenómeno, todo está en ver cómo es algo coherente

---

32. Ibid.

por su estructura lo mentado en las dos significaciones de φαινόμενον («fenómeno» en el sentido de lo que se muestra y «fenómeno» en el sentido del «parecer ser...»). Solo en tanto que algo en general pretende por su propio sentido mostrarse, es decir, ser fenómeno, puede mostrarse como algo que ello no es, puede «no más que tener aspecto de...».[33]

Lo que Heidegger está argumentando en este párrafo es, precisamente, que la autorrevelación de un ente, que opta por mostrarse exclusivamente por iniciativa propia, presenta una inherente complejidad. Por un lado, si el ente en cuestión declara «soy un ente y elijo revelarme», surgirá inmediatamente un dilema intrínseco, pues si su existencia se limita a un mero acto de manifestación, el ente en sí no está verdaderamente desplegando su esencia completa. Para efectuar una auténtica autorrevelación, el ente necesitará trascender la mera exposición de sí mismo. No obstante, este proceso implica un ritmo alterno de ocultamiento y revelación en el que el ente se expone en su auténtica naturaleza. Es decir, para revelarse genuinamente, el ente debe mostrar su naturaleza enigmática. Si se limita a mostrarse y nada más, no estará verdaderamente desvelando su naturaleza enigmática. Esto se asemeja a la noción de un Dios que constantemente explicase su Ser y esencia; si fuera así, no estaría manifestando su naturaleza misteriosa o trascendente y, por contra, se encontraría en un estado de presencialización constante. Heidegger nos explica en estos pasajes que todo ente posee un aspecto no manifiesto, un misterio insondable que escapa a cualquier presencialización. El ente, por tanto, exhibe una faceta manifestada, que es temporal y hasta ilusoria, y otra no manifestada, que es eterna. Es por este motivo que el mismo Heidegger insiste en decir que un ente que se muestra solo superficialmente, generando la ilusión de realidad, no se está revelando en su autenticidad.

En la significación de «parecer ser» (φαινόμενον) ya está encerrada la significación primitiva (fenómeno: lo patente)

---

33. Ibid.

como fundamento de la segunda. Nosotros reservamos terminológicamente el nombre de «fenómeno» a la significación primitiva y positiva de φαινόμενον, y distinguimos fenómeno de «parecer ser...» como la modificación privativa de fenómeno. Pero lo que expresan ambos términos no tiene, por lo pronto, absolutamente nada que ver con lo que se llama «apariencia», ni menos «simple apariencia».[34]

En este contexto, la noción de apariencia no se limita a la manifestación visual, por lo que no debe entenderse simplemente como el acto de hacerse visible. Un fenómeno no es algo que simplemente aparece, sino que más bien se manifiesta de una manera que trasciende la obviedad superficial. No puede considerarse como fenómeno algo que se muestra como claro y distinto, ya que, al alcanzar esa claridad, dejaría de ser un fenómeno en el sentido estricto del término. Lo no manifestado no puede exhibirse tal cual es, pues al hacerlo, perdería su carácter no manifestado. Para entablar una relación con el aspecto no manifiesto del ser, se requiere de algo más que la vista: una pista, una impresión, un signo que nos oriente hacia esa dimensión oculta. Por eso Heidegger dirá:

> Así, se habla de «apariencias de enfermedad». Se alude a procesos corporales que se muestran, y al mostrarse y en cuanto son lo que se muestra, son «indicios» de algo que no se muestra ello mismo.[35]

Los síntomas a los que Heidegger hace referencia en el párrafo que acabamos de citar actúan como señales de fenómenos ocultos. En el estudio detallado de los síntomas, nos enfrentamos a un escenario donde estos actúan como heraldos de realidades subterráneas. Tomemos, por ejemplo, el caso del dolor abdominal.

---

34. Ibid.
35. Ibid.

Este fenómeno, en una inspección superficial, puede ser interpretado como una molestia física pasajera. Sin embargo, bajo un examen más riguroso, enmarcado en la intersección de la medicina y la filosofía, se revela como un indicador significativo: un mensajero de una patología latente, elusiva ante la observación directa. Este tipo de dolor, más allá de su aparente trivialidad, se erige como un portal hacia un entendimiento más profundo de un mal subyacente. El dolor no es, en sí mismo, la enfermedad, sino una manifestación, una proyección de un fenómeno inaccesible a la percepción y al tacto.

Los síntomas, en esta perspectiva, desafían nuestra comprensión ordinaria de la realidad, situándose en una frontera entre lo conocido y lo desconocido. En el ámbito médico, el diagnóstico se transforma en un ejercicio hermenéutico, donde cada síntoma se interpreta como una pista fundamental que guía al facultativo en la identificación de la enfermedad subyacente. De este modo, el dolor estomacal no es solo un indicador de alerta, sino también una invitación a explorar y descifrar los niveles ocultos de nuestra fisiología.

Este concepto, no obstante, trasciende el campo de la medicina y se convierte en un principio aplicable en diversas disciplinas, desde la psicología hasta la filosofía. Los síntomas, en todas sus formas, nos instan a trascender la superficie, a investigar las capas más profundas de la existencia para desentrañar respuestas a los misterios que se nos presentan. Nos enseñan que la realidad es una trama compleja donde lo manifiesto y lo latente, lo visible y lo invisible, están intrínsecamente interconectados. Por eso el mismo Heidegger, y como hemos avanzado más arriba, escribe:

> La aparición de tales procesos, su mostrarse, coincide con el «ser ante los ojos», perturbaciones que no se muestran ellas mismas.[36]

---

36. Ibid.

El Ser constituye la esencia misma del ente que, para manifestarse como una entidad distinta, demanda una transformación, un proceso de ontificación. En el marco de la teología cristiana, esto se ilustra con el concepto de que el Padre se encarna en el Hijo para revelarse a sí mismo. No obstante, y tal como sucede con el Ser y el ente, es crucial distinguir aquí entre el Padre y el Hijo, evitando la simplificación de considerarlos idénticos. Padre e Hijo no son idénticos, del mismo modo que el Ser no debe confundirse tampoco con el ente. El lugar de idénticos, son esencialmente diferentes, y es esa diferencia la que permite que uno se muestre (en su Ser) en el otro. El Ser aparece, siempre e indefectiblemente, a través de un proceso de ontificación. Y aunque el Ser sea la esencia del ente, aquello que en verdad es, solo puede serlo al mostrase como fenómeno cuando se muestra en el ente. En este sentido, el Ser se muestra, y al mismo tiempo permanece oculto, en el ente.

El ser-en-el-mundo o trascendencia en la inmanencia

Esta relación que Heidegger perfila al describir la percepción y comprensión del Ser de los entes circundantes en el mundo sigue en cierto modo el planteamiento de la fenomenología husserliana que antes hemos introducido, y bajo cuya perspectiva, la idea de un aislamiento cognitivo del mundo sería simplemente absurda. Según el mismo Husserl, la existencia humana está intrínsecamente entrelazada con su entorno; somos seres inmersos en el mundo a través de la consciencia intencional en la que los objetos se revelan. De manera parecida, pero ahora sin el uso del término «consciencia», bajo la concepción de Heidegger, el ser humano está inexorablemente unido a su entorno en cuanto que es un ser-en-el-mundo. Esta unión no debe entenderse como una unión *a posteriori*, como si el ser humano (*Dasein*) y el mundo se preexistieran ambos llenos de significado independientemente el uno del otro para después encontrarse. El planteamiento de Heidegger queda aún más explicitado en el pensamiento de José Ortega y Gasset, quien formuló la famosa frase: «Yo soy yo y mi circunstancia, y si no la salvo a ella no me salvo yo».

Más aún, Heidegger entiende este ser-en-el-mundo que nos define como seres humanos como una existencia impregnada por el universo en la cual, como Sartre explicará más tarde en su obra *La trascendencia del ego*, el ser humano se encuentra en un constante y libre trascenderse a sí mismo. Esta noción de trascendencia será vital para comprender con mayor precisión que la relación del ser humano con el mundo es un proceso activo carente de esencia fija, dado que su naturaleza fundamental reside en sobrepasar sus propios límites hacia aquello que le es «externo». Esa externalidad, no obstante, no debe entenderse como completamente ajena, sino más bien como una trascendencia inmanente del ser humano con respecto al mundo. Por eso, en su obra *Fenomenología existencial*, W. Luypen destaca que en la búsqueda de nuestra auténtica naturaleza no caben esfuerzos para ir más allá de nosotros mismos, pues la trascendencia siempre ocurre en la inmanencia. La esencia de la naturaleza no se limita a la existencia de árboles, flores, plantas y aves; más bien, nosotros mismos somos parte integral de la naturaleza. La vía hacia el entendimiento profundo de la naturaleza nos lleva a una inmersión en lo más recóndito de nuestro ser. Es en el núcleo de nuestra existencia donde el reconocimiento de nuestra verdadera esencia natural puede ocurrir.

Hablar de reconocimiento, no obstante, no implica reducir esta relación con lo más recóndito del Ser a su mero conocimiento como si un objeto más del mundo se tratara. Este atender al Ser —como Heidegger también lo llama en varias ocasiones— debe entenderse aquí como un experimentar nuestra propia autenticidad a través de adoptar una actitud de relajación que permita que nuestra verdadera naturaleza se revele sin esfuerzo, en su seidad. Por eso, Heidegger enfatiza la urgente obligación de cada individuo por cuidar (*Sorge*) de su Ser, implicando que no basta con entenderse a uno mismo, sino que es esencial reconocer, aceptar y tomar acciones decisivas respecto al contexto en el cual uno vive. Esta reflexión resalta la conexión inseparable, pero a su vez basada en la trascendencia, entre el individuo y su entorno, señalando que la salvación personal está intrínsecamente ligada a la capacidad de transformar positivamente las circunstancias que nos envuelven. O dicho con Heráclito: «me indagué a mí mismo»[37], (fr. B101) y «a todos los hombres les está concedido conocerse a sí mismos y ser sabios» (fr. B 116)[38].

---

37. Heráclito, en *Fragmentos presocráticos: de Tales a Demócrito*, ed., trad. e introd. de Alberto Bernabé (Madrid: Alianza Editorial, 2008), 131. (frag. 15 = DK B101).
38. Ibid., (DK B116).

Capítulo 9

Críticas a la filosofía trascendental

La fenomenología trascendental, que hemos abordado hasta ahora, no ha estado no obstante exenta de críticas. Por un lado, se le ha reprochado ser una forma de idealismo o esencialismo que obvia la historia, lo que ha llevado a considerarla una manifestación tardía de la metafísica de la subjetividad. Esta visión crítica se basa en la percepción de que la fenomenología, especialmente la de Husserl, se sustenta en un ego alrededor del cual gira todo lo demás, como si se tratara de un faro que va girando y llenando de luz —y significado— el mundo a su antojo. Vista desde esta perspectiva, se la ha acusado de ser una egología solipsista y amundana que, como resultado de la *epojé*, o la 'reducción fenomenológica', al final de su trayecto solo es capaz de enfatizar la transparencia del ego. Al mismo tiempo, minimiza aspectos como la opacidad del inconsciente y la posibilidad de error en la misma consciencia. Finalmente, y a consecuencia de estos puntos, esta misma crítica que acusa a la fenomenología de Husserl de ser una especie de Neo-Cartesianismo ha abierto una brecha en la teoría de la intersubjetividad, provocando dudas sobre su validez.

Existe, sin embargo, un malentendido común acerca de la fenomenología que lleva a considerarla un estudio de una consciencia solipsista desconectada del mundo, cuando en realidad, su enfoque es justamente opuesto a eso. Como ya hemos dicho antes brevemente, la *epojé* husserliana no es una negación de la existencia del mundo anclada en la duda cartesiana —como se ha dicho en diferentes ocasiones—, sino una suspensión del juicio sobre dicha existencia, ya que, para Husserl, la existencia del mundo es indiscutible, como más tarde quedará demostrado a través de su concepto de la *Lebenswelt* (mundo de la vida). Esta suspensión del juicio no busca aislar el sujeto del mundo sino, todo lo contrario, pretende abstenerse de presuponer que el mundo tiene (o no) una realidad objetiva cargada de significado (sea cual sea) previa a nuestra experiencia del mundo. Por eso, la duda cartesiana y la *epojé* de Husserl no pueden, ni deben, confundirse.

El idealismo, y más concretamente el cartesianismo, contempla la existencia de una consciencia pura sin mundo. La fenomenología, por contra, se centra en examinar la interacción entre la capacidad cognitiva humana y nuestro mundo como estructura fundamental a partir de la que accede al significado de nuestra existencia. La *epojé* fenomenológica no duda ni tampoco niega la existencia del mundo al que el ego pertenece y en el que el ego 'con'-vive con otros egos. Justamente al contrario que la duda escéptica cartesiana, Husserl busca permitir que el mundo nos habite para poder investigarlo. El término «consciencia» proviene de las palabras latinas *con* (con) y *scientia* (conocimiento). La *epojé* es tomar 'con'-sciencia del mundo que reside 'con' nosotros; no es una negación del mundo externo o su exclusión, sino un acercamiento a los temas de la metafísica desde una perspectiva que no parte ni desde fuera del mundo ni sin él.

Otra de las críticas que se han arrojado contra la fenomenología es que no es más que una apología de la consciencia en oposición a la noción freudiana del inconsciente. No obstante, los estudios del mismo Husserl (especialmente sus escritos sobre el tiempo interno de la consciencia) sacuden por sí mismos dichas críticas al introducir términos como el in-consciente o el flujo pre-fenoménico de la consciencia, que él reconoce como anterior a todo. Por tanto, precede al lenguaje mismo del ego y de toda consciencia activa, y al que debemos reconocer como «lo inefable». Más aún, estos estudios fenomenológicos sobre la dimensión más profunda de la consciencia abren la puerta a que el mismo psicoanálisis pueda ser una fenomenología capacitada para indagar en las experiencias más íntimas de toda consciencia o en la formación de esta.

En ocasiones, y usando a Nietzsche, Kierkegaard o Freud como punta de lanza, se ha acusado a la fenomenología de olvidar, o incluso negar, la irracionalidad, la pasión o el amor, y de centrarse únicamente en la dimensión racional del ser humano. Esto se contradice en los escritos más tardíos de Husserl, y las obras de otros fenomenólogos a las que prestaremos atención en los próximos capítulos, que incluyen precisamente aspectos de la condición humana que trascienden los límites de la razón e incluso el lenguaje, a la vez que plantean y reabren el debate de si la fenomenología misma realmente consigue liberarse de las limitaciones inherentes a la filosofía tradicional moderna.

Ya a finales del siglo XX, y principios del XXI, las críticas a la fenomenología trascendental han vuelto a resurgir, enlazándola (de nuevo) con la filosofía cartesiana y, más concretamente, enraizándola en el concepto del *cogito*, es decir, el «yo pienso». Estas críticas han cuestionado la autocomplacencia del *cogito* cartesiano y el antropocentrismo en el que culmina. Usando a Darwin, y su teoría sobre la evolución de las especies, se le recuerda a la fenomenología que el ser humano, el sujeto, en forma de «yo» o de consciencia, no es quizás ya ningún fundamento último. Desde las teorías cercanas al psicoanálisis de Freud, se ha ampliado esta visión, mostrando cómo el inconsciente late en lo más profundo de nuestra racionalidad. Este planteamiento crítico trasluce ya en la dualidad de lo apolíneo y lo dionisíaco de la filosofía de Nietzsche, con lo que fusiona razón y pasión. También los románticos vieron la razón como inseparable de la emoción.

Esta perspectiva reemerge con fuerza en las teorías estructuralistas lideradas por Foucault. Según él, el sujeto ya no es ningún yo ni consciencia íntima trascendental, sino que es un sujeto anclado en redes de poder e historia. En *Historia de la locura en la época clásica*, Foucault explora cómo este sujeto racional, pilar de la modernidad, se enfrenta a nuevas interpretaciones que cuestionan el humanismo centrado en el ser humano.[39] Bajo esta óptica, se ha vuelto a acusar a la fenomenología de no ser más que una nueva metafísica de la presencia que falla en sus intentos de analizar adecuadamente la temporalidad. Se dice también que es una filosofía centrada en sí misma, autónoma

---

39. Michel Foucault, *Historia de la locura en la época clásica*, traducción de Juan José Utrilla (México: Fondo de Cultura Económica, 1967).

y autocontenida, que ignora y minimiza cualquier necesidad de auténtica trascendencia, y que, como tal, podría ser descentralizada y excedente. Ha sido criticada también por ser una filosofía de la identidad, enfocada en la autonomía, que, a través de su enfoque en la intencionalidad objetiva y constitutiva, busca controlar y suprimir cualquier diferencia o alteridad. El enfoque fenomenológico sobre la identidad ha sido también percibido como la concepción de un individuo autónomo y autosuficiente, cerrado a la diversidad, reacio a acoger distintas voces, perspectivas o estilos de vida alternativos. Más aún, y desde una óptica política, se ha argumentado que la fenomenología formula la noción de una humanidad homogénea, privada de la libertad para adoptar modos de existencia divergentes. Resumidamente, la acusación es que la fenomenología trascendental elude cuestiones fundamentales como la heteronomía y otros aspectos críticos relacionados con la comprensión humana y acaba encerrándose en un espacio epistemológico de raíces cartesianas y antropomórficas basadas en una noción de sujeto moderno, centrado en sí mismo.

Como respuesta a su posicionamiento, sus críticos han propugnado la necesidad de transitar hacia una concepción más plural y democrática de la existencia, donde la consciencia individual no ocupe el lugar central. Argumentan, además, que el núcleo de nuestra reflexión debería ser la alteridad, un compromiso con la diversidad radical del otro, enfatizando la importancia de la pluralidad y la diferencia. En este sentido, dirigen una crítica política hacia la fenomenología, cuestionando su aproximación al concepto de consciencia.

Sin embargo, esta percepción es equívoca. La fenomenología destaca precisamente la interacción entre los seres humanos y el mundo como la estructura fundamental de su estudio. En *El origen de la geometría*, el mismo Husserl analiza esta interacción y la conexión intergeneracional entre humanos, como olas del mar que emergen y se fusionan las unas en las otras, o como ríos que confluyen en el océano.[40]

---

40. Jacques Derrida, *Introducción a «El origen de la geometría» de Husserl*, traducción de Diana Cohen, (Buenos Aires: Ediciones Manantial, 2000).

Consciencia y mundo, inicialmente distantes en otras percepciones filosóficas, reaparecen fusionadas en la disciplina de la fenomenología. De hecho, y como hemos mostrado antes, Husserl no restringe su análisis a la consciencia aislada, sino que la entiende siempre en diálogo con el entorno. Este diálogo toma fuerza en la obra de Heidegger a través del *Dasein*, eso es, el ser-en-el-mundo como punto de partida. Salvando las distancias y las diferencias, y respetando las críticas que el mismo Heidegger lanzará sobre Husserl, debe quedar claro que coinciden en la coexistencia del ser humano y el mundo, integrados en la experiencia, ya sea en forma de consciencia intencional o de *Dasein*. Esta co-existencia no debe, y no puede, entenderse como una mera expresión de la metafísica de la presencia. El mismo Husserl arguye en su obra titulada *Fenomenología de la consciencia inmanente del tiempo*, que consciencia es temporalidad y un flujo de vivencias, manifestándose en el ahora: en lo que aún no es y en lo que ya ha sido. Esta dimensión temporal subraya cómo el yo experimenta y percibe el mundo en términos de temporalidad, y nunca fuera de ella.

La consciencia intencional del mundo es protensión, consciencia del futuro, como un advenir, al mismo tiempo que también es retención, o consciencia del pasado, generándose una contención simultánea, o tensión, entre el futuro y el pasado. Es así «donde» y «cómo» se constituye la consciencia. Es a la luz de este planteamiento de la temporalidad husserliana que penetra y que permite la comprensión de la consciencia, que más tarde Heidegger definirá al Ser como un «advenir presentando que va siendo sido». En su obra *Ser y Tiempo*, dirá que el tiempo existe, pero como el tiempo de la consciencia o incluso como la consciencia misma, y no fuera de ella. Este carácter intrínsecamente temporal de la consciencia y la experiencia permite a la fenomenología abordar el fenómeno en términos tanto de lo manifiesto como de lo oculto en una sola pincelada. Las críticas y malentendidos que, en nuestra opinión injustamente, se han dirigido contra la fenomenología han quedado así definitivamente aclarados.

CAPÍTULO 10

EL MISTERIO DE LA DONACIÓN

Para rastrear los orígenes de la fenomenología, es necesario remontarse a las enseñanzas de Franz Brentano, que fueron luego intensificadas y renovadas por Husserl y Heidegger respectivamente. Franz Brentano, además de ser profesor de Husserl, fue el director de tesis de Sigmund Freud. Por ende, ejerció una importante influencia en nada menos que la fenomenología inaugurada por Husserl, el psicoanálisis de Freud y la fenomenología hermenéutica de Heidegger. Sus textos principales, que pueden entenderse como el origen de la fenomenología, son el ensayo *¡Abajo los prejuicios!* y el libro *Sobre los múltiples significados del ente en Aristóteles*, una obra tan influyente que motivó a Heidegger a estudiar filosofía.

Uno de los conceptos fundamentales de Brentano es la intencionalidad de la consciencia, término con el cual se indica que la consciencia está orientada hacia las cosas al mismo tiempo que las cosas están orientadas hacia la consciencia. Esta suerte de reciprocidad, si queremos llamarla así, nos descubre la imposibilidad de estudiar las cosas al margen de la consciencia o de estudiar la consciencia al margen de las cosas. Aquel que desee conocer la consciencia o las cosas no podrá hacerlo de manera separada, ya que ambas están íntimamente imbricadas o vinculadas. A partir de esta estructura propuesta por Brentano, la fenomenología se convertirá luego en el estudio de nuestras experiencias de las cosas y de las maneras que tienen las cosas de mostrarse o darse a nuestra consciencia.

La fenomenología de Edmund Husserl nace concretamente de estos preceptos elaborados por Brentano. En su obra titulada *La idea de la fenomenología*, publicada en 1907, coincide con él al afirmar —contra Kant— que las cosas puras no existen, pues todo objeto percibido reside en la mente o la consciencia individual del perceptor. La presencia o ausencia de un observador se erige, por tanto, como un factor crítico en la determinación de la existencia objetiva de cualquier entidad. La falta de un testigo directo o de una interacción con un objeto deja su estado de ser en un limbo de incertidumbre, sin que se pueda afirmar con certeza su presencia en el escenario de la realidad. Para que un objeto se integre en el marco de lo que consideramos real, debe trascender la barrera de lo invisible para irrumpir en un ámbito que es perceptible por un sujeto. Es decir, la esencia de lo que percibimos como real y tangible está indisolublemente atada a nuestra capacidad de experimentarlo a través de los sentidos. Esta conexión sensorial entre el sujeto y el objeto es lo que fundamenta nuestra comprensión de la realidad en primer lugar. Sin los sentidos, el objeto permanecería en nuestra consciencia como una posibilidad, más que como una certeza. Por tanto, en el amplio espectro de la experiencia humana, un fenómeno adquiere significación y se considera parte de nuestra realidad solo cuando se inscribe dentro de nuestra percepción consciente, haciendo así palpable lo que era potencial.

No obstante, para llegar a esta afirmación de forma justificada, Husserl tuvo que introducir una metodología para explicar el significado del ser humano. Este procedimiento investigativo toma forma de una autorreflexión filosófica. A partir de esta, el investigador se detiene y reflexiona sobre cómo él mismo se relaciona con el mundo, con lo que no es él, con lo otro. Consciente de que las presuposiciones siempre contaminan toda investigación, la fenomenología establece que cada paso debe liberarse de conceptos *a priori*, es decir, de prejuicios desarrollados independientemente de nuestra experiencia.

Como ya hemos avanzado, Husserl se refiere a este librarse con el término griego *epojé*, o 'reducción fenomenológica', la cual consiste en suspender todo aquello que en primera instancia damos por sentado. Cabe clarificar que esta suspensión es momentánea y, por tanto, no equivale a negar o dudar de la existencia de aquello que apartamos, como analizaremos en mayor detalle más adelante. Así pues, si el objeto de la fenomenología es la experiencia y su significado, nuestra primera mirada reflexiva pondrá entre paréntesis aquello que podría parecer obvio: la realidad objetiva de lo que percibimos.

Al enfocar nuestra mirada en la propia consciencia, lo primero que «vemos» es que somos conscientes de algo, pero no podemos presuponer que lo percibido tenga una realidad objetiva o un significado propio independiente de nuestra consciencia. Dicho de otro modo, lo que la *epojé* establece en primer lugar, y este es quizás el primer gran descubrimiento de la fenomenología de Husserl, es que no podemos estudiar el mundo como si estuviera fuera de la consciencia ni la consciencia como si pudiera aislarse del mundo. Pues, como argumenta Husserl, cuando reflexionamos y enfocamos nuestra atención en la consciencia, nos damos cuenta de que no podemos pensar nuestra consciencia sin que esta esté siendo consciente de algo.

Todos los actos de la consciencia ya sean actos de pensamiento, sueños, recuerdos o fantasías, se revelan y se nos muestran como actos de algo, sin el cual no podrían ser objetos de nuestra reflexión. Todo acto, por tanto, sea cual sea, va siempre unido a un algo mediante una relación elemental a la que Husserl llama «intencionalidad». La intencionalidad, sin embargo, no debe entenderse como si se tratara de una intención o un deseo de la consciencia que brota de sí misma, generando sus objetos a su imagen y semejanza. Todo lo contrario, la intencionalidad describe una relación en la que la consciencia mantiene, antes que nada, una relación con un objeto, siendo este objeto un objeto intencional de la consciencia y no un objeto al que todavía podamos asignarle realidad objetiva alguna.

A modo de ejemplo, uno podría soñar con un unicornio y describir ese sueño como un acto de la consciencia que va inexorablemente ligado a un objeto, independientemente de su posible existencia real. Si el unicornio tiene o no una existencia objetiva, el sueño del unicornio ha «tenido lugar» y así lo describimos. En función de esta primera exposición de la *epojé*, podemos afirmar que, para Husserl, estudiar las cosas en nuestra consciencia o potencia cognitiva, y no fuera de ella, nos permite conocer tanto la consciencia como las cosas tal como las conocemos. El estudio de la experiencia, para Husserl, se fundamenta en el estudio de la consciencia intencional entendida como el campo de la experiencia en el que los objetos del mundo cobran significado, independientemente de si su realidad objetiva es posible o imposible.

La reducción fenomenológica, así pues, podría entenderse como una estrategia metodológica que nos permite huir tanto de posibles prejuicios como de la «actitud natural», como el mismo Husserl la llama. Esta actitud se define por una confianza ingenua en la realidad de lo que se presenta a la consciencia, sin reconocer ningún misterio. Es decir, es asumir que la realidad objetiva del objeto, de la naturaleza en el caso de las ciencias, se presenta a la consciencia tal como realmente es, con su propio significado, independientemente de las capacidades cognitivas y perceptivas de la consciencia, sin suscitar dudas ni cuestionamientos.

Más aún, la actitud natural se involucra en una constante tarea de reunir juicios, manejar relaciones contradictorias y organizar una estructura compleja de herramientas, que posteriormente Marion denominará «paradojas». Esto se realiza para tomar decisiones en situaciones conflictivas y construir el fundamento de la ciencia. Sorprendentemente, este proceso se presenta como si fuera transparente y claro, y no contuviera sombras ni aspectos inaccesibles. No obstante, la actitud natural oculta las fallas y debilidades que subyacen toda la estructura, dándonos una impresión de solidez donde puede no haberla. Porque la actitud natural de la consciencia es estar orientada a las cosas no con sospecha, sino con confianza y, como Husserl repite en varias ocasiones, con ingenuidad.

La *epojé*, por tanto, es la respuesta fenomenológica a la actitud natural. Ahora que disponemos de más herramientas, vale la pena reiterar que la *epojé* no es equivalente a la actitud escéptica característica de la modernidad. Suspender los prejuicios no es dudar de la apariencia de las cosas ni asumir que su esencia real se descifra únicamente mediante la razón individual. La posición escéptica defiende que es la propia razón la que establece la naturaleza de lo que nos rodea, en lugar de permitir que las cosas revelen su verdadero Ser. En contraposición a este planteamiento, la fenomenología, mediante la *epojé*, aboga por una suspensión de este escepticismo, instando a dejar a un lado nuestras preconcepciones para acoger la esencia de las cosas tal como se presentan a nosotros.

La fenomenología, como modo de comprender la filosofía, nos invita a estar abiertos a la influencia de los objetos, a ser permeables a su esencia. Solo a través de una recepción incondicional podemos articular la experiencia vivida. En cambio, mantener una actitud de desconfianza y escepticismo bloquea nuestra capacidad de vernos realmente afectados por el entorno. Al ablandar estos prejuicios y permitirnos ser moldeados por nuestras experiencias, facilitamos un verdadero encuentro con lo real, que solo entonces puede ser descrito con fidelidad. Así, la auténtica realidad de las cosas puede presentarse a la consciencia en todo su Ser.

En este contexto, la práctica de la *epojé* nos lleva a la receptividad total, que tanto Husserl como Heidegger denominaron «meditación» en diferentes etapas. Como expondremos más adelante, la meditación es un estado al que accedemos una vez que nos hemos librado de los prejuicios. En este estado meditativo, el fenomenólogo se deja sorprender por el fenómeno. Cuando los eventos experimentados en la meditación se alinean perfectamente con nuestras expectativas, existe una gran probabilidad de que sean manifestaciones de nuestra mente o fantasía. No obstante, cuando lo experimentado nos sorprende, irrumpe, emergiendo sin ataduras a nuestras anticipaciones y proyecciones, entonces podemos tener confianza en su autenticidad. Este desapego de nuestras proyecciones y la apertura a lo inesperado nos asegura que lo que vivenciamos se arraiga en la realidad de la consciencia, de la experiencia misma, más allá de las sombras de la imaginación. Mantener una postura de escepticismo y control obstaculiza la manifestación plena de los fenómenos en nuestra consciencia. Si dudamos la existencia y la veracidad de los fenómenos, los sustituimos por los constructos conceptuales de la razón. La *epojé*, por el contrario, representa un acto de entrega que implica la suspensión deliberada del juicio crítico respecto a la realidad del mundo objetual.

Lo propio de la fenomenología es tener confianza en la donación de las cosas, sin asumir una actitud natural que implique aceptar que las cosas, previas a su donación, ya contenían un significado racional propio que nosotros simplemente tenemos que desgranar y entender. A pesar de nuestra incapacidad para percibirlas en su totalidad, las cosas se revelan a la consciencia en su esencia auténtica como objetos intencionales de la consciencia. Esta afirmación no debería extrañarnos, pues lo que simplemente pone de relieve es que todo objeto intencional se da temporalmente, gradualmente, manifestando determinadas dimensiones al mismo tiempo que se oculta. El objeto del conocimiento no es nunca un objeto que aparece y se da plenamente configurado, sino todo lo contrario. Dicho aún de otro modo, solo conocemos un objeto en la medida en que este se nos desvela como un misterio que rehúye nuestras capacidades cognitivas y perceptivas.

Así, por tanto, podemos afirmar que la fenomenología, gracias a la *epojé*, nos ha desvelado su primer objeto de estudio al que hemos descrito como una estructura formada por la correlación entre consciencia y objeto intencional, pero que, al mismo tiempo, esconde la existencia de un misterio que reside en las entrañas de nuestra propia capacidad para conocer. Este misterio no es superficial ni fácil de descartar, sino que se enraíza profundamente en la esencia misma del conocimiento. Para Husserl, el conocimiento aparece como un misterio: sabemos que sabemos porque somos conscientes de un objeto o una experiencia. Sin embargo, no sabemos por qué ese objeto se nos da a conocer, es decir, por qué lo percibimos, lo soñamos o lo recordamos. De igual manera, también puedo concebirme a mí mismo como un ente cognoscente, dotado de un marco conceptual para el entendimiento, y puedo hacerlo porque tengo la capacidad de objetivarme a mí mismo en el ámbito de mi propio estudio. Así, cuando nos detenemos y reflexionamos fenomenológicamente sobre esa correlación intencional de la consciencia con el objeto, y tratamos de entenderla, notamos que nos enfrentamos a un enigma inesperado. En vez de ser algo claro y definido, el conocimiento se nos muestra lleno de matices y complejidades, que desafía nuestras expectativas y nos invita a explorar más a fondo.

CAPÍTULO 11

LA INTENCIONALIDAD Y EL CONOCIMIENTO

La *epojé* y el enigma de la trascendencia

La inclinación hacia el pensamiento filosófico está intrínsecamente ligada al misterio. Surge cuando ya no es posible evitar reflexionar sobre esta dimensión enigmática del Ser. Es esencial reconocer que el progreso en la comprensión no puede producirse sin definir primero las condiciones que lo hacen posible. Para el presente desarrollo, nos apoyaremos en algunas citas cuidadosamente seleccionadas por Hernán G. Inverso en su artículo *Del misterio de la trascendencia a la maravilla de la donación: el enigma en La idea de la fenomenología de Husserl* (Universitas Philosophica 71, 2018), que resultan particularmente pertinentes para iluminar nuestro análisis.

Para arrojar luz sobre la naturaleza del misterio, este capítulo esbozará los fundamentos generales de la investigación fenomenológica de Husserl. En ella, ya encontramos los primeros indicios de lo que más tarde se convertiría en el «fenómeno saturado» de Jean-Luc Marion, que hemos presentado brevemente en capítulos anteriores. El mismo Husserl introduce la caracterización de la disposición filosófica, que se ve influenciada por la curiosidad ante una circunstancia enigmática, con la premisa de que:

Die dem natürlichen Denken selbstverständliche Gegebenheit der Erkenntnisobjekte in der Erkenntnis wird zum Rätsel

La donación del objeto cognoscitivo en el conocimiento, que es algo obvio para el pensamiento natural, se vuelve un enigma.⁴¹

La donación progresa hasta alcanzar un carácter universal, de tal manera que todas las formas de certeza o confianza quedan completamente neutralizadas. Y sigue explicando:

Denn objektive Triftigkeit der Erkenntnis überhaupt ist nach Sinn und Möglichkeit rätselhaft und dann auch zweifelhaft geworden, und exakte Erkenntnis wird dabei nicht minder rätselhaft als nicht exakte, wissenschaftliche nicht minder als vorwissenschaftliche

Pues la habilidad objetiva del conocimiento en cuanto tal para alcanzar un objeto se ha convertido en algo enigmático e, incluso, dudoso en lo que atañe a su sentido y su posibilidad. Y, en consecuencia, el conocimiento exacto no resulta menos enigmático que el no exacto, el científico no menos que el precientífico.⁴²

Husserl nos está diciendo en estas citas que, en esencia, todo descubrimiento constituye una revelación. El científico, que presupone tener dominio sobre los fenómenos que estudia, no reconoce a menudo que tanto el surgimiento como la comprensión de estos fenómenos son, en sí mismos, actos de donación y revelación que tienen lugar dentro del paradigma de la intencionalidad de la consciencia. Es decir que nadie que entienda el asunto podría dejar de asombrarse frente al conocimiento matemático, físico, químico o cualquier otro, porque detrás de toda percepción y de todo conocimiento, siempre yace el misterio de no saber por qué se da ese conocimiento. Solo tenemos constancia de que se da y, aunque mi consciencia menta un objeto, desconozco el enigma de la donación en sí. Este enigma crece y envuelve totalmente al

---

41. Edmund Husserl, *La idea de la fenomenología*, introd., trad. y notas de Jesús Adrián Escudero (Barcelona: Herder Editorial, 2011), Primera lección, 78.
42. Ibid., 84.

saber, afectando la habilidad para comprender y describir objetos de manera correcta y su posibilidad intrínseca, influenciando cada uno de sus aspectos.

Esta posición de Husserl con respecto al enigma de la donación debe entenderse como una respuesta a la figura de Descartes que, aún sin nombrarlo constantemente, sigue apareciendo en el trasfondo de una tradición filosófica moderna cuyos convencimientos se alargan hasta el siglo XVIII. En Husserl, a diferencia de Descartes, existe un extrañamiento por el cual la consciencia siente que el mundo se le arroja. Cuando se pregunta por qué, se abre un abismo insuperable. La consciencia se pregunta por qué hay cosas ahí y qué son esas cosas que están ahí, es decir, ¿por qué las puedo conocer? y ¿quién es el que las está conociendo?

Estas preguntas forman parte del planteamiento central de Husserl, donde presenta la estrategia de «adjudicar el índice de la dubitabilidad [...] al mundo entero» (*die ganze Welt ... die sich mit dem Index der Fraglichkeit zu verstehen*[43]), y que él mismo define como el factor que guía hacia un entendimiento plenamente libre de dudas o ambigüedades. Veamos ahora esta cuestión en mayor detalle.

Podemos utilizar la sospecha como un medio para acceder a la certeza. La capacidad de dudar de la propia duda se distingue radicalmente de la apertura ingenua hacia lo desconocido. Esta postura crítica, lejos de ser una aceptación ciega, representa una búsqueda deliberada de comprensión más allá del escepticismo cartesiano inicial. El proceso se asemeja a lo que se conoce como analogía *fidei*, o analogía de la fe, un concepto hermenéutico dentro de la tradición reformada. Según este principio, dado que se considera que todas las Escrituras forman un conjunto coherente y libre de contradicciones fundamentales, cualquier interpretación de un pasaje específico debe ser examinada en el contexto de la totalidad de las enseñanzas bíblicas. En esencia, depositamos nuestra confianza en que la manifestación de cualquier fenómeno se revela tal como es en su presentación. La noción de misterio se

---

43. Edmund Husserl, *Die Idee der Phänomenologie: Fünf Vorlesungen*, ed. Walter Biemel, Husserliana II (Den Haag: Martinus Nijhoff, 1950), 29. Traducción propia.

manifiesta particularmente en dos situaciones que podemos utilizar como ilustraciones. En la primera, Husserl examina la viabilidad misma del entendimiento cuando la interrogación se torna absoluta, de manera que:

> *und ist der Erkenntnistheorie alle Erkenntnis ein Rätsel, so auch die erste, mit der sie selbst beginnt*

> Si para la teoría del conocimiento todo conocimiento es un enigma, entonces también lo habrá de ser el primero con el que ella misma comience.[44]

Lo que no se logra explicar Husserl es cómo es posible que podamos conocer algo; es decir, ¿por qué es posible conocer las cosas? A diferencia de la duda cartesiana, como ya hemos visto anteriormente, la *epojé* elimina incluso la capacidad misma de adquirir conocimiento. Mientras que en Descartes la pregunta de cómo es posible el conocimiento del mundo es anterior a conocer el mundo, en Husserl la misma pregunta es posterior, ya que desde la óptica fenomenológica es precisamente porque conozco y soy consciente del mundo, que me pregunto cómo es posible conocerlo.

El posicionamiento de Husserl no diverge en exceso del de Kant en cuanto que se dedica al análisis de las condiciones previas necesarias para el surgimiento del conocimiento. Kant examina detenidamente las herramientas del entendimiento sin llegar a aplicarlas en la praxis. Aunque profundiza en las bases que hacen posible el conocimiento, se abstiene de tratar directamente sobre los objetos del conocimiento en sí. Se centra en elucidar los requisitos para la cognición de los fenómenos, sin adentrarse nunca en la discusión específica de los fenómenos mismos. En cierto modo, y como Husserl, parte de la confianza de que el mundo se nos dona, y es a partir de dicha donación que surgen las cuestiones que más tarde se abordan.

---

44. Edmund Husserl, *La idea de la fenomenología*, introd., trad. y notas de Jesús Adrián Escudero (Barcelona: Herder Editorial, 2011), Segunda lección, 93.

Esto nos evoca las paradojas megáricas presentes en los fragmentos de Menón, 90a. A través de estos, se muestra que cualquier esfuerzo dirigido hacia el conocimiento lleva a un estancamiento.

> Menón — ¿Y de qué manera buscarás, Sócrates, aquello que ignoras totalmente qué es? ¿Cuál de las cosas que ignoras vas a proponerte como objeto de tu búsqueda? Porque si dieras efectiva y ciertamente con ella, ¿cómo advertirás, en efecto, que es ésa que buscas, desde el momento que no la conocías?[45]

Para comprender esta cita en mayor profundidad, será preciso analizar la versión de Sócrates de la Paradoja:

> Sócrates— Comprendo lo que quieres decir, Menón. ¿Te das cuenta del argumento erístico que empiezas a entretejer: que no le es posible a nadie buscar ni lo que sabe ni lo que no sabe? Pues ni podría buscar lo que sabe —puesto que ya lo sabe, y no hay necesidad alguna entonces de búsqueda—, ni tampoco lo que no sabe —puesto que, en tal caso, ni sabe lo que ha de buscar—.[46]

El que busca conocer no puede conocer. Si buscamos conocer algo que ya conocemos, sería una mentira que lo buscamos, mientras que si no lo conocemos tampoco lo podemos buscar porque no sabríamos que buscamos. El que busca no encuentra y el que encuentra es porque no buscaba realmente. Este pasaje del Menón ya es, de por sí, una respuesta a la posición cartesiana, pues pone en tela de juicio cómo podría Descartes desconfiar de la existencia del mundo ajeno al *cogito* si este no se diera previamente. Dicho de otro modo, aunque Husserl afirma en sus *Meditaciones Cartesianas* que sigue el espíritu filosófico de Descartes (lo cual en ciertos aspectos no debe negarse en absoluto), es precisamente porque sigue dicho espíritu crítico que debe dudar de la duda cartesiana misma. Debe

---

45. Platón, Menón, en *Diálogos II*, Biblioteca Clásica Gredos, vol. 61, trad. F. J. Olivieri (Madrid: Editorial Gredos, 1983; 1.ª reimp. 1987), 300, 80d5 - 8.
46. Ibid., 301, 80e1 - 5.

ponerla entre paréntesis, ya que en ella se detecta el prejuicio de dudar de la existencia del mundo que se nos da y del que somos conscientes, y sin el cual no podríamos formular la duda misma. Pues como el mismo Husserl afirma en *Ideas I*, dudar de la existencia del mundo del que soy permanentemente consciente sería caer en el escepticismo más absurdo.

En este sentido, la *epojé* es una corrección de la duda cartesiana, ya que la fenomenología no «suspende» la existencia de la realidad objetiva sino todo juicio de esta. En el mismo texto, Husserl clarifica que, aunque ese mundo fuera una ilusión o incluso una alucinación, o se nos diera de modo distinto del que presuponemos, la *epojé* en ningún caso asume una posición negativa con relación a la existencia del mundo que se nos da. Lo que ponemos entre paréntesis es toda tesis sobre el mundo, tanto la duda sobre su existencia como la afirmación de su realidad objetiva. La duda cartesiana, mediante la cual Descartes acaba simplemente aceptando el *ego cogito* como realidad indudable, necesaria y completamente separada del mundo, implica que su enfoque solo replica la estructura de sujeto-objeto tradicional. La ciencia moderna se basa en esta estructura y afirma que el mundo es un objeto con realidad objetual propia que preexiste a la mente. Descartes sostiene que el *ego cogito* preexiste al mundo y de este puede deducirse todo significado en el mundo. A consecuencia de ello, en lugar de ofrecernos una subjetividad trascendental, como hace Husserl, Descartes acaba simplemente afirmando un realismo trascendental. Con su método de la duda, solo invierte el orden de una estructura sujeto-objeto en la que, en cualquier caso, el significado ya sea del sujeto como del objeto solo es producto de una deducción.

Esta primera crítica a Descartes contribuye a exponer con mayor claridad cuál es la finalidad de la *epojé* con relación al conocimiento y al misterio que esta encierra. En primer lugar, así pues, se trata de atender sin prejuicios a la relación de la consciencia con sus objetos, pero sin afirmar ni negar la preexistencia del uno sobre el otro, ni a la inversa. Eso lleva a la fenomenología a afrontar sin prejuicios la cuestión de la trascendencia, eso es, cómo podemos explicar que el mundo se dé en la consciencia y que esta sea siempre consciencia-del-mundo. Husserl entiende la cuestión de la trascendencia y la inmanencia como un enigma, cuando sostiene:

sie ist das Rätsel, das der natürlichen Erkenntnis in den Weg tritt und den Antrieb für die neuen Forschungen bildet

Es el enigma que se cruza en el camino del conocimiento natural y constituye el impulso para las nuevas investigaciones.[47]

Aceptar sin dudar que el mundo es donado a la consciencia no es un prejuicio. Al contrario, la epojé nos libera de todas las presuposiciones sobre la relación entre la consciencia y el mundo. Observamos que el mundo, como trascendente a la consciencia, aparece a posteriori, ya que, a diferencia de Descartes, no podemos deducirlo de la consciencia misma. En otras palabras, es una donación y, por lo tanto, no tiene que ser necesariamente dada. El hecho de que el mundo sea donado a la consciencia es una maravilla, precisamente porque podría no haber sido dado. Por lo tanto, por defecto, es una relación en la que ninguna de las partes es reducible a la otra. Por eso Husserl afirma que el mundo es necesariamente trascendente a la consciencia, y no meramente un producto de ella.

es darf danach Transzendentes nicht als vergegeben benützt werden

Nada trascendente puede emplearse como dado previamente.[48]

Así, el misterioso planteamiento que Husserl intenta resolver es cómo es posible que algo que está «fuera» de la consciencia en un momento, es decir que la trasciende, luego esté «adentro»:

das Wie ist rätselhaft, während das Dass absolut sicher ist

---

47. Edmund Husserl, *La idea de la fenomenología*, introd., trad. y notas de Jesús Adrián Escudero (Barcelona: Herder Editorial, 2011), Segunda lección, 95.
48. Ibid., Segunda lección, 96.

Lo enigmático es el cómo, mientras el qué es absolutamente seguro.[49]

La exposición del enigmático problema de la trascendencia, como modo de abordar el misterio del conocimiento, lleva a Husserl a admitir, como hemos visto, la existencia del conocimiento como una premisa fundamental y aquello que surge después de la *epojé* como realidad fundamental. Es decir, nos preguntamos por qué hay consciencia (de algo) y cómo es que (ese algo) se da, pero nos lo preguntamos porque es innegable que hay consciencia (de algo). La consciencia de algo, la relación de la consciencia con un mundo que la trasciende y que se le da, es anterior a toda duda cartesiana y al ego trascendental que la formula.

Husserl arguye este primer resultado de la *epojé* mediante la cuestión de «ser consciente de la consciencia (de algo)». Si nos preguntamos si somos conscientes de la consciencia y respondemos que no, ya estamos reconociendo una cierta consciencia: somos conscientes de «no ser conscientes» de la consciencia. Es decir, incluso la respuesta negativa estará atestiguando la «donación» de la consciencia como objeto de nuestra reflexión. En el proceso de comprender la naturaleza enigmática de ciertos temas, surge una pregunta: ¿cómo podemos utilizar los datos inmanentes y cómo podemos acceder a los objetos que se encuentran más allá de nuestra percepción inmediata, estableciendo así una conexión entre ellos y el acto de conocer? Soy consciente del árbol, pero no percibo la consciencia en sí misma como tal; conozco el árbol, pero no conozco el conocimiento mismo del árbol. No podemos ser conscientes de la consciencia en sí misma. Toda consciencia solo puede dársenos como objeto de nuestra consciencia reflexiva de la consciencia cuando es consciencia de algo. La relación del árbol con la consciencia, en términos de lo trascendente, no debe —y no puede— confundirse con una posición de pura exterioridad respecto a la consciencia.

Mediante la intencionalidad, Husserl explicará la relación de trascendencia entre el objeto y la consciencia, que no es exterioridad

---

49. Ibid., Segunda lección, 96.

objetiva ni tampoco mera deducción. La intencionalidad permite dilucidar y determinar tanto el acceso de la consciencia a estos objetos como la relación única entre los aspectos reales y aquellos que son una construcción de la consciencia. Las cosas se donan, se muestran, desean ser conocidas, porque el ente no declina, se muestra y desea ser conocido. Podríamos incluso decirlo con Heráclito: «A lo que nunca llega a su ocaso, ¿cómo podría uno ocultársele?».[50] A la naturaleza le place ocultarse, pero mostrándose no declinando. Recordemos por un momento a Pitágoras cuando sostiene en la «armonía de las esferas» que, desde que llegamos al mundo, estos sonidos siempre están presentes, nunca cesan, y, por lo tanto, es imposible diferenciarlos del silencio, pues nacemos con ellos. En ese sentido, podríamos hablar del conocimiento de la consciencia que pasa desapercibido. La intencionalidad, en este contexto, se refiere al proceso mediante el cual se establece una conexión singular que enlaza los elementos reales con los intencionales de la consciencia humana, lo que explica que el conocimiento se dé es que la consciencia tiende *per se* a las cosas y estas, a su vez, tienden a la consciencia.

Prestemos atención al término que Husserl emplea. La palabra *intencionalidad* viene del latín *intentio*, que a su vez deriva de *tendere*, que significa 'tender', en el sentido de tener una tendencia hacia algo o alguien. En este contexto, podemos decir que convergen dos elementos fundamentales: la donación de la cosa, que se refiere a la manera en que esta aparece a la consciencia, y la intencionalidad de la misma consciencia, caracterizada por su tendencia a no referirse a sí misma sino a lo que no es ella. En ese sentido, la consciencia como tal sería proyección constante hacia fuera de sí, hacia el mundo. Su propia naturaleza pareciera ser la de mantenerse inherentemente abierta y en conexión con el entorno. Esta suerte de interacción entre la consciencia y el mundo da lugar a una intersección de perspectivas que más tarde, especialmente en el campo de la hermenéutica, recibirá el nombre de fusión de horizontes. La intencionalidad de la consciencia, por un lado, y la donación del

---

50. Heráclito, en *Fragmentos presocráticos: de Tales a Demócrito*, ed., trad. e introd. de Alberto Bernabé (Madrid: Alianza Editorial, 2008), 138 (frag. B16= DK 22B16).

objeto, por otro, configuran el fenómeno: aquello que constituye el ámbito de experiencia directa de la consciencia.

Esta trascendencia del objeto intencional, como hemos dicho, no debe confundirse con ningún tipo de exterioridad objetiva. Como el mismo Husserl advierte, se trata de una trascendencia que es, a su vez y paradójicamente, inmanente a la consciencia, pues el objeto debe habitar inmanentemente la consciencia para que la consciencia misma pueda convertirse en objeto de nuestra reflexión. Como hemos visto antes, podemos pensar el árbol, pero no podemos pensar por sí solo el acto de la consciencia de pensar el árbol. Para pensar el acto de la consciencia mediante el cual pensamos el árbol, debemos pensarlo como pensamiento-del-árbol. Es decir, según Husserl, el objeto de la consciencia es trascendente a la consciencia, porque ni es un trozo ni se deduce de la misma, pero al mismo tiempo es inmanente a ella. Dicho de otro modo, aquello que aparece tras la *epojé* es un fenómeno constituido por la trascendencia inmanente del objeto intencional de la consciencia.

Así, cuando realizamos una exploración fenomenológica de lo trascendente, el proceder fenomenológico no admite bajo ninguna circunstancia considerar la realidad objetiva de dicho objeto transcendente. Únicamente giramos nuestra atención al dominio de los pensamientos, reflexiones y cualesquiera otros actos de la consciencia. Estos pertenecen, como hemos visto también antes, a una esfera que «está [...] libre del enigma de la trascendencia» (*ist vom rätsel der Transzendenz frei*).[51] Por más que existan objetos trascendentes, nosotros no los conocemos en la trascendencia, sino en la inmanencia de la consciencia. Dicho en otros términos, puede haber cosas que trasciendan mi consciencia, pero al conocerlas, no las conozco fuera de esta, sino como cosas-en-la-consciencia, es decir, como transcendentes pero en la inmanencia de la consciencia. Nos es imposible considerar como real aquello que trasciende el umbral de la consciencia, pues no podríamos atender al acto que piensa, siente o sueña dicho objeto ajeno a la consciencia. Esto nos permite

---

51. Edmund Husserl, *La idea de la fenomenología*, introd., trad. y notas de Jesús Adrián Escudero (Barcelona: Herder Editorial, 2011), Tercera lección, 101.

afirmar que no podemos considerar la existencia de nada fuera de la consciencia y que, por ende, no existe nada más que consciencia. Por eso, la fenomenología es, como se la llamó a veces en un principio, «la ciencia de la consciencia». Esto nos lleva a afirmar que, para Husserl, el Ser, o aquello que es, es consciencia. Es decir, la revelación del objeto intencional de la consciencia no es una característica, rasgo o función más de dicho objeto, sino que es su mismo y único ser. Por este motivo, y cómo más tarde expuso Marion, es «la revelación revelándose a sí misma» porque, fuera de la revelación, no existe nada, ni siquiera el objeto intencional como tal.

Este planteamiento fenomenológico, así pues, no solo pone en tela de juicio el método de la duda cartesiana y el realismo trascendental al que nos condena, sino que también cuestiona el noúmeno kantiano y, por tanto, las bases de la epistemología kantiana. Kant define el fenómeno del conocimiento como el aparecer de la «cosa en sí misma» (noúmeno), cuya existencia precede el ámbito de las capacidades cognitivas del sujeto. Pero para la fenomenología, no hay nada fuera del fenómeno, a saber, del aparecer, de la revelación misma, del objeto intencional. La fenomenología suspende todo juicio sobre la posibilidad o no de lo que Kant llama la «cosa en sí misma», eso es, un objeto con realidad objetiva propia, fuera de la consciencia. Si la *epojé* es importante es porque justamente nos desvela el fenómeno en toda su fenomenalidad, en todo su ser, como aparecer, como revelación. Para Husserl, el fenómeno no es un rasgo o modo de ser de un objeto, digamos puro y original, como sucede con el fenómeno kantiano, sino que es su propio mostrarse, y es en ese mostrarse que ocurre la experiencia. No hay objeto y fenómeno por separado, sino que el objeto es fenómeno en tanto que se da o se revela en la consciencia como objeto intencional.

En cierto sentido, así pues, fenómeno y experiencia son dos términos que vienen de la mano. Un fenómeno, para ser considerado como tal, necesita manifestarse en la percepción intuitiva del sujeto, lo que implica que la existencia de un fenómeno está condicionada a su aparición en dicha intuición. En ausencia de esta manifestación, el fenómeno carece de existencia, lo que a su vez implicaría que el acto de la consciencia en el que se manifiesta también carecería de existencia, porque como hemos visto solo el acto correlacionado con un objeto puede ser objeto de una reflexión y de toda comprensión. Aquí estamos esgrimiendo, siguiendo a Husserl pero también a Marion, lo que podemos llamar «la simultaneidad o concomitancia» que define la relación entre la donación y la intencionalidad. Por un lado, la donación describe el proceso mediante el cual el objeto se presenta a la consciencia, mientras que, por el otro, la intencionalidad caracteriza al modo de ser de la consciencia, siempre tendida, abierta a lo que no es ella misma y la trasciende. Es decir, el acto de aparición del objeto en la consciencia y el enfoque de la consciencia hacia el objeto ocurren de manera interdependiente, destacando una interacción recíproca donde cada uno influye y define al otro. Esta doble dimensión refleja un diálogo continuo entre la consciencia y su objeto, subrayando la naturaleza interactiva de la percepción y el conocimiento. Si un objeto, supuestamente externo a nuestra mente, no se integra en la esfera de la consciencia, permanecerá fuera del alcance de nuestro conocimiento. Así, desde la óptica de la fenomenología, la cognición de cualquier objeto implica necesariamente su asimilación en nuestra consciencia, entendiendo esta asimilación como una trascendencia en la inmanencia.

La percepción y la intencionalidad en Aristóteles

La posición de la fenomenología con relación a la intencionalidad se origina en Aristóteles, quien sostuvo que el inicio del conocimiento humano se encuentra en la percepción sensorial. Propuso que todo aprendizaje arranca de la interacción con el entorno mediante los sentidos. A través de esta interacción sensorial, el ser humano entra en contacto con las realidades del mundo, aunque este conocimiento inicial, eminentemente sensorial y efímero, no agota la profundidad del saber. Identifica distintos estratos o grados en el espectro del conocimiento, comenzando con el conocimiento sensible, el cual es directo y transitorio, desvaneciéndose con la sensación que lo origina y que es característico de los seres menos complejos. En organismos más avanzados, este conocimiento sensorial, en combinación con la memoria y la imaginación, evoluciona hacia formas de saber más duraderas. En el ser humano, este proceso se enriquece y conduce a la formación de la experiencia, fruto de la memoria. Aunque esta experiencia no revela las causas últimas de los objetos, sí permite afirmar su existencia, abriendo el camino al conocimiento de lo particular.

No obstante, para Aristóteles, el pináculo del conocimiento no se alcanza hasta el saber teórico o contemplativo, que representa la aspiración máxima hacia la sabiduría. Este nivel supremo de conocimiento se logra mediante el intelecto, capaz de comprender las sustancias a través de sus causas y principios, entendiendo así su unidad, identidad y naturaleza general. El estagirita diferencia al hombre de otros seres vivos por su capacidad de pensamiento, elevando el conocimiento como una virtud humana distintiva. Así, al ser el mundo sensible al escenario de nuestra existencia, la sensación se postula como el cimiento del conocimiento. Este escenario, en el que ocurre toda experiencia fundamental, está compuesto de materia y forma. La materia constituye la esencia primordial de la cual surge el conocimiento, mientras que la forma define la esencia de las cosas. A diferencia de la percepción sensorial, que capta lo individual requiriendo la presencia física del objeto, el pensamiento humano alcanza la esencia, capturando lo universal dentro de lo particular.

Así, Aristóteles enfatiza que la realidad de las sustancias se aprehende primero sensorialmente, para luego, mediante la representación mental, integrar tanto los aspectos materiales y sensoriales como los formales de la sustancia. La forma, inherente a la sustancia, revela que el mundo sensible —el mundo que vemos, percibimos y experimentamos— constituye nuestra única realidad, compuesta por las sustancias individuales que conocemos, cada una de ellas una amalgama de materia y forma. Para Aristóteles, el conocimiento surge de la incorporación del objeto dentro del sujeto, en calidad de objeto. Este proceso implica que, al conocer algo, el sujeto se transforma en cierta medida en el objeto de su conocimiento, ya que la esencia o forma del objeto se internaliza en el sujeto. Esta internalización cambia el sujeto y lo hace más similar al objeto conocido. A medida que el sujeto adquiere conocimiento del objeto, se asemeja más a este, dado que la forma del objeto pasa a formar parte de su ser. Este tema recibe el nombre de «la primera intencional», y expresa la presencia del objeto en el sujeto. La segunda intencional es el concepto, pero eso ya es harina de otro costal.

Esta misma internalización del objeto en el sujeto y el posterior asemejarse del sujeto al objeto aparece claramente dilucidado en el pensamiento talmúdico, como podemos ver a continuación:

הִנֵּה, כָּל שֵׂכֶל כְּשֶׁמַּשְׂכִּיל וּמַשִּׂיג בְּשִׂכְלוֹ אֵיזֶה מֻשְׂכָּל, הֲרֵי הַשֵּׂכֶל תּוֹפֵס אֶת הַמֻּשְׂכָּל וּמַקִּיפוֹ בְּשִׂכְלוֹ, וְהַמֻּשְׂכָּל נִתְפָּס וּמֻקָּף וּמְלֻבָּשׁ בְּתוֹךְ הַשֵּׂכֶל שֶׁהִשִּׂיגוֹ וְהִשְׂכִּילוֹ. וְגַם הַשֵּׂכֶל מְלֻבָּשׁ בַּמֻּשְׂכָּל בְּשָׁעָה שֶׁמַּשִּׂיגוֹ וְתוֹפְסוֹ בְּשִׂכְלוֹ. דֶּרֶךְ מָשָׁל: כְּשֶׁאָדָם מֵבִין וּמַשִּׂיג אֵיזוֹ הֲלָכָה בַּמִּשְׁנָה אוֹ בַּגְּמָרָא לַאֲשׁוּרָהּ עַל בֻּרְיָהּ הֲרֵי שִׂכְלוֹ תּוֹפֵס וּמַקִּיף אוֹתָהּ, וְגַם שִׂכְלוֹ מְלֻבָּשׁ בָּהּ בְּאוֹתָהּ שָׁעָה. וְהִנֵּה, הֲלָכָה זוֹ, הִיא חָכְמָתוֹ וּרְצוֹנוֹ שֶׁל הַקָּדוֹשׁ־בָּרוּךְ־הוּא, שֶׁעָלָה בִּרְצוֹנוֹ, שֶׁכְּשֶׁיִּטְעוֹן רְאוּבֵן כָּךְ וְכָךְ דֶּרֶךְ מָשָׁל וְשִׁמְעוֹן כָּךְ וְכָךְ – יִהְיֶה הַפְּסָק בֵּינֵיהֶם כָּךְ וְכָךְ. וְאַף אִם לֹא הָיָה וְלֹא יִהְיֶה הַדָּבָר הַזֶּה לְעוֹלָם, לָבוֹא לְמִשְׁפָּט עַל טְעָנוֹת וּתְבִיעוֹת אֵלּוּ, מִכָּל מָקוֹם, מֵאַחַר שֶׁכָּךְ עָלָה בִּרְצוֹנוֹ וְחָכְמָתוֹ שֶׁל הַקָּדוֹשׁ־בָּרוּךְ־הוּא, שֶׁאִם יִטְעוֹן זֶה כָּךְ וְזֶה כָּךְ, יִהְיֶה הַפְּסָק כָּךְ, הֲרֵי כְּשֶׁאָדָם יוֹדֵעַ וּמַשִּׂיג בְּשִׂכְלוֹ פְּסַק זֶה כַּהֲלָכָה הָעֲרוּכָה בְּמִשְׁנָה אוֹ גְּמָרָא אוֹ פּוֹסְקִים, הֲרֵי זֶה מַשִּׂיג וְתוֹפֵס וּמַקִּיף בְּשִׂכְלוֹ רְצוֹנוֹ וְחָכְמָתוֹ שֶׁל הַקָּדוֹשׁ־בָּרוּךְ־הוּא, דְּלֵית מַחֲשָׁבָה תְּפִיסָא בֵּיהּ וְלֹא בִּרְצוֹנוֹ וְחָכְמָתוֹ, כִּי אִם בְּהִתְלַבְּשׁוּתָם בַּהֲלָכוֹת הָעֲרוּכוֹת לְפָנֵינוּ, וְגַם שִׂכְלוֹ מְלֻבָּשׁ בָּהֶם.
(רבי שניאור זלמן מלאדי, ספר התניא, ליקוטי אמרים, פרק ה')

Ahora bien, cuando un intelecto concibe y comprende un concepto con sus facultades intelectuales, este intelecto capta el concepto y lo engloba. Este concepto está [a su vez] captado, envuelto y encerrado en ese intelecto que lo concibió y comprendió. La mente, por su parte, también está revestida del concepto en el momento en que lo comprende y lo capta con el intelecto. Por ejemplo, cuando una persona entiende y comprende, plena y claramente, cualquier halajá de la *Mishná* o la *Guemará*, su intelecto la capta y la abarca y, al mismo tiempo, se reviste de ella. En consecuencia, como la *halajá* particular es la sabiduría y la voluntad de Dios, pues fue Su voluntad que cuando, por ejemplo, Rubén alegue de una manera y Simeón de otra, el veredicto entre ellos sea así y así; e incluso si tal litigio nunca hubiera ocurrido, ni se presentara jamás para ser juzgado en relación con tales disputas y reclamaciones, no obstante, puesto que ha sido la voluntad y sabiduría del Santo, bendito sea Él, que en el caso de que una persona alegue de esta manera y la otra [litigante] alegue de tal otra, el veredicto sea tal y tal—por tanto, cuando una persona conoce y comprende con su intelecto tal veredicto de acuerdo con la ley tal como está establecida en la *Mishná*, la *Guemará* o los *Poskim* (códigos), ha comprendido, captado y abarcado así con su intelecto la voluntad y la sabiduría del Santo, bendito sea Él, a Quien ningún pensamiento puede captar, ni Su voluntad y sabiduría, excepto cuando están revestidas de las leyes que nos han sido establecidas. [Simultáneamente] el intelecto también está revestido de ellas [la voluntad y la sabiduría divinas].

(Rabí Shneur Zalman de Liadi, *Tania*, «*Likkutei Amarím*», capítulo 5)

Salvando las diferencias entre la filosofía talmúdica, Aristóteles y Husserl, esta noción de la internalización del objeto en el sujeto y el correspondiente asemejarse del sujeto al objeto, nos ayuda a entender el fenómeno. Tal como lo define la fenomenología, el fenómeno se refiere a la interacción entre el mundo de la consciencia y la consciencia del mundo, evidenciando que las cosas, al ser conocidas, habitan en nosotros, aunque no son un pedazo de nuestra consciencia.

Capítulo 12

La percepción y la intuición según Husserl

Sobre la trascendencia en la inmanencia

A menudo nuestras expectativas no se alinean con la realidad de los eventos que transcurren en nuestra vida cotidiana. Esta discrepancia nos causa frustración. Por ejemplo, compramos un boleto de lotería con la esperanza de que sea el ganador, pero surge la inevitable desilusión cuando nuestro número no gana. Este fenómeno ilustra una tendencia humana universal: la propensión a sentirnos defraudados cuando los resultados no corresponden a nuestras esperanzas o deseos. La expectativa, alimentada por nuestros propios anhelos y percepciones de lo que es justo o merecido, choca con el muro de la realidad objetual, desencadenando así sentimientos de frustración y descontento. Una estrategia para mitigar las experiencias de frustración es gestionar nuestras expectativas y reconocer la naturaleza impredecible de la vida.

La experiencia de frustración parece estar arraigada en una visión que el acto de la consciencia, en este caso el anhelo, mantiene una relación muy concreta con el objeto deseado. Esta relación corresponde a una estructura que, especialmente el mundo occidental, ha interiorizado y dado por válida e incuestionable. Se basa en entender a los seres humanos como sujetos que interactúan con objetos en un esquema de causa y efecto. Este capítulo, siguiendo la línea de investigación abierta en las páginas que le preceden, ofrece una revisión de dicha estructura. Para ello, profundizaremos de nuevo en la noción de la intencionalidad de la consciencia y de la trascendencia inmanente, y lo haremos a partir de los conceptos de la intuición sensible y la intuición categorial del mismo Husserl.

En Shōbōgenzō Bukkojoji (*El asunto de ir más allá de Buda*), Dōgen escribió:

> El gran cielo no obstruye la deriva de las nubes blancas» es la expresión de Shitou. Ni el gran cielo obstruye el gran cielo. El gran cielo no impide la deriva del gran cielo mismo y también las nubes blancas no impiden la deriva de las nubes blancas mismas. Las nubes blancas van a la deriva sin obstrucción; además, la deriva de las nubes blancas no impide que el gran cielo vaya a la deriva. No obstruir a los demás es no obstruirse a uno mismo. El gran cielo y las nubes blancas no necesitan la no obstrucción del otro. No es que exista una no-obstrucción mutua. Por esta razón, (ellos) no se obstruyen (el uno al otro). Así es como sostenemos la naturaleza y la forma de «el gran cielo», «la no obstrucción» y «la deriva de las nubes blancas.[52]

Al alba, el cielo se adorna con nubes de un blanco puro que, a medida que el sol asciende y el día se despliega, se diluyen fuera de nuestro alcance visual. Nos embarga la curiosidad sobre su origen, su proceso de transformación y su eventual desintegración. La nube blanquecina emerge ante nosotros como un enigma: su manifestación inicial, su desvanecimiento y su esencia intrínseca. Esta nube, en su naturaleza fundamental, se encuentra libre de cualquier lazo, flotando sin un comienzo o conclusión determinados. Sin embargo, su existencia es palpable. Cada entidad posee esta calidad efímera y mística, carente de un origen primordial evidente. Las nubes blanquecinas se mueven sin seguir un trayecto fijo, desprovistas de un objetivo claro o propósito que cumplir, inmunes a la desilusión, pues la inexistencia de expectativas precluye el surgimiento de la frustración.

La experiencia de la vida, cuando se circunscribe a metas definidas, invariablemente conduce al desencanto. Aquel cuyo pensamiento se dirige hacia fines determinados se encuentra en

---

52. Dōgen, *Treasury of the True Dharma Eye: Zen Master Dogen's Shōbōgenzō*, trans. Kazuaki Tanahashi et al. (Boston: Shambhala Publications, 2013). Traducción propia.

un estado de tensión y descontento, puesto que esto contradice la naturaleza intrínsecamente indeterminada del universo. La tentativa de imponer una voluntad personal frente a la inmensidad de la totalidad se traduce en un conflicto predestinado a la derrota; el esfuerzo humano, por más intenso que sea, resulta insuficiente ante la magnitud de lo absoluto.

La nube blanca, al dejarse llevar por el viento, no presenta resistencia. Estar libre de la búsqueda de dominio es precisamente lo que la hace etérea e invicta y le permite disolverse en el todo. Una idea similar, aunque expresada de modo diferente, transluce ya en el libro de Mateo en el Nuevo Testamento, donde leemos:

> Entonces Jesús dijo a sus discípulos: Si alguno quiere venir en pos de mí, niéguese a sí mismo, y tome su cruz, y sígame. Porque todo el que quiera salvar su vida, la perderá; y todo el que pierda su vida por causa de mí, la hallará. Porque ¿qué aprovechará al hombre, si ganare todo el mundo, y perdiere su alma? ¿O qué recompensa dará el hombre por su alma?
> (Mateo, 16:24-26)

La inevitabilidad de la derrota aguarda a aquel que se empeña en alcanzar un propósito específico, dado que tal empeño se encuentra en oposición directa con el carácter esencial de lo que significa existir. De este modo, la nube blanca se erige como un emblema de la infinitud de posibilidades, acogiendo sin distinción la totalidad de lo existente. Esta es la esencia de la práctica meditativa, que no se define como un camino en el sentido tradicional, sino más bien como un deambular sin destino preciso, un avanzar liberado de toda pretensión. Es esencial reconocer que la inclinación hacia la definición de propósitos y metas es una característica intrínseca de la psique humana. Por lo tanto, la idea de vivir sin un fin determinado resulta incomprensible a primera vista, ya que es en la búsqueda y consecución de objetivos donde la mente encuentra sustento.

La paradoja emerge, no obstante, cuando uno se cuestiona acerca del fin último de prácticas como la meditación, sin percatarse de que, en su núcleo, la meditación representa un estado de vacuidad mental, una inmersión total en el presente, desprovista de cualquier orientación, en la cual el simple acto de ser se convierte en el objetivo final. La existencia reconoce un único espacio, el aquí, y un único momento, el ahora. Nuestros propósitos, al extenderse más allá de estos parámetros temporales y espaciales, inician un proceso de proyección hacia el futuro, basándose en lo ya vivido en el pasado. Imaginemos una nube blanca en el cielo, liberada de las cadenas del tiempo y los objetivos, flotando en el presente como parte de un eterno continuum.

La consciencia humana se halla en una constante búsqueda de significado, metas y propósitos, ya sean de índole terrenal o espiritual. A medida que se atenúa la importancia de lo material, su búsqueda de utilidad se desplaza hacia lo espiritual. La mente intenta colmar su vacío existencial con algún tipo de significado. La enseñanza de Buda nos revela que la verdadera espiritualidad radica en la liberación de la consciencia de cualquier fin, implicando así la superación de la mente misma, transformándose en una entidad sin pensamientos. Esta analogía de la nube blanca ilustra la comprensión de la vida como un fluir incesante, sin forma predeterminada, desafiando cualquier concepción de una identidad estática y permanente. La esencia de la existencia es el cambio y la transformación, un dinamismo constante que se opone a la cristalización de identidades y formas específicas.

Ya en el ámbito de la filosofía occidental, Heidegger propone una reinterpretación de la naturaleza fundamental de la metafísica, desafiando la noción de que esta disciplina se limite a la exploración de conceptos abstractos y universales. En su visión, la metafísica profundiza en el estudio de temas que afectan esencialmente a nuestra existencia y que son cruciales para nuestra vida. Heidegger sostiene que el verdadero ámbito de la metafísica radica en abordar aquellas preguntas que inciden directamente en la esencia de lo humano, involucrándose en una indagación sobre el sentido de Ser, la constitución de la realidad y la manera en que interactuamos con nuestro entorno. Su enfoque sugiere una práctica filosófica que supera la mera especulación teórica, orientándose hacia una exploración de aquellos elementos que forman y moldean de manera significativa nuestra experiencia de vida.

Tanto Heidegger como Nietzsche pueden ser interpretados como críticos de la tradición metafísica, argumentando contra la tendencia de desvincular la esencia del Ser de la inmediatez de la experiencia vivida. Nietzsche critica vehementemente lo que él denomina el «platonismo», por su tendencia a valorar un mundo de formas ideales por encima de la realidad perceptible. Asevera que este enfoque conduce a una alienación del individuo respecto de su existencia y vivencias propias. Este rechazo se dirige hacia la noción de una verdad que se encuentra fuera del individuo, implícita en estructuras externas como textos sagrados, sistemas de creencias, religiones o metodologías académicas. Sostiene que estas estructuras se contraponen con la idea de una verdad intrínseca, a la que se llega tras un viaje introspectivo hacia el núcleo del propio ser.

Estas dos perspectivas sobre la búsqueda de la Verdad encuentran paralelos en el ámbito teológico, específicamente en las concepciones conocidas como la vía *exterioris* y la vía *interioris*. La primera aboga por la búsqueda de lo divino en el exterior, posiblemente en el reino celestial o en manifestaciones religiosas tangibles, una visión que Santo Tomás de Aquino defendió vigorosamente. En contraposición, la vía *interioris*, promovida por San Agustín de Hipona, sostiene que la verdadera comprensión de Dios se halla explorando las profundidades del alma humana. Esta dicotomía entre la externalización y la internalización de la búsqueda de la Verdad ilustra una tensión fundamental en la experiencia humana, incluso dentro de una misma confesión religiosa. Mientras que la Verdad se concibe como algo que reside dentro de nosotros, al mismo tiempo se nos presenta como algo que nos trasciende.

Las críticas de Nietzsche y Heidegger a la metafísica van encaminadas en este mismo sentido. Cuestionan los fundamentos de nuestras concepciones tradicionales de la Verdad. También invitan a una reconsideración de cómo nos relacionamos con nuestro entorno, nuestras creencias y, en última instancia, con nosotros mismos. Este diálogo entre la introspección y la trascendencia refleja la complejidad de la búsqueda humana por el significado en un mundo que constantemente nos desafía a reconciliar lo interno con lo externo, lo inmanente con lo transcendente. En realidad, el dentro y fuera son ilusorios. Cuando las paredes del cuarto se desploman, desaparecen los límites entre interior y exterior. Al igual que la relación entre el océano y la ola, el océano está tanto dentro como fuera y es la ola simultáneamente.

Esta reconceptualización exige una reflexión filosófica que trascienda los confines tradicionales de la abstracción metafísica, centrando la atención en el discernimiento de los principios que fundamentan nuestra realidad cotidiana. La perspectiva de Heidegger recalca la importancia de dedicarse a los problemas que tienen un impacto tangible en nuestra existencia, promoviendo así una comprensión más profunda y aplicada de la metafísica, enfocada en las dimensiones más íntimas y significativas de la experiencia humana.

Las intuiciones sensible, eidética y categorial

Esta relación entre la interioridad y la exterioridad, a saber, entre lo inmanente y lo transcendente, juega un papel fundamental en la fenomenología, incluso si la cuestión no aparece directamente tematizada. Husserl, que trata este tema en especial, en una primera instancia planteó que los objetos intencionales de la consciencia son poseedores de un *eidos*, o 'esencia', una noción fundamental inspirada originalmente en las ideas platónicas. Según Platón, todo objeto singular remite en última instancia a ideas universales. Asimismo, Edmund Husserl postula que existe una esencia fundamental inherente a cada fenómeno. Esto implica que toda experiencia o manifestación fenomenológica revela ciertos elementos de lo real, que Husserl identifica como noema.

El concepto de noema hace referencia al significado o contenido específico de una experiencia tal como es percibido por la consciencia. Complementariamente al noema, la noesis alude a la dinámica cognoscitiva o el acto de la consciencia mediante el cual el fenómeno es captado. De tal modo, Husserl entendió la interacción entre noesis y noema como la estructura esencial en la que la realidad adquiere su significado. En esta estructura, el noema es aquel aspecto, esencia o idea de lo real que se hace presente en la consciencia cuando esta presta atención, observa o reflexiona sobre un fenómeno. Cada suceso o manifestación fenomenológica, por ende, nos revela un aspecto del Ser del objeto, al que nos referimos como esencia o noema y que, como tal, representa la dimensión de la realidad que es aprehendida por nuestra percepción consciente.

Esta estructura cognitiva es importante en la fenomenología de Husserl, quien sostiene que los objetos específicos se revelan a la consciencia juntamente con esencias y mediante estas. Ante todo, esto significa que la percepción física de un objeto, en primera instancia, solo determina la percepción de un «algo», todavía faltado de identidad. Por tanto, ya sea un árbol o una fila de árboles, la percepción solo nos ofrece algo indeterminado. En este sentido, para Husserl, la percepción equivale al acto de la consciencia que es capaz de extraer una cosa singular de un contexto. No obstante, esta no es la extracción o percepción de una corporalidad bruta (*körper*) de lo percibido. Más bien, es una percepción que viene siempre acompañada y enlazada de la imaginación, gracias a la cual lo que percibimos no es la dimensión óntica (*körper*) de un objeto sino lo que podríamos llamar su corporeidad viva, lo que Husserl llamó *leib*, a saber, la dimensión viva que late en la onticidad del objeto.

La importancia de la imaginación en la obra de Husserl reside en que le permite presentar una noción de percepción que no queda aprisionada en los confines de la realidad empírica. Si ese fuera el caso, la fenomenología acabaría reducida a una mera expresión de neorrealismo, pues tendría que aceptar que la realidad empírica precede el conocimiento y comprensión de la misma, postura que choca frontalmente con la fenomenología de Husserl. Al enlazar la percepción con la imaginación, piensa el objeto de la percepción como un objeto intencional cuya «existencia» no depende de una presupuesta realidad objetiva del mismo sino de su aparición en la consciencia, así se trate de un caballo o un unicornio. Dicho de otro modo, lo que la percepción presenta a la consciencia es el objeto en toda su potencialidad y no en su mera actualidad. Al mismo tiempo cabe clarificar que, por sí misma, la percepción no encarna ningún significado, aunque sí que equivale a los cimientos o los fundamentos sobre los cuales la consciencia conferirá significado al objeto. Es decir, aunque la percepción no nos proporciona por sí sola un objeto con significado, sin la percepción nada podría tener significado alguno.

Husserl presenta los temas de la intuición y las esencias en el ámbito de la percepción. Comienza refiriéndose a la intuición de esencias, o intuición eidética, como el acto mediante el cual percibimos las esencias que permiten que el objeto percibido —o aquello que se presenta a la consciencia como un «algo»— se nos dé como aquello que es. Por ejemplo, en ese «algo» indeterminado que la percepción nos ofrece, uno no simplemente ve una caja cuadrada roja, sino las esencias «caja», «cuadrada» y «roja», del mismo modo que uno no ve una figura de tres caras sino el triángulo como idea. Husserl afirma que lo primero que percibimos de manera inteligible son las esencias a través de las cuales ese objeto concreto y particular se nos da. En nuestro ejemplo, se nos da como «una caja cuadrada roja» en la que uno guarda determinados objetos. Esta intuición eidética designa la capacidad de ver las esencias que determinan la cosa percibida en su potencialidad pero ahora en mayor determinación, es decir, como cosa actualizada: «esa caja cuadrada roja». Sin embargo, el objeto percibido no contiene una sola esencia, sino varias: «caja», «cuadrangular», «rojo» y demás. Husserl formula una pregunta fundamental: ¿cómo conseguimos intuir diferentes esencias en combinación las unas con las otras? Esta pregunta es filosóficamente importante, pues sin esta otra capacidad solo veríamos esencias por separado y no acabaríamos de ver nunca una única «caja cuadrada roja».

A esta altura, Husserl introduce lo que él mismo llama «la intuición categorial». La define como el acto que concibe las leyes o categorías formales a través de las cuales, en última instancia, podemos ver el objeto en su plenitud de significado. Para explicar este punto, Husserl diferencia entre las «esencias materiales», que dependen de la percepción sensible, y sus categorías formales, que son «esencias vacías» incapaces de ser representadas a través de los sentidos o la imaginación. Las «esencias vacías» son esencias en el sentido de leyes que articulan y conectan las «esencias materiales» entre ellas. Por ejemplo, la esencia «color» debe ir siempre acompañada de la esencia «cosa material», ya que sería imposible percibir «color» sin «extensión». En ese sentido, las categorías son leyes formales que laten en la dimensión interna de las esencias materiales. Husserl también llama a las categorías «conceptos básicos de lógica pura» y menciona algunas como propiedad, unidad, identidad, pluralidad, número, totalidad, parte y demás.

Husserl argumenta que la intuición eidética y la intuición categorial se dan al mismo tiempo y una dentro de la otra, y es solo en esta combinación que los objetos pueden darse a nuestra consciencia con pleno significado. Una vez que hemos percibido un objeto, es decir, lo hemos extraído de un contexto y lo hemos singularizado, la intuición es la combinación de actos que permite que el objeto aparezca en la consciencia como un objeto con significado. Es decir, el objeto no tenía un significado plenamente formado antes de ser objeto de nuestra consciencia, del mismo modo que no es la consciencia la que inyecta significado en el objeto como tal. Al contrario, el objeto se da a las capacidades del sujeto que lo percibe y lo piensa. Así, toda percepción objetual implica la captación de las esencias materiales y categoriales que conforma el significado de dicha realidad que percibimos, ya que, si no percibiéramos dichas esencias, no percibiríamos el objeto tal como lo que es.

Este planteamiento provocó críticas hacia Husserl y su fenomenología, y algunos lo acusaron de ser una variante de la filosofía de las ideas de Platón. Frente a tales críticas, Husserl clarificó su posición en la segunda edición de las *Investigaciones lógicas*. En ella, negó la existencia independiente de las entidades ideales, una postura que es considerada filosóficamente superada, y afirmó que las cosas no existen de manera autónoma, sino que valen en y para la consciencia. Dialogando con las «verdades en sí mismas» de Bolzano y reinterpretando la doctrina platónica según Lotze, su perspectiva se alineó con la teoría de los valores: el Ser no es, sino que tiene valor. Lotze argumentaba que el Ser, en sí mismo, no existe, sino que adquiere relevancia a través de la consciencia que lo concibe, convirtiéndose en una verdad relativa a ella. En cierto sentido, esta posición priva al Ser de una existencia independiente, eso es, trascendente con relación a la consciencia que lo menta, relegándolo a ser un concepto valorado por y para la consciencia.

En ese sentido, la consciencia valoriza los objetos que encuentra *en* ella, dado que le es imposible generar algo *ex nihilo* ajeno a ella. Dicho de otro modo, el mundo no es un constructo creado al azar por la consciencia. Intentar concebir y describir algo completamente desconocido es un ejercicio fútil pues, si lo concebimos, ya forma parte de nuestra consciencia. A diferencia de la idealidad abstracta de los universales, Husserl sostiene que las ideas no poseen cualidades fuera de la consciencia. Así, la inteligibilidad ocurre únicamente dentro de los límites de la percepción sensible, que él considera el ámbito de la verdadera realidad.

La intuición sensible, enriquecida por la intuición categorial, permite que las entidades se revelen en la consciencia, formando así una experiencia auténtica y concreta. Este mecanismo cognitivo permite una comprensión profunda y precisa de las verdades primordiales que forman a nuestro entorno. La perspectiva fenomenológica resalta la facultad intrínseca del ser humano para identificar, mediante una intuición no mediada, los fundamentos esenciales que estructuran y confieren significado a la multiplicidad de fenómenos que lo rodean. Este enfoque subraya un desplazamiento hacia una apreciación más profunda y auténtica de la realidad. Privilegia el acceso directo a la esencia por encima de la acumulación indiscriminada de datos empíricos y enfatiza la importancia de una percepción elevada para la comprensión filosófica de la existencia.

Por ejemplo, digamos que percibimos un libro. Nuestra intuición sensible se activa: visualmente identificamos su color rojo y, mediante el tacto, apreciamos su cubierta dura, trascendiendo así los meros atributos sensoriales para reconocer el objeto en su totalidad. Si bien percibimos el libro a través de los sentidos, su esencia se despliega más allá de estas percepciones, invitando a la intervención de la intuición eidética que capta su concepto más profundo. Por último, la intuición categorial se extiende más allá de lo tangible y lo episódico hacia el reconocimiento de propiedades universales y eternas, las cuales constituyen el ser fundamental de las entidades.

La intuición sensible nos permite discernir detalles como el color, sabor, figura, olor y textura, mientras que la intuición eidética capta la esencia intrínseca de los objetos. La intuición eidética y categorial nos enseñan que comprender implica una interpretación profunda que integra nuestras percepciones personales, superando la mera observación física para alcanzar una comprensión holística de la realidad.

La intencionalidad como apertura originaria al mundo

La cuestión de la percepción y la intuición de esencias, tanto materiales como categoriales, debe entenderse siempre en coordinación con la intencionalidad. Al inicio de la cuarta lección en *La idea de la fenomenología - Cinco conferencias* Husserl sostiene:

> *Die Erkenntniserlebnisse, das gehört zu ihrem Wesen, haben eine intentio.*

> Pertenece a la esencia de las vivencias cognoscitivas tener una *intentio*.[53]

Esto implica que nuestras experiencias no solo denotan y generan algo, sino que también se enfocan previamente en un objeto. Este objeto, aunque esté o no físicamente presente, conserva una naturaleza distinta y separada de la experiencia en sí, como ya hemos apuntado anteriormente. De tal manera que:

> *das Gegenständliche kann erscheinen, kann im Erscheinen eine gewisse Gegebenheit haben, während es gleichwohl weder real im Erkenntnisphänomen ist, noch auch sonst als cogitatio ist.*

> Lo objetual puede aparecer, puede tener cierta donación en su aparecer, si bien no está como ingrediente en el fenómeno cognoscitivo ni existe como *cogitatio*.[54]

En nuestra consciencia, objetos como árboles o casas, presentes en nuestra percepción, no se definen como meros pensamientos, sino

---

53. Edmund Husserl, *La idea de la fenomenología*, introd., trad. y notas de Jesús Adrián Escudero (Barcelona: Herder Editorial, 2011), Cuarta lección, 113.
54. Ibid., Cuarta lección, 114.

como entidades cuya existencia trasciende nuestra cognición, siendo conocidos más allá de la mera percepción consciente. Al afirmar que «este libro no existe», transformamos su existencia en un concepto mental. Este proceso ilustra que un libro no es simplemente una emoción o pensamiento; es una percepción, aunque no se traduzca en un ente tangible. Esto mismo podría decirse de todo acto de la consciencia, ya que, como hemos expuesto antes, según Husserl, la percepción viene entrelazada con la imaginación.

En la esfera de la consciencia, la no existencia de un objeto, como un unicornio o un caballo alado, no implica su ausencia absoluta, sino que subraya la naturaleza de nuestra percepción y cognición, donde lo percibido no siempre es un componente directo de nuestra realidad consciente. Resulta contradictorio afirmar la no existencia de un objeto, pues en el momento en que se pronuncia su ausencia, se le confiere una especie de realidad en el ámbito del pensamiento que lo convierte en objeto intencional de la consciencia. En el momento en que un «objeto» aparece en la consciencia como mentado o como objeto intencional, entran en juego tanto la intuición sensible como la categorial, para confirmar o frustrar nuestras expectativas. Por ejemplo, yo podría mentar un unicornio hasta que la percepción y la intuición lo confirmen o lo desmientan. Pero incluso si lo desmienten, el unicornio seguirá siendo un objeto de mi imaginación, que es otro acto de la consciencia, y conservará su existencia intencional en mi consciencia. Lo mismo podría decirse de los recuerdos. Dicho de otro modo, el mero acto de reflexionar o hablar sobre la no existencia de un objeto lo incorpora a nuestra consciencia y le asigna una forma de ser en el mundo del pensamiento. La inexistencia de algo no suprime su existencia en la esfera del pensamiento. Esto genera una fascinante paradoja filosófica acerca de qué significa existir y cómo nuestra percepción moldea la realidad de los objetos.

Las nociones de intuición sensible y categorial contribuyen activamente a fundamentar tanto a la intencionalidad como la trascendencia inmanente con la que el mismo Husserl define la naturaleza del objeto intencional de la consciencia. Además, la intuición enfatiza la intrincada relación entre los conceptos de ser y no ser, proponiendo que la esencia de un objeto puede sobrepasar su presencia física para anidar en los reinos abstractos del pensamiento y el discurso. Este enfoque nos invita a considerar cómo las dimensiones conceptuales y lingüísticas complementan y expanden nuestra comprensión de la existencia, más allá de lo meramente observable. En otras palabras, la existencia de un objeto no depende solo de nuestra consciencia, pues como hemos indicado antes, la consciencia y el objeto son entidades distintas, aunque necesariamente interdependientes. La clave de esta paradoja, como la hemos llamado, reside en la siguiente distinción: cuando declaramos la inexistencia de un libro, lo transformamos en una entidad conceptual. Sin embargo, en la esfera de la percepción no consciente, un libro se torna un ente indefinible, conocido únicamente a través de nuestra percepción interna. Esta realidad subraya que la percepción y el conocimiento de los objetos trascienden las simples categorías de existencia física o mental. Un libro no es solo parte de la consciencia, pero es más preciso percibirlo como una impresión sensorial, distinta de un pensamiento concreto. La existencia del libro, más allá de nuestra percepción consciente, se sumerge en el ámbito de lo indefinido y lo conocemos internamente solo como una percepción. Así, esta entidad no se define ni exclusivamente por la consciencia ni por su materialidad física, sino que reside en un espacio perceptual, siendo a su vez parte de nuestra consciencia y algo más allá de ella.

En virtud de lo dicho hasta ahora, podemos afirmar que, desde la fenomenología de Husserl, la vida se revela como la percepción percibiéndose a sí misma, destacando la autonomía de la intencionalidad en la consciencia, que no se basa en representaciones externas. La caracterización de un objeto como algo no constitutivo implica su independencia del mundo exterior. Este fenómeno se debe a la naturaleza intrínseca de la intencionalidad en nuestra consciencia, la cual no opera a través de simples representaciones externas, sino que mantiene su autodeterminación. Desde este ángulo filosófico, la indagación del conocimiento abarca tanto los aspectos inmanentes que forman parte de nuestra consciencia como aquellos que se relacionan con nuestras intenciones y propósitos más profundos. El término «intención», por tanto, trasciende la simple idea de albergar un deseo o anhelo específico. Se refiriere a la dinámica por la cual la consciencia se proyecta hacia los objetos externos, eso es, aquello que no son la consciencia, pero que son objetos, en tanto que se dan en su intencionalidad y cobran su propio significado.

Como también hemos expuesto antes, el término «intención», originario del verbo *tender*, implica una acción de extenderse o dirigirse hacia algo más allá de uno mismo. Por ende, al hablar de la capacidad de la consciencia para «intencionar», destacamos su inclinación natural a establecer una conexión con el entorno. Este principio indica que la consciencia no se caracteriza por su inactividad o aislamiento, sino por su naturaleza abierta y expansiva, así como por su orientación activa hacia fuera. Por lo tanto, la intencionalidad emerge como un atributo esencial de la consciencia, demostrando su permanente vinculación con el entorno mediante este impulso proyectivo. Esta perspectiva enfatiza que la consciencia, lejos de ser un ente aislado, está invariablemente enfocada hacia la interacción con el mundo que la circunda, subrayando su constante apertura y búsqueda de conexión y relación con lo que no es ella. Esta perspectiva resalta la singularidad de la intencionalidad, un atributo fundamental de nuestra consciencia que se sostiene por sí mismo, sin depender de representaciones externas. sugiere es que la consciencia se dirige de forma independiente hacia los objetos, sin que la esencia de estos influya en su orientación, pero cuyo significado se advierte únicamente cuando se dan como objetos intencionales de la consciencia.

Así, la intencionalidad de la que hablamos no se relaciona simplemente con anhelos o elecciones individuales, sino que se revela como una cualidad intrínseca de la consciencia que la faculta *per se* para proyectarse fuera de sí. No se proyecta ocasionalmente, como si fuera el resultado de una elección o una casualidad, sino permanentemente y sin estar condicionada por las propiedades particulares de los objetos a los que se enfoca. La intencionalidad y la intuición de Husserl demuestran que la consciencia intencional es previa a todo deseo, porque para desear, la consciencia (intencional) ya debe estar abierta al mundo, a lo que no es ella, a lo que la trasciende, pero siempre dentro de los parámetros de la intencionalidad (lo que le es inmanente). A veces, en el ámbito del conocimiento, se profundiza tanto en los elementos intrínsecos que constituyen nuestra percepción Lo que esto como en las intenciones subyacentes a estos, desentrañando así la compleja relación entre la percepción y la realidad tangible. En la fenomenología, la percepción de un objeto trasciende la simple consciencia o la intención dirigida hacia él, desvinculándose tanto de la mera existencia objetiva como de las proyecciones intencionales de la consciencia. La consciencia no es una entidad estática, sino que se define por aspectos dinámicos como la percepción y la atención que la mantienen originariamente abierta al mundo, trascendiendo la noción de mera cogitación. Y así, afirma Husserl:

> La razón misma y lo existente para ella se vuelven cada vez más enigmáticas, o la razón como la que a partir de sí misma otorga sentido al mundo existente y, mirado desde el lado opuesto, el mundo como existiendo a partir de la razón; hasta que finalmente, conscientemente manifiesto, el problema universal de la más profunda relación esencial entre la razón y lo existente en general, el enigma de todos los enigmas (*Rätsel aller Rätsel*), se convierte en el auténtico tema.[55]

---

55. Edmund Husserl, *La crisis de las ciencias europeas y la fenomenología trascendental*, trad. Julia V. Iribarne (Madrid: Ediciones Crítica, 1991), 56-57.

CAPÍTULO 13

LA AUTODONACIÓN PURA

Fenómeno, donación y entendimiento

Husserl extendió el alcance de la fenomenología más allá del mero acto de pensamiento (o *cogitatio*, por decirlo con terminología cartesiana), abarcando lo que conocemos con la expresión «autodonación pura». Esta representa una dimensión que profundiza en la comprensión, trascendiendo así la simple reflexión hacia una percepción más holística y profunda. Como hemos anticipado en las primeras secciones de este estudio, Husserl, pero también y especialmente Jean-Luc Marion explican que un fenómeno se revela porque intrínsecamente, y en última instancia, se da a nuestra percepción. En esta línea, Husserl afirma también que la «donación absoluta de algo último» representa su máxima expresión, libre de cualquier mediación. Esto lo lleva a argumentar que negar la autodonación implicaría caer en la ilusión cartesiana de que nuestra percepción es engañosa, lo que a su vez nos conduciría al escepticismo. Si dudáramos de la autodonación, acabaríamos dando por hecho que toda realidad viene precedida por un ego que lo conoce todo. Finalmente, esta línea de pensamiento cartesiana, que descarta la autodonación, desemboca en un círculo de contradicciones que acaba incluso desafiando el sentido de la experiencia misma, que termina siendo poco más que un capricho de un ego trascendental del que todo emana.

El enfoque de la fenomenología, no obstante, trasciende la identificación de un objeto en la consciencia y se concentra en cómo dicho objeto se «dona» a la consciencia, revelando así la verdadera esencia de su presencia y percepción. Desde una perspectiva fenomenológica, el foco no radica meramente en un ego trascendental del que todo se desprende, pero tampoco en el objeto en sí, sino en cómo este objeto se «dona» a la consciencia, es decir, como «nace» como objeto de nuestra consciencia. Lo percibido en la consciencia no es generado *ex nihilo* por una consciencia individual o un «yo» aislado. Por tanto, no es una creación subjetiva propia, sino que corresponde a una donación de la consciencia pura y universal a nuestra percepción. Es «solo cuando de pronto te vuelvas cazador del balón que te lanzó una compañera eterna», como dijo una vez Rilke.[56]

Dicho de otro modo, lo que experimentamos y percibimos no es un mero producto de nuestro pensamiento o ego, sino que es una manifestación de una consciencia más amplia y abarcadora. Este fenómeno trasciende el ámbito del pensamiento mental individual, revelando una interacción profunda entre lo universal y lo personal. La autodonación pura conlleva una revelación total, como el mismo Husserl sostiene al afirmar que:

> [...] *was genau in dem Sinn, in dem es gemeint ist, auch gegeben ist und selbstgegeben im strengsten Sinn* [...].

> [...] lo que está dado exactamente en el sentido que está mentado, y dado por sí mismo en el sentido más estricto [...].[57]

La fenomenología, así pues, garantiza la pureza inalterable de la revelación, asegurando que la verdad de nuestras percepciones permanezca auténtica, sin distorsiones causadas por mediaciones o alteraciones conceptuales. Nos encontramos ante una realidad inequívoca y pura, revelada a nuestra consciencia sin la intervención o filtro de la razón, y presentándose en su forma más auténtica y directa. Esta afirmación no niega en absoluto la razón, sino que simplemente no permite el desbordamiento de sus funciones, pues la

---

56. Rainer Maria Rilke, citado en Hans-Georg Gadamer, *Verdad y método*, trad. de Ana Agud Aparicio y Rafael de Agapito, 5ª ed. (Salamanca: Ediciones Sígueme, 1993).
57. Edmund Husserl, *La idea de la fenomenología*, introd., trad. y notas de Jesús Adrián Escudero (Barcelona: Herder Editorial, 2011), Cuarta lección, 120.

entendemos como receptora de la realidad y no como su creadora. Eso es, la razón abraza el universo tal como se le presenta, intentando comprenderlo y dotándolo de sentido según sus facultades, pero sin intervenir en su creación. El universo, lejos de ser una construcción de nuestra mente, se revela y manifiesta en ella, siendo acogido, pero no generado por nuestra razón.

Contrariamente a los preceptos de Descartes, que conducen a afirmar que la cosa existe porque la conozco, en lugar de yo conocerla porque existe, Husserl y la fenomenología en general entienden que la cosa está donada en la consciencia y es proyectada. No somos los creadores del universo objetual que percibimos, sino que este se proyecta o se dona a través nuestro. No somos creadores del cosmos que observamos, sino más bien receptores de su proyección o donación. Al mismo tiempo, Husserl alerta sobre el riesgo de fundamentar métodos abstractos e intuitivos en experiencias absolutas, pues esto podría llevar a incorporar elementos no verificados, y por eso afirma que:

Schauende Erkenntnis ist die Vernunft, die sich vorstzt, den Verstand eben zur Vernunft zu bringen.

Conocimiento intuitivo es aquella forma de razón que se propone traer el entendimiento a la razón.[58]

Esta cita refleja que el conocimiento intuitivo es la razón que intenta elevar el entendimiento. El conocimiento no se aborda mediante la abstracción, en la cual el sujeto extrae elementos del objeto. Este método entraña riesgos, puesto que con frecuencia resulta complicado diferenciar entre lo que es generado por nuestra propia consciencia y lo que efectivamente emana del objeto. Todo emana del objeto intencional como una donación. No generamos conocimiento, sino que este es el fruto de lo que se nos presenta. La percepción humana no se moldea por la realidad objetiva, sino por cómo esta se revela en nuestra consciencia. En realidad, el ser

---

58. Ibid., Cuarta lección, 122.

humano no percibe lo que es tal como es, sino tal como se le aparece, muestra o dona en la consciencia. Esta diferencia es importante e incidiremos en ella en las próximas secciones y capítulos.

Hasta ahora hemos mostrado cómo la fenomenología ha explicado las nociones de objeto intencional, de trascendencia en la inmanencia y de donación, con las cuales define el término «fenómeno» y su relación con la consciencia en la que este se da. El próximo paso no puede ser otro que el de abordar el conocimiento y el modo en el que este se produce. Ya hemos visto que los términos de «intuición sensible» e «intuición categorial» juegan aquí una función fundamental. La cita recién mencionada, esclarece que, según Husserl, la razón no crea el entendimiento, sino que la razón está dada en el entendimiento. Es decir, el conocimiento intuitivo no viene generado por la razón como si el primero fuera una herramienta de la segunda, sino que, más bien, la razón reside en el entendimiento. Al fundamentar el entendimiento en la intuición, tanto sensible como categorial, Husserl afirma que no es un acto causado por nosotros sino un proceso que emerge a raíz de la donación del fenómeno. Nuestra comprensión de las cosas no proviene de la espontaneidad de un ego aislado que entiende el mundo a golpes de una razón que produce y genera sus productos *ex nihilo*. Por lo tanto, no somos agentes causales de nuestra propia comprensión. En lugar de ello, nos encontramos inmersos en un proceso de entendimiento permanente. Esta perspectiva sugiere una pasividad técnica en el acto de entender, donde el conocimiento emerge independientemente de nuestra voluntad o esfuerzo consciente.

Aunque más adelante ampliaremos estos aspectos, lo dicho hasta ahora nos permite afirmar que tanto el entendimiento como la razón que lo vertebra desde su interioridad, solo pueden tener lugar en el dominio del fenómeno como donación y jamás fuera de este. La consciencia es meramente receptiva del acontecer que la penetra. Todo se revela, se ofrece, se dona. La consciencia personal es el receptáculo de influencias que vienen hacia ella, pero que no se originan en ella. No hay nada que ella pueda concebir por sí misma. Es aquí donde la razón y el entendimiento cobran sentido.

El tono y la escucha: más allá de la visión

El entendimiento y la razón actúan en el rico y amplio dominio de la donación. La fenomenología ha insistido en explorar y en describir la donación del fenómeno en sumo detalle porque es el dónde y el cómo ocurre toda comprensión. Marion, en concreto, explora el fenómeno como donación en su amplia variedad de modalidades, especialmente los fenómenos que él mismo denomina «pobre» y «saturado», que ya hemos introducido brevemente. Estas modalidades, si podemos llamarlas así, ejemplifican la gama de expresiones de la donación, desde manifestaciones mínimamente informativas hasta aquellas de gran riqueza significativa. Tal diversidad subraya la riqueza y la profundidad de los procesos fenomenológicos y sus múltiples manifestaciones.

La duración del tono ilustra la integración de lo temporal en el fenómeno, evidenciando su presencia sutil, «y aun así se constituye en él», como explicó Husserl.[59] Este concepto subraya cómo ciertos aspectos temporales, aunque no sean inmediatamente perceptibles, se integran y revelan su presencia dentro del fenómeno estudiado. Aunque inicialmente no sea evidente, el aspecto temporal es un componente integral de nuestro objeto de estudio. Al observar algo no siempre percibimos de inmediato la influencia del tiempo; sin embargo, al examinar detenidamente, nos percatamos de que el tiempo, de hecho, desempeña un rol significativo en los eventos que se desarrollan. En el campo de la acústica, el tono, intrínsecamente ligado a la frecuencia, ordena sonidos en una escala de agudos a graves, delineando así su estructura sonora. La naturaleza del tono musical ilustra como aspectos temporales, aunque no evidentes de manera directa en un fenómeno, efectivamente se integran y se manifiestan en su esencia.

Un tono musical, a pesar de no ser tiempo *per se*, desvela y comunica la esencia del tiempo a través de su singular expresión. Su sonoridad es un reflejo y expresión del tiempo. Sin ser tiempo, nos revela el tiempo. No obstante, ya que esta revelación es audible, debe ser

---

59. Ibid., Quinta lección, 126.

percibida en forma de escucha. Como nos revela Pitágoras, entender el fenómeno en su donación es escucharlo; es oír su temporalidad en cuya donación ocurre el conocimiento.

De manera parecida, Pitágoras sostenía que para conocer el Ser hay que encontrar el tono del universo. También decía que la esencia del universo residía en la armonía y el número.[60] Por un lado, el número representa las características visuales, geométricas y astronómicas de los entes cósmicos, similares a un vasto escenario. La armonía, por otro lado, evoca los sonidos de instrumentos afinados, transformando el Cosmos en una grandiosa sinfonía. Esta enseñanza nos invita a observar el cielo y atender a la melodía silenciosa de las esferas celestiales, pues el cielo es número y armonía a la vez. Al igual que la música, es audible solo para aquellos que, como Pitágoras, saben apreciar el silencio. Él percibía incluso la armonía del universo entero: esa que abarca la armonía universal de las esferas y los astros que orbitan en ellas, una armonía que nuestras limitaciones humanas usualmente no nos permiten captar. Según el pensamiento pitagórico, había diez esferas y la «teoría de la armonía de las esferas» se erige como la quintaesencia de la perfección. Articula la visión que el cosmos se halla majestuosamente coordinado a través de proporciones matemáticas y musicales. Dichas relaciones, una vez integradas al orden cósmico, insinúan que los cuerpos celestes crean sonidos armónicos mediante su desplazamiento. Al fusionarse estos sonidos, se origina una melodía etérea e ininterrumpida, conocida como «La música de las esferas».

Pitágoras quizás encontró inspiración en relatos de la mitología, tal como se muestra en el himno a Ares de Homero, en el que se describe a los astros como un ensamble de voces divinas. Este interés por los elementos numéricos y musicales, tan caros a los rituales practicados por los adherentes a la filosofía órfica, resuena profundamente en este postulado. De esta forma, Pitágoras consigue una fusión que impregna este esquema de un carácter simultáneamente místico y científico, promoviendo una elevación y

---

60. Arthur Fairbanks, *The First Philosophers of Greece* (London: Kegan Paul, Trench, Trübner & Co., 1898), chap. 9, "Pythagoras and the Pythagoreans," 137. Traducción propia.

una racionalización del entendimiento del cosmos bajo esta singular óptica. El filósofo neoplatónico sirio Jámblico, que vivió entre los siglos III y IV n. e. relata:

> Valiéndose de un carisma divino indecible e impensable, [Pitágoras] aplicaba sus oídos y ajustaba su mente a las sublimes sinfonías del universo, escuchando él solo y comprendiendo, según se manifestaba, la universal armonía y consonancia de las esferas y de los astros que se mueven entre ellas; armonía que produce una especie de melodía mucho más profusa y abundante que las humanas, a causa del movimiento y de su órbita, muy rítmica y, a la vez, de una perfección muy bella y variopinta, porque se compone de sones disímiles y diferenciados por su gran variedad, velocidad, tamaño y posición, situados entre sí en una proporción muy armoniosa.[61]

La modernidad occidental ha insistido en «encerrar» el conocimiento o entendimiento en el sentido de la vista. El tono musical, tal como lo aborda Pitágoras y más recientemente Jean-Luc Marion, nos permite empezar a «desvisualizar» tanto la percepción y la donación como el conocimiento o entendimiento mismo. La donación, y por tanto el fenómeno como tal, no son reducibles a las estructuras de la visión, ni física ni intelectual. Por tanto, atender al fenómeno en su donación en la consciencia exige permitir su revelación en su propia manera de ser. Si Husserl contribuyó en cierto modo a fortalecer esta noción visualizadora del entendimiento mediante los conceptos de percepción e intuición, Marion se esfuerza por abrirlo más allá de la visión, ya sea física o mental. Este importante paso dado por Marion reenfoca la donación del fenómeno, abriendo la puerta a interpretar la donación en términos de revelación.

---

61. Jámblico, *Vida pitagórica*. Protréptico, introd., trad. y notas de Miguel Periago Lorente (Madrid: Editorial Gredos, 2003), XV.65, 61.

Bibliografía de la sección IV

- Derrida, Jacques. *Introducción a «El origen de la geometría» de Husserl*. Traducción de Diana Cohen. Buenos Aires: Ediciones Manantial, 2000.
- Dōgen. *Treasury of the True Dharma Eye*: Zen Master Dogen's Shōbōgenzō. Translated by Kazuaki Tanahashi et al. Boston: Shambhala Publications, 2013.
- Fairbanks, Arthur. *The First Philosophers of Greece*. London: Kegan Paul, Trench, Trübner & Co., 1898.
- Foucault, Michel. *Historia de la locura en la época clásica*. Traducción de Juan José Utrilla. México: Fondo de Cultura Económica, 1967.
- Gadamer, Hans-Georg. *Verdad y método*. Traducción de Ana Agud Aparicio y Rafael de Agapito. 5.ª ed. Salamanca: Ediciones Sígueme, 1993.
- Heidegger, Martin. *Caminos de bosque*. Versión de Helena Cortés y Arturo Leyte. Madrid: Alianza Editorial, 2010.
- Heidegger, Martin. *Ser y tiempo*. Traducción de José Gaos. México: Fondo de Cultura Económica, 1951.
- Heráclito. *En Fragmentos presocráticos: de Tales a Demócrito*. Edición, introducción y traducción de Alberto Bernabé. Madrid: Alianza Editorial, 2008.
- Husserl, Edmund. *La crisis de las ciencias europeas y la fenomenología trascendental*. Traducción de Julia V. Iribarne. Madrid: Ediciones Crítica, 1991.
- Husserl, Edmund. *La idea de la fenomenología*. Introducción, traducción y notas de Jesús Adrián Escudero. 1ª ed., 2ª imp. Barcelona: Herder Editorial, 2011.
- Jámblico. *Vida pitagórica*. Protréptico. Introducción, traducción y notas de Miguel Periago Lorente. Biblioteca Clásica Gredos, 314. Madrid: Editorial Gredos, 2003.
- Platón. *Menón. En Diálogos II*. Traducción de F. J. Olivieri. Biblioteca Clásica Gredos, vol. 61. Madrid: Editorial Gredos, 1983; 1.ª reimp. 1987.

Sección V

La fenomenología de la revelación

Capítulo 14

La historia de la revelación religiosa

La importancia de la revelación en las religiones semíticas

Antes de abordar la cuestión de la revelación desde el punto de vista de la fenomenología, tanto de Heidegger como de Marion, analizaremos la influencia que la revelación ha tenido en la religión. El trayecto histórico y conceptual de la «revelación» se caracteriza por su rica complejidad y variabilidad, evidenciando cómo ha sido reinterpretada a lo largo de diferentes épocas, creencias y sistemas filosóficos. En la era antigua, la revelación, profundamente arraigada en la mitología de antiguas civilizaciones, se manifestaba a través de comunicaciones divinas que entregaban sabiduría, normativas o dirección a los pueblos, a menudo mediadas por visiones, sueños, interpretaciones de signos naturales o consultas a oráculos. En el vasto panorama de las religiones semíticas, que incluye al judaísmo, cristianismo e islam, se teje una compleja historia de revelaciones divinas que entrelaza narrativas espirituales, enseñanzas doctrinales y prácticas devocionales enfocadas en la interacción entre la divinidad y la humanidad. Estas tradiciones, arraigadas profundamente en el Medio Oriente, comparten una creencia fundamental en un Dios único que se manifiesta a la humanidad con el propósito de orientar, enmendar y redimir.

La revelación judía se articula principalmente a través de la Torá, compuesta por los cinco libros atribuidos a Moisés, y vista como la comunicación directa de Dios a Moisés y al pueblo hebreo en el Monte Sinaí, acontecimiento datado por la tradición en el siglo XIII a. n. e. La Torá es el cimiento del Tanáj, o 'Antiguo Testamento', ampliado con las voces de profetas (*Nevi'îm*) y otros textos (*Ketuvím*) que documentan revelaciones sucesivas. Los profetas, personajes como Abraham, Moisés, Isaías y Jeremías entre otros, son vistos como los intermediarios de la palabra divina revelada a Israel. Como intermediarios, estos profetas ejercen de portadores de mandatos, leyes y visiones proféticas destinadas al pueblo judío y al mundo.

La Cábala, que en hebreo se escribe קבלה (Qabbaláh) y se traduce como 'tradición', 'recipiente', 'recepción' o 'correspondencia', constituye un sistema de pensamiento esotérico y una disciplina profundamente arraigada en las tradiciones de los esenios y el judaísmo jasídico. Dentro del contexto del judaísmo rabínico, a un practicante tradicional de la Cábala se le conoce como *mequbbāl* (מקובל). Esta vía se enfoca en descifrar los significados ocultos y profundos de la revelación sinaítica, la Torá. La Cábala se presenta, así pues, como un puente interpretativo para entender la conexión divina entre el «El Infinito» (*ein sof* - אין סוף) y el universo finito.

El cristianismo, por su parte, postula que en Jesucristo se encarna la revelación máxima de Dios, actuando Jesús no solo como el mensajero sino como el mensaje mismo de salvación. Los Evangelios, escritos en los primeros siglos de la era común, relatan su ministerio, muerte y resurrección como el cumplimiento de las escrituras judías y la expresión definitiva del amor divino. Las cartas apostólicas, particularmente las de Pablo, junto con el Apocalipsis, proporcionan una profundización de la revelación cristiana, delineando orientaciones para las comunidades emergentes y ofreciendo perspectivas sobre el fin de los tiempos.

Para el islam, la revelación culmina con el Corán, entregado a Mahoma por el ángel Gabriel, marcando la comunicación final y completa de Alá a los humanos. Revelado en el siglo VII n. e., el Corán es el corazón de la fe musulmana, consolidando enseñanzas, preceptos legales y principios éticos. Complementando al Corán, las acciones y dichos de Mahoma (Hadices) y su modelo de vida (Sunna) sirven como guías para implementar la voluntad divina en la existencia diaria, interpretando y viviendo según las revelaciones coránicas. El sufismo, caracterizado frecuentemente como el misticismo islámico, representa la faceta esotérica y mística del islam. A lo largo de la historia, los sufíes comúnmente han formado parte de diversas órdenes o *turuq*, que son grupos centrados alrededor de un maestro espiritual distinguido, conocido como *wali*. Este líder espiritual posee una cadena ininterrumpida de enseñanzas que se extiende de vuelta al profeta Mahoma. Las órdenes sufíes se congregan en sesiones espirituales (*majalis*) dentro de espacios dedicados tales como *zawiyas*, *khanqahs* o *tekkes*, con el objetivo de alcanzar *ihsan*, es decir, 'la perfección en la devoción'. Este concepto se resume en un hadiz que dice: «*Ihsan* es adorar a Alá como si lo vieras; y si no lo ves, él ciertamente te ve». Los sufíes elevan a Mahoma al estatus de *al-Insān al-Kāmil*, el ser humano perfecto que encarna la divinidad moral, y lo consideran su guía y líder espiritual supremo. Las tradiciones y enseñanzas de casi todas las órdenes sufíes derivan de Mahoma a través de Alí, su primo y yerno. Sin embargo, la orden Naqshbandi constituye una excepción notable, ya que sus enseñanzas se remontan a Mahoma a través de Abu Bakr, su compañero y suegro. El sufismo no se contrapone al islam, sino que profundiza en sus dimensiones más espirituales y místicas, buscando una conexión más íntima y personal con lo divino.

Estas corrientes religiosas semíticas han moldeado la revelación como una conversación persistente entre lo divino y lo humano, en la que Dios se revela, forjando un vínculo con su creación y desvelando su designio para con ella. Pese a las distintas interpretaciones teológicas y doctrinales, la revelación se erige como el fundamento de su comprensión en cuanto que dinámica entre la divinidad y la humanidad, señalando el sendero hacia la comprensión de lo sagrado, los valores morales y el destino último del Ser.

La cuestión de la revelación, no obstante, no se reduce únicamente al ámbito puramente religioso, sino que también penetra tanto en la filosofía como la teología, y por tanto en la cultura y el pensamiento occidental a lo largo de su historia y desarrollo. Esta penetración, además, no equivale a su inclusión como un tema más, sino que más bien debe entenderse como un factor que ha contribuido a esculpir las estructuras del mismo concepto de pensamiento, e incluso de la razón.

Ya el medioevo y el renacimiento fueron períodos de ferviente discusión sobre la esencia de la revelación, debatiendo cómo la divinidad se comunica con la humanidad y el papel de la revelación frente a la razón humana. Durante la Ilustración y la modernidad, una revisión crítica del concepto puso en tela de juicio las revelaciones aceptadas tradicionalmente, privilegiando el papel de la razón y la experiencia subjetiva. A pesar de ello, pensadores como Kant indagaron en la moralidad y la interacción entre revelación, fe y racionalidad. En la teología liberal y dialogante, figuras como Karl Barth y Paul Tillich ofrecen lecturas de la revelación enfocadas en lo existencial y personal, superando interpretaciones textuales literales. Posteriormente, en la filosofía vinculada a la fenomenología, pensadores como Derrida y Marion han ampliado la idea de la revelación a través de conceptos como la donación y el evento, trascendiendo así los límites tradicionales dentro de los cuales se había pensado y comprendido hasta entonces.

En el contexto de la globalización y el diálogo interreligioso de la era actual, el mismo mundo globalizado y el intercambio entre diversas creencias espirituales han enriquecido la comprensión de la revelación, abriéndola a interpretaciones más inclusivas y diversas, que abarcan prácticas y cosmovisiones más allá del ámbito abrahámico. Esta evolución del concepto de revelación desde sus raíces hasta la contemporaneidad ilustra un movimiento que nos lleva desde interpretaciones estrictas hacia visiones más simbólicas y personales, reflejando un espectro amplio de interacciones humanas con lo divino y lo trascendental.

La revelación más allá de Occidente

La trayectoria histórica del concepto de «revelación», no obstante, no se limita a los fundamentos de lo que hoy entendemos como Occidente. En las tradiciones orientales, la cuestión de la revelación se entrelaza con un mosaico diverso de escrituras sagradas, prácticas devocionales y filosofías que han dejado una huella indeleble en las civilizaciones y religiones de Asia. Este principio, esencial para comprender cómo se transmite el saber divino o esotérico a los seres humanos, muestra una notable variabilidad a lo largo de diferentes corrientes espirituales, manteniendo, no obstante, el denominador común de unir al individuo con lo supremamente trascendente.

Dentro del marco védico, datado aproximadamente en el 1500 a. n. e., nos encontramos con los Vedas, textos de carácter *apauruṣeya*, es decir, 'de origen no humano'. Se reconoce que estos escritos fueron divinamente revelados a los *ṛṣis*, o 'vedores', quienes, inmersos en profundas meditaciones, recibieron estas verdades directamente de la divinidad. La evolución de esta revelación continúa en los *upaniṣads*, textos que internalizan este conocimiento espiritual, iluminando sobre la unión esencial entre el *ātman* (el ser individual) y Brahman (la realidad suprema). A diferencia de otras corrientes espirituales que se identifican por tener un originador histórico concreto, el *sanātana-dharma* emerge como una excepción notable, siendo caracterizado como *apauruṣeya*, lo cual sugiere que su génesis no es atribuible a la creación humana, sino que se percibe como una tradición de naturaleza revelada.

En el contexto de identificar a precursores o figuras claves en el establecimiento de la cultura védica, los *ṛṣis* ocupan un lugar primordial. Estos eruditos y santificados individuos fueron los receptores de verdades eternas, encargándose de codificar dichas revelaciones en lo que ahora reconocemos como los Vedas, y siendo ellos, por tanto, los custodios del saber milenario.

El término *ṛṣi*, que se extiende a lo largo de la antigüedad hasta nuestros días, tiene su origen en la raíz sánscrita *ṛṣ*, interpretada como «avanzar rápidamente», lo cual llevó al sanscritólogo Taranatha Tarkavachaspati a definir al *ṛṣi* como aquel individuo que, mediante el conocimiento, supera las limitaciones del mundo material (*ṛṣati jñānena saṃsāra-pāram*).

Sin embargo, la acepción más difundida asocia al *ṛṣi* con el verbo *dṛś*, o 'ver', configurándolos como 'videntes', capaces de vislumbrar más allá de lo evidente al ojo común. Los *ṛṣis*, iluminados por la divinidad, fueron designados para revelar la sabiduría védica a la humanidad. No obstante, cabe señalar que su percepción profunda no respondía necesariamente a poderes sobrenaturales de previsión o comunicación interdimensional, aunque algunos *ṛṣis* efectivamente poseían dichas habilidades. Más bien se trataba de una visión que correspondía a auténticos seres religiosos, seres de meditación. Los *ṛṣis* funcionaban como conductores, canalizando hacia el colectivo humano las iluminaciones intuitivas que les eran conferidas. Las verdades contenidas en los Vedas se manifiestan como revelaciones directas, distinguiendo al hinduismo de otras religiones que se fundamentan en las enseñanzas de emisarios divinos específicos. Estas escrituras reveladas se sostienen por sí mismas como fuentes de autoridad, siendo concebidas como escrituras eternas que constituyen el conocimiento supremo de lo trascendente.

De acuerdo con la tradición, el Señor Brahma, el creador, fue quien transmitió esta sabiduría sagrada a los *ṛṣis*, quienes a su vez la divulgaron entre los hombres. Los veedores ancestrales, en cuanto que seres de realización espiritual elevada, estaban perfectamente alineados con Brahman. Se erigieron como maestros iluminados que establecieron un marco religioso y filosófico tanto sublime como integral, fuente de la cual bebieron los fundadores de otras doctrinas espirituales. En ese sentido, los veedores védicos, junto con los profetas bíblicos, nos recuerdan a los poetas a los que Heidegger hace referencia en su respuesta a la pregunta ¿Y para qué poetas?, cuando sostiene:

> Los poetas son aquellos mortales que, cantando con gravedad al dios del vino, sienten el rastro de los dioses huidos, siguen tal rastro y de esta manera señalan a sus hermanos mortales el camino hacia el cambio. Ahora bien, el éter, único elemento en el que los dioses son dioses, es su divinidad. El elemento éter, eso en lo que la propia divinidad está todavía presente, es lo sagrado. El elemento del éter para la llegada de los dioses huidos, lo sagrado, es el rastro de los dioses huidos. Pero ¿quién es capaz de rastrear semejante rastro? Las huellas son a menudo imperceptibles y, siempre, el legado dejado por una indicación apenas intuida. Ser poeta en tiempos de penuria significa: cantando, prestar atención al rastro de los dioses huidos. Por eso es por lo que el poeta dice lo sagrado en la época de la noche del mundo. Por eso, la noche del mundo es, en el lenguaje de Hölderlin, la noche sagrada.[62]

---

62. Martin Heidegger, *Caminos de bosque*, versión de Helena Cortés y Arturo Leyte (Madrid: Alianza Editorial, 2010), Ensayo: «¿Y para qué poetas?», 201.

Así, la revelación védica representa el despertar del ser humano hacia una consciencia plena de sí mismo y del universo que lo rodea, no como una transmisión de terceros, sino como el despliegue progresivo de la realidad en la consciencia humana.

En el ámbito de la religión budista, si bien Siddhartha Gautama, el Buda histórico del siglo VI a.n.e., es reconocido como su iniciador, el Budismo como religión entiende sus doctrinas como revelaciones sobre la esencia del sufrimiento, el anhelo y el sendero hacia la iluminación. Principios fundamentales budistas, tales como las Cuatro Nobles Verdades y el Noble Óctuple Sendero, se presentan como guías reveladas para alcanzar el nirvana, la liberación del ciclo de nacimientos y sufrimientos (*saṃsāra*).

El jainismo, en paralelo temporal con el budismo, asocia sus enseñanzas y prácticas a las revelaciones otorgadas a los Tirthankaras, seres iluminados que han logrado la percepción total (*Kevala Jñāna*). Mahavira, el último de estos Tirthankaras, es visto como el forjador del jainismo contemporáneo, cuyas doctrinas se interpretan como revelaciones de verdades inmutables sobre el cosmos, el karma y el camino hacia la liberación.

Cuando analizamos el taoísmo, nos encontramos con la figura de Lao Ze, su fundador en el siglo VI a. n. e. El taoísmo centraliza su revelación en el *Dao De Jing*, obra que expone al *Dao* (el Camino) como el principio omnipresente y transcendente. Aunque se debate la autoría directa de Lao Ze, el *Dao De Jing* se valora como la revelación del modo de vida en armonía con el *Dao* y la virtud (*De*). Confucio, a diferencia de fundadores de corrientes místicas, no proclamó recibir enseñanzas divinas. Sin embargo, sus doctrinas, recogidas en los Analectas por sus seguidores, han sido pilares para el ethos moral, social y político de extensas comunidades asiáticas. El confucionismo, enfocándose más en la ética aplicada que en misticismo, resalta la relevancia del orden divino y la armonía conductual.

El sijismo, que fue iniciado por Gurú Nanak en el siglo XV n. e. y perpetuado por otros nueve Gurús, ve en el Gurú Granth Sahib, su escrito sagrado, una revelación perpetua y definitiva. Las composiciones y enseñanzas que alberga este texto son consideradas expresiones directas de Dios (Waheguru), transmitidas a través de los Gurús.

Sección V: La fenomenología de la revelación

Cada tradición desde su singular perspectiva contribuye a la comprensión de la revelación, mostrando la rica diversidad y profundidad de las búsquedas espirituales en Oriente. Desde la transmisión directa de enseñanzas sagradas hasta la realización interna de verdades espirituales y morales, la revelación en Oriente engloba un espectro vasto de expresiones de lo divino y lo trascendental en la experiencia humana.

Por otro lado, la historia de la «revelación» dentro del chamanismo se despliega a lo largo de incontables generaciones, permeando una diversidad de culturas y prácticas espirituales que los chamanes han llevado a cabo globalmente. Contrario a las religiones semíticas, pero también a las tradiciones orientales, que fundamentan la revelación en escrituras y profetas, el chamanismo enfatiza una vivencia directa y experiencial entre el chamán, la naturaleza y los dominios espirituales.

Esta antigua práctica espiritual, que data del Paleolítico Superior, hace unos 40 000 años, no emerge de la visión de un único fundador, sino que más bien nace de forma autónoma en distintas regiones, desde Siberia hasta las Américas, pasando por África, Asia y Oceanía. Independientemente de la localización geográfica, no obstante, en el corazón del chamanismo yace la experiencia inmediata del chamán con el ámbito espiritual. Mediante rituales que incluyen el uso de tambores, danzas, ayunos o sustancias psicoactivas, el chamán accede a estados de consciencia alterados que le permiten interactuar con espíritus, ancestros o deidades para obtener orientación, curación o visiones proféticas.

Sirviendo como puente entre los mundos espiritual y terrenal, el chamán es receptor de revelaciones útiles tanto para sanar como para adivinar, resolver discordias comunitarias o liderar espiritualmente a su gente. Esta intercesión se cimienta en un vínculo de mutuo respeto y reciprocidad con los entes espirituales y las fuerzas de la naturaleza. La palabra *chamán* tiene sus raíces en el término tungús *šamán*, emblemático de milenios de práctica chamanística siberiana, donde las revelaciones suelen girar en torno a la curación, la influencia climática y las prácticas de caza.

En el continente americano, por su parte, el chamanismo pone especial énfasis en la conexión espiritual con plantas, animales y elementos, fundamentales para preservar el equilibrio y la armonía comunitaria y ambiental. En África, los chamanes enfrentan enfermedades y malos augurios a través de revelaciones, mientras que, en Oceanía, integran el tejido tribal, siendo esenciales para el mantenimiento de la unidad social y espiritual. Hoy en día, el renacimiento del interés por el chamanismo en el mundo occidental refleja una búsqueda de alternativas espirituales, sanación y reconexión con el entorno natural, destacando la relevancia de la revelación personal en la búsqueda del autoconocimiento y el crecimiento espiritual. En este sentido, la revelación chamanística resalta por su profundidad experiencial, la importancia de la relación con lo esencialmente natural y espiritual. Su resiliente adaptabilidad a través de los tiempos pone de manifiesto la rica diversidad y profundidad de las prácticas espirituales indígenas.

Aunque parece obvio que el concepto semítico de revelación ha tenido gran influencia en la estructuración de las nociones de pensamiento y racionalidad occidentales, no debemos desestimar tampoco la importancia que la noción de revelación tanto de las tradiciones orientales como del chamanismo ha tenido a lo largo de los siglos a la hora de dibujar el pensamiento y sus posibilidades, fuera de la cultura occidental pero también en esta.

Todo esto nos muestra que la revelación no es solo un tema religioso o filosófico, sino una clave de comprensión. Gracias a ella, tanto la religión como la filosofía abordan la relación entre el ser humano y el Ser, lo finito y lo infinito. Así se abre la posibilidad de pensar qué significa realmente ser humano, frente al absoluto que nos trasciende.

CAPÍTULO 15

LA REVELACIÓN EN LA FILOSOFÍA OCCIDENTAL SEGÚN SAN AGUSTÍN

La revelación en la filosofía cristiana: de Platón a San Agustín

En el campo de estudio de la filosofía occidental, encontramos la concepción de la revelación ya en el *Epinomis* de Platón, texto que atribuye el origen de la inspiración poética a una intervención divina. Platón retrata al poeta no como un mero mortal, sino como un receptor de un éxtasis divino, bendecido por las musas con el don de la creatividad. No obstante, este regalo divino no es dispensado a la ligera, sino que exige como prerrequisito un espíritu dotado de delicadeza y sin mancha. Bajo tales condiciones, el favorecido por las musas es elevado al estatus de verdadero poeta, cuya obra se convierte en un reflejo auténtico de la poesía. En este marco, Sócrates sostiene que el mérito en la poesía no surge de la habilidad humana, sino que es otorgado por la divinidad. Solo a través de este don celestial se puede aspirar a crear obras de verdadero valor. Entonces proclama enfáticamente que:

> [...] Aquel, pues, que sin la locura de las musas acude a las puertas de la poesía persuadido de que, como por arte, va a hacerse un verdadero poeta, lo será imperfecto, y la obra que sea capaz de crear, estando en su sano juicio, quedará eclipsada por la de los inspirados y posesos [...][63]

---

63. Platón, *Fedro*, edición bilingüe, introducción y traducción de Luis Gil Fernández (Madrid: Editorial Dykinson, 2009), 151 (245a).

La esencial demencia o manía que impulsa la creación poética proviene exclusivamente de las musas. Aquel poeta que recibe tal don supera con creces tanto al individuo poseído que no cuenta con el favor musal como al que, desprovisto de su asistencia, intenta adentrarse por ventura propia en el arte poético. Es únicamente el poeta tocado por las musas quien verdaderamente logra trascender la ilusión de lo cotidiano y entrar en lo que es conocido como la vigilia, que sería el estado en el cual el poeta recibe la inspiración divina. Al verificar lo mencionado, se revela que:

> [...] la locura con respecto a la cordura; ese estado de alma que envía la divinidad con respecto a ese otro que procede de los hombres.[64]

Siglos más tarde, y siguiendo a Plotino, San Agustín reinterpreta, adapta y redefine cristianamente el concepto de las ideas de Platón. Siguiendo el itinerario de citas agustinianas recopilado por Juan Pegueroles en su artículo «La formación o iluminación en la metafísica de San Agustín», exploraremos la revelación dentro de la filosofía cristiana.

Según Agustín, la conducta de lo divino está fundamentada en la lógica. Dios, antes de iniciar cualquier creación, reflexiona sobre el fin que persigue, lo que significa que, antes de dar inicio al acto creativo, ya alberga en su mente una «idea» clara de lo que aspira a realizar. Es por eso que San Agustín escribe:

> *Quis audeat dicere Deum irrationabiliter omnia condidisse? Quod si recte dici vel credi non potest, restat ut omnia ratione sint condita. Nec eadem ratione horno qua equus: hoc enim absurdum est existimare. Singula igitur propriis sunt creata rationibus*

> ¿Quién va a atreverse a afirmar que Dios creó irracionalmente todas las cosas? Si eso no puede decirse y creerse con razón, queda que todas las cosas han sido creadas con la razón. No

---

64. Ibid., 149 (244d).

con la misma razón de ser el hombre que el caballo, porque es absurdo pensar tal cosa. Ya que cada cosa ha sido creada con sus propias razones.[65]

Y en virtud de lo anterior, procede a definir dichas *rationes* o *ideae* del siguiente modo:

Sunt ideae principales formae quaedam vel rationes rerum stabiles atque incommutabiles, quae ipsae formatae non sunt, ac per hoc aeternae ac semper eodem modo sese habentes, quae in divina intelligentia continentur.

Por supuesto que las ideas son las formas principales o las razones estables e inmutables de las cosas, las cuales no han sido formadas, y por ello son eternas y permanentes en su mismo ser que están contenidas en la inteligencia divina.[66]

Por lo tanto, la creación divina se rige por un esquema preestablecido, siguiendo patrones o conceptos fundamentales específicos que, lejos de hallarse externos a la divinidad, residen en su ser, integrados a su esencia perpetua e inalterable. Ubicar tales arquetipos fuera del Ser supremo implicaría una contradicción, al sugerir una forma de dependencia en lo que es absoluto e independiente por naturaleza. En consecuencia, estos principios universales se encuentran en la propia naturaleza de Dios, fusionados con su sustancia eterna que no admite cambio. Como el mismo San Agustín escribe:

Has autem rationes ubi arbitrandum est esse, nisi in ipsa mente Creatoris? Non enim extra se quidquam positum intuebatur, ut secundum id constitueret quod constituebat: nam hoc opinari sacrilegum est. Quod si hae rerum omnium creandarum creatarumve rationes in divina mente continentur, neque in divina mente quidquam nisi aeternum atque incommutabile potest esse; atque has rerum rationes principales appellat ideas Plato: non solum sunt

---

65. Agustín de Hipona, *Ochenta y tres cuestiones diversas*, trad. Teodoro C. Madrid, OAR, cuestión 46: «Las ideas», edición digital en español.
66. Ibid.

ideae, sed ipsae verae sunt, quia aeternae sunt, et eiusmodi atque incommutabiles manent ; quarum participatione fit ut sit quidquid est quoquomodo est.

¿Dónde hay que pensar que existen esas razones sino en la mente misma del Creador? En efecto, Él no contempla cosa alguna fuera de Sí para que lo que iba creando lo crease según aquello. Pensar tal cosa es sacrílego. Y si esas razones de todas las realidades creadas y por crear están contenidas en la mente divina, y en la mente divina no puede existir cosa alguna si no es eterno e inmutable, y a esas razones principales de las realidades Platón las llama Ideas, es que no solamente existen las ideas, sino que ellas mismas son verdaderas, porque son eternas, y permanecen en su ser, e inconmutables, por cuya participación resulta que existe todo lo que existe, de cualquier modo que existe.[67]

Y, en forma de deducción escueta y rigurosa, sigue diciendo con relación a esta noción de idea:

Neque ea faceret nisi ea nosset, nec nosset nisi videret, nec videret nisi haberet, nec haberet ea quae nondum facta erant nisi quemadmodum est ipse non factus.

No las haría si no las conociera, ni las conocería si no las viera, ni las vería si no las tuviera, ni las tendría, las que aún no estaban hechas, si no fuera de la manera en que Él mismo no ha sido hecho.[68]

Las ideas platónicas fueron inicialmente situadas por Platón en un ámbito abstracto. En su reinterpretación, Plotino ya había reubicado las ideas platónicas dentro de la Inteligencia o *Nous*. Sin embargo,

---
67. Ibid.
68. Agustín de Hipona, *Del Génesis a la letra, incompleto*, trad. Lope Cilleruelo, OSA, edición digital en español.

fue San Agustín quien introdujo una distinción crucial en la relación entre el Verbo y el Padre, considerándolos como iguales en esencia y no jerárquicamente dispuestos. San Agustín expone, así pues, que las ideas residen en el Verbo, sugiriendo una profunda integración de los principios ideales dentro de la estructura misma de la divinidad, sin inferir subordinación alguna dentro de la Trinidad.

Quia unum Verbum Dei est, per quod facta sunt omnia, quod est incommutabilis veritas, ibi principaliter atque incommutabiliter sunt omnia simul; non solum quae nunc sunt in hac universa creatura, verum etiam quae fuerunt et quae futura sun.

Y pues uno es el Verbo de Dios, inconmutable verdad, por quien fueron hechas todas las cosas, en Él primaria e inconmutablemente están todas a la vez, y no sólo cuanto en este universo existe en la actualidad, sino todo cuanto existió o ha de tener futura existencia.[69]

En el sexto libro de la misma obra, San Agustín expone una idea complementaria, destacando que el Dios Padre concibe una única Idea, que es el Verbo. Este Verbo se identifica con la sabiduría, que es a su vez concebida como el arte divino del Padre. Este planteamiento subraya que, en la esencia divina, el principio del conocimiento y la creación se unifican en una entidad singular: el Verbo. El Verbo encarna la totalidad del pensamiento divino y actúa como el medio a través del cual el Padre expresa su voluntad y su capacidad creadora:

Verbum perfectum, cui non desit aliquid, et ars quaedam omnipotentis atque sapientis Dei, plena omnium rationum viventium atque incommutabilium; et omnes unum in ea, sicut ipsa unum de uno cum quo unum.

Ni debe embarazar la expresión una emanación pura de la claridad del Dios omnipotente; como si el esplendor no fuera

---

69. Agustín de Hipona, *La Santísima Trinidad*, trad. Luis Arias, OSA, edición digital en español, libro IV, cap. I, «El conocimiento de nuestra miseria, escuela de perfección. Cristo, luz en las tinieblas».

omnipotente, sino emanación del Todopoderoso; porque acto seguido dice: Siendo una, todo lo puede.[70]

Paralelamente a la redefinición de la Idea platónica, Agustín de Hipona también articula con convicción la premisa de que la materialidad constituye la base de todos los seres capaces de experimentar transformaciones. Esta argumentación se sustenta en la premisa de que cualquier alteración observable en las características de una entidad presupone, de manera imperativa, la presencia de una base o sustrato invariable que facilite y soporte tal proceso de cambio. En la duodécima entrega de sus emblemáticas *Confesiones*, el pensador resalta el papel fundamental de un soporte permanente en el fenómeno de la transición de estados o formas que caracteriza a los entes en el cosmos. Dicha postura refuerza la visión agustiniana respecto a la materia, entendida como el elemento primordial que hace posible tanto la existencia de la variedad como la capacidad de adaptación y transformación en el tejido de la realidad material. Este análisis demuestra la agudeza de Agustín en ontología y metafísica. También evidencia su habilidad para tejer reflexiones de gran profundidad, caracterizadas por un lenguaje claro y accesible, aunque imbuidas de la complejidad inherente a los temas tratados. La elucidación de estos principios revela, por ende, un esfuerzo por comprender la naturaleza cambiante del mundo físico, situando la materia como eje central en la discusión sobre la permanencia y la transición en la esfera de lo existente.

> *Et intendi in ipsa corpora eorumque mutabilitatem altius inspexi, qua desinunt esse quod fuerant et incipiunt esse quod non erant, eumdemque transitum de forma in formam per informe quiddam fieri suspicatus sum, non per omnino nihil... Mutabilitas enim rerum mutabilium ipsa capax est formarum omnium in quas mutantur res mutabiles.*

Y fijé mi vista en los mismos cuerpos y escudriñé más profundamente su mutabilidad, por la que dejan de ser lo que

---

70. Ibid., cap. XX: «Misiones divinas».

habían sido y comienzan a ser lo que no eran, y sospeché que el tránsito este de forma a forma se debía verificar por medio de algo informe, no enteramente nada […] La mutabilidad misma de las cosas mudables es, pues, capaz de todas las formas en que se mudan las cosas mudables.⁷¹

La diversidad de objetos como guitarras, mesas o sillas, todos derivados de la madera, ejemplifica la multiplicidad de formas que un único material puede adoptar, evidenciando así la madera como el soporte constante que subyace a estas variaciones formales. Sin embargo, la comprensión de Agustín sobre el estatus ontológico de esta materia primordial, descrita como un *quiddam* informe, presenta ciertas ambigüedades. Desde una perspectiva platónica, que valora a los entes en función de sus formas —asociadas con la bondad y la unidad—, lo que carece de forma se aproxima a la inexistencia. No obstante, Agustín reconoce que, a pesar de su aparente carencia de forma, esta materia debe encerrar alguna forma de realidad, por más mínima que sea. En el libro XII de sus *Confesiones*, profundiza en esta paradoja, explorando la naturaleza esencial de la materia como algo que, si bien puede parecer carente de forma y, por lo tanto, carente de Ser, en realidad posee una existencia concreta, aunque sea en su estado más elemental. Esta reflexión señala el intento de Agustín por reconciliar la aparente contradicción entre la carencia de forma y la necesidad de una base material que, en última instancia, sostiene la variabilidad de las formas en el mundo físico. Así, desafía la comprensión tradicional de la materia en el contexto de la metafísica platónica.

Si dici posset nihil aliquid et est non est, hoc eam dicerem; et tamen iam utcumque erat, ut species caperet istas visibiles et compositas.

---

71. Agustín de Hipona, *Las Confesiones*, trad. Ángel Custodio Vega Rodríguez, rev. José Rodríguez Díaz, edición digital en español, libro XII, cap. VI, «Mil variadas formas de mi imaginación sobre la materia informe o caótica», §6.

Si pudiera decirse «nada algo» y un «es no es», yo la llamaría así. Y, sin embargo, ya era de algún modo, para poder recibir estas especies visibles y compuestas [organizadas].[72]

Por tanto, la esencia de la materia reside en su estado primigenio, careciendo de forma propia hasta que es moldeada por las ideas divinas. Son estas concepciones divinas las que imprimen estructura a la materia. Agustín de Hipona deduce, a partir de esta premisa, que la materia, en su estado natural, es equivalente a la nada debido a su falta de forma; sin embargo, posee la capacidad intrínseca de ser formada, lo que la convierte en potencialidad. Esta dualidad revela la naturaleza de la materia como un ente en espera de actualización, un sustrato listo para recibir forma y significado a través de la intervención de un principio ordenador externo, en este caso, las ideas emanadas de lo divino. En palabras de San Agustín:

Ipse (materiam) informem ac formabilem instituit.

Esta tierra hecha por Dios era invisible e informe.[73]

La capacidad de ser dotada de forma reside en la materia misma, aunque esta aún no constituya dicha forma. Tal materia, al igual que la forma, ha sido engendrada por la divinidad. De este modo, San Agustín, distanciándose de los postulados de sus preceptores neoplatónicos, refuta la idea de que la materia sea eterna e increada, existiendo de manera paralela a Dios. Este pensador cristiano enfatiza la concepción de que tanto la esencia material como la formal tienen su origen en un acto creativo divino. Se contrapone a la noción neoplatónica que atribuye a la materia un estado de coeternidad con lo divino. Subraya, por ende, una ruptura epistemológica y teológica con sus antecesores. Proclama la primacía de un principio creativo único, responsable de la totalidad de lo existente, incluyendo la materia, que no se

---

72. Ibid.
73. Agustín de Hipona, *Del Génesis a la letra, incompleto*, trad. Lope Cilleruelo, OSA, edición digital en español, cap. VI.

presenta como un ente autónomo y preexistente, sino como fruto de la voluntad y acción divinas. San Agustín sostiene:

> *Nullo modo credendum est illam ipsam materíam de qua factus est mundus, quamvis informem, quamvis invísam, quocumque modo esset, per se ipsam esse potuisse, tamquem coaeternam et coaevam Deo. Sed quemlibet modum suum quem habebat ut quoquomodo esset et distinctarum rerum formas posset accipere, non habebat nisi ab omnípotente Deo, cuius beneficio est res non solum quaecumque formata, sed etiam quaecumque formabilis. Inter formatum autem et formabile hoc interest, quod formatum iam accepit formam, formabile autem potest accipere. Sed qui praestat rebus formam, ipse praestat etiam posse formari.*

En manera alguna hay que pensar que aquella materia de la que ha sido hecho el mundo —aunque informe, o caótica, o de la manera que sea— haya podido ser por sí misma, como si fuese coeterna y coexistente con Dios. Pero cualquiera que fuese su modo de ser y su posibilidad de recibir las formas de diferentes cosas, no las posee sino por Dios Omnipotente, por cuyo beneficio tienen las cosas no sólo el ser formadas, sino también el ser formables. Entre el ser formado y el ser formable hay esta diferencia: que lo formado ha recibido ya una forma, mientras que lo formable puede recibirla todavía. Pero quien da a los seres su forma, les da igualmente el poder ser formados.[74]

El enigma de la iluminación divina

Veamos ahora por qué esta discusión sobre la forma y la materia juega un papel fundamental en el debate sobre la revelación. La concepción de San Agustín respecto a la iluminación divina

---

74. Agustín de Hipona, *La fe y el símbolo de los apóstoles*, trad. Claudio Basevi, edición digital en español, primer artículo: «Dios Padre omnipotente», §2.

del intelecto humano en su búsqueda de la Verdad constituye, en esencia, una extensión de la idea más amplia que acabamos de mostrar sobre cómo el Ser supremo ilumina o da forma a la existencia de todos los entes. Esta noción sostiene que el acto de iluminación trasciende el ámbito meramente humano y se extiende a todo el cosmos, impactando en cada entidad de acuerdo con su naturaleza particular. El enigma de la iluminación ostenta una dimensión metafísica profunda. No se limita exclusivamente al ser humano, sino que abarca la totalidad de los entes, asignándole a cada uno un papel específico según su esencia. Este planteamiento destaca el papel de Dios no solo como creador sino también como el iluminador universal, cuya luz es metafóricamente responsable de otorgar forma, sentido y dirección a la realidad en su conjunto. Agustín, por tanto, eleva esta teoría más allá de los confines de la mera cognición humana. La sitúa como un principio rector que permea la totalidad de la creación, evidenciando así un principio de orden y conocimiento que se aplica de manera diferenciada pero coherente a través del espectro de la existencia. Es en virtud de esto que San Agustín puede afirmar:

illuminatio nostra, participatio Verbi est

Nuestra iluminación es un participar del Verbo.[75]

Eso es, Dios imprime en el espíritu las reglas de la sabiduría, como imprime en los cuerpos los números espaciales y temporales. El mismo San Agustín sostiene:

Dedit numeros omnibus rebus etiam infimis et in fine rerum locatis; et corpora enim omnia quamvis in rebus extrema sint habent numeros suos. Sapere autem non dedit corporibus, neque animis omnibus, sed tantum rationalibus, tamquam in eis sibi sedero locaverit, de qua disponat omnia illa etiam infima quibus numeros dedit.

---

75. Agustín de Hipona, *La Santísima Trinidad*, trad. Luis Arias, OSA, edición digital en español, libro IV, cap. II: «La encarnación del Verbo nos dispone al conocimiento de la verdad», §2.

Asignó sus números a todas las cosas, incluso las más ínfimas, colocadas en el extremo de la escala de la existencia. Por eso todos los cuerpos, hasta los que ocupan el más ínfimo grado en el ser, tienen sus números. Pero el saber no lo dio a los cuerpos ni a todas las almas, sino sólo a las racionales, como si en ellas hubiera colocado su trono, desde el cual dispone todas las cosas, aun aquellas más ínfimas, a las que dio sus números.[76]

La iluminación, entendida como formación —en cuanto que la donación de forma a la materia— cobra importancia a medida que San Agustín desarrolla esta cuestión y su filosofía en general. Uno de sus primeros pasos en esta dirección fue establecer una diferenciación fundamental entre dos tipos de iluminación o conformación, aplicados respectivamente a los cuerpos y a los espíritus. En el caso de los cuerpos físicos, la acción divina se manifiesta a través de la imposición de números (que podríamos denominar «principios físicos»), los cuales, en su interpretación más rigurosa, simbolizan la inevitabilidad y el determinismo. Dicho de otro modo, las entidades materiales actúan bajo el yugo de leyes ineludibles. Por otra parte, en los entes espirituales, la influencia divina se manifiesta de manera bifurcada. Este enfoque sugiere que, mientras el mundo material se rige por una estructura predeterminada y necesaria que dicta su comportamiento y evolución, los espíritus experimentan una modalidad de influencia divina más compleja y multifacética. Él distingue entre la naturaleza de lo material y de lo espiritual, y subraya la existencia de un orden divino que se adapta y se aplica de manera distinta según la esencia de los seres a los que afecta. Es decir, como explica en *De libero arbitrio*, o *Sobre el libre albedrío*, existen determinadas reglas de los números (*regulae numerorum*) y determinadas reglas de la sabiduría (*regulae sapientae*). Veamos la diferencia entre ambas y qué implicación tiene en la cuestión que aquí nos ocupa, a saber, la revelación.

---

76. Agustín de Hipona, *Del libre albedrío*, trad. P. Evaristo Seijas, OSA, edición digital en español, libro II, cap. XI: «Relación entre la sabiduría y número», §31.

Sección V: La fenomenología de la revelación

Las *regulae numerorum*, o 'números lógicos', constituyen el conocimiento previo almacenado en la memoria sobre las nociones fundamentales y principios iniciales de la ciencia. San Agustín ilustra cómo el concepto de unidad se establece como una noción innata, *a priori*. De esta manera, destaca que, mediante la iluminación divina, todos los seres humanos poseen intrínsecamente la idea de la unidad. Este planteamiento subraya la presencia de verdades universales preimpresas en el intelecto humano, evidenciando un vínculo directo entre la iluminación divina y el acceso intuitivo a conceptos esenciales que fundamentan el entendimiento y el razonamiento científico, sin necesidad de aprendizaje o experiencia previa. San Agustín escribe:

> *Unum quisquis verissime cogitat, profecto invenit corporis sensus non posse sentiri. Quidquid enim tali sensu attingitur, iam non unum, sed multa esse convincitur; corpus est enim et ideo habet innumerabiles partes ... Cum enim quaero unum in corpore, et me non invenire non dubito, novi utique quid ibi quaeram, et quid ibi non inveniam etnon posse inveniri, vel potius omnino ibi non esse. Ubi ergo novi quod non est corpus unum, quid sit unum novi: unum enim si non nossem, multa in corpore numerare non possem.*

Más todavía: todo el que tiene noción verdadera de la unidad, ve que no puede ser percibida por los sentidos del cuerpo. En efecto, lo que perciben nuestros sentidos, sea lo que sea, no está constituido por la unidad, sino por la pluralidad; porque siendo por necesidad un cuerpo, consta, por lo mismo, de partes innumerables. [...] Al buscar la unidad en el cuerpo y estar seguro de no encontrarla, sé ciertamente qué es lo que busco allí, y qué es lo que allí no encuentro ni puedo encontrar, o mejor dicho, que en modo alguno existe allí. ¿Cómo sé yo que el cuerpo no es la unidad?, si no supiera qué es la unidad, no podría distinguir muchas y diversas partes en un mismo cuerpo.[77]

---

[77]. Agustín de Hipona, *Del libre albedrío*, trad. P. Evaristo Seijas, OSA, edición digital en español, libro II, cap. VIII: «Los números y sus leyes inmutables, superiores a la inteligencia», §22.

La capacidad del ser racional para comprender los números incrustados en el universo y, por ende, alcanzar un conocimiento profundo (*scientia*) de los fenómenos, se debe a la presencia de números lógicos, pregrabados en la memoria por acción divina. Esta impresión inicial de la idea de los números por parte de Dios facilita que los humanos puedan realizar actos de medición y cuantificación del mundo que les rodea.

De manera similar, las *regulae sapientiae*, o 'números éticos', representan el conocimiento anticipado de las nociones fundamentales y los principios básicos de la sabiduría (*sapientia*), almacenados igualmente en la memoria. Este conjunto de principios éticos preexistentes guía al ser humano en la comprensión y aplicación de valores morales y decisiones éticas, fundamentando así la capacidad para discernir y actuar de acuerdo con un orden moral universalmente reconocido. San Agustín, operando una verdadera reducción trascendental, muestra que conocemos y amamos *a priori* la Verdad y el bien:

> *Ut constat nos beatos esse velle ita nos constat velle esse sapientes, quia nemo sine sapientia beatus est. Nemo enim beatus est nisi summo bono, quod in ea veritate quam sapientiam vocamus, cernitur et tenetur. Sicut ergo antequam beati simus, mentibus tamen nostris impressa est notio beatitatis; per hanc enim scimus fidenterque et sine ulla dubitatione dicimus beatos nos esse velle; ita etiam priusquam sapientes simus, sapientiae notionem in mente habemus impressam, per quam unusquisque nostrum si interrogetur velitne esse sapiens, sine ulla caligine dubitationis se velle respondet.*

Por tanto, como consta que todos queremos ser bienaventurados, igualmente consta que todos queremos ser sabios, porque nadie que no sea sabio es feliz, ya que nadie es feliz sin la posesión del bien sumo, que consiste en el conocimiento y posesión de aquella verdad que llamamos sabiduría. Pero ya antes de ser felices tenemos impresa en nuestra mente la noción de felicidad, puesto que en su virtud sabemos y decimos con toda confianza, y sin duda alguna, que queremos ser dichosos. Y también, antes de ser sabios, tenemos en nuestra mente la noción de la sabiduría, en virtud de la cual cada uno de nosotros, si se le pregunta si quiere ser sabio, responde sin sombra de duda que sí, que lo quiere.[78]

Las *regulae sapientiae*, o 'números éticos', sirven como guías para la conducta moral del ser humano, aunque no la predeterminan de manera absoluta. Estos principios permiten al individuo reconocer la necesidad de que lo inferior se subordine a lo superior, que los iguales se correspondan entre sí, y que se le otorgue a cada uno lo que le corresponde. A través de los números, la iluminación divina posibilita al ser humano una comprensión progresiva de la realidad. Así, descubre la unidad en la esencia del Ser, mientras que identifica la dualidad en la creación. Entre el concepto de uno y dos se halla la misma relación proporcional que entre dos y cuatro, al igual que la proporción entre cinco y diez se replica entre veinte y cuarenta. Esta armonía proporcional revela al ser humano la naturaleza de la justicia y, por su orden, le descubre la belleza; de la misma manera, su coherencia lógica le desvela la Verdad. De este modo, el individuo deduce todos estos conceptos a partir de la iluminación numérica divina impresa en su consciencia humana.

Por consiguiente, en el corazón de la reflexión filosófica de San Agustín, yace la teoría de la iluminación. Es un eje central que entreteje sus exploraciones sobre el Ser y el conocimiento, y ofrece luces sobre las cuestiones esenciales acerca de qué son los entes y cómo logramos conocerlos. Este posicionamiento queda reforzado en su obra *El Maestro*, escrita en 381 en Tagaste donde fundó el primer monasterio africano. La obra desgrana este examen a través de una senda intelectual y dialógica que transita desde la esfera de lo externo hacia lo interno, y de lo terrenal a lo elevado, delineando una estructura ontológica que debe mucho al dualismo de Platón. La obra se organiza alrededor de dos ejes temáticos principales. Se inicia explorando la conexión entre el lenguaje y la realidad, para adentrarse luego en la doctrina de la iluminación, entendida

---

78. Ibid., Libro II, cap. IX: «La sabiduría. Su relación con la felicidad», §26.

como el acceso inmediato a las esencias de las cosas. *El Maestro* se distingue por su contenido y su método, presentando un diálogo filosófico entre Agustín y su hijo Adeodato, en el cual se asume que las ideas expresadas reflejan fielmente el pensamiento agustiniano. La estructura de *El Maestro* traza una progresión cognitiva desde el análisis de signos y símbolos hasta la captura de la realidad misma, culminando en la revelación de verdades internas o esencias puras. Dicho recorrido revela un marco ontológico bipartito, distinguiendo entre el ámbito de lo visible y lo invisible, lo material y lo espiritual, una división que remite al impacto de la filosofía platónica en la concepción agustiniana del mundo.

Según San Agustín, la adquisición del saber por parte del ser humano trasciende su mero esfuerzo, siendo en realidad una gracia concedida por lo divino. El conocimiento que los humanos logran acerca de la divinidad no es resultado del razonamiento o la especulación intelectual propia. Proviene de una inspiración celestial que se revela como una iluminación otorgada por lo divino. El argumento de San Agustín es importante porque afianza las bases de cómo el cristianismo conceptualiza y entiende la revelación y el papel que esta juega en los confines no solo del conocimiento y la epistemología, sino también en el terreno de la religión y la relación de los seres humanos con Dios.

Capítulo 16

La revelación según Schelling: un camino hacia lo divino

La revelación como fundamento del conocimiento

En el siglo XIX, el filósofo alemán Friedrich Schelling amplió el concepto de revelación más allá de los límites tradicionales de la revelación cristiana, que San Agustín había en gran medida delimitado. Propuso la noción de que la revelación se encuentra en todo. Esta perspectiva subraya la omnipresencia de la revelación, indicando que cada aspecto de la realidad puede ser visto como una manifestación de lo divino. Cada fenómeno y experiencia es un despliegue de lo absoluto. Por eso, Schelling habla de «lo universal de la revelación» en un sentido que recuerda al enfoque de Marion. Para Schelling, la revelación no se limita a los textos sagrados o a las verdades dogmáticas, sino que se extiende a la totalidad de la existencia, donde cada elemento revela algo del misterio subyacente del Ser. Esta comprensión subraya una visión del mundo en la que lo divino se manifiesta continuamente a través de lo creado, invitando a una constante reflexión y descubrimiento filosófico. En su famosísima carta titulada *Filosofía de la revelación*, Schelling escribe:

> Quiero ahora corregir otro posible equívoco. Quien escucha la palabra *revelación*, puede tal vez pensar solamente en el acto por medio del cual la divinidad se convierte en causa o autora de representaciones en algunas consciencias humanas individuales. Los teólogos que consideran que el contenido de la revelación cristiana es verdadero no en sí mismo, sino

solamente porque ha sido dado por Dios mismo a aquellos por medio de los cuales fue anunciado, deben necesariamente atribuir a este acto un peso muy especial. Ahora bien, no quiero negar que en la Filosofía de la revelación puede presentarse un momento en el que se deba indagar también la posibilidad o imposibilidad de una revelación, incluso en este sentido, pero esta pregunta será siempre, en la Filosofía de la revelación, solamente una cuestión subordinada; y si recibe en general una respuesta, la recibirá como consecuencia de indagaciones que desbordan esta precisa pregunta. La Filosofía de la revelación no se refiere a lo meramente formal de un acto divino, que en todo caso sería solamente un acto particular, sino que se refiere a lo universal de la revelación, sobre todo a su contenido y a la gran conexión universal en que este contenido es solamente concebible.[79]

La revelación difiere de la metafísica, que estudia el principio primordial (*arjé*), y de la mitología, que narra relatos. Al actuar de manera simbólica, la revelación desentraña mitos. De acuerdo con Schelling, cuando confrontados con mitos, nos encontramos ante un tipo distinto de historia, que no es común ni secuencial en el tiempo, sino kairológica. Es decir, se centra en el momento decisivo oportuno, anterior a la creación misma, dado que antes de ella no existía nada. Esta realidad preexistente se introduce o se integra en los fenómenos del mundo, lo que implica que estaba ya presente, aunque de manera cifrada u oculta, manifestándose finalmente en la consciencia. Schelling anticipa una idea que Marion desarrollará más adelante, al argumentar que la revelación ocupa un lugar dentro de la filosofía. Sin embargo, Schelling sostiene que, para poder comprender plenamente la revelación, será necesario adoptar un enfoque filosófico renovado:

---

79. Friedrich Wilhelm Joseph Schelling, *Filosofía de la revelación*. Libro I: Introducción o Fundamentación de la filosofía positiva, ed. castellana de Juan Cruz (Pamplona: Cuadernos de Anuario Filosófico, Serie Universitaria n. 51, 1998), Lección VII, «Razón y revelación», §16, «Dos conceptos de revelación: el auténtico y el histórico».

El contenido de la revelación es en primer lugar un contenido histórico, pero no común o temporalmente histórico; es un contenido que se manifiesta en un tiempo determinado, es decir, que se inserta en los fenómenos del mundo. Pero, por su propia naturaleza, estaba presente y preparado, aunque todavía no manifestado y escondido, «antes de la creación del mundo», antes de que se hubiera puesto el fundamento del mundo. Por lo tanto, su origen, su comprensión apropiada se remontan a lo supramundano. Se trata, pues, de un contenido tal, que en la Filosofía de la revelación debe convertirse en el contenido de la filosofía. Si esto se toma realmente en serio, es decir, si este contenido debe convertirse, en toda su verdad y especificidad, contenido de la filosofía, entonces ya ustedes se dan cuenta de que una filosofía que sea capaz de acoger de tal manera este contenido debe ser hecha de manera totalmente diferente de la filosofía que hasta hoy ha dominado en la mayor parte de los ambientes. Ahora bien, este asunto de la Filosofía de la revelación realmente se va tomando en serio.[80]

Schelling está argumentando en esta cita que la revelación debe ser incorporada en el ámbito de la filosofía precisamente porque, tradicionalmente, se la ha situado principal y exclusivamente dentro de la teología. Más aún, su postura subraya la necesidad de superar la división convencional entre filosofía y teología, reconociendo que la revelación, aunque profundamente arraigada en el discurso teológico, contiene verdades y dimensiones que la filosofía puede y debe explorar. Además, Schelling cree que al integrar la revelación en su discurso, la filosofía se enriquece y se abre a una comprensión más profunda de la realidad, trascendiendo los límites de la razón puramente especulativa. Esta propuesta busca establecer un diálogo fructífero entre la fe y la razón, donde la revelación actúa como un puente que conecta y enriquece ambas esferas del conocimiento humano.

---

80. Ibid.

Como principio fundamental se debe afirmar (y ya se ha afirmado) que esta unión de la filosofía y de la revelación no debe ocurrir a costa de la filosofía o de la revelación, que ninguna de ellas debe perder nada en ningún momento, que ninguna de ellas debe sufrir violencia. Si, por ejemplo, comprendiéramos la revelación en un sentido no apropiado, como si todo ensanchamiento inesperado de la consciencia humana o las iluminaciones imprevistas en el ámbito de una ciencia pudieran ser llamadas revelaciones del espíritu de esta ciencia, entonces sería tarea realmente fácil acoger una revelación en este sentido, pero en ningún caso adecuado a la filosofía.[81]

Según Schelling, la importancia de la revelación reside en que esta iluminación proveniente del Ser expande la consciencia humana, abriendo horizontes hacia dimensiones más profundas del entendimiento y la percepción. De esta manera, el espíritu actúa como un catalizador que ensancha los límites de la consciencia, desvelando ante cada campo del saber nuevos enigmas y misterios. Entonces, la comprensión humana se enriquece y el aprecio por la complejidad del universo se profundiza. Schelling nos insta a buscar verdades más allá de lo aparente. Por eso escribe:

> Igualmente, si como contenido de la revelación (y de esto se trata, ante todo, ya que con el contenido se comprende también de suyo el modo de proceder), se admitieran solamente conocimientos universales o racionales y, para poder resolver las verdades particulares y concretas de la revelación en esas universales, hubiera que recurrir a la distinción de contenido y forma o revestimiento, *Einkleidung*), entonces, de nuevo, no valdría la pena ocuparse de la revelación. Si la revelación no contuviera sino lo que ya está en la razón, no tendría interés alguno. Su interés específico solo puede consistir precisamente en que contenga algo que sobrepasa a la razón, algo más de

---

81. Ibid.

lo que la razón contiene. Indicaremos más adelante cómo es pensable, más aún, cómo en muchos casos es realmente pensado ese algo que va más allá de la razón.[82]

Así pues, el concepto de revelación, según Schelling, trasciende la mera exposición de verdades de carácter universal, abarcando igualmente aspectos específicos de la realidad individual. La revelación permite conectar a la humanidad con grandes verdades que nos afectan a todos, como por ejemplo la inmortalidad y la reencarnación, Sin embargo, también puede concernir a situaciones concretas y personales, como la atracción a estudiar con cierto compañero de clase. La revelación adquiere su significado y valor precisamente en el contexto de aquellas verdades a las que no podemos llegar únicamente mediante el ejercicio de la razón. La revelación sería innecesaria si pudiéramos acceder a estas realidades a través de nuestras facultades racionales. Sin ella, las verdades trascendentales permanecerían ocultas o inaccesibles al entendimiento humano. En palabras del mismo Schelling:

> Ya todo lo que puede ser conocido solamente por la experiencia es algo que va más allá de la razón; y, más aún, en la historia humana universal e incluso en el obrar de algunos individuos excelentes emerge algo que no es comprensible por la mera razón.[83]

Así pues, todo aquello que es susceptible de ser conocido mediante la experiencia humana trasciende los límites de la razón pura. Incluso el conocimiento que adquirimos por introspección o experiencia directa constituye una forma de revelación, ya que es algo que se desvela o manifiesta ante nosotros. Como hemos visto en anteriores capítulos, Husserl, en este contexto, sostiene que las cosas se presentan a la consciencia, no meramente como objetos de análisis racional, sino como fenómenos que se dan a conocer a través de la intuición

---

82. Ibid.
83. Ibid.

y la percepción directa. Este enfoque fenomenológico enfatiza cómo la realidad se revela a la consciencia. Subraya el papel activo de la percepción y la experiencia en el proceso de conocimiento, más allá de la razón. Y así lo mantiene Schelling cuando afirma que:

> Un hombre racional no es todavía, por el mero hecho de ser racional, un héroe de la historia del mundo. No valdría la pena ocuparse realmente de la revelación, si no fuera algo especial, si no contuviera nada más de lo que ya se tiene sin ella. Tal vez no debería yo manifestar ya desde el comienzo que rechazo los métodos de que otros suelen sacar provecho para sus intereses. Así, algunos pueden ya de entrada sentirse repelidos o, al menos, reacios a la investigación. Solo que espero no ser juzgado con meros prejuicios ni por manifestaciones provisorias. Quien me quiera escuchar, que me escuche hasta el fin. Podría ocurrir que entonces encuentre algo totalmente diferente de lo que podría haber esperado encontrar desde su anterior perspectiva, tal vez restringida, algo frente a lo cual no se aplican las objeciones habituales, tan corrientes hoy en muchos ambientes, contra todo lo que vaya más allá de la razón. Quiero hacer notar sin embargo lo siguiente. Asumimos que la revelación es una realidad (*Realität*) y es verdaderamente algo fáctico (*Faktisches*). Y esto lo debemos presuponer, puesto que, si lo fáctico en ella fuera solamente un ropaje de revestimiento universal, bastaría entonces el saber común para comprenderla. (Mas precisamente para reconocer esto, que la revelación es algo fáctico realmente, son necesarias incontestablemente otras mediaciones históricas y otras fundamentaciones, más allá de las que hasta ahora ha tenido la revelación). Pues bien, si la revelación es tal, deberá ser fundamentable —si es que es fundamentable en absoluto— solamente en una conexión histórica superior —es decir, más elevada y que vaya incluso más allá de la revelación misma y del cristianismo como fenómeno especial— en algo diferente de lo que normalmente se tiene ante la vista.[84]

---

84. Ibid.

La revelación hace posible la religión

Según Schelling, el fenómeno de la revelación trasciende tanto la deducción y el razonamiento abstracto como la percepción sensorial. Se erige como un hecho en sí mismo. Si el conocimiento humano estuviera limitado a lo que puede ser discernido a través de la razón, conceptos como los dioses y lo sagrado carecerían de presencia en el mundo, dado que estos elementos escapan a la capacidad de la razón para aprehenderlos por sí sola. La mera existencia del discurso sobre lo sagrado y Dios actúa como testimonio, no necesariamente de la existencia de Dios en términos empíricos, pero sí de la presencia de la revelación. Este argumento destaca la importancia de la revelación como un canal a través del cual se accede a conocimientos y realidades que van más allá de la esfera de lo tangible y lo racionalmente comprensible, subrayando así la limitación de la razón humana frente a la profundidad y amplitud de la realidad total. En este sentido, la revelación abre una nueva vía de «saber» que no se adhiere ni a los principios del racionalismo clásico ni a los postulados del empirismo.

Como leímos, Schelling afirma que «no valdría la pena ocuparse realmente de la revelación, si no fuera algo especial, si no contuviera nada más de lo que ya se tiene sin ella».[85] La ausencia de revelación implicaría la inexistencia de la religión ya que sus enseñanzas trascienden la comprensión humana ordinaria. Este argumento sostiene que la religión no es meramente una construcción de la mente, puesto que la mente no puede generar o inventar aquello que es completamente ajeno a su experiencia o razonamiento previo. La esencia de lo religioso, con sus nociones de divinidad, lo sagrado y lo trascendente, sugiere una fuente de conocimiento y verdad que va más allá de lo que el ser humano puede descubrir por sí mismo.

Aunque la revelación supera el empirismo y el racionalismo, especialmente el cartesiano, no debe considerarse un reduccionismo a la «imaginación». El mismo Schelling argumenta que la revelación trasciende también la mera facultad imaginativa para constituirse

---

85. Ibid.

como un hecho auténtico. Esta perspectiva subraya que la capacidad del ser humano para dialogar sobre lo sagrado, los dioses y la existencia misma de la religión depende intrínsecamente de la presencia de la revelación. Si la revelación no fuese una realidad, el ser humano viviría ajeno a la noción de religión y a los profundos interrogantes sobre lo divino y lo trascendente que han moldeado su historia y su desarrollo espiritual.

La revelación no es solo un fenómeno espiritual o religioso; también puede examinarse bajo una luz científica, en cuanto que ofrece evidencia empírica de su impacto en la cognición y la cultura humana. El argumento de Schelling, así pues, goza de especial importancia porque esclarece una nueva «realidad del saber» que trasciende tanto la razón como los sentidos. Explica cómo y por qué la religión es posible y desbroza determinados senderos por los cuales más tarde transitarán las fenomenologías de Husserl, Heidegger y Marion, entre otros.

Capítulo 17

La revelación según René Descartes

La revelación en las ideas innatas

Hasta ahora hemos hablado de la revelación desde el campo de la filosofía y la hemos relacionado, principalmente y con contadas excepciones, con la mitología, la simbología y la religión. Es más, hasta cierto punto, hemos incluso diferenciado la revelación, especialmente cuando entendida fenomenológicamente, de todo pensamiento lógico-racional. Dicho de manera resumida, hemos alineado la revelación con la donación del fenómeno y del Ser que se presenta en la consciencia en su *haecceidad*, y en términos generales hemos dejado parcialmente de lado la cuestión de la revelación en el campo del racionalismo. No obstante, en su famosísima obra *Meditaciones metafísicas*, y concretamente en la Tercera Meditación, Descartes introduce la cuestión de la revelación con relación a la «dación» de las ideas de infinito y perfección, y se pregunta cómo han llegado dichas ideas a mí como cosa pensante que soy.

En este contexto, Descartes establece una importante distinción entre las ideas adventicias, las facticias y las innatas. Como veremos más adelante de manera más contextualizada, las ideas adventicias son aquellas que obtenemos a través de nuestras interacciones y experiencias en el mundo. Por ejemplo, no nacemos con la comprensión de figuras públicas como Lionel Messi. Es decir, son las ideas, incluyendo las sensaciones, imágenes y conceptos, que emergen como resultado directo de nuestra interacción con el entorno a través de la percepción sensorial. Estas ideas pueden ser expuestas por medio de las experiencias perceptuales. En este sentido, constituyen la base del conocimiento empírico, adquirido mediante el contacto con los objetos y eventos del mundo físico. Las ideas adventicias nos proporcionan la materia prima sobre la cual reflexionamos, analizamos y construimos conceptos más abstractos para comprender el mundo.

Por otro lado, Descartes define las ideas facticias como aquellas que son producto de nuestra imaginación, como la idea de un gato volador verde. Surgen del ejercicio del poder creativo de nuestra imaginación y no de la observación de la realidad. Cuando imaginamos un animal con el cuerpo de un perro y la cabeza de un dragón, creamos una idea facticia, es decir, un concepto que no se corresponde directamente con ninguna realidad externa observada. Es el resultado de manipular elementos conocidos para crear algo nuevo y original. Este proceso revela cómo la mente humana trasciende los límites de los sentidos y accede a infinitas posibilidades a través de la imaginación. En resumen, las ideas facticias son la combinación, alteración o expansión mental de otras ideas previamente adquiridas, ya sea a través de ideas adventicias o ideas innatas, que exploraremos a continuación.

En tercer lugar, el filósofo francés define las ideas innatas como aquellos conocimientos o conceptos que poseemos desde el nacimiento y que, por tanto, no se derivan de la experiencia externa ni de la invención de nuestra mente. Descartes ve en estas ideas una evidencia de conocimientos previos a la experiencia sensorial, que sugieren una capacidad innata de la mente humana para acceder a ciertos principios fundamentales. En este punto, introduce la idea de Dios como infinito y perfección, a la que atribuye la noción de forma en acto, y no en potencia, pues —como él mismo sostiene— es la perfección que no podría ser más perfecta; es el infinito que ya no puede serlo más. Esta idea de Dios no nace de los sentidos ni se deduce racionalmente a partir de las ideas que tengo de mí. La perfección, que es el acto, no puede derivarse de la imperfección, es decir, de la potencia.

Aunque estas ideas son efectivamente innatas, en cuanto que no proceden ni de los sentidos ni son producto de la imaginación, no pueden no obstante considerarse como innatas «en mí» y tomarse del mismo modo que entendemos la idea que yo tengo de mí mismo, siendo como cosa pensante. Siendo este el caso, argumenta Descartes, estas ideas innatas deben haber sido «puestas en mí», lo que ya pone de relieve que aquello en lo que Descartes está especialmente interesado es en cómo «aparece» la idea de Dios, de infinito y de perfección en mí, si estas no son deducibles de nada de lo que hay en mí, como ser finito e imperfecto que soy. Si la idea de Dios no proviniera de más allá de la razón y los sentidos, tendríamos que aceptar que la he deducido de mí, lo que no sería filosóficamente posible, como acabamos de indicar.

Estas ideas de la existencia de Dios, es decir, de infinitud y de perfección, o los conceptos de pensamiento y extensión, que el mismo Descartes entiende como forma en acto, son fundamentales para el funcionamiento del pensamiento humano y proporcionan la base sobre la cual se construye todo conocimiento posterior, ya sea racional o empírico. Leamos directamente el texto original de Descartes en su obra *Meditaciones metafísicas*, Tercera Meditación, titulada «De Dios; que existe».

> **Ahora cerraré los ojos, me taparé los oídos, condenaré todos mis sentidos a la inacción, borraré de mi pensamiento las imágenes de las cosas corporales, y si no es posible las reputaré vanas y falsas; y considerando atentamente mi interior, trataré de hacerme más conocido y familiar a mí mismo. Soy una cosa que piensa, es decir, una cosa que duda afirma, niega, conoce poco, ignora mucho, ama, odia, quiere, no quiere, imagina y siente. Aunque las cosas que siento e imagino nada sean consideradas en sí, fuera de mí, tengo la seguridad de que esos modos de pensar que yo llamo sentimientos e imágenes residen y se encuentran en mí, en tanto son modos del pensamiento. Y en lo que acabo de decir, creo haber referido todo lo que sé verdaderamente, o al menos lo que hasta ahora he observado que sé.**

Al tratar de extender mis conocimientos usaré una extremada circunspección y examinaré cuidadosamente hasta si puedo descubrir en mí algunas otras cosas que hasta este momento no he observado.

Estoy seguro de que soy una cosa que piensa; pero ¿este acto lo requiere para ser asegurado de algo?[86]

Así pues, Descartes empieza diciendo que está seguro de ser un ser pensante y se pregunta si, acaso para estar seguro de algo, es necesario pensar.

En este primer conocimiento me he asegurado de la verdad por una clara y distinta percepción de lo considerado. Esta percepción no sería suficiente para darme la seguridad de que lo que afirmo es verdadero, si pudiera ocurrir que una cosa concebida con toda claridad y distinción fuese falsa. Me parece que puedo ya establecer la regla general de que todas las cosas que concebimos muy claro y distintamente, son verdaderas.

En otro tiempo recibí y admití como muy ciertas y manifiestas muchas cosas, reconocidas después como dudosas e inciertas. ¿Cuáles eran esas cosas? La tierra, el cielo, los astros y todas las percibidas por el intermedio de los sentidos. ¿Qué era en ellas lo concebido por mí clara y distintamente? Bien sencillo: que las ideas o pensamientos de estas cosas se presentaban a mi espíritu. No niego ahora que esas ideas se encuentren en mí; pero entonces, había en ellas algo que yo tenía por seguro y que la

---

86. René Descartes, *Obras de Descartes - Meditaciones sobre la filosofía primera*, trad. Manuel de la Revilla (Madrid: Imprenta de Manuel Minuesa de los Ríos, 1887), «Meditación Tercera: de Dios que existe», 81-95.

> costumbre de creerlo me hacía imaginar que lo veía muy claramente, aunque en realidad no lo percibiera; esa algo era la creencia de que fuera de mí existían cosas, de las cuales procedían ideas semejantes a las realidades exteriores. En eso me equivocaba, y en el caso de que juzgara según la verdad, no era ningún conocimiento la causa de la verdad de mi juicio. Pero cuando consideraba alguna cosa muy sencilla y muy fácil, relativa a la aritmética y a la geometría (por ejemplo, que dos y tres son cinco, y otras semejantes) ¿no las concebía con la suficiente claridad para asegurarme de que eran verdaderas?
>
> Si he juzgado que podía dudar de estas cosas, ha sido por una razón surgida de la idea que he tenido en mi espíritu, de que algún Dios me ha podido dar una naturaleza tal que haga que me equivocase hasta en las cosas más manifiestas.[87]

Es en este punto que Descartes se refiere a lo que él mismo llama el «genio maligno»:

> Siempre que la idea del soberano poder de un Dios se presente a mi pensamiento, me veo obligado a confesar que, si quiere, le es fácil hacer que yo me equivoque hasta en las cosas que creo conocer con una evidencia muy grande. En cambio, cuando considero las cosas que pienso concebir muy claramente, me persuado de tal modo de su verdad, que llego hasta creer que ese Dios no podrá hacer que yo no sea nada mientras pienso ser algo; que algún día sea verdad que nunca he sido, siendo cierto que ahora soy; que dos y tres sean más o menos de cinco; y que no sean seis son de otra manera cosas semejantes a estas y

---

87. Ibid.

que yo tengo por tan verdaderas como juzgo que son ninguna razón tengo para creer que haya un Dios que me engañe, y si todavía no he examinado las que prueban que existe un Dios, la razón de dudar que depende solamente de la opinión opuesta, es bien ligera y, por decirlo así, metafísica. Pero a fin de quitarle el fundamento que pudiera tener, procuraré saber si hay un Dios tan pronto como de ello se me presente ocasión; y si veo que hay uno, intentaré saber si puede engañarme. Sin el conocimiento de estas dos verdades, es imposible considerar como cierta ninguna cosa. A fin de tener ocasión de examinar estas cuestiones, sin interrumpir el orden que me he propuesto en mis meditaciones —pasar por grados de las primeras nociones que encuentre en mi espíritu, a las que pueda hallar después— es preciso dividir mis pensamientos en otros géneros y considerar en cuáles de éstos hay propiamente verdad o error.

Algunos de mis pensamientos son como las imágenes de las cosas, y a éstos conviene el nombre de idea; por ejemplo, cuando me represento un hombre, una quimera, el cielo, un ángel o Dios mismo. Otros tienen diferentes formas; cuando yo quiero, temo, afirmo o niego, concibo algo que es como el sujeto del acto de mi espíritu, pero por este acto agrego alguna cosa a la idea que tengo de aquel algo. En este género de pensamientos unos se llaman voliciones o afecciones, y los otros juicios.

Por lo que a las ideas respecta, si las consideramos en sí, no falsificándolas a ninguna cosa, no pueden, en rigor, ser falsas; Porque, ya sea una cabra o una quimera lo que estoy imaginando, no es menos cierto que imagino una que la otra. Tampoco encontramos falsedad en las afecciones o voliciones; aunque no existan las cosas que deseo, o, aunque sean muy malas nunca dejará de ser cierto que las deseo. Examinemos los juicios. En ellos hemos de tener mucho cuidado para no equivocarnos. El principal error y el más ordinario que encontramos en los juicios, consiste en creer que las ideas que están en mí, son semejantes o conformes a las cosas que están fuera de mí;[88]

A partir de los últimos pasos en su argumento, Descartes afirma que las ideas que están en él no son como las cosas que están afuera de él:

Si considerara las ideas como modos o formas de mi pensamiento sin pretender referirlas a cosas exteriores, apenas tendría ocasión de equivocarme. Veo estas ideas, unas me parecen que han nacido conmigo, otras son extrañas y proceden del exterior, y, finalmente, otras han sido hechas e inventadas por mí.[89]

A partir de ahí, y como hemos adelantado al principio de este capítulo, Descartes divide las ideas en adventicias, ficticias e innatas.

La facultad de concebir lo que es una cosa, un pensamiento o una verdad, procede de mi propia naturaleza. Si oigo un ruido, siento calor o veo el sol, juzgo que estas sensaciones se originan en algunas cosas que existen fuera de mí. Las sirenas, los hipogrifos y otras quimeras semejantes, son ficciones e invenciones de mi espíritu. También puedo persuadirme de que todas esas ideas son del

---

88. Ibid.
89. Ibid.

género de las que denomino extrañas y vienen del exterior, por qué han nacido conmigo, o de que han sido hechas de mí; porque aún no he descubierto claramente su verdadero origen. Por eso he de fijar ahora mi atención en las que creo proceden de algunos objetos que están fuera de mí; y expandiré las razones que me obligan a creer que son semejantes a los objetos. La primera de estas razones consiste en que la naturaleza en la que me ha enseñado esa semejanza; y la segunda en que la experiencia me muestra que tales ideas no dependen de mi voluntad, porque se presentan en ocasiones, bien a pesar mío: a hora siento calor, quiera yo o no lo quiera; por esto me persuado de que esa sensación o idea de calor no es producto de poder una cosa diferente de mí, es decir, por el calor del fuego, cuanto al caso estoy sentado. No puedo ser más razonable el juicio por el cual afirmo que esa cosa extraña, envía e imprime en mí su imagen, mejor que otra cosa cualquiera. Ahora es necesario que yo vea si estas razones son bastante poderosas y convincentes. Cuando digo que la naturaleza me ha enseñado tal semejanza entre las ideas y los objetos, entiendo por naturaleza cierta inclinación que me lleva a creerlo, y no una luz natural que me haga conocer que es verdadero.

La diferencia que hay entre esas dos maneras de hablar es muy grande; y no podría poner en duda nada de lo que luz natural me ha hecho como ver verdadero, por ejemplo: dudo, luego soy; además, no existe en mi ninguna otra facultad o poder para distinguir lo verdadero de lo falso, que me pueda enseñar lo que me enseña la luz natural, y en la cual pueda confiar lo que en esta confio. Las inclinaciones también me parecen naturales, pero he observado con frecuencia —cuando ha sido preciso decidirse entre la virtud y el vicio— que tanto pueden inclinar al mal como al bien; por eso he procurado no seguirles en lo relativo a la verdad y al error. En cuanto a la razón segunda, es decir, que las ideas de que nos ocupamos vienen del exterior, puesto que no dependen de mi voluntad, no la encuentro convincente. De igual manera que las inclinaciones que me refiero se encuentran en mí —a pesar de que no siempre concuerdan con mi voluntad— puede ser que haya en mi espíritu alguna facultad o poder para producir esas ideas sin la ayuda de las cosas exteriores; siempre más ha parecido que cuando duermo se forman en mí sin el auxilio de los objetos que representan. Aunque sean causadas por estos, no es consecuencia necesaria de ello que sean semejantes. Yo he observado, por el contrario, en muchos casos que hay una gran diferencia entre el objeto y su idea; por ejemplo: encuentro en mi dos ideas del sol completamente distintas, una de ellas —por la cual el sol me parece extremadamente pequeño— se la origina en los sentidos, y puesta —por el género de los que vienen del exterior; la otra —ace la cual el sal me parece mucho mayor que la tierra — está tomada de las razones de la astronomía, es decir, de ciertas nociones nacidas conmigo o está formada por mí. Estas dos ideas que concibo del mismo sol no pueden ser semejantes a este; la razón me hace creer que la que procede inmediatamente de la apariencia del astro es la más descamada. Hasta ahora, no por juicio cierto y premeditado sino por temeraria impulsión, he creído que fuera de mí y diferentes de mí ser, había cosas que por los órganos de los sentidos o por otro medio, me enviaban sus ideas o imágenes, e imprimían en mí sus semejanzas.

> Pero se presenta aún otra vía para investigar si, de entre las cosas de las que tengo ideas en mí, hay algunas que existen fuera de mí. Sí consideramos las ideas como modos de pensar, reconozco que no hay entre ellas diferencias o desigualdad y que todas me parecen que proceden de mí; si las considero como imágenes que representan a las cosas, es evidente que hay entre ellas grandes diferencias. Las que representan substancias son, sin duda, más amplias y contienen en sí más realidad objetiva, es decir, participan por representación de más grados de ser o perfección que las que solamente me representan modos o accidentes. La idea por la que concibo un Dios soberano, eterno, infinito, inmutable, omnisciente, omnipotente y creador universal de las cosas que están fuera de él, esa idea, repito, tiene más realidad objetiva que las que me representan substancias finitas. La luz natural de nuestro espíritu nos enseña que debe haber tanta realidad por lo menos en la causa eficiente y total como en su efecto; porque ¿de dónde sino de la causa puede sacar su realidad el efecto?[90]

Es decir que, para Descartes, Dios sería lo realmente real, cuyo efecto sería el «yo pensante».

> Y ¿cómo esta causa podría comunicar realidad al efecto, si no la tiene? De aquí se sigue que la nada es incapaz de producir alguna cosa, y que lo más perfecto, lo que contiene más realidad y nos una consecuencia de lo menos perfecto; esta verdad es clara y evidente en los efectos, que tienen esta realidad llamada actual o formal por los filósofos, lo mismo que en las ideas en que solo se considera la

---

90. Ibid.

realidad denominada objetiva. La piedra que aún no ha sido no puede comenzar a ser si no es producida por una cosa que posea en sí tanta realidad y por lo menos todo lo que entra en la composición de la piedra. El calor no puede producirse en un sujeto cualquiera, si no existe una cosa de un orden, grado o género tan perfecto por lo menos como el calor. Pero la idea del calor o de la piedra no puede estar en mí si no han sido puestas por una causa que contenga por lo menos tanta realidad como la que contiene el calor o en la piedra; porque si bien esa causa no transmite a mi idea nada de su realidad formal o actual, no por eso debemos suponer que la causa sea menos real. Toda idea es obra del espíritu, y no necesita más realidad formal que la recibida del pensamiento o espíritu del cual es un modo. A fin de que la idea contenga verdadera realidad objetiva, debe tomarla de alguna causa en la que se encuentre por lo menos tanta realidad formal como realidad objetiva contenga la idea. Si suponemos que en una idea se encuentra algo que no se halla en la causa, suponemos que ese algo procede de la nada; pero, por imperfecta que sea esta manera de ser, por la cual una cosa está objetivamente o representada por su idea en el entendimiento, no se puede afirmar que ninguna importancia tiene esa manera de ser y que la idea se origine en la nada. No debo tampoco imaginar que —siendo objetiva la realidad que considero en mis ideas— no es necesario que la misma realidad esté formal o actualmente en las causas de las ideas, sino que basta con que esté objetivamente en ellas; porque del mismo modo que esa manera de ser objetivamente pertenece a las ideas por su propia naturaleza, la manera de ser formalmente pertenece a las causas de esas ideas (al menos a las primeras y principales) por su propia naturaleza también, y aunque puede ocurrir que una idea de origen otra cosa no puede realizarse hasta el infinito; es preciso al fin llegar a una primera idea cuya causa sea como un patrón o fórmula en que toda realidad o perfección esté contenida formalmente y en efecto. La luz natural me hace conocer con evidencia que las ideas existen en mi como cuadros o imágenes que pueden fácilmente ser menos perfectas que las cosas representadas, pero nunca pueden contener algo más grande o perfecto. Cuánto más detenidamente examino estas cosas con tanta más claridad y distinción conozco que son verdaderas. Pero ¿qué concluyo de todo esto? Si la realidad o perfección objetiva de alguna de mis ideas es tan grande que conozco claramente que esa realidad o perfección no existe en mí ni formal ni eminentemente, y, por consiguiente, que no puedo yo ser la causa de la idea, es natural suponer que no estoy solo en el mundo, sino que hay otra cosa que existe y que es la causa de mi idea. En cambio, si yo no tuviese tal idea, ningún argumento me convencería de la existencia en el mundo de otra cosa distinta de mí; ningún argumento he hallado que pudiera darme esta certeza. Entre las ideas que están en mi espíritu, además de la que me representa a mí mismo, encuentro otra que me representa un Dios; otras, cosas corporales e inanimadas; otros ángeles; otras, animales, y otras finalmente, me representan hombres semejantes a mí. Por lo que se refiere a las ideas que representan hombres, animales o ángeles, concibo fácilmente que pueden ser formadas por la mezcla y composición de otras ideas que tengo de las cosas corporales y de Dios, aunque fuera de mí, en el mundo, no existen hombres, animales y ángeles.[91]

---

91. Ibid.

En este contexto, Descartes afirma que la totalidad de la existencia se halla enmarcada dentro de mis propios pensamientos, los cuales constituyen la realidad genuina. Esta afirmación postula que el cosmos entero no es sino una proyección de mi esfera cognitiva, situando a las ideas propias como los elementos fundamentales de lo que es real. Estas ideas están en mí porque nací con ellas. No nací con la idea de perro, sino que la aprendí en el mundo. Sin embargo, nazco con ideas como alma, consciencia o Dios. Ante esto, Descartes se pregunta cómo he podido nacer con dichas ideas, y es a partir de este punto que el mismo filósofo abre la puerta a la cuestión de la revelación.

En cuanto a las ideas de las cosas corporales, nada reconozco en ellas que sea tan grande y tan excelente que no pueda originarse en mí; si las considero de la misma manera que examiné ayer la idea de la cara, encuentro que hay muy pocas cosas que conciba clara y distintamente, a saber: el tamaño o la extensión en longitud, anchura y profundidad; la figura que resulta del término de la extensión; la situación que guarda con el sol los cuerpos diversamente figurados; y el movimiento o el cambio de esta situación; a estas podemos agregar la substancia, la duración y el número. En cuanto a las demás cosas como la luz, los colores, los sonidos, el olor, el sabor, el calor, el frío y las otras cualidades que se perciben por el tacto, se encuentran en mi pensamiento con tanta obscuridad y confusión, que ignoro si son verdaderas o falsas, si las ideas que de esas cualidades concibo son ideas de cosas reales o si representan seres quiméricos que no pueden existir. Aunque —como ya he dicho— solo en los juicios se encuentra la verdadera y formal falsedad, en las ideas encuentro cierta falsedad material cuando representan lo que no es como si fuera alguna cosa. Por ejemplo: las ideas que tengo del frío y del calor

son tan poco claras y tan poco distintas, que no me enseñan si el frío es solamente una privación del calor o el calor una privación del frío; y si son frío y calor cualidades reales o imaginarias. Si es cierto que el frío o es más que una privación del calor, la idea que me lo representa como algo real y positivo será falsa. No es necesario atribuir a las ideas más autor que yo; si son falsas, si representan cosas que no son, la luz natural me enseña que proceden de la nada y que están en mí porque falta algo a mi naturaleza, porque es imperfecta; si son verdaderas, me dan a conocer tan poca realidad que no sabría distinguir la cosa representada, del no ser; por eso tampoco tengo dudas de que, aun siendo verdaderas, soy yo su autor. ¿Por lo que respecta a las ideas claras y distintas que concibo de las cosas corporales, hay algunas que creo he podido inferir de la idea que de mí mismo tengo, las de substancia, duración, número y otras cosas semejantes cuando pienso que la piedra es una substancia o cosa que por sí es capaz de existir, y que yo mismo también soy una substancia, aunque concibo que soy una cosa no extensa y que piensa, y la piedra, por el contrario, es extensa y no piensa, encuentro una notable diferencia entre estas dos concepciones, pero convienen en que representan una substancia. Cuando pienso que ahora existo, me acuerdo de haber existido en otro tiempo anterior, y concibo varias expansiones cuyo número conozco — adquiriendo entonces las ideas de duración y número, que puedo transferir a cuentas cosas que veo. Las demás cualidades de que se componen las ideas de las cosas corporales no están formalmente en mí, puesto que no soy más que una cosa que piensa; pero como son modos de la substancia, y yo soy una substancia, creo que pueden estar la condiciones en mí. Solo nos quedó por examinar la idea de Dios, en la cual consideramos si hay algo que no es posible proyecte de mi naturaleza, puesto que no es posible proceda de mí. Por Dios entiendo una substancia infinita, eterna, inmutable, independiente, omnisciente, omnipotente, por la que yo y todas las demás cosas (si es verdad que existen) han sido creadas y producidas. Estas cualidades son tan grandes y tan eminentes que cuanto más las examino menos me persuado de que esa idea tengo su origen en mí. Es, pues, necesario concluir de todo lo que he dicho, que Dios existe; porque, si bien la idea de la substancia está en mí, puesto que soy una substancia, no tendría la idea de la substancia infinita, siendo yo finito, si no hubiera sido puesta en mi espíritu por una substancia verdaderamente infinita. Conozco lo infinito por una verdadera idea, y no por la negación de lo finito, del mismo modo que comprendo el reposo y las tinieblas por la negación del movimiento y de la luz; veo claramente que en la substancia infinita se encuentra más realidad que en la finita, que tengo primero la noción de lo infinito que la de lo finito, primero la de Dios que la de mí mismo.[92]

La revelación divina como trascendencia inmanente

Aunque las nociones tanto de divinidad como de ser humano se sostienen como auténticas, la de la divinidad ostenta una mayor veracidad debido a su carácter infinito, en contraposición a la finitud que caracteriza al ser humano. Esta distinción se fundamenta en el atributo de infinitud de la divinidad, lo cual eleva su nivel de certeza, perfección y verdad por encima de cualquier concepción finita. Así, la idea de la divinidad se erige como el eje en el cual se integran y comprenden todas las demás nociones. Esta integración se da porque

---

92. Ibid.

las ideas de naturaleza finita encuentran su resolución en la idea infinita, es decir, en la divinidad. Esta última no es una elaboración de la mente humana, sino que nos es conferida directamente por la divinidad a través de la revelación, marcando un origen divino de nuestro entendimiento de lo infinito.

> ¿Cómo podría conocer que dudo y deseo, es decir, que me falta alguna cosa y no soy perfecto, si no tuviere alguna idea de un ser más perfecto que el mío por cuya comparación conociera yo los defectos de mi naturaleza? No se puede afirmar que esta idea es materialmente falsa y, por consiguiente, sacada de la nada, ni que esté en mí por lo defectuoso de mi naturaleza, como ocurre con las ideas de calor, frío y otras semejantes. La idea de Dios es muy clara y muy distinta, contiene más realidad objetiva que ninguna otra, es la más verdadera y la que menos podemos tachar de sospechosa. Esta idea de un Ser soberanamente perfecto e infinito es verdadera porque, aun en el caso de que pudiéramos imaginar que tal ser no existe, no podemos hacer que su idea que nos representa nada real. Es tan clara y distinta, no todo lo que existe supuestamente distinta y claramente de real y verdadero y encierra alguna perfección, está contenido en la idea de Dios. Esto no deja de ser verdadero, aunque yo no comprenda lo infinito y muchas cosas que se hallan en Dios y les cuales no puede llegar el pensamiento humano; porque es propio de la naturaleza de lo infinito que no pueda comprenderlo un ser limitado y finito como yo. Basta con que entienda bien estas razones y con que sepa de cierto que todas las cosas que concibo claramente y con arreglo a alguna perfección están en Dios formal o eminentemente, para que la idea que de él tengo sea la más verdadera, la más clara y la más distinta de todas las de mi espíritu. Puede

también suceder que yo sea algo más de lo que me figuro y que las perfecciones atribuidas a la naturaleza de Dios están en mi como en potencia, aunque aún no se produzcan y exterioricen por medio de las acciones. Con efecto, yo experimento ya, que mi conocimiento aumenta y mi perfección poco a poco; y nada veo que pueda impedir que yo llegue a lo infinito, porque una vez perfeccionado mi conocimiento, con su auxilio me será posible adquirir las demás perfecciones de la naturaleza divina. Considerando atentamente estos razonamientos, veo que son impasibles. Aunque fuera cierto que mis conocimientos aumentan y se perfeccionan poco a poco y que hubiera en mi naturaleza muchas cosas en potencia que no lo son actualmente, nada significaría todo esto, puesto que en la divinidad nada se encuentra en potencia, sino actualmente y en efecto. ¿No es argumento infalible de la imperfección de mi conocimiento esa perfección adquirida gradualmente? Aunque mi conocimiento aumentara más y más, nunca llegaría a ser infinito porque no concibo un grado de perfección en que ya no necesite aumento alguno. Pero conoció a Dios actualmente infinito en un grado tan alto que nada se puede añadir a su soberana perfección. Y, finalmente, comparando mi bien que el ser objetivo de una idea no es producido por un ser que solo existe en potencia —y hablando propiamente, no es nada— sino por mi ser formal o actual. Todo lo que acabo de decir pueden conocerlo fácilmente los que quieran pensar en ello seriamente, con el solo auxilio de la luz natural; pero cuando se debilita un poco mi atención, el espíritu, obscurecido y como cegado por las imágenes de las cosas sensibles, no se acuerda con facilidad de la razón por la cual la idea de un ser más perfecto que el mío ha sido puesta en mí por un ser más perfecto que yo. Por esta razón quiero pasar adelante para ver si yo —que tengo idea de Dios— podría existir en el caso de que no le hubiera. Y me pregunto: ¿de qué hablaré recibido mi existencia? Tal vez de mí mismo, o de mis padres, o de otras causas menos perfectas que Dios (porque nada podemos imaginar más perfecto ni siquiera igual). Si yo fuera independiente de otro ser y el autor de mí mismo, no dudaría de nada, no concebiría deseos, y no me faltaría ninguna perfección porque me hubiera dado todas aquellas de que carezco y, ya así sería Dios. Y no es que las cosas que me faltan son más difíciles de adquirir que las que poseo; al contrario, más fácil me sería sacar una cosa o substancia que piensa de la nada, que adquirir conocimientos de muchas cosas que ignoro, porque esos conocimientos son accidentes de la substancia. Si yo fuera el autor de mi ser no me hubiera negado las cosas que se pueden tener más fácilmente, como son una infinidad de conocimientos que no poseo; no hubiera dejado de atribuirme las perfecciones contenidas en la idea de Dios, porque ninguna había que me pareciera más difícil de hacer o adquirir, y si alguna fuera más difícil, y así lo creyera yo es que mi poder había terminado. Aunque suponga que he sido siempre como soy ahora, no puedo evitar la fuerza del razonamiento ni dejar de creer que Dios es necesariamente el autor de mi existencia. El tiempo de mi vida puede dividirse en una infinidad de partes independientes entre sí; de que haya existido, un poco antes, no se sigue que deba existir ahora, a no ser que alguna causa, en este momento, me produzca y cree de nuevo, es decir, me conserve. Es una cosa bien clara y evidente para los que consideren con la debida atención la naturaleza del tiempo, que una substancia, para ser conservada en todos los momentos de su duración, necesita el mismo poder y la misma acción, necesarios para producirlo y crearla de nuevo, si hubiera dejado de existir. Es preciso, pues, que me interroguen y consulte para ver si tengo algún poder o virtud por cuyo medio pueda hacer que yo, que soy ahora, sea un momento después. Si soy, por lo menos, una cosa que piensa, y si tal poder residiera en mí, daba pensarlo y saberlo; y ningún poder análogo al supuesto siento en mí; por tanto, conozco evidentemente que dependo de algún ser distinto de mí. Y ¿Es posible que este ser del cual dependo no sea Dios?; ¿Es posible que yo sea producido por mis padres o por otras causas menos perfectas que él? Nada de eso puede ser, porque —como antes he dicho— es evidente que en la causa debe haber, por lo menos tanta realidad como en el efecto; y si soy cosa que piensa y tengo alguna idea de Dios, es preciso que la causa de mi ser sea también una cosa que piense y tenga la idea de todas las perfecciones que atribuyo a Dios. Veamos ahora si esta causa debe su origen y existencia a sí propia o a otra cosa. Si la causa la lleva en sí, esa causa es Dios; teniendo la virtud de ser y existir por sí, también tendría el poder de poseer actualmente todas las perfecciones de que tenga idea, o lo que es lo mismo, las perfecciones atribuidas a Dios. Si debe su existencia a otra cosa, preguntaríamos la causa de estas, y de causa en causa llegaremos a la última que es Dios. Es bien manifiesto que aquí no puede haber progreso hasta lo infinito, porque no se trata tanto de la causa que en otro tiempo me ha producido como de la que ahora me conserva.

Tampoco se puede imaginar que varias causas han concurrido a mi producción, recibiendo de cada una de ellas, una de las ideas de las perfecciones que atribuyo a Dios, de suerte que estas perfecciones se encuentran en el universo, pero no reunidas en una sola que sea Dios. La unidad, la simplicidad o inseparabilidad de las cosas que se encuentran en Dios, es una de las perfecciones que concibo en él; la idea de esta unidad de las perfecciones divinas, no me podido ser puesta en mí por alguna causa que no ha haya dado idea de las demás perfecciones, porque esta causa no ha podido hacer que las comprenda unidas e inseparables, sin que las conozca de alguna manera.

Por lo que respecta a mis padres, aunque les debo mi nacimiento, esto no quiere decir que sean ellos los que me conservan ni los que me han hecho y producido en cuanto soy una cosa que piensa; ninguna relación existe entre la acción corporal por la que me engendraron y la producción de una substancia pensante. Reconozco que mis padres, al dar lugar a mí nacimiento, originaron algunas disposiciones en esta materia en la que yo —es decir, mi espíritu— estoy encerrado. Hasta ahora supongo que «yo» es mi espíritu, y es preciso concluir que la existencia de Dios ha quedado demostrada con toda evidencia, por el hecho de que existo y de que en mi espíritu reside la idea de un Ser soberanamente perfecto. Lo único que me queda por examinar es la manera que he usado para adquirir esa idea; no la he recibido por los sentidos, y nunca se me ha ofrecido sin espaciarla como sucede ordinariamente con las ideas de las cosas sensibles, cuando estas se presentan o parecen presentarse a los órganos exteriores de los sentidos. No es tampoco una pura producción de ficción de mi espíritu, porque no puedo aumentarla ni disminuirla. Como la idea de mí mismo, la de Dios, ha nacido y se ha producido conmigo, desde que fui creado. No debemos extrañarnos de que Dios al crearnos, haya puesto en nosotros esa idea para que sea como el signo del obrero impreso en su obra; y no es necesario que ese signo sea diferente de la obra misma. Si Dios me ha creado, es muy natural que, en cierto modo, me haya producido a su imagen y semejanza, y que yo conciba esta semejanza, en la cual se encuentra la contenida idea de Dios, por la misma facultad que yo me concibo; es decir, que cuando reflexiono en mí mismo no solo conozco que soy una cosa imperfecta, incompleta y dependiente de otra, que tiendo y aspiro a ser algo mejor y más grande, sino que conozco también que el ser que en dependo posee todas esas grandezas cosas a que yo aspiro, no indefinidamente y en potencia, sino en efecto, actualmente e infinitamente porque es Dios. Toda la fuerza del argumento que me ha servido para probar la existencia de Dios consiste en la imposibilidad de que mi naturaleza, siendo lo que es, concebiría la idea de un Dios sin que ese Dios existiera verdaderamente. Ese Dios de que tengo idea, posee todas las perfecciones que nuestro espíritu puede imaginar, aunque no le sea posible comprender al ser soberano; no tiene ningún defecto ni nada que denote alguna imperfección; luego no puede engañarnos ni mentir, como nos enseña la luz natural de nuestro espíritu, el engaño y la mentira dependen necesariamente del algún defecto. Antes de examinar esto más cuidadosamente y recoger las verdades que aquí consideración pudieran ofrecernos, me parece oportuno detenerme algún tiempo en la contemplación de ese Dios absolutamente perfecto, y considerar sus maravillosos atributos, en admirar y adorar la incomparable belleza de esta inmensa luz, hasta donde alcancen las fuerzas de mi espíritu

deslumbrado por tanta grandeza. La fe nos enseña que la soberana felicidad de la otra vida consiste en esa contemplación de la majestad divina. Una meditación semejante, aunque incomparablemente menos perfecta, nos hace gozar del mayor placer que en esta vida terrena somos capaces de sentir.[93]

Resumiendo lo que hemos avanzado anteriormente, las ideas que penetran nuestra consciencia se clasifican en adventicias, ficticias e innatas. Aquellas denominadas adventicias nos llegan del exterior, como la noción de «perro»; las ideas ficticias son creadas por nuestra mente, como «perro verde»; y las ideas innatas son intrínsecas a nuestro ser desde el nacimiento.

Esta concepción de «perro» requiere previamente la existencia en nuestra mente del concepto de «mundo», dado que un perro habita en este y conforma parte de nuestro entorno. Es fundamental reconocer que tanto las ideas adventicias como las ficticias adquieren significado en la medida en que la idea innata de «mundo» preexista en nuestra consciencia. La noción de «mundo» no se deriva de ninguna vivencia específica que el ser humano pueda tener, estableciendo que nadie puede percibir el mundo en su totalidad. Según Descartes, la falta de confirmación empírica de que el mundo sea una adquisición externa —en contraste con su presencia innegable en nosotros— apunta a su origen innato.

De forma similar, la concepción de Dios, al no poder ser confirmada por experiencias externas, pero estando presente en nuestra mente, se clasifica también como una idea innata. Este razonamiento se extiende a la idea del alma; al poseer la noción del alma sin un correlato experiencial directo, se concluye que es una idea innata. Así, si consideramos que cada fenómeno psíquico se enmarca en el concepto del alma, y si el concepto del alma es en sí una emanación de lo divino, entonces es posible argumentar que todos los fenómenos psíquicos, de alguna manera, son reflejos de la proyección divina.

---

93. Ibid.

Si la comprensión del perro depende exclusivamente del concepto de mundo, y este último emana de Dios, entonces se sigue que todas nuestras percepciones mundanas tienen su origen en lo divino. Esto se debe a que la noción del mundo, implantada por Dios en nosotros, es el prisma a través del cual cobran sentido todos los elementos del mundo. Las ideas ingresan a nuestra consciencia, procedentes de entidades externas. Sin embargo, dichas entidades solo se significan a través de las ideas del mundo, del alma y Dios, lo que implica que estos tres conceptos fundamentales son el núcleo donde confluyen todas las demás ideas. Dado que estos pilares conceptuales no son fabricaciones mentales propias sino revelaciones a nuestra mente individual, se concluye que el origen de todas nuestras ideas es, en última instancia, divino.

A pesar de la confusión prevalente, Descartes esclarece que en el núcleo de su filosofía no yace meramente un ser humano reflexionando, sino más bien la revelación divina. La capacidad del ser humano para pensar deriva de la presencia de conceptos divinos revelados en su mente. En el corazón y centro de la cuestión no se sitúa un humano pensando, sino Dios revelándose. Esto nos lleva a afirmar que esta meditación tiene como finalidad argumentar la existencia de Dios.

El fragmento de las *Meditaciones* que acabamos de leer y comentar nos presenta, por tanto, con la idea del infinito y la perfección, de Dios, que el mismo Descartes entiende como forma pura o forma en acto, y no en potencia, y que vendría a contener todas las idealidades. Estas idealidades nos permiten posteriormente percibir, interactuar y comprender el mundo en el que vivimos y a nosotros mismos como seres que pensamos y vemos ese mundo. No obstante, esta idea no se nos da como el resto de las ideas y las cosas, es decir, ni por la imaginación de la razón ni por los sentidos, pues al ser la idea en acto, y no en potencia, no puede derivarse de mí.

La analogía de «sacar un león de un sombrero vacío» explica la imposibilidad de que nosotros, criaturas limitadas y llenas de fallos, podamos concebir por nosotros mismos la idea de algo completamente perfecto e ilimitado. Esta limitación sugiere que el concepto de perfección supera nuestras propias restricciones y debe provenir de una fuente o principio intrínsecamente perfecto. Descartes considera que esta comprensión de la divinidad, o específicamente de Dios, está integrada en nuestra esencia desde el comienzo de nuestro ser. La perfección no parece ser una construcción de nuestro pensamiento, sino una realidad preexistente en nuestra consciencia, lo que indica una inclinación natural hacia lo divino o hacia lo infinitamente perfecto. Ya que esa idea de infinito y perfección es la forma pura en acto, es anterior a mí. Pero dicha idea «innata» de Dios no es innata como la idea que yo tengo de mí mismo. Por ende, debe haber sido «puesta en mí», es decir, se me debe haber revelado. Este es un punto importante, pues nos permite ver que Descartes es especialmente cuidadoso de no aplicar aquí las mismas correlaciones que previamente había aplicado entre el «yo pienso» y el mundo o entre el «yo» y los sentidos, ni tampoco la razón deductiva.

Dios no es deducible, perceptible ni pensable como cualquier otra cosa ni idea. Al contrario, Descartes sugiere que Dios se revela en mí, y es en dicha revelación que el sujeto puede entonces percibir y entender el mundo en el que vive. Más aún, lo que las últimas frases de esta cita perteneciente a la Tercera Meditación parecen sugerir es que la idea de Dios, la forma pura, es —por decirlo en terminología fenomenológica— una trascendencia en la inmanencia que «habita» (es innata) en mi consciencia en tanto que se «da», «se revela», en la misma consciencia (me trasciende). La revelación, por tanto, como forma de donación, de fenómeno, debe entenderse filosóficamente en términos de una trascendencia inmanente.

Dios no es deducible, perceptible ni pensable como cualquier otra cosa ni idea. Al contrario, Descartes sugiere que Dios se revela en mí, y es en dicha revelación que el sujeto puede entonces percibir y entender el mundo en el que vive. En términos fenomenológicos, las últimas líneas de la Tercera Meditación parecen sugerir que la idea de Dios —la forma pura— es una trascendencia dentro de la inmanencia que «habita» (es innata) en mi consciencia en la medida en que «se da», «se revela» en esa misma consciencia (me trasciende). La revelación, por lo tanto, como forma de donación o fenómeno, debe entenderse filosóficamente en términos de una trascendencia inmanente.

Capítulo 18

La importancia de la revelación divina según Kierkegaard

La Dinamarca de Kierkegaard

Las primeras décadas del siglo XIX representan la Edad de Oro de Dinamarca. Fue un período de notable florecimiento cultural en medio de las dificultades económicas que siguieron a las Guerras Napoleónicas. A pesar de los desafíos financieros que enfrentó la nación, esta era se distingue por sus extraordinarias contribuciones y desarrollos en las artes, la literatura y, de manera significativa, la teología. Pintores, escritores, filósofos y teólogos exploraron nuevas ideas y formas de expresión, contribuyendo a una rica herencia cultural. Podemos ver cómo los desafíos a menudo actúan como catalizadores de la creatividad y profundizan la búsqueda de sentido y belleza.

En el ámbito teológico, la época estuvo marcada por intensos debates y reflexiones sobre la fe, la moral y la relación del individuo con lo divino. Estuvo fuertemente influenciada por el auge del Romanticismo, que enfatizaba la importancia de la emoción y la subjetividad frente a la razón ilustrada. Las visiones surgidas en esta era continúan dando forma al pensamiento contemporáneo sobre la fe, la ética y la existencia humana.

El período también se caracterizó por un renovado interés por la identidad nacional danesa, en parte como respuesta a las presiones políticas y territoriales que enfrentaba Dinamarca. Este interés se reflejó en un florecimiento de las artes que buscaba capturar y definir lo que era esencialmente danés, tanto en términos de paisaje natural como de carácter humano. La teología predominante mantuvo una orientación racionalista, aunque hubo un esfuerzo consciente por parte de la Iglesia, bajo la guía de obispos como N. E. Balle y Frederik Münter, por reivindicar el carácter intrínsecamente sobrenatural de la revelación cristiana. La Iglesia danesa buscó encontrar un equilibrio que permitiera abrazar la naturaleza divina de la revelación sin rechazar el uso de la razón humana como herramienta para su interpretación. La insistencia en que la Biblia, pese a su origen sobrenatural, no contradecía la razón humana fue un esfuerzo por preservar un espacio en el que la fe y la inteligencia pudieran coexistir sin conflictos. Este enfoque buscaba alcanzar un equilibrio entre dos extremos: evitaba una teología deísta desprovista de misterio y rechazaba el fervor antirracionalista de ciertos movimientos revivalistas que surgían como reacción a la frialdad intelectual.

No obstante, esta posición mediadora de la Iglesia danesa generaba desconfianza entre los partidarios de los movimientos de despertar, o reavivamiento evangélico, quienes veían con escepticismo cualquier intento de someter la revelación divina y la interpretación de las Escrituras al escrutinio racional de teólogos profesionales. Para estos grupos, tal aproximación amenazaba con institucionalizar la exégesis bíblica y, por ende, la definición de la ortodoxia, alejándola de la experiencia religiosa personal y directa con Dios que defendían como ideal. Este complejo escenario refleja la rica y tensa dinámica religiosa de la época. En un esfuerzo por definir la naturaleza de la fe y la práctica religiosa en un mundo en rápida transformación, se buscaba equilibrar tradición e innovación, autoridad eclesiástica y experiencia espiritual individual.

En este período de transición, algunos teólogos abogaban por una interpretación de la Biblia que armonizara con el conocimiento científico y el entendimiento racional del mundo. Según esta perspectiva, dado que Dios es el creador del orden natural, es inconcebible que la revelación divina contenga afirmaciones que contravengan este orden establecido por Dios mismo. Por tanto, sostenían que los eventos milagrosos descritos en las Escrituras debían entenderse como metáforas o alegorías, no como descripciones literales de hechos históricos. Por ejemplo, la afirmación bíblica de que Jesús caminó sobre las aguas se interpretaría como una enseñanza simbólica, enfocándose en el significado espiritual o moral que este relato podría tener, más que en su factibilidad física según las leyes naturales. Este enfoque hermenéutico refleja un intento de adaptar el mensaje cristiano a la sensibilidad y a los conocimientos de una era cada vez más influenciada por la ciencia y la razón. Al hacerlo, estos teólogos pretendían preservar la relevancia y la autoridad de las Escrituras en una sociedad que valoraba la coherencia lógica y la evidencia empírica, promoviendo una fe que pudiera ser tanto profundamente espiritual como intelectualmente satisfactoria. Sin embargo, esta postura también generaba debates y controversias, tanto entre los literalistas bíblicos como entre aquellos que defendían una experiencia de fe más mística.

Henrik Nicolai Clausen sostenía firmemente que es tanto posible como necesario abordar la revelación divina con el instrumento de la razón humana. Al abogar por este enfoque, Clausen se alineaba con una corriente más extensa en el seno del protestantismo, la cual aprecia y promueve la autonomía del individuo en su búsqueda de comprensión y conexión personal con lo divino, apoyándose en una base intelectual sólida. Tal perspectiva proclama la armonía existente entre fe y razón y defiende vehementemente la participación del fiel en el proceso de interpretación teológica. Resalta el valor incalculable de la razón humana como clave esencial para explorar y captar la esencia de la revelación divina.

Como hemos mencionado previamente, el esfuerzo por armonizar la revelación sobrenatural con el racionalismo teológico provocó respuestas negativas y, en ocasiones, hostilidades. Por una parte, la postura católica mantenía que la interpretación autorizada de la Biblia recaía exclusivamente en el Papa y los obispos. Clausen, en contraposición, argumentaba que dicha tarea correspondía únicamente a los teólogos profesionales. Existía, además, un tercer grupo que defendía la idea de que cada creyente posee la capacidad y el derecho de interpretar las Escrituras por sí mismo. Este panorama refleja la diversidad de opiniones en torno al acceso y comprensión de los textos sagrados, evidenciando un campo de tensión entre la autoridad institucional, el conocimiento especializado y la experiencia religiosa personal.

Figuras como Søren Kierkegaard, uno de los filósofos y teólogos más influyentes de Dinamarca y de la época, desempeñaron un papel crucial en este renacer cultural. Con su profunda indagación sobre la existencia, la fe, la revelación divina y la individualidad, cuestionó la complacencia de la Iglesia establecida y promovió una comprensión más personal y comprometida de la religiosidad. Los escritos de Søren Kierkegaard deben enmarcarse en este horizonte de debate filosófico-teológico.

La influencia del caso de Adler en Kierkegaard

Adolph Peter Adler (1812-1869) fue un teólogo danés y compañero de estudios de Kierkegaard en la escuela privada más prestigiosa de Copenhague, la Escuela de la Virtud Cívica (*Borgerdydskolen*), entre 1823 y 1827. Adler estudió filosofía y teología en la Universidad de Copenhague y se convirtió en un ferviente y destacado representante de los jóvenes hegelianos daneses. En 1841 fue nombrado pastor luterano, combinando así sus dos vocaciones. Al año siguiente, afirmó haber experimentado una revelación divina. Sostenía que Jesucristo le dictó mensajes que publicó en el libro *Varios sermones* (*Nogle Prædikener*). En 1845, el obispo Mynster dictaminó que Adler no estaba mentalmente capacitado para ejercer el ministerio y lo destituyó formalmente de la Iglesia.

Usando la experiencia de Adler como ejemplo ilustrativo, Kierkegaard reflexiona sobre la autoridad religiosa, la revelación divina y la crisis espiritual del cristianismo moderno. Argumenta que el problema subyacente es la confusión respecto a lo que realmente constituye una revelación. Este caso refleja el estado de incomprensión que condujo a la religiosidad en el cristianismo de su época, particularmente en una sociedad que se consideraba cristiana, pero que, según él, había perdido toda comprensión de lo que implica verdaderamente una revelación divina.

Kierkegaard abordó este tema en una obra que tituló *El libro sobre Adler*, un fascinante estudio de caso en la intersección entre la teología, la filosofía y la psicología religiosa. El título podría sugerir que el foco central es la experiencia de Adler. Sin embargo, una mirada más amplia a sus intenciones se revela en el título que originalmente dio a los borradores del manuscrito antes de su publicación: *La confusión religiosa de la época presente, ilustrada por Mag. Adler como fenómeno*. Su análisis no se centra en la legitimidad de la revelación de Adler, sino en cómo la fe, la autoridad y la revelación se entrelazan en la experiencia religiosa tanto individual como colectiva. En sus palabras: «Si me imaginara una carta del cielo, lo principal no sería el contenido de la carta, sin importar quién sea el remitente; lo principal es que se trata de una carta del cielo».[94] Si efectivamente ocurre una revelación, lo trascendental es el acto de la revelación en sí, no el contenido transmitido ni la identidad del receptor; lo crucial es el hecho mismo de que se ha experimentado una revelación.

En una época caracterizada por el racionalismo y el sentido común, como lo fue la Ilustración en la que vivió Adler, se espera—o más precisamente, se exige—que toda revelación atribuida a una figura excepcional se ajuste a los estándares racionales vigentes, es decir, que sea comprensible a la razón. Sin embargo, Kierkegaard sostiene que, si consideramos la revelación como un acontecimiento real, este hecho por sí solo confiere autoridad divina al receptor, sin importar el mensaje que contenga.

La figura del individuo excepcional recibe autoridad divina precisamente porque la revelación—suponiendo que sea real—se entiende como emanada directamente de Dios. Sin embargo, la manifestación de tal autoridad divina, especialmente en alguien que ocupa un cargo público como Adler, representa un desafío y hasta un escándalo para una época dominada por el racionalismo y el pragmatismo. Kierkegaard señala que cuando un miembro de la religión organizada afirma estar en comunicación directa con lo divino, esto provoca escepticismo y desconfianza entre las mentalidades modernas.

---

94. Søren Kierkegaard, *El libro sobre Adler*. Un ciclo de ensayos ético-religiosos, edición de Eivor Jordà Mathiasen (Madrid: Trotta, 2017).

No obstante, para la ortodoxia de la Iglesia danesa, la noción de autoridad divina sobrenatural no planteaba un dilema real. Clausen, de hecho, abogaba por una teología racional —una que permaneciera autónoma de la autoridad eclesiástica— para esclarecer los principios auténticos del cristianismo. Aun así, esta exploración racional debía limitarse estrictamente a la Verdad revelada de manera sobrenatural a través de las Escrituras. Mynster, quien dirigió el proceso contra Adler, se oponía a las ideas conciliadoras del hegelianismo, insistiendo en que la dicotomía entre lo racional y lo sobrenatural constituía la base misma del cristianismo, y que la Iglesia debía priorizar las Escrituras reveladas por encima del entendimiento humano. Kierkegaard critica la reacción de la Iglesia, sugiriendo que el desenlace del caso Adler refleja una incapacidad institucional para comprender y manejar adecuadamente las complejidades de la fe y la revelación en el contexto moderno.

La idea de que un miembro de la Iglesia organizada proclame haber recibido una iluminación divina despierta sospechas, dado que la religión institucionalizada tiende a fosilizar la imagen de Dios y se basa en la premisa de que nadie más puede establecer un contacto directo con lo divino. Cuando alguien afirma haber recibido una revelación, sugiere implícitamente que otros también podrían vivir experiencias similares, lo que socava la necesidad de una institución religiosa como mediadora entre Dios y los fieles. Por tanto, la Iglesia organizada depende críticamente de su papel como intermediaria exclusiva. Kierkegaard, al igual que Adler, entendía que el verdadero motivo detrás del juicio no eran unas declaraciones poco ortodoxas, sino la supuesta realidad de la revelación y la consecuente autoridad divina otorgada a un clérigo ordenado dentro de la Iglesia de Dinamarca.

La Iglesia luterana, en su calidad de institución oficial del Estado, enfrentaba un desafío significativo ante la posibilidad de que alguien afirmara tener comunicación directa con lo divino. Si la población llegara a comprender que la revelación divina es accesible a cualquier individuo, el monopolio eclesiástico sobre la interpretación y mediación de lo sagrado se vería cuestionado.

En la institución del Papado, radica en la aceptación tácita de que el Vicario de Cristo en la Tierra mantiene una comunicación divina; es una noción tan arraigada que proclamarla explícitamente podría parecer redundante. La expectativa implícita es que quienes ocupan cargos de liderazgo en la religión organizada están, por definición, en diálogo con lo divino. Irónicamente, si el Sumo Pontífice declarara que está recibiendo mensajes directos de Dios, tal afirmación podría poner en peligro su posición dentro del Vaticano. Este escenario subraya la tensión entre la percepción institucionalizada de la santidad y la autenticidad de la experiencia espiritual personal.

Para Kierkegaard, el caso Adler expone la confusión predominante sobre la revelación—una dimensión que desafía la comprensión mediante la razón natural y que, en última instancia, confronta al cristianismo con lo que él describe como la paradoja que lo eterno se haya encarnado en el tiempo. Y lo es porque representa una contradicción que no se somete al escrutinio racional, ni en el pasado ni en el presente, y que sólo puede ser aceptada mediante la fe o enfrentada como escándalo. Para Kierkegaard, el cristianismo se presenta como una paradoja precisamente porque en su centro está la figura de Cristo, quien, siendo Dios y creador del universo según la doctrina cristiana, sufre a manos de una de sus criaturas—Poncio Pilato.

Kierkegaard nos insta a reconocer que el corazón del cristianismo radica en su capacidad para sostenerse como una paradoja perenne, una verdad que desafía la lógica convencional y se mantiene por medio de la fe y la revelación divina como pilares de toda experiencia. Desde esta perspectiva, el filósofo danés critica a la teología moderna por su tendencia a racionalizar en exceso los misterios de la fe. Sugiere, en cambio, que deberíamos mantenernos abiertos a lo maravilloso y lo sobrenatural, acogiendo la profundidad de lo divino tal como se nos revela, sin reducirlo a los márgenes estrechos de la explicación racional.

Según Kierkegaard, la importancia de la fe para el cristianismo radica en que transforma al creyente en un contemporáneo de Cristo, permitiéndole acceder a un conocimiento de Cristo equivalente al de sus discípulos directos. Transportados mentalmente a la época de Cristo, es posible vivenciar los albores del cristianismo. Esto plantea la pregunta: si hubiésemos estado allí, ¿habríamos aceptado de inmediato sus enseñanzas o, por el contrario, habrían suscitado resistencia o escepticismo?

Aunque la Iglesia oficial afirma comprender y acoger las complejidades y contradicciones inherentes al cristianismo, Kierkegaard critica esta postura por su falta de verdadera empatía con la perspectiva histórica y existencial de aquella época. De hecho, argumenta que la interpretación contemporánea, filtrada a través de siglos de teología y debates doctrinales, diluye la intensidad y el carácter revolucionario de la fe primitiva, convirtiéndola en algo más digerible y menos impactante.

Este concepto se ilustra vívidamente en el episodio de Adler —un burócrata empeñado en convencer al público de que la era de la comunicación divina había concluido—, mientras que, al mismo tiempo, afirmaba ser receptor de mensajes divinos, lo que resultó en su destitución. Este acto de despido encarna la paradoja en su máxima expresión: desafía la expectativa convencional de que la divinidad debería comunicarse con los transgresores y no con los moralistas, como ocurría con los fariseos en tiempos de Jesús. Adler representa precisamente a los moralistas, a quienes—contra toda expectativa—se les revela la palabra divina, poniendo en evidencia la ironía de una divinidad que, desde la óptica burocrática, había sido neutralizada por la teología.

En este contexto, el episodio de Adler se encuentra con el escepticismo y el análisis crítico de la Iglesia, que prefiere cuestionar su cordura antes que contemplar la posibilidad de un auténtico fenómeno sobrenatural. La vacilación de Adler ante el escrutinio no lo desacredita; más bien, revela una deficiencia en la capacidad de la comunidad eclesiástica para acoger y valorar adecuadamente tales experiencias. Una revelación genuina no debería requerir justificación ni defensa, como demuestra Kierkegaard mediante el caso de Abraham.

El caballero de la fe de Kierkegaard

Kierkegaard sostiene que la religión institucionalizada ha intentado racionalizar la fe, olvidando que esta, por su propia naturaleza, trasciende la necesidad de explicaciones. El Antiguo Testamento (Génesis, 22) muestra que cuando Abraham escucha la orden de Dios de sacrificar a su hijo Isaac, no se detiene a demandar explicaciones, sino que parte con Isaac hacia la tierra de Moriá. Como nos recuerda Kierkegaard en su obra *Temor y temblor*, Abraham guarda silencio porque su acto de fe es inexplicable e inexpresable. Su fe supera toda explicación racional y no puede ser comunicada.

Las acciones de los héroes en las epopeyas trágicas pueden ser comprendidas, por execrables que sean, como cuando Agamenón sacrifica a su hija Ifigenia por el bien común. Pero Abraham no busca salvar a su pueblo, ni proteger a su comunidad, ni apaciguar la ira de Dios. Al contrario, su fe se mueve en el terreno del absurdo y solo surge en virtud de la revelación divina. El padre de Isaac establece una relación con Dios que no se basa en la comunicación, ni en la ética, ni siquiera en su libertad individual, sino en una fe íntima e infinita. Por eso, Kierkegaard lo llama «el caballero de la fe».

Por tanto, esta fe absoluta de Abraham es paradójica y, como tal, no exige ni requiere explicación racional alguna. Es una fe que trasciende toda racionalidad, toda ética o moral, e incluso todo criterio epistemológico—y, sin embargo, inaugura en cada ser humano una dimensión que le permite abrirse a lo divino, a lo absoluto. Como argumenta con fuerza Kierkegaard, cuanto más inverosímil sea esta fe, mayor será su capacidad para enriquecer la vida cristiana.

La adhesión del creyente no se debe a la racionalidad o lógica de las creencias y en muchos casos, ni siquiera a su carácter ético. El relato de Abraham muestra precisamente que la fe trasciende toda lógica y se convierte en el fundamento mismo de toda razón y ética posteriores. Kierkegaard parece sugerir que, sin una apertura radical hacia lo absoluto y lo infinito, no existiría ningún discurso racional ni ético en absoluto.

Este capítulo sobre Kierkegaard pone de relieve dos puntos principales. El primero es que la revelación divina abre las condiciones de posibilidad de la fe. Esta fe, como la de Abraham, trasciende el lenguaje, la razón e incluso la ética, redibujando la noción de lo que podríamos llamar experiencia religiosa—y por extensión, toda experiencia humana más allá de los designios de la razón. Pero, al mismo tiempo, el capítulo muestra que este debate sobre la revelación y la fe no debe limitarse a cuestiones teológicas. Se trata, más bien, de cuestiones fundamentales en los planos religioso, filosófico y sociopolítico. En cierta medida, ayudan a definir una sociedad, la credibilidad de sus instituciones religiosas oficiales y sus paradigmas culturales.

La crítica de Kierkegaard a las estructuras y prácticas de la religión organizada radica en que esta ha conceptualizado los fundamentos mismos sobre los que se asienta la religión: la fe y la revelación. Como consecuencia, la religión ha perdido su dimensión más íntima: la relación del ser humano con lo absoluto y lo inexplicable.

CAPÍTULO 19

Fundamentos fenomenológicos de la revelación de lo sacro

La comprensión según la fenomenología

Como vimos al presentar a diversos autores y temáticas de la fenomenología, este movimiento filosófico estudia cómo comprendemos y llegamos a conocer las entidades u objetos. De cierto modo, busca comprender cómo el conocimiento es posible, investigando su formación progresiva conforme interactuamos con dicho objeto de conocimiento. Concibe el conocimiento como un proceso donde el concepto se va delineando en la mente del sujeto conocedor. Comenzando con la percepción, el objeto se va haciendo gradualmente más comprensible hasta adquirir una forma íntegra. En ese sentido, es análogo a ensamblar un rompecabezas: inicialmente percibimos fragmentos dispersos, pero a medida que los conectamos, la imagen entera se nos va revelando. Este procedimiento también ilumina cómo nuestra percepción de las cosas se vincula con la realidad tangible. No es exclusivamente sobre nuestras reflexiones acerca de un objeto, sino sobre cómo estos pensamientos se asocian con los elementos concretos en el mundo. En esencia, la fenomenología nos ayuda a comprender cómo nuestras ideas y percepciones se entrelazan y configuran lo que consideramos real.

De la mano de Husserl, la fenomenología propone que la intencionalidad de la consciencia se entrelaza con el objeto donado en la experiencia, conformando al fenómeno en el cual el conocimiento se cristaliza. Su «reducción fenomenológica» consiste en la fusión del sujeto y el objeto en una realidad única más primordial: el fenómeno.

Sin dar nada por sentado, explora la interacción dinámica entre la consciencia y sus objetos de atención. La realidad no puede tomarse como si contuviera significado previo a nuestra experiencia de ella, pero tampoco puede quedar reducida a un mero constructo mental. Este planteamiento, basado en la fusión de intencionalidad y donación, ilustra que el conocimiento no surge en el vacío, sino que se forja y valida en el contexto de la experiencia vivida. Por ende, para la fenomenología, la experiencia se convierte en el eje central de toda comprensión.

Más tarde, Heidegger caracterizará este mismo concepto con el término *Dasein* (ser-ahí), con el cual desea enfatizar la esencia de un ser humano cuyo rasgo principal es el de ser-ahí-en-el-mundo. Este diálogo fundamental que refleja el *Dasein* como experiencia subyacente subraya la importancia de la vivencia personal como medio para acceder a la comprensión más profunda de nuestra existencia y nuestra interacción con el mundo. Salvando las diferencias entre Husserl y Heidegger, a las que más adelante prestaremos especial atención, cabe reconocer que ambas perspectivas, aunque surgidas de diferentes ángulos, convergen en la idea de que la experiencia vivida es central para la comprensión del Ser.

En su intento de definir la experiencia, el estudio fenomenológico debe explicar cómo un objeto se convierte en «objeto de conocimiento». Es decir, cómo se da o aparece en primera instancia cualquier objeto en nuestra consciencia, convirtiéndose en objeto de nuestra atención, diferenciado de otros objetos. Por ejemplo, miramos a una pared y vemos un cuadro. Para ver el cuadro, algo debe suceder que nos permita fijarnos en el cuadro como objeto individualizado y diferente del resto de la pared. Es decir, en primer lugar, y antes de poder llegar a ser considerado objeto, «ese algo» debe darse o aparecer (*phainómenon*) en nuestra consciencia como algo diferente. La reducción fenomenológica implica suspender nuestra valoración sobre el objeto, despojarlo de todos sus atributos, e incluso su nombre como «objeto», y permitir que se muestre en su más sencilla originalidad. El resultado es que obtenemos acceso al momento más original del «objeto», eso es, a su propia aparición individualizada en la consciencia. En otras palabras, la reducción fenomenológica pone entre paréntesis todo lo que «presuponemos» del objeto para llegar a su estado más puro: el fenómeno. Así, el fenómeno se presenta como una donación, apareciendo o dándose a conocer en la consciencia por sí mismo.

Por su parte, Heidegger, en su giro hacia la pregunta, o la *kehre*, sobre la esencia de la Verdad (más que sobre la verdad de la esencia), concibe la Verdad como una donación. Es decir, aquello que es, es aquello que se da, que aparece, aquello que se desvela, manifiesta o revela. La verdad, así pues, es en cierto modo un apocalipsis; es *alétheia*, el acto de desvelar o descubrir lo que estaba oculto. No obstante, no es el ente (el objeto empírico, el cuadro que hemos mencionado unas líneas más arriba) el que revela al Ser, sino que es el Ser mismo el que se revela o desoculta en el ente. En la filosofía heideggeriana, este proceso se desliga de cualquier marco conceptual mediante la invocación de lo sagrado, entendido como aquello que escapa al alcance de la técnica y el pensamiento conceptual.

Jean-Luc Marion, por su parte, sostiene que cualquier fenómeno, sea considerado sagrado, sobrenatural o natural, constituye una revelación. Cada fenómeno que emerge en la consciencia lo hace como un acto de donación, marcando lo que podría llamarse una revelación ampliada o una aleteología expandida. De esta forma, Marion extiende la noción heideggeriana de verdad más allá de la ontología, aplicándola a todos los fenómenos de la consciencia. Esto viene a sugerir que el conocimiento, en última instancia, reposa en la revelación.

De la donación fenomenológica a la revelación de lo sacro

Hasta ahora hemos abordado la percepción «externa», es decir, cómo el objeto llega a poder considerarse como tal. A continuación, surge una noción fascinante: la aparición del objeto, en cuanto que fenómeno, no es una consecuencia de la observación, sino que el objeto mismo se despliega, brindando un conocimiento profundo de su naturaleza. Es decir, el objeto percibido, para ser percibido, se ofrece por sí mismo completamente, más allá de la influencia del observador.

Sección V: La fenomenología de la revelación

Esto clarifica que la intencionalidad de la consciencia no es un motor productor que crea objetos, como algunos críticos de la fenomenología han indicado, sino que es la atención, la apertura, de la consciencia del sujeto al fenómeno que aparece con sus propias reglas. Esto ilustra precisamente la independencia del objeto en su acto de ofrecimiento. Por tanto, su esencia como fenómeno de la consciencia se hace patente sin necesidad de la mediación del sujeto observador. Así lo explica Husserl:

> La donación de las diferentes formas de la fantasía y la rememoración, así como, en los nexos correspondientes, la donación de múltiples percepciones y demás formas de representación que se unifican sintéticamente. Y, por supuesto, también tenemos las donaciones lógicas, la donación de la universalidad, del predicado, del estado de cosas, etcétera; y asimismo la donación del contrasentido, de la contradicción y del no-ser, etcétera.[95]

En este sentido, la donación, al ser no mediada, podría entenderse como si se tratara del sueño de Viṣṇu, o el sueño divino, que proyecta una realidad onírica. Husserl emplea la noción de *Gegebenheit* (que podemos traducir del alemán como 'dato o hecho inmediato') para describir al fenómeno, lo cual implica que el fenómeno se da directa e inmediatamente a la consciencia, revelándose sin dependencia ni necesidad de razonamiento o conceptualización alguna. Esta revelación, por lo tanto, sería una cualidad inherente tanto en personas con pensamiento rudimentario como en infantes, marcando así un rasgo fundamental de la experiencia humana que precede, y supera, los límites de la instrucción formal y el aprendizaje académico. Esto esclarece que la realidad de lo que aparece o se da en la consciencia de forma inmediata y directa no es un mero constructo de la misma consciencia y que, por lo tanto, el fenómeno trasciende la interioridad del sujeto.

---

95. Edmund Husserl, *La idea de la fenomenología*, trad., introd. y notas de Jesús Adrián Escudero (Barcelona: Herder, 2011), 74 (Quinta lección; Hua II, 74).

Capítulo 19: Fundamentos fenomenológicos de la revelación de lo sacro

Es decir, sin trascendencia no habría donación, pues el objeto ya estaría dentro, eso es, ya estaría concebido previamente a la experiencia. Sin embargo, la donación del fenómeno es inherente a la consciencia, como si se tratara de un propio rasgo fundamental de la misma. Por ende, la trascendencia de la donación solo es posible en la inherencia o inmanencia de la consciencia. Así, y como hemos adelantado antes, la fenomenología, especialmente en Husserl, concibe la trascendencia del objeto dentro de los parámetros de la inmanencia de la consciencia y la experiencia. Al mismo tiempo, necesariamente entiende la inmanencia como transcendente a la consciencia. Esta paradójica situación definirá el marco de la fenomenología.

Es importante recordar que aquello que se revela o da en la consciencia, es decir, el fenómeno, no debe entenderse aún como objeto de conocimiento. La aparición del fenómeno en la consciencia saca a la luz el existir de un algo, todavía no conceptualizado. Es decir, el fenómeno, en cuanto que revelación de sí mismo en la consciencia, no es reducible al conocimiento en el plano epistemológico. Heidegger es claro al respecto cuando identifica como «lo inmediatamente indeterminado» aquello que, presentándose a la consciencia como «algo», permanece no obstante desconocido, aunque indiscutiblemente existente. Esta conceptualización subraya un aspecto esencial de nuestra percepción: la capacidad de reconocer la existencia de algo en la consciencia, incluso cuando su identidad concreta o su esencia permanecen indefinidas. Este fenómeno ilustra cómo ciertas entidades pueden estar presentes en nuestro entendimiento, aunque se mantengan en un estado de indeterminación. Lo «inmediatamente indeterminado» abarca «cosas» que poseemos, que están presentes en nuestro entorno, en nuestra realidad cotidiana y con las cuales interactuamos. En cierto sentido, lo que Heidegger desea expresar aquí es que la dimensión más profunda de la experiencia no ocurre en el ámbito del conocimiento sino de la existencia. Dicho de otro modo, la ontología precede a la epistemología.

Hay un aspecto al que cabe regresar con relación a la reducción fenomenológica, tal como se lleva a cabo en los textos de Husserl e, indirectamente, en los de Heidegger. Como hemos dicho antes, la reducción suspende la realidad objetiva del objeto y del sujeto para acceder a una dimensión de la experiencia más original. Esta suspensión se ha descrito a veces en términos de suspensión de lo transcendente y de los enfoques trascendentales. Al mismo tiempo, hemos hablado del fenómeno que resulta de la reducción en términos de trascendencia o trascendencia inmanente. La aparente contradicción se resuelve entendiendo que lo que ponemos entre paréntesis es la exterioridad, es decir, la creencia en una realidad objetiva con su propio significado. En otras palabras, una realidad que existiría más allá de la consciencia y, por lo tanto, independientemente de nuestra experiencia de ella. Husserl, ni tampoco Heidegger, desdeñan la trascendencia, salvo cuando esta se entiende en términos de exterioridad absoluta. Lo que la reducción nos proporciona es, justamente, una trascendencia inmanente, o incluso, una inmanencia trascendental, con la cual Husserl puede explicar especialmente la relación de la consciencia intencional con los fenómenos en cuanto que donación o revelación, sin caer en una relación de dependencia ni de causa-efecto.

Esta reducción de la trascendencia *qua* exterioridad absoluta se aplica en dos direcciones. Por un lado, la reducción suspende lo que podemos llamar la trascendencia vertical, y que hace referencia a lo que existe como realidad objetiva más allá del mundo de nuestra experiencia. Por otro lado, suspendemos la trascendencia o exterioridad horizontal, concerniente a todo aquello en la dimensión del sujeto, de la consciencia, que pudiera concebirse como previo a la experiencia del fenómeno. Esto incluye un ego, un sujeto creador o cualquier otra figura entendida como creadora de significado independientemente del mundo que se vive y experimenta en la consciencia fenomenológica.

Cabe aclarar que, así como en Husserl encontramos una reducción fenomenológica, en Marion nos encontraremos con una expansión fenomenológica. La reducción fenomenológica implica la exclusión u omisión de lo trascendente entendido como exterioridad absoluta. Este concepto de trascendencia hace referencia a la realidad objetual que nos excede y que trasciende nuestra experiencia inmediata y tangible. Según Husserl, conceptos como el «yo», el alma y Dios no son entidades aisladas, sino que coexisten y se integran dentro de la individualidad de la consciencia. Como él mismo sostiene:

das Ich und Welt und Gott und die mathematischen Mannigfaltigkeiten und was immer für wissenschaftliche Objektivitäten dahingestellt bleiben

Yo, el mundo y Dios, así como las multiplicidades matemáticas y las objetividades científicas permanecen en la indecisión.[96]

Por tanto, y de manera parecida a Descartes, «yo», «mundo» y «Dios» no se presentan como entidades independientes en la consciencia individual, sino que coexisten armónicamente dentro del dominio de la consciencia personal. La comprensión no emerge del esfuerzo activo del conocedor, sino de la total y absoluta donación del objeto o la cosa conocida, revelándose plenamente a la consciencia. Lo conocido, incluyendo el «yo» como un fenómeno trascendente, se entrega a la consciencia individual. Por este motivo, y a diferencia de Descartes, Husserl da un paso más y lo descarta todo, incluyendo el «yo» y la consciencia individual, al aplicar su reducción fenomenológica. El sujeto se suspende para acceder a una subjetividad trascendental y preegoica de la experiencia. Esta práctica, en última instancia, descarta lo exterior trascendente y desvela un campo del *a priori* en la autodonación total.

En la reducción fenomenológica, el sujeto y el objeto se arraigan, conformando una relación integral que culmina en una unidad inextricable: el fenómeno. El objeto se transforma en parte del fenómeno al fusionarse con el sujeto o la cognición. Es decir, objeto y fenómeno no son dos palabras que describen lo mismo, sino que el objeto emerge en el fenómeno al revelarse al sujeto. La fenomenología desvela la forma en que el objeto, en su esencia y trascendencia, se configura de manera progresiva y sistemática.

---

96. Edmund Husserl, *La idea de la fenomenología*, trad., introd. y notas de Jesús Adrián Escudero (Barcelona: Herder, 2011), Introducción, "B. El segundo paso en la consideración fenomenológica" (Hua II, 9, §3).

Este proceso resalta el desarrollo evolutivo en la constitución del objeto, subrayando, por tanto, la conexión esencial entre la percepción y la realidad tangible.

La filosofía de Heidegger nos ofrece también un fenómeno, pero que en este caso recibe el nombre de *Dasein*. Un error frecuente de filósofos contemporáneos es malinterpretar el *Dasein* como el ser humano mismo, cuando en realidad, representa la interacción del ser humano con el Ser. Este principio va más allá de la mera identificación individual, enfocándose en la relación vital entre la persona y la esencia del Ser. Comprender adecuadamente el *Dasein* significa reconocer que no es solo la existencia humana *per se*, sino el proceso dinámico y continuo del encuentro humano con el Ser, un aspecto fundamental en la exploración de nuestra realidad existencial.

Como explica el mismo Heidegger en *Ser y Tiempo*, en el contexto de nuestras vivencias, nos enfrentamos a situaciones que varían desde interacciones con aspectos inauténticos del Ser, hasta momentos de conexión con el Ser auténtico. Estas experiencias diversas, que oscilan entre lo trivial y lo significativo, enfatizan la presencia constante del Ser en cada una de ellas. Sea cual sea el grado de veracidad de nuestras experiencias, nuestra relación inmediata con el Ser permanece constante. El Ser es decisivo en la formación de nuestro entendimiento y percepción del mundo.

Esta corriente de pensamiento lleva a la reflexión de lo que se conoce como «problemas de donación» o «problemas de la constitución de todo tipo de objetualidades en el conocimiento» (*der Konstitution von Gegenständlichkeiten jeder Art in der Erkenntnis*). Nuestro interés primordial no yace en la existencia de Dios fuera de mi mente, sino —como ya sucede en Descartes— en el proceso a través del cual la noción de Dios se ha manifestado en nuestra consciencia. Sin embargo, este planteamiento se orienta menos hacia una validación externa de la divinidad y más hacia una introspección sobre cómo las ideas trascendentes se desarrollan y persisten dentro del ámbito de la consciencia individual. Asimismo, el enigma central no es la existencia externa del universo, sino el proceso mediante el cual la realidad objetual se integra y se percibe en nuestra consciencia. La indagación sobre si el universo existe aparte de nuestra consciencia es una cuestión metafísica, una perspectiva que no es tema de estudio en este análisis.

La exploración que llevamos a cabo en el campo de la fenomenología puede definirse como una ciencia eidética dedicada a detallar y describir las experiencias de la consciencia tras ser sometidas a una reducción trascendental. Este enfoque eidético examina la idea de la cosa inmersa en la consciencia, abriendo una búsqueda que trasciende lo tangible para sumergirse en la esfera de lo fundamental y lo experimentado. En este marco de la consciencia trascendental, nos atrevemos a contribuir a la filosofía occidental un nuevo concepto de Ser: Ser es ser captado por la consciencia. Nuestra atención se desplaza del objeto mismo y el pensamiento sobre este hacia nuestra propia experiencia directa de la cosa. La intencionalidad de la consciencia y la donación del objeto se unifican en la experiencia o fenómeno, donde se configura y revela el conocimiento auténtico, siendo este el único escenario donde el conocimiento genuino se manifiesta y se adquiere.

Como hemos visto de manera detallada en este capítulo, en la disciplina fenomenológica, la orientación de la consciencia hacia el objeto constituye su intencionalidad, mientras que la manifestación del objeto ante la consciencia es su donación, fusionándose ambas dinámicas en la experiencia fenomenológica, la esfera auténtica donde cristaliza el conocimiento. Podemos ilustrar esta doble dinámica a través de un ejemplo. Imaginemos que examinamos un objeto de nuestra experiencia cotidiana, digamos, un libro. Normalmente, consideraríamos solo el libro en sí. Sin embargo, nuestra interacción personal con el libro es vital desde un enfoque fenomenológico. Nuestra experiencia se compone de dos dinámicas. La primera es la «intencionalidad de la consciencia», que implica la orientación de nuestra mente hacia el libro. La segunda es la «donación del objeto», que es la forma en que el libro se presenta a nuestra mente. Ambas se funden en nuestra experiencia, a través de la cual captamos la verdadera naturaleza del libro, siendo este entendimiento lo que podemos definir como conocimiento real y verdadero.

No obstante, en la esfera de la vivencia, lo limitado se entremezcla con lo ilimitado, dando lugar a una interacción excepcional entre el ente cognoscente y el ente conocido (el libro en nuestro ejemplo anterior). En circunstancias comunes, ambos retienen su distinción fundamental, aunque estén intrincadamente vinculados a través de la percepción y el vivir. Tal conjunción no elimina las fronteras que los separan, sino que las fusiona dentro del proceso fenomenológico, asegurando la preservación de sus identidades incluso en medio de su unión. Así, la vivencia de lo limitado facilita una interrelación en la cual, a pesar de una fusión transitoria, el ente cognoscente y el ente conocido se reconocen mutuamente en su singularidad.

La vivencia de lo ilimitado, o de lo sacro, inaugura una dimensión de experiencia profundamente distinta. En este marco, lo sacro sobrepasa el espectro de la experiencia limitada del ente cognoscente. En estos instantes, el ente cognoscente cede su independencia ante la vastedad de lo sacro. Según Marion, la experiencia de lo sagrado es un fenómeno saturado, una vivencia que desborda nuestras capacidades de percepción y pensamiento.

En dicha vivencia, lo predominante es la manifestación de una «experiencia pura» en la cual la diferenciación entre ente cognoscente y ente conocido deja de ser pertinente. Este estado de experiencia pura se puede comprender como un instante de comunión absoluta o integración con la totalidad, donde la consciencia individual se integra con el objeto de su reflexión o veneración, superando las barreras propias de la existencia limitada. Esta vivencia es típica de momentos de intensa espiritualidad o misticismo. En ellos, lo divino o sacro se revela de forma tan impactante que las estructuras convencionales de la experiencia quedan rebasadas. Originan un estado de consciencia donde las categorías usuales de análisis y entendimiento se tornan obsoletas, y solo permanece lo que es tal como es.

Bibliografía de la sección V

- Agustín de Hipona. *Del Génesis a la letra, incompleto*. Traducción de Lope Cilleruelo, OSA. Edición digital en español.
- Agustín de Hipona. *Del libre albedrío*. Traducción de P. Evaristo Seijas, OSA. Edición digital en español.
- Agustín de Hipona. *La fe y el símbolo de los apóstoles*. Traducción de Claudio Basevi. Edición digital en español.
- Agustín de Hipona. *La Santísima Trinidad*. Traducción de Luis Arias, OSA. Edición digital en español.
- Agustín de Hipona. *Las Confesiones*. Traducción de Ángel Custodio Vega Rodríguez, revisada por José Rodríguez Díaz. Edición digital en español.
- Agustín de Hipona. *Ochenta y tres cuestiones diversas*. Traducción de Teodoro C. Madrid, OAR. Edición digital en español.
- Descartes, René. *Obras de Descartes – Meditaciones sobre la filosofía primera*. Traducción de Manuel de la Revilla. Madrid: Imprenta de Manuel Minuesa de los Ríos, 1887.
- Heidegger, Martin. *Caminos de bosque*. Versión de Helena Cortés y Arturo Leyte. Madrid: Alianza Editorial, 2010.
- Husserl, Edmund. *La idea de la fenomenología*. Traducción, introducción y notas de Jesús Adrián Escudero. Barcelona: Herder, 2011.
- Kierkegaard, Søren. *El libro sobre Adler. Un ciclo de ensayos ético-religiosos*. Edición de Eivor Jordà Mathiasen. Madrid: Trotta, 2017.
- Platón. *Fedro*. Edición bilingüe, introducción y traducción de Luis Gil Fernández. Madrid: Editorial Dykinson, 2009.

- Schelling, Friedrich Wilhelm Joseph. *Filosofía de la revelación. Libro I: Introducción o Fundamentación de la filosofía positiva*. Edición castellana de Juan Cruz Cruz. Pamplona: Cuadernos de Anuario Filosófico, Serie Universitaria n. 51, 1998.

Sección VI

De la fenomenología a la ontología

CAPÍTULO 20

LA EXPLORACIÓN FENOMENOLÓGICA DE LA CONSCIENCIA

El fenómeno y la consciencia según Husserl

A lo largo de los capítulos anteriores, hemos podido ir viendo cómo la fenomenología se adentra en dos interrogantes esenciales. Por un lado, y a lo que podríamos denominar «nivel crítico», aborda el proceso de adquisición de conocimiento, es decir, cómo la percepción nos brinda el objeto de forma que este pueda adquirir significado en nuestra consciencia del mismo y ser comprendido. Al mismo tiempo, pero ahora a un «nivel metacrítico», la fenomenología también cuestiona nuestra habilidad para discernir la factibilidad del conocimiento mismo. Por lo tanto, la cuestión fundamental no es solo cómo es posible el conocimiento, sino además si podemos conocer la posibilidad de tal conocimiento. Con el fin de abordar esta doble pregunta, la fenomenología se centra en las condiciones que permiten que algo se dé en la consciencia, enfocándose en descifrar las capacidades de nuestro potencial cognitivo.

La fenomenología profundiza en nuestra capacidad para entender la viabilidad de estas experiencias. Como resultado de la reducción fenomenológica, describe una «donación intrínseca o inmanente de la consciencia», la cual configura una zona inmune a dudas o incertidumbres. Así, proporciona una solidez inquebrantable, arraigada en un entendimiento directo que supera la necesidad de buscar explicaciones externas. Como hemos visto también en diferentes puntos de este libro, el entendimiento del mundo y de la existencia no trasciende los límites de nuestra consciencia, sino que se ancla en sus profundidades, proporcionando una interpretación singular de la realidad, tal como es vivenciada. Por consiguiente, nuestra atención solo se centra en la donación intrínseca a la consciencia. A diferencia de la tradición filosófica occidental, la fenomenología considera que el sujeto y el objeto no se oponen ni se preceden el uno al otro; se trascienden al mismo tiempo que se pertenecen. Este enfoque nos brinda una base sólida para comprender el mundo y nuestra relación con el mismo, en el modo en que se internaliza y revela en nuestra consciencia, es decir, exclusivamente en la experiencia.

La filosofía epistemológica de Immanuel Kant estudia nuestra capacidad de experimentar el objeto a través de los sentidos y las categorías (conceptos formales), así como el modo en que estas experiencias contribuyen a nuestro conocimiento de la realidad. Sostiene que hay un mundo nouménico y una versión fenoménica del mismo, aunque no los considera como dos realidades o mundos paralelos. Distingue el noúmeno del modo en que este aparece en la consciencia a través de los sentidos y la comprensión, eso es, el fenómeno. Para la fenomenología, afirmar la existencia de dicha realidad nouménica sería sucumbir a prejuicios. A diferencia de Kant, la fenomenología considera que este mundo de la experiencia no puede tomarse como una versión de otro más real u objetivo que permanece ajeno a nuestras capacidades de comprensión. Más aún, nos ofrece justamente una relectura de la realidad, pero sin brechas entre el mundo y su donación a la consciencia. El ser humano no vive una mera versión o modalidad de la realidad. Al contrario, la realidad es la vivida y no hay otra ni más pura ni más objetiva.

Es decir, desde los planteamientos de la fenomenología, el fenómeno es su propia donación y revelación en la consciencia. No existe un fenómeno que, posteriormente, se nos da a la consciencia, como si dicha donación fuera una posibilidad o un atributo del fenómeno. Aceptar esta visión significaría volver a aquellos planteamientos filosóficos que simplemente asumen la existencia de una realidad objetiva previa a su comprensión por parte de la consciencia, o dotada de significado previo a la experiencia. Según estos, el mundo externo como objeto totalmente trascendente, permanece oculto a nuestro entendimiento. Solo podríamos percibir este mundo puro de la manera en que se manifiesta en la esfera de nuestra consciencia. El entendimiento del mundo como una entidad trascendente nos eludiría, porque nuestra comprensión se limita a descifrar la manera en que las entidades se proyectan en nuestra consciencia, sin acceso a su esencia intrínseca. En última instancia, estos planteamientos basados en una separación entre la realidad y su donación dibujan la noción de un ser humano confinado o atrapado en su percepción consciente, y ajeno a la posibilidad de conocer la verdadera naturaleza de lo observado, que lo reduce a tener únicamente una visión superficial y prejuiciada de la realidad. En consecuencia, y bajo este enfoque, no tendríamos derecho de concluir que percibimos un árbol, sino que percibimos algo cuya esencia real escapa a nuestra comprensión, limitándonos a una mera percepción superficial de la realidad. Esta crítica de la fenomenología a la filosofía kantiana y, por extensión, a los planteamientos conceptuales de los que parten las ciencias modernas, se amplían también, y muy especialmente, a la disciplina de la psicología.

Según Husserl, las leyes de la psicología empírica no eran suficientes para proporcionar claridad, y así lo explicó tanto en su texto *La idea de la fenomenología* como en los escritos de su curso *Problemas fundamentales de la fenomenología*. Por el contrario, defendía la idea de que lo crucial era explorar la consciencia misma, sus formas, significados y las maneras en que se expresa o genera. La fenomenología estudia la consciencia pura o universal, lo que la convierte en una disciplina de talante plenamente trascendental. A pesar de sus similitudes con la psicología empírica, muchas son las diferencias, porque esta reduce la consciencia a un conjunto de leyes neuronales a partir de las cuales se explica el comportamiento humano y la posterior existencia del mundo como una extensión de la consciencia empírica. La psicología empírica afirma que el mundo es una mera representación de la consciencia, y así nos lleva a abandonar el cuestionamiento de lo externo y de cómo dicha exterioridad se da en nuestra consciencia. Nos limita a investigar la realidad como si se tratara solo de contenidos internos de nuestra percepción consciente. Bajo este prisma de la psicología, el ser humano reorienta su mirada hacia las profundidades de su interior, abandonando la concepción errada de una diversidad objetual, ya que ve lo externo como una extensión de su interior. Dicho de otro modo, el mundo no es más que un constructo que late en la mente de la consciencia o, si lo preferimos, un espejo de nuestro interior. La psicología, en su intento de unir la brecha entre realidad y representación, entre noúmeno y fenómeno, comete el error de anihilar la trascendencia y reducirla a una modalidad de mera inmanencia.

A raíz de todo, la fenomenología nos muestra esto que la aplicación de métodos empíricos para explorar un mundo objetual más allá de nuestra percepción es una labor fútil. Tal enfoque nos aleja de la verdadera naturaleza de nuestra indagación, que no es otra que el examen minucioso de nuestro propio interior. En lugar de desentrañar los misterios de un mundo externo que brota en nuestra consciencia, la psicología empírica navega por los intrincados laberintos de nuestra propia psique. Busca respuestas que yacen en las profundidades de nuestra consciencia como si fueran creaciones *ex nihilo* de la misma. Por eso, y bajo la óptica de esta psicología empírica, la posibilidad de conocer algo más allá de la consciencia es una ilusión, pues incluso al referirnos a lo externo, reafirmamos su existencia dentro del ámbito de nuestra consciencia, como si solo fuera parte de ella, le perteneciera o fuera un constructo de la misma.

Contrario a la visión empírica de la psique, la reducción fenomenológica revela que el mundo no es enteramente trascendente a la consciencia ni radicalmente inmanente como parte de ella. El mundo adquiere su sentido al ser vivido, no antes ni después de ello. Así, el objeto es trascendente (porque no es un fragmento de la consciencia), y sin embargo permanece dentro de la inmanencia de la consciencia (ya que no existe independientemente de ella). Esta perspectiva disuelve los límites tradicionales entre sujeto y objeto, abriendo paso a un campo de experiencia más profundo y complejo.

La filosofía de Heidegger, dando un paso más y en cierto modo alejándose de determinados preceptos husserlianos, transforma la consciencia y sus pensamientos (*cogitationes*) en el *Dasein*, eso es, en un ser humano que, antes que consciencia, ya es ser-en-el-mundo. El giro de Heidegger, y su pregunta por el Ser, sostiene la concepción de que el mundo y el *Dasein* se dan, como diríamos, en una misma pincelada y ninguno de los dos precede al otro. De hecho, su significado solo es posible en esa relación de experiencia que subyace a todo lo demás. Este posicionamiento ha recibido varias críticas tanto desde diferentes posiciones filosóficas como desde otras disciplinas. Aunque no las trataremos todas, sí que intentaremos responder a la acusación de solipsismo, un ataque que suele lanzarse sobre el pensamiento de tanto Husserl como de Heidegger. La obra de ambos se ha caracterizado precisamente por una noción a la que proponemos llamar intrasubjetiva del sujeto, contraria a la percepción predominante en ciertos ámbitos —especialmente la psicología— de que cada persona gestiona una esfera propia de consciencia, distinta y separada de los demás. Sin entrar ahora en excesivo detalle en la cuestión, esta intrasubjetividad vendría a defender la idea de que todos los seres humanos estamos intrínsecamente vinculados por una consciencia universal, una red compartida que trasciende las barreras individuales.

La verdad más profunda revela que la individualidad es solo una faceta, un aspecto de una vasta consciencia compartida que nos abarca a todos, y eso incluye a los seres humanos en el pasado, en el presente y en el futuro. Esta consciencia universal, no obstante, no debe entenderse como un paraguas o una matriz a la que todas las consciencias están conectadas, sino más bien, y para decirlo con la terminología del mismo Heidegger, *Dasein* es *mitsein*. Es decir, ser-en-el-mundo equivale a ser-con-otros-en-el-mundo. El ser-con no es un atributo más, sino que es parte de la esencia de ser-en-el mundo. El Otro, por tanto, no es un algo puramente externo a mí con el que nunca acabo de coincidir, sino que es parte integral de mi experiencia del mundo. Ser-en-el-mundo es vivir-el-mundo-con-otros, sin los cuales el mismo mundo no podría ser vivido como es vivido ni tendría el significado que tiene.

La respuesta heideggeriana a este problema clarifica que todo estudio de la experiencia más íntima que nos define como seres humanos, ya sea bajo el nombre de consciencia (Husserl) o de *Dasein* (Heidegger), es un planteamiento puramente trascendental y no empírico. Por lo tanto, no cabe la posibilidad de confundir las fenomenologías de Husserl y Marion, o la filosofía hermenéutica de Heidegger, con una introspección psicológica que simplemente termina con un ego trascendental que vive en aislamiento y solitud. Lejos de cualquier introspección egoica y de una individualidad aislada, la fenomenología trascendental nos guía hacia una percepción más profunda de la consciencia universal, considerada el fundamento de toda existencia. Este enfoque nos conduce a una comprensión más completa y holística de la realidad, viendo la consciencia universal como el cimiento subyacente de todo ser y existencia. Veamos esta cuestión ahora en mayor detenimiento.

El ego trascendental, el Otro y la consciencia universal

Husserl subraya que su enfoque fenomenológico no es ni pionero ni innovador. Intelectuales como Carl Stumpf y Theodor Lipps, inspirados por Brentano, ya habían intentado abordar los problemas que hemos señalado. Sin embargo, en una época dominada por la filosofía kantiana —y más específicamente por lo que hoy se conoce como neokantismo—, sus trabajos fueron mal recibidos y calificados de dogmáticos. Esto dificultó el avance en el estudio de la inmanencia más allá de los marcos académicos predominantes de la época.

El diagnóstico y la crítica inicial de Husserl surgen, en parte, de su lectura del origen mismo de la filosofía. El interrogante fundamental sobre cómo el ser humano adquiere conocimiento fue inicialmente planteado por los sofistas. Esta cuestión llevó a Platón y a Aristóteles a explorar la validez y la legitimidad del conocimiento, argumentando desde la perspectiva crítica que los sofistas aplicaron a los presocráticos. Platón y Aristóteles, respondiendo a los desafíos presentados por los sofistas, sentaron las bases de lo que Husserl más tarde buscaría estructurar como una disciplina científica. Abordó estas cuestiones durante su conferencia titulada *Introducción a la filosofía* (*Einleitung in die Philosophie*), celebrada en el invierno de 1922-23 y que se originó de cuatro discursos en Londres en 1922 bajo el nombre *Método fenomenológico y filosofía fenomenológica*. En su disertación, establece un nuevo paradigma para abordar la epistemología, mediante una metodología fenomenológica rigurosa capaz de cumplir con su cometido original.

El diagnóstico de Heidegger es ostensiblemente diferente, ya que su lectura no es meramente epistemológica, sino ontológica. A diferencia del enfoque de Husserl, que busca reformular la filosofía como una fenomenología que funcione como *prima philosophia* en respuesta a preocupaciones epistemológicas, Heidegger identifica la raíz del problema fundacional. Considera a Platón responsable de la confusión entre el Ser y los entes, una confusión que conduce a la corrupción gradual de la pureza originaria. Desde esta perspectiva, los comienzos griegos de la filosofía representan el impulso por conocer la verdad—lo que verdaderamente es. Sin embargo, los parámetros fundacionales de la filosofía platónica marcan una transformación del concepto de *alétheia*, comúnmente traducido como 'verdad'. No obstante, este término griego encierra un significado original que trasciende la mera correspondencia entre palabras y hechos, refiriéndose más bien a un proceso de 'desocultamiento', 'revelación' o 'manifestación' de lo que es. Este proceso no es simplemente una actividad más, como podría ser la filosofía entendida como disciplina; más bien, según Heidegger, constituye una característica fundamental de nuestra existencia. Existir, entonces, es mostrarse abierto al Ser. En lugar de «ver» la Verdad y reducirla a la correspondencia estática y exacta entre la palabra y la cosa, Heidegger aboga por una renovación de la inmersión en la experiencia humana para explorar cómo el Ser se «revela» o se «desoculta» en nuestra existencia. Es decir, Heidegger identifica tanto la confusión platónica como el escepticismo sofista que surge a raíz de ella—una confusión que también denuncia Husserl en *Erste Philosophie* (*Primera Filosofía*). Heidegger propone una ontología fenomenológica que, en cierto modo, permite un retorno a los orígenes preplatónicos. Los sabios ontólogos presocráticos no se dedicaban a un análisis riguroso sobre cómo podría conocerse el mundo, sino que se sumergían directamente en la experiencia de su fundamento unificador.

Heráclito y Parménides, lejos de detenerse en la especulación teórica de las posibilidades inherentes al Ser, se centraron en el entendimiento directo y profundo de su naturaleza. Su obra no fue un ejercicio de hipotéticas conjeturas, sino un sendero hacia la comprensión verdadera de la realidad fundamental del Ser. Por lo tanto, la ontología fenomenológica que Heidegger propone no trataría de estudiar las condiciones de posibilidad para acceder al Ser, como ha hecho la filosofía desde Platón a Kant, sino de simplemente acceder al Ser. Como el mismo Heidegger explica en su *Carta sobre el humanismo* sería cuestión de regresar a una actitud (*ethos*) de permanecer «abierto con el Ser».

En este contexto tanto Husserl como Heidegger elaboran su noción de consciencia universal. En uno de sus textos, Husserl escribe:

Also ich gewinne als der philosophisch Meditierende neben der individuellen apodiktischen Evidenz des ego cogito, die hinsichtlich der Möglichkeit tatsachenwissenschaftlicher Erforschung fraglich bleibt, das unendliche Reich komkreter Wesensanschauungen und komkret geschöpfter unmittelbarer Wesensgesetze für alle idealen möglichkeiten eines Ich und eines cogito überhaupt.

Como aquel que medita filosóficamente, he logrado, pues, para todas las posibilidades ideales de un yo y de todo *cogito* en general, el reino interminable de la intuición concreta y de las leyes de esencia obtenidas concretamente e inmediatas, además de la evidencia apodíctica individual del ego *cogito*, que permanece incierta respecto a la posibilidad de la investigación científica de hechos.[97]

La reflexión que Husserl lleva a cabo, y que hemos descrito parcialmente en los capítulos anteriores, implica discernir todas

---

97. Edmund Husserl, *Phänomenologische Methode und phänomenologische Philosophie* (1922), en Aufsätze und Vorträge (1922–1937), Husserliana XXVII, ed. Thomas Nenon y Hans Rainer Sepp (Dordrecht: Kluwer, 1989), 200–246, traducción citada en Hernán Gabriel Inverso, «Cuatro problemas fenomenológicos fundamentales en las Lecciones de Husserl en Londres» (Universidad de Buenos Aires–CONICET, s. f.).

las posibilidades de un «yo» y un *cogito* en un sentido amplio. El «yo» es consciencia individual, o *cogito*, mientras que el *cogitatio* debe entenderse como la consciencia a nivel universal. Meditar filosóficamente consiste en comprender como la consciencia individual y la general convergen, relacionándose a través de posibilidades ideales. Veamos esta cuestión más detenidamente.

Husserl hace referencia a lo que él mismo llama «El reino interminable de la intuición concreta y de las leyes de esencia», obtenidas cuando la consciencia universal arroja su influjo en la consciencia individual. Eso significa que, para Husserl, meditar filosóficamente consiste en que la consciencia individual permita ser infiltrada o impregnada por la consciencia general. Cuando la consciencia individual recibe el influjo de la consciencia universal, emerge el ego *cogito* o «yo pienso», dedicando su pensamiento a la investigación y el análisis de la consciencia y los fenómenos. Así, en lugar de afirmar que todo emerge a partir de un ego *cogito* que lo trasciende y precede todo, como si de un faro cuya luz ilumina la realidad en la noche a partir de la nada, para Husserl el ego *cogito* que investiga, reflexiona y piensa el mundo es resultado del influjo que ejerce la *cogitatio*. Los elementos de conocimiento que residen en la consciencia individual son, en realidad, semillas plantadas por una consciencia universal más amplia. En cierto modo, nos referimos a las ideas innatas de Descartes, a las que antes hemos hecho referencia. Estas ideas son innatas y no innatas a la vez, pues ya hemos visto cómo el mismo Descartes argumenta que «deben haber sido puestas en mí». Habitan en nuestro interior y nos permiten llevar a cabo una investigación más profunda.

Pensar esta relación entre la consciencia individual y la universal en términos de una distinción entre «dentro» y «fuera» nos conduce inevitablemente a una mera dualidad relativa que, simplemente, no se corresponde con el pensamiento husserliano, y quizás ni siquiera con el cartesiano. De hecho, el planteamiento fenomenológico disuelve el dualismo que opone los adverbios «adentro» y «afuera». Discierne un campo subyacente de trascendencia en la inmanencia, en el que ciertas estructuras de interioridad y exterioridad simplemente desaparecen. Preguntas profundas como *aieka* o, '¿dónde estás?' en hebreo, y la interrogante de *ātma-vicāra advaita* «¿Quién soy yo?», son ejemplos de indagaciones que descienden a la consciencia personal desde la consciencia última. Quienes reciben interrogantes fundamentales como esos pueden considerarse privilegiados. No obstante, no es justo culpar a los que no han sido agraciados con tales cuestionamientos.

Este «ego trascendental», término filosófico vinculado principalmente a Immanuel Kant y expandido por Edmund Husserl en su obra *Meditaciones cartesianas*, denota la esencia de la consciencia que fundamenta todas nuestras experiencias y pensamientos. Esencialmente, representa la faceta de la mente responsable de unificar y dar sentido a nuestras variadas vivencias. Es por eso que Kant lo llama la «unidad trascendental de la percepción» o incluso, simplemente el «yo pienso», y lo define como aquello que acompaña a todas mis representaciones. Es decir, que para que mis actos de la consciencia, y por ellos entiéndanse todas y cualesquiera de mis percepciones, recuerdos, sueños, imaginaciones, y demás, sean «mis» actos, algo debe irlos «hilvanando» entre sí a medida que van teniendo lugar, o de lo contrario serían actos aislados y no relacionados entre sí que, por tanto, «yo» no reconocería como «míos». Dicho de otro modo, si mi vida es en cierto modo el resultado de todos «mis» actos de pensamiento, deseo, recuerdos, fantasías y demás, todos ellos concatenados o incluso entrelazados, eso es porque el «yo pienso» los piensa a ellos mientras estos actos tienen lugar. Es decir, cada vez que pienso, sueño, recuerdo, el mundo, me pienso a mí mismo haciéndolo.

Por eso, es importante diferenciar dicho ego trascendental del «yo» personal común o del «yo» de la psicología empírica. El ego trascendental funciona más bien como un «yo» esencial y puro que constituye la raíz de nuestra habilidad para entender y percibir el entorno.

Kant y Husserl entienden el concepto del «yo» o el «ego trascendental» de maneras diferentes. Mientras Kant dice que el ego trascendental crea las esencias, Husserl sostiene que no las crea, sino que las intuye. Para Kant, el «yo» es esencial para la autoconsciencia cohesiva, sintetizando sensaciones en categorías mentales, aunque en sí mismo, este «yo» es inaccesible directamente, siendo una condición subyacente del conocimiento y no un objeto de este. Por su parte, Husserl define el «ego trascendental» como el «yo» en su estado más puro, obtenido mediante el distanciamiento mental del mundo, un proceso conocido como «*epojé* fenomenológica». Como ya hemos visto anteriormente, la *epojé* consiste en suspender o apartar todas nuestras creencias y presuposiciones automáticas acerca del mundo, aquellas que asumimos sin cuestionar por considerarlas evidentes o naturales. Este paso nos lleva a un estado de reflexión más profundo que, al aplicarla, nos revela una perspectiva renovada, donde nuestras percepciones y experiencias se perciben con mayor autenticidad y solidez. En este espacio recién descubierto, tanto la ciencia como la filosofía, y nosotros mismos como sujetos de conocimiento, hallamos un fundamento más sólido y evidente. Este fundamento está libre de las distorsiones causadas por nuestras nociones preexistentes, que Husserl, y más tarde Gadamer, llamó «prejuicios». Heidegger se refirió a estos prejuicios como «precomprensión ontológica» o «comprensiones de término medio de la preontología». Por un lado, la *epojé* nos revela el ámbito del objeto intencional en cuanto que la donación del fenómeno; por otro lado, desvela que el ego trascendental no reside en una torre de marfil desde la cual construye el mundo. Más bien, subyace toda actividad subjetiva dibujando un «entorno» en el que dicho ego convive intrínsecamente con otros egos trascendentales. Como el mismo Husserl nos recuerda en sus *Meditaciones cartesianas*, esos otros egos trascendentales no son copias ni proyecciones mías, sino otros egos trascendentales a los que reconozco como tales y con los cuales me encuentro entrelazado. Esto nos muestra, por encima de todo, que el ego trascendental, en su calidad de consciencia corpórea, no existe aisladamente. Al contrario, se vincula con otros seres, formando parte de un entramado trascendental. En esta compleja red de entidades únicas, denominadas mónadas o partículas, se edifica un universo coherente y significativo, adaptado específicamente a esta configuración intrincada. La autorreflexión que expresa la *epojé* me lleva a reconocerme como un ego trascendental que, siempre e indefectiblemente, es copresente [*Mitgegenwärt*] a otros egos trascendentales. En otras palabras, me aparezco a mí mismo, en mi absoluta pureza, como ego trascendental encarnado en cuyo primordial nivel de existencia soy con otros egos trascendentales. Es decir, los demás egos no son aún objetos de mi pensamiento, ni mi fantasía, ni mis sueños, ni mis recuerdos, sino que son, en cierto modo, parte de mi «yo» más profundo, o lo que antes hemos denominado «una consciencia universal o general». El «yo» más íntimo no es sino un ego que es singular y plural a la vez.

Esta realidad egoica unificada, que es más original y profunda que cualquier individualidad empírica, nos presenta, en cierto modo, con una comunión trascendental. Hablar en estos términos significa hablar de una consciencia universal que pertenece a la esfera de lo Uno en la cual la unidad y la diferencia no son meros contrarios. Los demás «egos trascendentales» que emergen en asociación con mi «ego trascendental» son, aún y todo, «otros» egos, ya que de lo contrario serían reducibles a mí o a una proyección mía. Por lo tanto, tienen que ser distintos de mí, pero a su vez parte integral de mi propio «ego trascendental». Lo que esto demuestra es que ni la fenomenología de Husserl ni la ontología de Heidegger caen en ningún solipsismo. Todo lo contrario, contribuyen a diluir la condición de posibilidad de cualquier solipsismo y psicologismo empírico.

La dimensión temporal de la consciencia universal

El tema del ego trascendental abre la puerta a la cuestión del tiempo. Aunque más adelante lo abordaremos en mayor profundidad, en esta sección perfilaremos la noción de tiempo fenomenológico que emerge junto con la consciencia universal, independientemente de que la entendamos a la manera de Husserl o con el *mitsein* de Heidegger. Al nivel de esta realidad trascendental, el tiempo no responde a una noción de temporalidad cuantificable ni tampoco lineal. Aunque el tiempo es percibido como temporeidad por la entidad empírica, al nivel del Ser, eso es, de lo que yace latente en toda existencia, el tiempo se expresa como temporalidad, como nos recuerda Heidegger. Esta temporalidad no es el tiempo medible o calculable que ordena nuestra cotidianidad, sino más bien el tiempo temporizándose a sí mismo, emergiendo en forma de Ser; o, dicho con Husserl, en forma de consciencia trascendental a su nivel de mayor intimidad o espiritualidad. Expresado aún de otro modo, es el tiempo entendido como el tiempo místico del momento propicio o el acontecimiento oportuno, concepto que se ilustra en el cristianismo con la llegada de Jesucristo a la Tierra, descrita como el *kairós*. A diferencia del tiempo asociado al ente, que se caracteriza por su secuencia de antes y después y su capacidad de ser medido, el tiempo del Ser es kairológico, pues se sitúa fuera de estas dimensiones lineales y cuantificables.

Kairós es una noción griega antigua que se traduce como «momento adecuado» u «oportunidad», contrastando con *chrónos*, que se refiere a un tiempo cronológico y secuencial que subraya la duración. Mientras *chrónos* es lineal y cuantitativo, *kairós* es cualitativo y atemporal, marcando instancias decisivas que trascienden la medida convencional del tiempo. El Nuevo Testamento recurre a la noción de *kairós* y términos relacionados en 86 ocasiones para denotar un concepto de tiempo divinamente ordenado para ciertas acciones, como se observa en pasajes como Mateo 8:29, Lucas 19:44 y Hechos 24:25. Este concepto es central para entender eventos oportunos como el Día del Juicio, destacado en la parábola del trigo y la cizaña en Mateo, 13:30, donde Jesús utiliza *kairós* para señalar el momento escatológico de la siega. *Kairós* también aparece en contextos donde se define el tiempo predeterminado para eventos significativos, como el nacimiento de Juan el Bautista (Lucas, 1:20) y momentos críticos predichos por Jesús respecto al juicio sobre Israel (Lucas, 19:44). Asimismo, es imperativo capturar estas ocasiones divinas, tal como Jesús insta en su primer sermón (Marcos, 1:15), donde declara la proximidad del reino de Dios y la necesidad de arrepentimiento y fe. La narrativa bíblica advierte sobre la negligencia de estas ocasiones, como ilustra la interacción entre Pablo y el gobernador Félix en Hechos, 24:25. Félix, al posponer su decisión de seguir el evangelio, personifica la reacción de rechazo frente al *kairós* presente. Este episodio subraya la urgencia y la fugacidad de *kairós*, que Pablo enfatiza diciendo, «ahora es el día de salvación» (2 Corintios, 6:2), aludiendo a la ventana efímera para la redención.

Además de su uso bíblico, *kairós* encierra una rica filosofía temporal. Representa un «momento culminante», así como la confluencia de circunstancias que exigen una respuesta inmediata y adecuada. Si, en la cultura occidental, *chrónos* ha sido a menudo asociado con la figura mitológica que rige el tiempo ordenado y previsible, *kairós* simboliza aquel otro tiempo especial, intangible y cargado de significado, que irrumpe con fuerzas transformadoras. Este es el tiempo de la revelación, de decisiones críticas y de la acción divina que irrumpe en la continuidad de *chrónos*. La importancia de *kairós* es que nos invita a reconsiderar nuestra percepción y vivencia del tiempo. Nos exhorta a estar alertas a esos instantes únicos que, aunque efímeros, ofrecen la posibilidad de un cambio trascendental y un encuentro profundo con lo divino. *Kairós* redefine el tiempo, no como una secuencia de eventos, sino como momentos de verdad donde la vida adquiere un nuevo sentido y dirección. En este marco, cada instante de *kairós* es una invitación a vivir plenamente, capturando la esencia de la existencia en su máxima expresión.

El problema de este «tiempo» kairológico del Ser, o del ego trascendental, despierta cuestiones, y a su vez, problemas importantes. Por este motivo, Kant elude todo debate o descripción del «yo pienso», pues tendría que referirse aún a algún otro «acto», todavía más íntimo, que sintetizara todos los actos del «yo pienso». Esto lo conduciría irremediablemente a una regresión *ad infinitum* que llevaría al absurdo. A diferencia de Kant, Husserl introduce un elemento innovador en este aspecto. En sus *Lecciones sobre la consciencia interna del tiempo*, presenta la cuestión de la doble intencionalidad. Como hemos visto, Husserl describe todo acto de la consciencia como un acto intencional a través del cual pensamos, recordamos, soñamos o imaginamos objetos de naturalezas diferentes. No obstante, para que nuestra consciencia pueda definirse como un flujo, dichos actos deben sintetizarse e integrarse los unos con los otros. Para ello, Husserl habla de una segunda intencionalidad a la que denomina «intencionalidad horizontal» y que define a modo de una autopercepción inmediata integrada al mismo acto, a diferencia de un acto de la consciencia («horizontal transversal»). Es decir, una autoconsciencia tácita, una autoafectividad, como más tarde lo llamará Michel Henry, inherente a todo acto de la consciencia, a partir de la cual la consciencia como flujo, se temporaliza y brota como tal en forma de un ego trascendental penetrado por otros egos con los que vive el mundo pluralmente.

Así, a diferencia de Kant, la autotemporización y formación de la consciencia no viene dada por actos únicamente, sino por actos y por una autoconsciencia que no es un acto en sí pero que está incrustada en todo acto de la consciencia. Con esta segunda intencionalidad, Husserl argumenta precisamente que el tiempo es aquello que vertebra la consciencia y, por tanto, todas nuestras experiencias. A diferencia del tiempo medible y calculable, y más aún del tiempo de las ciencias naturales, el cual aparece convertido en un gráfico en el que todo lo demás se inscribe, el tiempo según lo entiende Husserl es inmanente a la consciencia, o como diría Heidegger, el tiempo es el Ser.

Entender el tiempo como inmanente a la consciencia implica decir que, tanto para Husserl como para Heidegger, el tiempo es interior a la consciencia universal y no únicamente a la de una consciencia empírica individual. Cada percepción individual, o *cogito*, encapsula un amplio espectro de experiencias potenciales, lo que implica su desarrollo en un contexto de expectativas variadas, un horizonte de múltiples proyecciones y redes de conexiones posibles. Todas ellas se rigen por una normativa inmanente que permite su sintetización. No obstante, esta síntesis consiste en la integración de todos mis actos, que incluye mis proyecciones actuales y potenciales. Estos actos no son individuales, sino son la integración de las experiencias proyectadas desde la consciencia universal hacia la individual. Dicho de otro modo, la intencionalidad «horizontal» es la que permite transformar lo indeterminado de la consciencia universal en algo tangible e inmediato que late en toda experiencia de cada consciencia individual mediante una donación total. Todo acto concreto implica una donación universal que da sentido a todos esos actos concretos. Incluso una autorreflexión fenomenológica, en forma de *epojé*, será un acto concreto, que si muestra capacidad para revelar dicha consciencia universal es porque, como acto, lleva incrustada en sí misma esa otra autopercepción intencional inmediata que acompaña a todos los actos.

Así pues, la síntesis de todos los actos de la consciencia nos ha llevado a la cuestión de la autotemporalización de la misma consciencia, que equivale a nuestra capacidad para percibir lo universal en lo individual y plural a la vez, que es lo que nos permite ir urdiendo nuestra vida de experiencias. Estas experiencias con las que vamos dando forma a nuestra vida, aunque personales, son experiencias que brotan de una dimensión de la consciencia universal en la que mi ego trascendental está permanentemente entrelazado y abierto a otros egos trascendentales. La investigación fenomenológica de Husserl ha dejado claro que todas las experiencias descienden de una consciencia trascendental última, la cual late permanentemente en nuestras experiencias particulares. Esta consciencia late en cada experiencia, apareciendo tácitamente como si de un telón de fondo se tratara. Dicho de otro modo, sería como si todas nuestras vivencias llevaran impregnadas o gravadas en ellas la consciencia universal, sin la cual las vivencias particulares, paradójicamente, no serían nuestras vivencias particulares.

Esta idea de una donación, que implica que la consciencia universal deposite su contenido en lo personal, ya fue explorada por Averroes con su tesis del «entendimiento separado». Según Averroes, el entendimiento separado está constituido tanto por el entendimiento agente como por el pasivo. Uno es activo y genera conocimiento y el otro es pasivo y recibe o entiende ese conocimiento. Estos entendimientos son los mismos para toda la humanidad y no son específicos de cada persona. Además, Averroes cree que el conocimiento es un proceso en el que estos dos entendimientos se combinan. Cuando una persona logra un conocimiento completo, de alguna manera pierde su individualidad y se une a una especie de alma o entendimiento común a todos, a lo que él llama «monopsiquismo». Esto significa que nuestra alma individual debe entenderse como parte integral de una gran alma universal compartida por todos. La consciencia universal no solo influye sino que además da forma a la consciencia individual a través de proyecciones o influencias que crean horizontes mediante los cuales se pueden dar vivencias seleccionadas por la consciencia general. Contrariamente a lo que podría presuponerse, la cuestión abordada no emana originalmente de Averroes, sino directamente de las reflexiones de Aristóteles en su obra *Peri Psyche*. Averroes, en su labor interpretativa, ofrece una exégesis particular de los planteamientos aristotélicos.

En un desarrollo posterior, Santo Tomás de Aquino introduce una distinción refinada, argumentando que lo que se concibe como un entendimiento separado no se sitúa exteriormente al individuo; más bien, se encuentra distanciado de la materialidad inherente a la condición humana, sin desvincularse de esta. Averroes, por otro lado, sostiene una perspectiva divergente, afirmando que tal entendimiento se halla efectivamente segregado del ser humano. Esta controversia se mantuvo resuelta a favor de la interpretación tomista hasta el siglo XX, cuando Enrico Berti, tras un meticuloso estudio de la obra aristotélica, reivindicó la postura de Averroes como la interpretación más fidedigna de los textos de Aristóteles. Este giro interpretativo reabre el debate sobre la naturaleza del entendimiento y su relación con el Ser, invitando a una reconsideración profunda de las premisas que durante siglos han guiado el pensamiento filosófico.

Capítulo 21

El «giro ontológico» de Heidegger

La observación como primer acercamiento a la consciencia

En el presente capítulo veremos cómo Heidegger reconduce la investigación husserliana, pasando de la dimensión de la consciencia y el ego trascendental a la cuestión del desvelamiento del Ser y el *Dasein*. Al hacerlo, Heidegger propone superar la epistemología a la que Husserl limita la fenomenología y establecer en su lugar la ontología. En este giro heideggeriano, la pregunta sobre la consciencia y el conocimiento toma una nueva dimensión, enfocándose hacia el Ser. Heidegger sugiere que no es la epistemología lo que nos describe como seres humanos, es decir, la capacidad de conocer y entender, sino nuestra realidad ontológica. Es el hecho de que somos en el mundo con otros y que «pensamos» el Ser sin reducirlo a un objeto de nuestro conocimiento. En las próximas páginas, iremos desgranando qué quiere decir Heidegger con este otro pensar (*denken*) que subyace y define nuestra existencia previamente a poder definirnos como seres cognoscentes, con consciencia intencional y abiertos a la donación de los fenómenos que se nos revelan.

La filosofía de Heidegger se centra, desde un buen principio, en la cuestión del Ser. Heidegger escribe:

Wenn das Seiende in mannigfacher Bedeutung gesagt wird, welches ist dann die leitende Grundbedeutung? Was heisst Sein?

Sección VI: De la fenomenología a la ontología

Si el ente viene dicho con muchos significados, ¿cuál será entonces el significado fundamental y conductor? ¿Qué quiere decir ser?[98]

En su obra *Interpretaciones fenomenológicas de Aristóteles*, Heidegger retoma el hilo conductor de Aristóteles y Brentano, para emprender una rigurosa exploración del significado de la existencia mediante la comprensión de los entes. Para ello, fusiona la fenomenología, con su énfasis en la aparición (*phainómenon*) de las cosas ante nosotros, con la concepción griega de la *alétheia* (el acto de desvelamiento). Para los griegos, el acto de descubrir la Verdad implica descorrer el velo de la realidad para contemplar aquello que verdaderamente «es» en su estado puro. También para Heidegger, *alétheia* es desvelar la esencia de la Verdad. De esta forma, busca integrar la atención hacia las vivencias inmediatas con la noción griega de que la Verdad consiste en el desocultamiento de la realidad.

Al mismo tiempo, este enlace entre el fenómeno y su donación y revelación constituye un aspecto central en la fenomenología, que a su vez marca un punto de conexión entre la manifestación fenomenológica y la comprensión filosófica del Ser. La «cosa misma» implica la experiencia directa de la cosa en sí o la vivencia directa de la realidad. Hablar del fenómeno en términos de su donación nos conduce a un interrogante esencial sobre el origen de nuestras experiencias, la esencia misma y el ser de los entes en su manifestación, es decir, su aparición. La cuestión clave es la naturaleza de este surgimiento o el carácter de dicho advenir. Para Heidegger, este análisis es una evolución fenomenológica de su temprana inspiración en Brentano, marcando un punto central en su obra y reflejando la transformación de la búsqueda filosófica desde su juventud.

Su acercamiento a estas ideas fue gradual durante sus primeros cursos en Friburgo y Marburgo. Un punto crucial en su trayectoria fue la publicación de *Ser y Tiempo* en 1926, exigida por las autoridades académicas como aval para su nombramiento como sucesor de N.

---

98. Martin Heidegger, *Zur Sache des Denkens* (¿Qué es pensar?) (Tübingen: Max Niemeyer Verlag, 1969). Traducción propia.

Hartmann, tras el rechazo inicial del Ministerio en Berlín debido a la falta de publicaciones en la última década. La urgencia de compilar los trabajos culminó en el envío de borradores preliminares, considerados insuficientes para el nombramiento académico. Sin embargo, la Facultad persistió y finalmente se otorgó la aprobación. La obra se inicia destacando la publicación en honor al septuagésimo aniversario de Husserl en 1928, prosigue con el estudio de la difusión de sus doctrinas, realizada una década después, y concluye evaluando la persistente influencia de la fenomenología, según se expone en *Zur Sache des Denkens*, donde leemos:

> *Die Zeit der phänomenologischen Philosophie scheint vorbei zu sein. Sie gilt schon als etwas Vergangenes, das nur noch historisch neben anderen Richtungen der Philosophie verzeichnet wird. Allein die Phänomenologie ist in ihrem Eigensten keine Richtung. Sie ist zu Zeiten sich wandelnde und nur dadurch bleibende Möglichkeit des Denkens, dem Anspruch des zu Denkenden zu entsprechen. Wird die Phänomenologie so erfahren und behalten, dann kann sie als Titel verschwinden zugusten der Sache des Denkens, deren Offenbarkeit ein Geheimnis bleibt.*

El tiempo de la filosofía fenomenológica parece haberse acabado. Ésta tiene ya valor de algo pasado, de algo designado de una manera tan solo histórica, junto con otras direcciones de la filosofía. Solo que, en lo que tiene de más íntimo, la fenomenología no es dirección alguna, sino que es la posibilidad del pensar que, llegados los tiempos, reaparece de nuevo, variada, y que solo por ello es la permanente posibilidad del pensar, para corresponder al requerimiento de aquello que hay que pensar. Cuando la fenomenología viene así experimentada y conservada, puede entonces desaparecer como rótulo a favor de la cosa del pensar, cuya revelabilidad sigue siendo un misterio.[99]

---

99. Martin Heidegger, *"Mein Weg in die Phänomenologie,"* in *Zur Sache des Denkens*, Gesamtausgabe Band 14 (Frankfurt am Main: Vittorio Klostermann, 2007), 101. Traducción propia.

Años más tarde, en 1963, se consideró a la fenomenología como un proyecto completado, lo cual no implica que careciera de desarrollo; de hecho, en aquel tiempo ya se habían manifestado múltiples expansiones de su enfoque. A pesar de ello, y aun deseando mantener el «espíritu» fenomenológico, como Husserl hizo con Descartes, ahora Heidegger propone una evolución filosófica, o incluso fenomenológica en espíritu, que lo aleja gradualmente de la fenomenología de Husserl y de los parámetros dentro de los cuales esta se desarrolló en todo momento.

Heidegger identifica una serie de argumentos que desnudan este alejamiento paulatino, partiendo de dentro de los límites de la fenomenología, pero terminando más allá de los mismos. En primer lugar, Heidegger se propuso revitalizar la faceta práctica de la filosofía como un aspecto fundamental para descubrir una comprensión del mundo y de la existencia que esté despojada de las distorsiones propias de una orientación meramente teórica. Dicho de otro modo, Heidegger persigue, aunque sin éxito, una solución fenomenológica que comprenda nuestra relación con el mundo como práctica, no teórica. El ser humano no se vincula con el mundo interrogándose en el vacío sobre su existencia, como si pudiera abstraerse de la misma, sino que lo hace indagando en su funcionamiento, utilidad y propósito, es decir, se pregunta para qué le sirve. El planteamiento de que nuestro enlace con el cosmos es práctico en lugar de teórico ya establece de por sí una diferenciación clara entre su enfoque fenomenológico y el de Husserl. Más aún, este nuevo planteamiento de Heidegger ya es de por sí una primera crítica a la *epojé* husserliana, a la que considera un ejercicio teórico abstracto, pues considera que uno no puede practicar la *epojé* y desvincularse del mundo en el que vive y con el que en todo momento interactúa.

Según Heidegger, para conocer los objetos realmente, no es suficiente con pensar o teorizar sobre ellos, sino que es necesario interactuar con las cosas, con las que no podemos dejar de interactuar. Si deseamos captar y discernir la verdadera esencia de los objetos, o lo que las cosas son, debemos observar atentamente cada actividad y acción. Por eso, desde una perspectiva heideggeriana, es importante recalcar que el acto de pensar, y el de observar siguen rumbos opuestos. La diferencia radicaría en que el pensamiento, entendido como el acto a través del cual conocemos objetos, se proyecta hacia el exterior, mientras que la observación se enfoca hacia el interior. Pensar nos habilita para entender a lo otro, a lo que no soy yo, y por tanto es ajeno a mí, mientras que observar nos provee una vía para conocer nuestro propio Ser.

Sin embargo, no debemos confundir el acto de reflexionar intelectualmente con esta idea de observar. La reflexión es un acto que replica la estructura del acto de pensamiento para objetivar el interior sobre el que se enfoca. La observación, por su parte, representa una condición de inacción y, como tal, no constituye una acción *per se*, sino un estado de unión con uno mismo, una forma de habitar en nuestro Ser esencial.

La práctica de observar se emplea en diversas técnicas meditativas, como la ceremonia del té, el ikebana, las artes marciales, el cumplimiento de las *mitzvót*, el *haṭha-yoga* o el *tai-chi*. Estas prácticas, ejecutadas con un enfoque atento y consciente, se conocen como meditación activa. Al observar, es posible aprehender la esencia de aquello que se observa. Lo observado, así pues, se manifiesta ante el observador, al mismo tiempo que este extiende algo de sí hacia lo observado. Al interactuar con lo observado, registramos su forma, su color y su aroma, y la atención vuelve al observador, aportándole una comprensión de su naturaleza, pero sin haberlo convertido en un objeto terminado de nuestro conocimiento.

La tradición filosófica occidental ha entendido mayormente el «saber» con base en las capacidades «activas» del intelecto. Siguiendo a Heidegger, proponemos radicar el origen del saber humano en la facultad «pasiva» de la observación. Esta facultad de la observación involucra tres elementos: lo observado, el observador y la relación entre ambos, es decir, el proceso de observar, siendo este último el puente de unión entre lo que la filosofía tradicional ha bautizado con los términos sujeto y objeto.

El pensamiento nace a partir del deseo de un sujeto que pretende algo concreto, pero la observación atiende a lo observado desde la pasividad. El sujeto pensante, activo y conocedor, lanza su red sobre el mundo para nombrarlo y atribuirle sus conceptos y categorías.

La fenomenología sostiene que el mundo se encuentra inherentemente en la consciencia. Por lo tanto, toda exploración introspectiva de la consciencia no implica una desvinculación del mundo exterior, sino una reafirmación de su presencia. La consciencia no es un ámbito cerrado ni aislado; es el lugar donde se despliega la totalidad del mundo. Así, al dirigir la atención hacia ella, no se evade la realidad externa, sino que se accede a ella de manera más directa y esencial. En este sentido, quien profundiza en el conocimiento de la consciencia simultáneamente accede al conocimiento del mundo, ya que este, tal como se nos aparece, no es más que una manifestación dentro de la consciencia misma. La fenomenología, por ende, revela que la introspección es también un camino hacia la comprensión del mundo, dado que ambos —consciencia y mundo— son inseparables en su existencia y en su mutua constitución.

En la observación, el sujeto se desvanece ante la pasividad de la observación, la cual gira alrededor del objeto más que del observador. En ese sentido, el agente de la observación emerge solo cuando redirigimos esta observación hacia el mismo observador. En ese momento, la observación nos brinda la posibilidad de comprender tanto el mundo como a nosotros mismos. A diferencia del acto de pensar, que es un acto del sujeto que se orienta y dirige libremente a un objeto, la observación precede al observador y lo observado.

Esta nueva manera de comprender la relación del agente conocedor con los objetos circundantes abre una dimensión de existencia que no es reducible al de un sujeto que conoce o desea, y en la que el observador que brota de la observación no es todavía ni el objeto ni el sujeto de ningún conocer. Observar, entendido como pasividad, permite definirnos más como testigos que como sujetos activos. En este sentido podemos decir que, antes que nada, hay y somos la observación en sí, eso es, una consciencia en estado puro, en la que todavía no han aparecido ni sujetos libres ni objetos pensables. Dicho de otro modo, la observación sería la pasividad original a partir de la cual emergerá más tarde una consciencia activa, capacitada para pensar objetos y el mundo en el que late. Lo importante de esta primera aproximación de claro corte heideggeriano, es que ya determina que previamente a la actividad que define la consciencia subjetiva, el ser humano emerge en una observación presubjetiva que lo hace testigo del Ser, de lo que es, de lo que hay. Este estado de observación es, y aquí radica su importancia, preepistemológico.

La observación y su vínculo con el lenguaje y el Ser

La palabra *fenómeno* se origina en el verbo griego *phaíno*, que se traduce como 'traer a la luz', e incluye *phôs*, que significa 'luz'. Siendo observación retroprogresiva, no solo conocemos los fenómenos tal como se presentan ante la luz, sino que reconocemos la luz de la consciencia pura como nuestra auténtica realidad. La pasividad de la observación no sustituye a la actividad del acto de pensamiento, sino que la subyace permanentemente. Este principio es el fundamento para el estudio de la esencia propia de un objeto. No obstante, este estudio no consiste en un análisis directo del «objeto-fenómeno» en sí. Lejos de ello, Heidegger recurre a Aristóteles, específicamente a su estudio sobre la percepción visual, donde propone que «aquello de lo que hay visión, eso es visible» (*De Anima*, II.7)[100], y que Heidegger traduce como: «Lo perceptible en el ver es lo visible»[101], como ejemplo de lo cual podemos poner que lo que se ve a la luz es el color. Aunque invisible por sí misma, la «claridad» es, en última instancia, lo que permite ver las cosas, y es lo que Heidegger denominará en *Introducción a la investigación fenomenológica* (*Einfuhrung in die phanomenologische Forschung*): «un modo de presencia de».[102] Lo importante en la percepción reside, por tanto, en la habilidad de volver visible un objeto. No percibimos u observamos la visibilidad tal como vemos el objeto que dicha visibilidad nos hace visible, pero que es ella la que nos permite verlo, y eso es la esencia de la fenomenología. No observamos la visibilidad

---

100. Aristóteles, *De Anima: Books II and III, with Passages from Book I*, trans. D. W. Hamlyn, with a report on recent work and a revised bibliography by Christopher Shields (Oxford: Clarendon Press, 1968; rev. ed., 1993), 418a26. Traducción propia.
101. Martin Heidegger, *Introduction to Phenomenological Research*, trans. Daniel O. Dahlstrom (Bloomington: Indiana University Press, 2005), §1, 4. Traducción propia.
102. Ibid., §1, 5. Traducción propia.

como un objeto más, pero gracias a ella podemos observar; de igual manera, no vemos directamente el fenómeno, pero este nos permite discernir el objeto.

Esto nos lleva a afirmar, por tanto, que el ser humano no puede percibir el fenómeno directamente, pero en cambio sí que lo experimenta, lo vive, tácitamente, del mismo modo que experimenta la claridad cada vez que ve un objeto. Porque, aunque la luz puede alumbrarlo todo y a todos, no puede alumbrarse a sí misma como si se tratara de un objeto más. Si la luz pudiera volverse sobre sí misma, deberíamos conceder que debe haber aún otra luz que permitiría dicho giro de la luz sobre sí misma, lo que, en última instancia, nos llevaría de nuevo a una regresión *ad infinitum* (una regresión infinita) y, por tanto, al absurdo. De manera análoga, la conoceidad o la consciencia, aunque entiende una experiencia objetiva, no puede ser aprehendida objetivamente del mismo modo en que se comprende dicha experiencia objetiva. En otras palabras, el modo en que vemos un objeto no puede ser el mismo que el modo en que «vemos» el ver, el fenómeno, en el que el objeto se hace visible.

Por eso, tanto desde la fenomenología epistemológica de Husserl como desde la fenomenología ontológica de Heidegger, se ha enfatizado la cuestión de esa dimensión casi inobjetivable como ha sido el tiempo inmanente de la consciencia, o la observación, o ahora la cuestión de la visibilidad aristotélica. Estas subyacen y acompañan todas nuestras experiencias y actos de la consciencia, dando forma y haciendo posible que pueda hablarse de nuestra consciencia o experiencia vital en términos de un flujo, nuestro flujo. La observación, la luz, el tiempo inmanente se nos dan, se manifiestan, tácitamente dentro de cada acto y experiencia, pero su donación no es fruto de ninguna mediación, idea, pensamiento ni voluntad subjetiva.

Esta misma diferencia entre objeto de la visión y la luz queda perfectamente plasmada en la obra de Heidegger a través de lo que él mismo llamó «la diferencia ontológica». Eso es, la diferencia entre el ente y el Ser, y, por lo tanto, en los modos en que ambos deben o pueden darse. Precisamente en este contexto, tanto Husserl como Heidegger reconocen los límites de la fenomenología, la «imposibilidad» de describir lo que nos permite describir todo lo demás. En este punto, Heidegger introduce la cuestión del logos aristotélico en términos de voz o *phoné semantiké*, para diferenciarla de un mero sonido. Esta elucidación es esencial, porque vincula el lenguaje con una forma específica de Ser, cimentada en su profunda asociación con la *phantasía*. El logos, más allá de ser concepto o sonido, se erige como lenguaje y su significado, facilitando la revelación de toda entidad a la percepción humana. Porque el lenguaje, como el mismo Heidegger dirá, es la morada del Ser, lo que equivale a decir que el Ser se torna significado a través del lenguaje.

El lenguaje constituye el ámbito en el cual el Ser se manifiesta, revela y adquiere significación, transformándose en comprensible y accesible. Este proceso de manifestación y significación subraya la importancia primordial del lenguaje como vehículo a través del cual la esencia de todas las cosas se torna inteligible y se integra en nuestra comprensión del mundo. Al articular pensamientos, emociones y conceptos, el lenguaje actúa como un puente entre lo abstracto y lo concreto. Se convierte en el espacio donde el Ser encuentra expresión y, en consecuencia, se traduce en un ente significativo dentro de la realidad humana. Por tanto, el lenguaje no es únicamente una herramienta para nombrar cosas con las que interactuamos en nuestra cotidianidad, sino que es la textura —por llamarlo de algún modo— en la que los objetos se nos muestran como tales de manera inteligible. El Ser, no obstante, no es un mero objeto del lenguaje, sino que se revela tácitamente en todas nuestras relaciones con el mundo y sus objetos. Heidegger sostiene:

> Solo porque el lenguaje es la morada de la esencia del hombre pueden los hombres o cualquier humanidad histórica no estar en casa en su lenguaje, de tal modo que el lenguaje se convierte para ellos en la recámara de sus manipulaciones.[103]

---

103. Martin Heidegger, *Carta sobre el humanismo*, trad. Helena Cortés y Arturo Leyte (Madrid: Alianza Editorial, 2000), 86.

El ser humano puede adquirir conocimiento de varios idiomas. No obstante, cuando emplea un idioma que no le es nativo, se encuentra, metafóricamente, residiendo en una morada que le es ajena. La esencia de la existencia humana se halla intrínsecamente vinculada al idioma particular que habla, puesto que este constituye el marco dentro del cual el Ser se desenvuelve y experimenta la realidad. Esta premisa se evidencia en la observación de que aquellos que adoptan una lengua diferente a la suya pueden experimentar una sensación de desplazamiento, como si habitaran un espacio que no les pertenece completamente. En su función más profunda, el idioma facilita la comunicación y moldea la percepción y el pensamiento. En última instancia, da forma a la identidad del individuo. Por lo tanto, la inmersión en un idioma que no es el propio puede limitar la capacidad de la persona para expresarse y desarrollarse plenamente, sugiriendo así la importancia vital de encontrar resonancia y arraigo en la lengua materna. El lenguaje entendido como propio es el marco, la morada, en la que la consciencia pasiva, la observación previa a la identidad personal y subjetiva, se relaciona con el Ser.

Heidegger profundiza en esta cuestión vinculando el lenguaje, el logos, con la *phantasía*, la cual se manifiesta como una imagen, nacida del lenguaje o las palabras, revelando su naturaleza íntimamente ligada a la expresión verbal. Lo que esto significa es que nuestras reflexiones e imágenes mentales están intrínsecamente moldeadas por el lenguaje. Eso es, el lenguaje no es la herramienta que explica las imágenes *a posteriori*, sino que es el modo en que estas toman forma y se muestran. Hablar de imágenes, no obstante, significa hablar de pensamiento, pues pensar un objeto significa imaginarlo, formarlo como imagen, a través del lenguaje. Por este motivo, en *Introducción a la investigación fenomenológica*, Heidegger presenta el lenguaje como la esencia del ser humano, reconociéndole la presunción de significado inherente en todas sus expresiones. El lenguaje es, por tanto, crucial en la comprensión de nuestra esencia humana, porque todo lo que articulamos está imbuido de significados subyacentes.

Ya que el lenguaje es la morada del Ser o la esencia del ser humano, Heidegger considera que está intrínsicamente vinculado a otros dos términos esenciales: *lógos apophantikós*, o 'manifestación', y *aletheúein*, o 'develamiento'. El *lógos apophantikós* es la manifestación, la desocultación o la desencriptación del Ser en el ente. Si, siguiendo a Heidegger, entendemos el Ser como oculto o encriptado, *alétheia* significaría entonces desencriptarlo. *Lógos apophantikós* sería la revelación de la realidad tal como es, mientras que *aletheúein* implicaría una búsqueda de la verdad oculta, parecida a descifrar un código enigmático.

En cuanto al *lógos apophantikós* (logos afirmativo), Heidegger sugiere que está asociado con *aletheúein* (un dar el ente como no encubierto) y que su opuesto es el *pseúdesthai* (ocultar). *Pseúdesthai* se refiere a la experiencia egoica de considerarse un ser separado, independiente e individual, eso es, sujeto ya formado, posterior a la pasividad de la observación que mora en el lenguaje a través de la cual emerge la posibilidad de todo significado. A su vez, el *lógos apophantikós* es lo que el *vedānta* denomina el *jīvan-mukti*, o 'liberado en vida', o el 'despierto' del budismo que es consciente de su aspecto oceánico. Esto nos ayuda a ver que la cuestión de la observación, entendida como «un morar en el lenguaje», implica hablar de un estado de vigilia en el que el Ser emerge como condición de posibilidad de todo significado.

En *Introducción a la investigación fenomenológica*, Heidegger señala que la tradición filosófica, desde los griegos, ha identificado la *ousía* —proveniente del participio femenino *ousa* del verbo *einai* (ser)— con la presencia (*parousía*), entendida como el modo en que el ente se muestra como estando-ahí. Esta identificación redujo el sentido del Ser a su presencia concreta, lo cual Heidegger resume críticamente con la fórmula *ousía estin parousía* («el Ser es presencia»). Frente a esta concepción, el enfoque fenomenológico se orienta hacia una comprensión del Ser no meramente como lo presente, sino en términos de su capacidad para mostrarse y desvelarse a sí mismo. Heidegger critica la metafísica de la presencia sosteniendo que, en realidad, el fenómeno no es el Ser sino el mostrarse del Ser. Este giro se da, sobre todo, en *Interpretaciones fenomenológicas sobre Aristóteles*. Heidegger dice que el Ser no es, sino que el Ser se da, y el darse es el mostrarse; por eso, la presencia no es el Ser, sino un resultado del mostrarse del Ser. El fenómeno es entendido como el modo en que el Ser se revela o se oculta.

La fenomenología se centra en la naturaleza introspectiva del Ser del *Dasein* y su propensión a la autointerrogación. La acción de manifestarse conlleva el acto de emerger desde el ocultamiento, lo cual presupone que la existencia misma del Ser ha sido relegada al olvido. La Verdad es un proceso de «des-olvido» o *alétheia*. Emerger del olvido implica revelarse mediante un proceso que descifra aquello que previamente estaba cifrado. La responsabilidad de descifrar fue históricamente atribuida al sujeto. Pero aquí se entiende que el Ser se autoevidencia sin intervención externa. Dicha automanifestación puede considerarse fenomenológica en la medida en que el Ser se ofrece a sí mismo como una donación, un regalo al entendimiento.

La fenomenología, en este contexto, se convierte en el estudio de cómo el Ser se despliega y se hace patente de manera subyacente en todos nuestros actos de conocimiento, percepciones o incluso sueños, en todas nuestras experiencias, marcando un evento trascendental en la comprensión de la realidad. Así, el argumento de Heidegger no niega la fenomenología husserliana, sino que pretende explicar su condición de posibilidad, tanto con la cuestión de la observación que nosotros hemos sugerido en esta sección, como con las nociones de Ser, fenómeno y logos que hemos expuesto en este capítulo. El paso dado por Heidegger ha ontologizado la cuestión de la fenomenología, dejando en un segundo plano la dimensión epistemológica del ser humano.

Capítulo 22

El objeto de la fenomenología: de Husserl a Heidegger

La divergencia entre Husserl y Heidegger

A lo largo de estos dos últimos capítulos hemos expuesto cuál es el objeto de estudio de la fenomenología, y cómo esta puede llegar a describirlo. De la mano de Husserl, hemos hablado del tiempo inmanente de la consciencia como articulador o sintetizador de las experiencias de un ego trascendental. Este ego, lejos de estar aislado, permanece vinculado a otros egos trascendentales. Con ellos, configura un magma común donde cada ser humano desarrolla luego sus vivencias personales. Luego hemos vinculado esta autotemporalización a la cuestión de la observación, que hemos definido desde una perspectiva heideggeriana como un estado pasivo que precede al sujeto y al objeto de toda experiencia y que acompaña a todos los actos de la consciencia. Con ello, la fenomenología, de la mano de Husserl y Heidegger, se ha adentrado en las profundidades de la consciencia, y ha ido más allá de los límites y parámetros de los actos. Dicho de otro modo, la fenomenología husserliana, propiamente dicha, no se detiene en los actos de la consciencia, sino que la penetra para llegar a sus orígenes pasivos, previos a toda conceptualización de sujeto y objeto.

También hemos visto que, a pesar de los esfuerzos de Husserl por deslimitar las fronteras de la consciencia y de su estudio fenomenológico, a ojos de Heidegger, su concepción nunca acaba de cortar el hilo umbilical que la conecta al conocimiento en su significado epistemológico tradicional. Desde esta óptica, hemos visto también como la fenomenología de Heidegger irrumpe en los parámetros husserlianos y desborda sus límites, con el fin de llegar a los orígenes de toda existencia y significatividad. Para ello, hemos prestado atención a la «luz aristotélica», eso es, la claridad que lo muestra todo pero que ella como tal no puede mostrarse, y —siguiendo a Heidegger— la hemos vinculado a la cuestión del Ser y el lenguaje.

En el presente capítulo enlazaremos las divergencias que hemos ido viendo en ambos autores con sus respectivos conceptos de fenomenología, y filosofía en general, para de este modo comprender mejor los proyectos de ambos, las razones de sus diferencias y qué impacto tiene todo ello en la exploración del significado del ser humano.

Tanto en *Ideas I*, como en sus *Meditaciones Cartesianas*, Husserl presenta la fenomenología no solo como una disciplina, sino como una ciencia meticulosa y detallada dedicada al estudio de la consciencia trascendental en su estado más puro y esencial. Esta definición coloca a la consciencia en el epicentro de la investigación y la convierte en el objeto de estudio de esta nueva ciencia rigorosa llamada fenomenología. Para explicar cómo y por qué la consciencia asume este rol central, Heidegger revisita la visión aristotélica de la percepción. Aunque Aristóteles no formuló un concepto específico de consciencia como tal, para el estagirita, el acto de ver constituye una entidad autónoma, una percepción que más tarde reaparecerá en la pluma de incontables filósofos bajo la noción de noesis. No será hasta la aparición de la obra de las *Investigaciones lógicas* de Husserl que la noción de consciencia adquiere un significado mucho más rico y concreto a la vez. Las *Investigaciones lógicas* se centraron en aproximar los objetos a la consciencia, empleando un método directo y fundamental basado en el principio de «ir directamente a las cosas mismas»[104], es decir, a la realidad misma como tal.

Como respuesta a la filosofía neokantiana del momento, Husserl elaboró un análisis teórico dentro del cual la idea del significado

---

104. Martin Heidegger, *Introduction to Phenomenological Research*, trans. Daniel O. Dahlstrom (Bloomington: Indiana University Press, 2005), §4, 37-38. Traducción propia.

adquiere un rol fundamental y definitorio. Aquí, el significado no se limita a actos singulares de significación, sino que abarca una unidad ideal que encapsula todas las posibilidades, actuando como un tipo representativo para todos los individuos. El significado, una noción que actúa como el vínculo unificador de todo, surge porque es justamente ahí donde la cosa se manifiesta. Dicho de otro modo, el fenómeno se manifiesta donde brotan los significados. En ese sentido, la fenomenología de Husserl podría también entenderse como un estudio del origen del significado de tanto las cosas como de la consciencia. Desde una perspectiva husserliana, podría sugerirse incluso que el significado, ahí donde brota el fenómeno como tal, es lo que posibilita toda percepción y comprensión. Aunque Heidegger también considera el lenguaje como la morada del Ser(-en-el-mundo), su proyecto aboga por la comprensión de la consciencia en términos de la naturaleza de su ser. Contrasta así con el enfoque teórico de Husserl, cuyas limitaciones señala con claridad.

Mientras que Husserl opta por una investigación orientada a refundar las ciencias en una filosofía fenomenológica entendida como *prima philosophia*, Heidegger se centra en descubrir aspectos inadvertidos u omitidos; lo llama «lo auténticamente descuidado»[105], procediendo de modo que no se perturbe o «no sea molestada de ninguna manera en su descuido» (*nicht in ihrem Versäumnis gestört wird*).[106] Heidegger se aparta de los senderos tradicionales, enfocándose en desentrañar aspectos ignorados o pasados por alto en el análisis. No está interesado en seguir las convenciones filosóficas, sino en iluminar aquello que ha sido desconsiderado o excluido de la atención y la reflexión crítica. En ese sentido, la principal preocupación de Heidegger es, precisamente, y como ya hemos adelantado antes, la relación práctica con el mundo que la filosofía tradicional ha menospreciado.

La perspectiva de Heidegger sostiene que el mundo no debe reducirse a ser objeto de reflexión teórica, sino que debe de entenderse como experiencia vivencial. En su visión, interrogarse

---

105. Ibid., §50, 213-218. Traducción propia.
106. Ibid., §50, 217-218. Traducción propia.

sobre la realidad o irrealidad del mundo no tiene sentido. La esencia reside en discernir cómo optimizar nuestra existencia en medio del mundo tal como se nos presenta. Para él, en un primer momento el mundo no se nos da como un enigma a ser descifrado intelectualmente, sino como un escenario en el que actuamos y nos implicamos directamente. Esto ya por sí sugiere un enfoque práctico y existencial hacia la vida y nuestro entorno. Lo importante de esta propuesta es que, a diferencia de Husserl que emprende un proceder puramente teórico que desestima la implicación del ser humano en su mundo, Heidegger parte de la relación del Ser con el mundo, eso es, del *Dasein*.

Al sustituir la consciencia por el ser-ahí (*Dasein*) como objeto principal de su investigación, Heidegger transforma también la noción de »intencionalidad«. En filosofía, tradicionalmente la intencionalidad es considerada como la orientación de todo acto de pensamiento o actividad noética. Aunque la noción husserliana de intencionalidad desborda la noción tradicional de toda *intentio*, Heidegger opta por redefinirla dentro de un contexto más amplio, vinculándola con la inquietud. Sostiene que esta no puede encerrarse dentro de los parámetros de los actos de la consciencia, sino que debe repensarse y tomarse como la brújula que orienta nuestra comprensión hacia la complejidad del mundo.

Paralelamente, Heidegger presenta un replanteamiento significativo en el enfoque de las condiciones necesarias para la donación. Mientras Husserl privilegia la ruta de la consciencia pura en su análisis, Heidegger se desvía hacia una vía alternativa que le permita incorporar al individuo en la realidad tangible. Así, contrasta con la teorización abstracta de la conexión intencional que podría derivar en equívocos conceptuales. Heidegger conceptualiza lo que denomina «fenomenología de la vía fáctica» como la vivencia y la materialización de la existencia tangible que nos rodea. Este método aborda nuestra existencia no como una mera serie de especulaciones abstractas, sino como una secuencia de experiencias inmediatas y vivas, ancladas en el contexto particular y diario de cada individuo. Por consiguiente, la fenomenología fáctica se propone desvelar el sentido profundo de la existencia, logrado mediante la plena inmersión de la experiencia personal, enfocándose en su singularidad, urgencia y utilidad.

Desde esta perspectiva, Heidegger nos convoca a una indagación exhaustiva de nuestra condición existencial desde una posición interna, otorgando especial relevancia a las expresiones específicas del ser-en-el-mundo y promoviendo una participación genuina y comprometida con nuestra propia existencia y el entorno que nos envuelve. Este enfoque aspira a cultivar una relación más profunda y auténtica con la vida, a través de la atención cuidadosa y reflexiva a las dinámicas que configuran nuestra existencia cotidiana.

Esta diferencia entre ambos autores parte de la cuestión de la *epojé*, ya que su implementación, según Heidegger, redibuja o incluso pervierte nuestra relación con el mundo, que tras dicha suspensión pasa a ser de naturaleza meramente teórica. Así, mientras Husserl aplica la *epojé* para enfocarse en la consciencia pura, Heidegger resitúa al sujeto en lo mundano, que es únicamente donde puede donarse el Ser. Las críticas de Heidegger hacia Husserl no son atribuibles directamente, considerando que las nociones presuntamente descuidadas por Husserl están implícitas en sus conceptos originales. Esto es más evidente en las obras tardías de Husserl, donde estos conceptos ya estaban implícitos desde el inicio. La *epojé* de Husserl, lejos de limitar, y desmundanizar la experiencia, como Heidegger sospechaba, la amplía buscando un acceso libre al mundo, limpio de prejuicios y manteniendo su autenticidad desde el comienzo. Por eso, el mismo Husserl afirma que la constitución es un proceso crucial, desvelando lo constituido, donde el «yo» y el «no yo» son componentes inseparables e irremplazables. Husserl elabora una noción de consciencia que gravita tanto en el «yo» como en el «no yo» y, por tanto, no todo es reducible a un ego trascendental, como algunos de sus críticos han sostenido. A pesar de todo esto, Husserl sigue siendo cartesiano en el modo en que parametriza la investigación y formula sus preguntas.

En contraposición a Husserl, Heidegger integra teoría y práctica, sosteniendo que la realidad reside exclusivamente en lo práctico, y considerando la teoría como una contemplación externa sobre el auténtico mundo práctico de la que nunca puede ni debe escindirse.

Esta divergencia, no obstante, proviene de dos concepciones diferentes de la filosofía. Si, por un lado, podemos decir que Husserl hereda una concepción eminentemente platónica, Heidegger sigue claramente la línea de Aristóteles. Esto lleva a Husserl a analizar el mundo práctico mediante una óptica teórica, estableciendo así una distinción clara entre la esfera práctica y la teórica. Platón, en su perspectiva filosófica, concibe que la existencia de las cosas materiales individuales se entiende mediante la contemplación de las ideas universales, alojadas en una dimensión ideática. Dicha conceptualización establece una clara división entre el reino de las ideas, inmaterial y eterno, y el dominio de las entidades físicas, tangibles, temporales y cambiantes. Aristóteles, en contraste, integra el concepto de ideas dentro de las cosas físicas mismas, considerándolas como la forma de la materia. Al igual que Aristóteles simplifica el dualismo platónico, Heidegger reinterpreta la teoría de Husserl en términos prácticos, fusionando conceptos abstractos en la realidad tangible del mundo.

Reflexionemos brevemente sobre las interconexiones filosóficas entre Platón y Aristóteles, así como entre Husserl y Heidegger, con el fin de ilustrar la dialéctica singular que mantienen estos autores en la evolución del pensamiento filosófico. En sus reflexiones, tanto las conexiones como las divergencias se entrecruzan, formando un complejo y sofisticado entramado de pensamiento que refleja sutileza y profundidad intelectual. En el primer caso, la metodología de Aristóteles se percibe como un refinamiento de las teorías platónicas. En su búsqueda de eficiencia estructural, Aristóteles opta por simplificar la estructura del sistema, garantizando su accesibilidad y claridad, sin renunciar a la profundidad explicativa y la sólida fundamentación en la legitimación del conocimiento. Avanzando hacia una era contemporánea, caracterizada por Husserl y Heidegger, hallamos paralelismos con las teorías del primer par, reflejando continuidades filosóficas en el tiempo. Dentro de este panorama intelectual, estos filósofos se sumergen en una fenomenología, que, aunque sin ser la corriente dominante, aspira a proporcionar un enfoque integral y una base sólida para la comprensión general. En este ámbito filosófico, la obra de Heidegger se revela como un esfuerzo dedicado a depurar y esclarecer los postulados de Husserl, apuntando a una mayor exactitud y claridad.

Las interpretaciones de la relación Husserl-Heidegger van más allá de simples suposiciones o conjeturas infundadas, ya que se fundamentan en las declaraciones de los propios filósofos. De hecho, Heidegger dedica su obra *Ser y Tiempo* a Husserl para posteriormente quitar dicha dedicación. En particular, podemos referirnos a la carta que Heidegger escribió a Karl Jaspers el 26 de mayo de 1926, en la que discute algunos de estos temas. La correspondencia que ambos autores mantuvieron durante años ha sido documentada en la obra del mismo nombre, editada por W. Biemel y H. Saner (2003, 67), y ofrece una mirada íntima a las reflexiones de Heidegger sobre su camino en la fenomenología. Además, sus comentarios en *Mi camino en la fenomenología* reflejan un sentimiento similar. Estos textos profundizan nuestro entendimiento sobre la interacción de estos pensadores, iluminando cómo se esforzaron por mejorar y reevaluar recíprocamente sus teorías, apuntando hacia una percepción más precisa y menos equívoca del mundo. La claridad buscada por Heidegger aspira a descartar la multiplicidad interpretativa, convirtiendo la fenomenología de una teoría abstracta a un ejercicio que demanda una observación detallada del mundo tangible.

En las interacciones tanto de Aristóteles con Platón como de Husserl con Heidegger, se manifiesta un empeño de depurar y clarificar, sin desvirtuar la esencia y profundidad de las ideas primigenias. Estos paralelos resaltan la constancia y la evolución de los pensamientos filosóficos a través del tiempo. Husserl propone una dualidad diferenciada entre dos esferas, una de naturaleza teórica y otra centrada en aspectos prácticos. En cierto modo, replica la estructura de Platón, quien distingue entre el reino de las ideas y la realidad tangible. A diferencia de Platón y Husserl, Aristóteles argumenta de manera contundente que la realidad se compone de un mundo singular, poblado por entidades concretas. La manera en que Aristóteles condensa la multiplicidad es paralela a la simplificación que Heidegger lleva a cabo en sus estudios sobre

Husserl, siguiendo un proceso similar de reducción conceptual. La explicación del mundo práctico a través del prisma teórico conlleva una bifurcación conceptual del mundo, dividiéndolo efectivamente en dos esferas distintas en este sentido, que nos permite sugerir que Aristóteles y Heidegger aplicaron la navaja de Ockham porque, como el filósofo irlandés argumentaría, no es bueno dividir los entes de manera innecesaria.

Esta diferenciación que hemos establecido no debe entenderse como una mera curiosidad, sino como la raíz de dos concepciones diferentes de la fenomenología y de sus pilares principales. Así, la aproximación de Heidegger a estas cuestiones nos conduce, de alguna manera, a distanciarnos del fenómeno husserliano. Adquirimos conocimiento sobre los objetos mediante el proceso de interactuar directamente con ellos, estableciendo así una relación que fundamenta nuestra comprensión. Contrariamente a la conceptualización tradicional, nuestra comprensión del mundo emerge no de categorías abstractas, sino de la interacción directa y tangible con los objetos, siendo precisamente a través de nuestra relación con los objetos que ellos pueden desplegar y revelar su esencia más auténtica y verdadera.

Estas dos visiones pueden traducirse, salvando las distancias, a un escenario donde dos personas, llamémoslos Viṣṇu Dāsa y Kṛṣṇa Dāsa, buscan comprenderme, dirigiendo sus esfuerzos hacia un entendimiento y conocimiento profundo de mi individualidad. Viṣṇu Dāsa diría que Prabhuji es sustancia individual de naturaleza racional, animal y política, definiéndome como una esencia individual racional, encarnando tanto la racionalidad animal como la naturaleza política. Kṛṣṇa Dāsa, por otro lado, me conceptualizaría como un ser sensible, profundamente atraído por la música y la amistad, pintor y escritor. Resulta claro que el entendimiento de Kṛṣṇa Dāsa sobre mi persona es más profundo, gracias a la conexión directa y significativa que compartimos. Es viable establecer una correlación entre Husserl y Viṣṇu Dāsa, así como entre Heidegger y Kṛṣṇa Dāsa, reflejando así las similitudes en sus enfoques y visiones.

Capítulo 22: El objeto de la fenomenología: de Husserl a Heidegger

La introspección meditativa

Desde el punto de vista de Heidegger, así pues, nuestra comprensión de un objeto se profundiza mediante una interacción directa más que a través de su mera conceptualización. Concretamente, Heidegger sostiene que los conceptos y categorías abstractas son insuficientes y que, por tanto, es esencial enfocarnos a la relación que mantenemos con los objetos en nuestra cotidianidad, al nivel más pragmático. En el marco de esta relación, los objetos se develan y entregan su verdadera esencia. Al adoptar esta postura de la cual los objetos ya no se sustraen, en lugar de distanciarnos del mundo hacia el Ser, nos acercamos al ser-en-el-mundo, involucrándonos en una relación de la que jamás podemos huir, por mucho que empleemos una *epojé*.

En lo personal, no apoyo la evasión como doctrina. Nunca he sugerido alejarse de las circunstancias adversas o incómodas. Es imperativo enfrentarse a cada contexto con plena consciencia, ya sea en el ámbito comercial como en lugares sagrados. Así estemos en medio de una multitud o en la soledad de nuestra habitación, en compañía de amigos o de adversarios, en el seno familiar o frente a desconocidos; con seres humanos o con animales. Ante cada desafío que se presente, es fundamental aprender a operar desde un lugar de compasión y meditación, pues el enfrentar estas diversas experiencias y situaciones contribuye a nuestro desarrollo y maduración. Evitar cualquier contexto solo resultará en una oportunidad perdida de crecimiento. Es esencial experimentar la vida en toda su complejidad, viviendo en el mundo, siendo-en-el-mundo —como diría Heidegger—, pero sin pertenecer a este y sin ser un pedazo más del mismo. Como seres humanos, debemos aspirar a ser como la flor de loto, que, aunque sumergida en agua, permanece inalterada por ella. Solo así podremos alcanzar el conocimiento de la consciencia suprema, que se traduce en libertad, en un júbilo perpetuo, en una bendición. Ignorar esta verdad es obviar por completo el propósito de la existencia. De hecho, la senda hacia el crecimiento personal no está diseñada para los temerosos, sino para aquellos cuya valentía los predispone a abrazar la vida con todas sus incertidumbres.

En línea con la posición que acabamos de expresar, Heidegger propone que ignorar el mundo equivale a ignorar el Ser, a lo cual añadiríamos que eludir el mundo es, de igual manera, eludir el Ser. Esta ampliación del argumento enfatiza aún más la conexión intrínseca entre la existencia individual y el contexto universal en el que se desenvuelve. Tal postura sugiere que tanto la ignorancia como la evasión del entorno en el que vivimos constituyen una renuncia a nuestro propio Ser, dado que el Ser y el mundo se hallan indisolublemente ligados. Como hemos dicho en varias ocasiones, Ser es ser-en-el-mundo, y sirvan los guiones para indicar la inseparabilidad de los términos y sus realidades. La comprensión plena del Ser, por lo tanto, exige un compromiso consciente con el mundo, rechazando cualquier forma de evasión, abstracción o negación de la realidad que nos rodea.

Sin embargo, si bien es factible huir de la realidad, abstrayéndonos de la misma, también existe la posibilidad de huir hacia la realidad, con la práctica de la observación, o de la meditación, como también podemos llamarla. Aunque volveremos a esta cuestión más adelante y en mayor detalle, podemos avanzar que la meditación, o la actitud meditativa, no constituye una evasión de la realidad, sino más bien una inmersión en ella. Esto se debe a que la esencia más auténtica en nosotros es el Ser, y en la medida en que nos distanciamos del Ser, nos alejamos también de la realidad misma. La meditación actúa como un puente que nos conduce hacia una conexión más profunda y genuina tanto con el Ser como con la realidad que nos rodea y nos atraviesa, revelando que el acercamiento verdadero a lo real implica un retorno introspectivo a nuestro núcleo existencial.

Esta introspección debe distinguirse de la introversión en que la primera implica un examen detallado de nuestro mundo interior, un análisis consciente de nuestros pensamientos y emociones. En contraste, la introversión describe la predisposición a dirigir la atención hacia dentro, sin necesariamente implicar un análisis profundo. El introvertido está vertido u orientado hacia su interior, hacia sí. Sin embargo, una introspección genuina acontece en conexión con el entorno exterior, sugiriendo que un verdadero entendimiento de uno mismo emerge de la interacción con el mundo que nos rodea. Las barreras y los obstáculos no se encuentran en el mundo. Dirijo mi reflexión hacia los ascetas y monjes de diversas creencias, argumentando que la renuncia al mundo no es más que una manifestación de temor y una tendencia a la evasión. Tal abdicación no demuestra una verdadera comprensión espiritual, sino más bien una evidencia de sus temores. Para aquel individuo que se desenvuelve en un estado de plena consciencia, ningún elemento puede causarle perturbación o molestia. Esto se debe a que, en el marco de una vida consciente, se adopta una actitud de aceptación hacia todo, incluyendo las adversidades. Por lo tanto, huir de las responsabilidades y desafíos mundanos carece de fundamento. Lo que la filosofía de Heidegger nos muestra es, precisamente, que toda introspección genuina es siempre un remitirse al Ser para permitir que este se nos desvele. A su vez, no obstante, esta remisión al Ser es siempre una remisión que solo puede tener lugar en el mundo, viviendo sus complejidades e incluso sus contradicciones. El desvelamiento del Ser, su revelación, debe entenderse en nuestra relación con el mundo, y en ningún caso fuera de él.

La «cuadratura» de Heidegger

Llevar a cabo una introspección genuina, sin dudas cartesianas ni *epojé* husserlianas, nos permitirá entender nuestra realidad en su máxima complejidad, sin desgranarla ni aislarla para después tener que recomponerla y redescubrirla. En este contexto, Heidegger introduce la noción de «cuadratura», concepto que representa un enfoque integral para examinar los múltiples aspectos que constituyen nuestra realidad, abarcando tanto elementos manifiestos como ocultos. Este paradigma se despliega a través de cuatro dominios fundamentales que inauguran un recorrido histórico marcado por actos de revelación y ocultamiento. Estos dominios son (1) la tierra, (2) el cielo, (3) la esfera divina y (4) la condición mortal. Estas dimensiones se entrecruzan, ofreciéndonos indicios esenciales acerca de la esencia y el propósito últimos de nuestra existencia.

Dentro de esta estructura, Heidegger conduce y desarrolla una exploración filosófica que lo lleva a entender el cuadrado que se revela al considerar la interrogante sobre el Ser como una indagación en nuestra trayectoria histórica. Así, la tierra es aprehendida tanto como fundamento y artífice, que da soporte y al mismo tiempo construye, además de ser vista como patria. Los aspectos cruciales de la tierra incluyen su rol en la Verdad como aquello velado y su interpretación como expresión del destino. En contraposición, el cielo se presenta como el forjador de ciclos y el referente para la ordenación de la tierra, el cual se define como el dominio expansivo del espíritu, revelado en la contemplación de la técnica como esencia de la Verdad y como una vía para desvelar el mundo. El cielo, por lo tanto, simboliza lo revelado, la presencia, en contraste con la tierra, fungiendo, así como otra manifestación del destino.

Los divinos y los mortales, por otro lado, representan los otros vértices del cuadrado. Los divinos actúan como heraldos de lo divino, cuyas señales confieren carácter histórico al pueblo. La manifestación de lo divino a través de estas señales es de particular interés para Heidegger, pues sobre ella se cimienta la existencia histórica de los pueblos, interpretándose como una revelación inesperada del destino. Los mortales, por otro lado, son aquellos que pueden comprender la muerte como tal. Lo distintivo del ser humano no radica en la proyección de posibilidades, sino en el reconocimiento de las posibilidades que se le presentan. El pensamiento mortal es intrínsecamente oculto y solo mediante las señales divinas se puede trascender este confinamiento. Otro elemento esencial para los mortales, según Heidegger, es su morada en la tierra, constituyendo la cuarta manifestación del destino. Así, la cuadratura se interpreta como una reflexión sobre la Verdad en tanto destino del pensamiento. El análisis concluye esta sección recapitulando la cuadratura como una red de ausencias y presencias, ofreciendo una visión comprensiva de cómo estos elementos interactúan dentro del pensamiento heideggeriano para configurar nuestra comprensión de la existencia.

Este enfoque, al que por varios motivos solo podemos hacer aquí una breve referencia, se asemeja al proceso de desentrañar un enigma complejo, en el que cada componente ofrece claves vitales. Mediante esta perspectiva, Heidegger nos invita a contemplar nuestra existencia desde un punto de vista que reconoce la importancia de reflexionar sobre la interacción entre estos elementos, lo que nos permite aproximarnos a una comprensión más profunda y matizada del significado que subyace a nuestra vida y a nuestro destino final. En este contexto, la cuadratura se convierte en una vía para explorar la profundidad de nuestro Ser, animándonos a considerar cómo las manifestaciones visibles e invisibles de la realidad se conjugan para moldear nuestro entendimiento del mundo y de nosotros mismos.

Las etapas de la fenomenología

Los dos capítulos anteriores nos han permitido ver cómo Heidegger, aún y emergiendo del seno de la filosofía fenomenológica, poco a poco se va separando del proyecto de Husserl hasta el punto de poner en tela de juicio su metodología y manera de proceder. Más aún, podemos incluso decir que acabará viendo el enfoque de Husserl como un enfoque todavía demasiado cartesiano y, por tanto, incapaz de superar determinadas limitaciones que Descartes había impuesto en la tradición de la filosofía occidental. Para algunos, este alejamiento acabará incluso situando a Heidegger en los márgenes de la misma fenomenología. Para otros, no obstante, la crítica tácita de Heidegger, y los pasos que da a raíz de esta, lo convertirán en el auténtico fenomenólogo que no da nada por sentado y que incluso considera ciertos aspectos de la filosofía de Husserl como prejuicios que el mismo Husserl no supo ver y aislar, poner entre paréntesis, como quizás debería haber hecho.

Dicho esto, debemos tener en cuenta que la fenomenología es una corriente filosófica compleja, podríamos llamarla incluso heterodoxa, que engloba una amplia diversidad de enfoques que se rechazan, sustentan, influyen y trascienden entre ellos. En este sentido, la fenomenología no es un movimiento hermético y de desarrollo lineal. Está abierto, vivo y en constante desarrollo en varias direcciones. A los enfoques filosóficos de Husserl y Heidegger, hay que añadirles otros de suma importancia, como los de Levinas, Sartre, Marion, Henry, Janicaud y muchos otros, los cuales han dibujado y redibujado toda una serie de problemas y de maneras de afrontarlos.

La obra de Husserl exhibe ya de por sí una notable ambivalencia en cuanto a su relación con otros filósofos. Por un lado, algunos de sus escritos describen una extensa comunidad fenomenológica, incorporando a varios filósofos con los que colaboró en determinadas etapas. Por otro lado, hay trabajos que revelan un punto de vista más restrictivo, en el que Husserl parece identificar a Heidegger como su único discípulo verdadero, aunque su lectura de *Ser y Tiempo* causara posteriormente una profunda desilusión en él. La estrecha relación entre Husserl y Heidegger en Friburgo causó malestar y rechazo en otros que se consideraban seguidores de Husserl, como Eugene Fink, por ejemplo. Además, en ciertos momentos, tal vez marcado por la desesperación o la necesidad de afirmación filosófica, Husserl se proclama a sí mismo como el único verdadero fenomenólogo. No obstante, la ambivalencia en la fenomenología de Husserl no se limita a su relación con otros pensadores, sino que hierve incluso en la misma filosofía del autor. Esto no debería extrañar a nadie.

De hecho, todo filósofo experimenta distintas etapas evolutivas en su pensamiento, con variados enfoques con los que pretende abordar diferentes problemas. En el caso de Husserl, se pueden identificar tres fases significativas. Inicialmente, se ha descrito a un Husserl arraigado en el naturalismo que, como tal, se concentraba en los fenómenos naturales, descartando toda trascendencia y apertura a lo religioso; este es el Husserl de la inmanencia, el naturalista. Posteriormente, emerge una segunda etapa en la obra de Husserl, más abierta a la trascendencia y a cuestiones espirituales, simbólicas y religiosas. Finalmente, Husserl, y en lo que podría llamarse una tercera fase, su obra —por motivos diferentes— aborda más directamente asuntos culturales, sociales y políticos. La interpretación y adopción de su filosofía varía considerablemente según las preferencias y enfoques individuales. Los que priorizan una filosofía naturalizada se identifican con el primer Husserl, anterior a su orientación trascendental. Otros, inclinados hacia la exploración de la consciencia y una base más radical, se sienten atraídos por su segundo período, aunque es importante reconocer que gran parte de su trabajo en Friburgo está vinculado a este enfoque. En cuanto a quienes buscan comprender la fenomenología en términos de interconexiones intersubjetivas y culturales, se identifican más con los atributos de su última etapa, marcada personalmente por el arrinconamiento que sufrió durante el auge del nazismo en Alemania. Aunque es relevante mencionar que la presencia de elementos de esta última fase en trabajos anteriores complica esta estructuración, esta división resulta útil para mantener a Husserl como una figura central en la organización de la fenomenología como un todo.

La fenomenología misma, como hemos mencionado más arriba, es una corriente marcada por su pluralidad y por el modo en que cada autor se ha relacionado filosóficamente con la obra de Husserl en especial, pero también con la de Heidegger. En este contexto, se han identificado cinco períodos claves dentro de los estudios de la fenomenología, los cuales responden, en mayor o menor medida, tanto a las diferentes etapas de la filosofía de Husserl como a la irrupción del discurso heideggeriano. El primer período, conocido como la etapa fundacional, se asocia con la fenomenología realista. Esta etapa inicial se concentra en entender cómo la consciencia logra captar los fenómenos físicos, sentando las bases para la fenomenología como ciencia rigurosa y detallada. La fenomenología constitutiva, que se convierte en la segunda tendencia, surge tras las ideas de Husserl en *Ideas I*, caracterizándose por el empleo de la reducción trascendental y el abordaje de temas relacionados con la corporalidad y aspectos de las ciencias culturales y naturales. Husserl, en esta fase, propone una fundamentación de la fenomenología que trascienda los fenómenos físicos para abarcar también los culturales, buscando ampliar el alcance de la fenomenología como un método aplicable a todos los ámbitos filosóficos.

La fenomenología existencial, emergiendo como la tercera tendencia, se desarrolla en los últimos años de la década de 1920 y cobra importancia en Francia hasta finales de los años 50, centrándose en aspectos prácticos y culturales. Esta tercera fase se orienta principalmente hacia la cuestión de la existencia y se desarrolla mediante temas como el del sentido de la vida y del ser humano en el mundo. Uno de sus principales exponentes fue W. Luypen, cuya *Fenomenología existencial* se centra en examinar los conflictos existenciales humanos desde una perspectiva fenomenológica. Incluye aportes de Sartre y Heidegger, principalmente su obra *Ser y Tiempo*, con la cual inauguró lo que más tarde recibirá el nombre de una fenomenología existenciaria, enfocada en la esencia finita del *Dasein*. Así, podríamos decir que esta tercera etapa se caracteriza tanto por la filosofía existencial de Heidegger como por la divergencia de su pensamiento, como sería el caso de Emmanuel Levinas y su fenomenología del Otro.

La cuarta etapa, alineada con el último Husserl, se inclina más hacia los temas espirituales, al mismo tiempo que también se apoya sobre la filosofía de Heidegger, la cual fue especialmente predominante a partir de los años 60 y que contó con el fuerte impulso de importantísimas figuras como H. Gadamer y P. Ricoeur. Esta se enfoca en asuntos vinculados con la tecnología y la historia, incluyendo la fenomenología de la técnica, la metafísica, el Ser y la historia humana, temas explorados por Gadamer y Ricoeur, discípulos de Heidegger. Estas cuatro fases son esenciales en la evolución filosófica y van más allá de la vida y obra de Husserl.

Capítulo 23

El «giro teológico» en la fenomenología

En el capítulo anterior, detallamos cuatro etapas en la corriente fenomenológica. Podemos delimitar, no obstante, una quinta fase, que ha generado un amplio debate en el seno de la misma fenomenología debido a su objeto de estudio y que es de especial interés para la investigación que estamos llevando a cabo. El filósofo francés Dominique Janicaud bautizó esta nueva etapa como el «giro teológico», lo cual, a su vez, ha despertado otro debate tanto dentro como fuera de la fenomenología. Aunque hay un gran número de autores que podrían formar parte de esta última fase, si queremos llamarla así, nosotros nos centraremos en Jean-Luc Marion y Michel Henry.

Como veremos en los próximos párrafos, los trabajos de estos dos autores en concreto abordan cuestiones que son innovadoras, pero al mismo tiempo no nuevas para la fenomenología. Aunque confrontados por las críticas que los acusan de introducir aspectos religiosos en la filosofía, estos autores simplemente han llevado a su máxima expresión los principios fenomenológicos ya presentes en Husserl y posteriormente en Heidegger. Ideas como la donación, la manifestación y la apertura no son conceptos teológicos insertados artificialmente, sino que son aspectos estrictamente fenomenológicos que ya había abordado el mismo Husserl. Al mismo tiempo, también debemos advertir de que la fenomenología de Marion y Henry, como también la de Levinas, por poner otro ejemplo, sí ha llevado estos conceptos y principios a sus propios límites. En este caso concreto, Marion ha llevado la donación a lo que él mismo ha llamado la saturación del fenómeno, es decir, más allá de los límites de la consciencia. De este modo, ha superado los parámetros dentro de los cuales la fenomenología había abordado tradicionalmente el tema de la donación del fenómeno, provocando así una ruptura en la noción de consciencia esbozada por Husserl y sus seguidores.

La fenomenología clásica, como hemos visto hasta ahora en este estudio, se ha centrado en explorar aquellos fenómenos que se presentan a la consciencia y que, por su naturaleza, pueden ser verificables por cualquier individuo en su experiencia cotidiana. Ejemplos de esto incluyen el de la caja roja que mencionamos, u otros como la aparición del sol y las estrellas, el miedo humano ante la muerte, la dificultad para vivir plenamente el amor y el temor a la soledad. Estos son aspectos de la existencia que la mayoría de las personas pueden reconocer y confirmar basándose en su propia vivencia del mundo.

Sin embargo, la fenomenología se enfrenta a retos mayores cuando aborda niveles de experiencia más abstractos o menos accesibles a la percepción directa. Este es el caso de la presencia de lo divino manifestado a través de la palabra, dimensión a la que ya hemos prestado atención como objeto de nuestro estudio. Esta incluye fenómenos que no son inmediatamente evidentes o verificables por la experiencia común y que son, justamente, aquellos que filósofos como Jean-Luc Marion y Michel Henry investigan. Ambos pensadores se adentran en la complejidad de experiencias que trascienden los límites de lo que es directamente accesible a todos, explorando cómo lo divino, por ejemplo, se manifiesta en la experiencia humana de manera que desafía la verificación convencional. Este enfoque marca una expansión del campo de estudio fenomenológico hacia aspectos de la realidad y la experiencia que requieren un enfoque filosófico que va más allá de la mera constatación de fenómenos evidentes a la consciencia colectiva. Más aún, al abrirse al estudio de nuevos fenómenos, la fenomenología se abre también hacia aquellos que han alcanzado un estado de despertar o iluminación, distinguiéndose por no depender de la fe en su sentido tradicional, sino en el reconocimiento de la posibilidad de la revelación.

En este sentido, figuras espirituales como Moisés, Jesús, Mahoma, Buda, Lao Tze, Mahavira y el Edmor Ha Zaken podrían encontrar en esta fenomenología *extra muros* un terreno en el cual sus experiencias podrían ser objeto de estudio fenomenológico. Dicha fenomenología *extra muros* se centraría en el análisis consciente de las revelaciones que estas luminarias espirituales han vivido, reconociendo estos eventos como fenómenos dignos de estudio. Con ello, la propuesta subraya la universalidad de ciertas experiencias espirituales y su elegibilidad para ser examinadas a través del lente de la consciencia y la experiencia directa, más allá de las doctrinas específicas de fe de cada tradición. Esto no significa que Marion y Henry estén importando en sus respectivos trabajos nuevas categorías religiosas o teológicas a la fenomenología. En realidad, lo que hacen es explorar las últimas y más profundas posibilidades de la fenomenología. Por otro lado, resulta irrefutable que la cuestión de Dios ha sido un eje central en la filosofía occidental desde sus orígenes con Platón y Aristóteles. Hablar de Dios no conlleva necesariamente un enfoque religioso en el sentido tradicional, lo que implica decir que es perfectamente viable tratar temas como la revelación y la inspiración divina desde una perspectiva filosófica.

Abordaremos esta quinta etapa de la fenomenología dejándonos guiar por la lúcida exposición de Hernán Inverso en *La fenomenología de lo inaparente*. Esta etapa ha recibido a veces el nombre de «giro teológico», lo que puede ser impreciso e incluso resultar engañoso. Si existiera tal giro teológico, figuras no solo como Marion y Henry, pero también Levinas, Chrétien, Ricoeur y Derrida serían sus representantes. Esto se debe a que no existe una ortodoxia en la fenomenología; su historia es la historia de sus variantes. Cada fenomenólogo, según los problemas detectados y los límites enfrentados, ha intentado redefinirla para reabrirla al fenómeno y su donación. Han enfrentado las preguntas más esenciales sobre el sentido de la existencia humana. Lo indiscutible es la riqueza de enfoques que refleja el dinamismo de este campo. Desde su concepción, la fenomenología se ha caracterizado por su evolución continua, incluso bajo la tutela de Husserl, proceso que aún persiste y que es seguramente el motivo por el cual la fenomenología como enfoque filosófico continúa vivo y vigente.

Esta lectura integradora de los límites de la fenomenología y sus fenómenos tiene también importantes detractores, cuya crítica y argumentos nos permiten entender mejor la importancia de este nuevo giro en el ámbito de la fenomenología. El trabajo de Dominique Janicaud, *El giro teológico de la fenomenología francesa* (1991), es un claro ejemplo de ello. En este libro, Janicaud inició un debate extenso que advertía sobre la tendencia de la fenomenología francesa hacia la teología. A través de una crítica formal a Levinas, Marion, Chrétien y Henry, Janicaud desaprueba la inclusión de conceptos divinos en la filosofía. Desde entonces, la idea de este así llamado «giro teológico» ha crecido, planteando desafíos a la hora de definir el punto exacto en el que se produce dicho cambio o giro. A pesar de ello, la acogida de esta categoría demuestra una preocupación que se ha abordado a través de la controversia. La existencia de un giro sugiere la presencia de una heterodoxia, una desviación. Discutir sobre una desviación implica también determinar cuál sería el camino correcto. La intersección entre filosofía y teología, un asunto que se remonta a los orígenes de ambas disciplinas, ha encontrado en este debate un punto significativo.

Esta no es una idea completamente nueva, tal como Jean Hering ya indicó en su obra *Phenomenologie et Philosophie religieuse* (Fenomenología y filosofía religiosa) de 1925, señalando los riesgos de combinar ambas perspectivas. Para Hering, el riesgo está en que tanto la fenomenología y la filosofía, como para la filosofía de la religión sean reducidas a un *eidos*. Ese *eidos* luego podría servir para justificar la supremacía de una institución concreta dentro de la historia. Es decir, un conjunto de teorías que validen la autenticidad de una determinada tradición religiosa y que esta la utilice para erigirse por encima del resto. Poco después de la publicación del texto de Hering en 1925, Heidegger presentó en 1927 una conferencia titulada *Fenomenología y teología*, añadiendo una nueva dimensión al debate. Esta charla, pronunciada en marzo de ese año en Tubinga, y luego en febrero del año siguiente en Marburgo, no vería la luz en forma impresa hasta 1969. En ella, Heidegger afirmaba:

> [...] La fe, en su núcleo más íntimo como posibilidad existencial específica, permanezca enemigo mortal frente a la forma existencial que pertenece esencialmente a la

filosofía. ¡Tan así que la filosofía ni siquiera emprende el querer combatir ese enemigo mortal de alguna manera! […] Por ello, no existe algo así como una filosofía cristiana; eso es simplemente un "hierro de madera". Pero tampoco existe una teología neokantiana, de la filosofía de los valores, fenomenológica, tanto menos que una matemática fenomenológica. Fenomenología sólo es siempre la designación del proceder de la ontología, que se distingue esencialmente del de las otras ciencias positivas.[107]

Esta cita da a entrever dos cosas: 1) que Heidegger reduce toda indagación fenomenológica a los límites de la ontología y el Ser, y 2) que, aun así, rechazaba cualquier procedimiento basado en la fe y la religión como metodología y, por ende, dice mantenerse fiel a la fenomenología como proceder ontológico.

No obstante, y como objeción al posicionamiento de Heidegger, como bien insistirán más adelante Levinas y Marion entre otros, cabe decir que la fenomenología se establece como una metodología, un proceder filosófico, aplicable a un espectro ilimitado de cuestiones relacionadas con la experiencia. Va más allá de la epistemología, pero más allá también de la ontología. La distinción entre temas susceptibles a análisis fenomenológico y aquellos que no lo son resulta inexistente dentro del espectro de la experiencia. Este proceder, comparable al uso de lentes que nos permiten disfrutar de una película, contemplar un paisaje o sumergirnos en la lectura de una revista, no se confina a un ámbito específico de indagación. Por ende, cualquier asunto que surja de la experiencia del ser humano puede ser objeto de estudio fenomenológico. Así, sería erróneo considerar a la fenomenología como limitada a la exploración de la ontología, pues su alcance trasciende cualquier dominio de interés, facilitando una comprensión profunda de las experiencias y fenómenos en su manifestación a la consciencia. La versatilidad de esta herramienta

---

107. Martin Heidegger, *Phänomenologie und Theologie*, in Wegmarken, 2. Aufl., Gesamtausgabe, Bd. 9 (Frankfurt am Main: Klostermann, 1976), 39–62; trad. castellana: *Teología y Filosofía*, trad. Dina V. Picotti C., Stromata 47, nos. 3-4 (1991): 401.

conceptual subraya su valor intrínseco en la exploración filosófica, permitiendo un acercamiento detallado y matizado a la vastedad de temas que componen el tejido de nuestra realidad. Para adentrarse más en este tema, es recomendable la lectura de *Wegmarken*, o 'Marcas de Ruta', y en particular la carta del 11 de marzo de 1964, que relaciona la teología con el pensamiento no objetivador.

Cabe señalar, no obstante, que abrir la fenomenología a cuestiones como la de la fe como objeto de investigación no significa que la fenomenología deba proceder mediante actos de fe. Todo lo contrario, para acceder a la interioridad de la fe como dimensión de la experiencia y describirla fenomenológicamente, esta fe, como cualquier otro fenómeno, debe tratarse con la máxima escrupulosidad. En este sentido, y como objeto de estudio, el ethos de la fe puede definirse como diametralmente opuesto al de la filosofía. A diferencia del filósofo, el creyente asume que ya posee aquello que pretende buscar, convirtiendo su búsqueda en una farsa, una ilusión o un simulacro. Finge una búsqueda, mientras, en realidad, cree tener en su poder lo que declara buscar. A diferencia de esto, la filosofía se embarca en una auténtica indagación. Si uno tiene un libro en sus manos, es ilógico afirmar que está buscándolo. El creyente cree conocer, pero es solo una ilusión. Esta ilusión le impide la verdadera búsqueda, pues buscar algo que se cree ya encontrado es un sinsentido. La duda siempre será preferible a la creencia. La creencia entrega certezas, pero reduce la exploración. La duda, en cambio, amplía horizontes.

La aceptación de la fe, como objeto de estudio fenomenológico más allá de los límites de la epistemología y la ontología, no significa que la investigación deba reducirse a un procedimiento religioso y, por tanto, no deba continuar siendo tan rigurosa como lo ha sido con cualquier otro fenómeno. Janicaud continuó viendo la problemática de incluir lo divino o lo sacro dentro de la fenomenología. Según él, este «giro teológico» marca, por encima de todo, una desviación de los fundamentos de la fenomenología en cuanto que la descripción de los fenómenos se ve gradualmente relegada a un segundo plano, en favor de la esencia de lo fenoménico. Este desacuerdo se manifiesta en la colisión de esta tendencia con la perspectiva de Husserl, tal como se detalla en *Ideas I*, 58, un texto frecuentemente citado para relacionar a Husserl con una aversión a los temas teológicos. Este rechazo se evidencia especialmente en su tratamiento de la reducción, donde caracteriza:

> Abandonado el mundo natural, tropezamos todavía con otra trascendencia que no se da inmediatamente a una con la conciencia reducida, como el yo puro, sino que viene a conocimiento muy mediatamente, por opuesta polarmente, digámoslo así, a la trascendencia del mundo. Nos referimos a la trascendencia de Dios.[108]

Con base en este comentario de Husserl, y otros parecidos, Janicaud argumenta que en nuestra comprensión del mundo y lo divino, identificamos dos tipos de trascendencia: la horizontal y la vertical. La trascendencia horizontal se refiere al mundo, algo que percibimos de manera directa. Por otro lado, la trascendencia vertical alude a Dios, eso es, a una realidad que conocemos de manera indirecta a través de la introspección y la consciencia. Esta dualidad implica que mientras tenemos una percepción inmediata del mundo, nuestra comprensión de lo divino es mediada y reflexiva y ocurre mediante el proceso de revelación. Lo mundano se presenta, así pues, ante nuestra vista, accesible y observable, mientras que la esfera de lo divino se ubica en un nivel superior que trasciende nuestra experiencia cotidiana. Este enfoque bifurcado evidencia cómo la trascendencia se manifiesta en diferentes ámbitos de la existencia humana. A pesar de la diferenciación que sugería el trabajo de Heidegger en 1927, Janicaud identifica la génesis de este desvío, que después seguirán Marion, Henry y otros, en una declaración notable dentro del Seminario de Zähringen en 1973. En ese contexto, al analizar el prólogo del poema de Parménides

---

108. Edmund Husserl, *Ideas relativas a una fenomenología pura y una filosofía fenomenológica. Libro primero: Introducción general a la fenomenología pura*, nueva edición y refundición integral de la traducción de José Gaos por Antonio Zirión Quijano (México: Fondo de Cultura Económica/Universidad Nacional Autónoma de México, Instituto de Investigaciones Filosóficas, 2013), §58, 209-210.

y su conexión con el fragmento 6, Heidegger hace referencia a un concepto que él denomina «pensamiento tautológico» y sostiene:

> Así comprendida, la fenomenología es un camino que conduce allí, adelante; y deja mostrarse a aquello ante lo cual es conducido. Esta fenomenología es una fenomenología de lo inaparente.[109]

Esta afirmación con la cual Heidegger introduce la cuestión de lo inaparente tiene sus orígenes en su obra *Mi camino en la fenomenología*, escrita una década antes, y en la que el mismo Heidegger había realizado los principios fenomenológicos en su método. Este camino significaba una profunda reevaluación de la fenomenología de Husserl, orientada a explorar la existencia y avanzar hacia una comprensión fenomenológica de lo intangible. Janicaud, sin embargo, muestra reservas hacia este enfoque hasta el punto de aducir que la filosofía posterior de Heidegger «no guarda relación alguna con el empeño husserliano de constitución»[110], lo que puede conllevar el riesgo de «dejar de lado los fenómenos» (*phainómena*) en favor de lo que no aparece. En esta luz, el mismo Janicaud ya muestra una clara desviación entre el trabajo de Heidegger y la fenomenología tradicional. No obstante, esta desviación no es en ningún momento clara, limpia y concisa, ya que si bien Heidegger presenta la posibilidad de atender a lo inaparente e intangible, al mismo tiempo se mostró criticó con la cuestión de la fe como modo de proceder. En ningún momento rechazó la fenomenología de lo manifiesto o trascendental. Por lo tanto, más que una desviación, la filosofía de Heidegger representa una primera expansión cuyo proceder fenomenológico admite no solo lo manifiesto y aparente sino también lo intangible e inaparente. Esto se demuestra en su análisis

---

109. Martin Heidegger, "Seminar in Zähringen 1973," in *Four Seminars*, trans. Andrew J. Mitchell and François Raffoul (Bloomington: Indiana University Press, 2003), 80; traducción castellana en Hernán Gabriel Inverso, *Fenomenología de lo inaparente* (Buenos Aires: Prometeo Libros, 2018).

110. Janicaud, Dominique. *Heidegger en Francia*. Traducido por José Luis Molinuevo. Madrid: Akal, 2005.

del poema de Parménides, y que ya sitúa a Heidegger en la órbita del «giro teológico» de Janicaud. A pesar de que algunos críticos lo vieron como un ateo materialista, Heidegger posteriormente se centra en temas tales como el «pathos de la escucha», prestando atención a la voz del Ser, el cual ya lo separa tanto del materialismo ateo como de la fenomenología tradicional o meramente epistemológica.

Heidegger no abandona los fenómenos manifiestos como objetos de la fenomenología ontológica. Sin embargo, Janicaud sostiene que, paradójicamente, termina alejándose de la fenomenología misma, al abrirse a lo inaparente: lo que aparece, pero no de forma estrictamente fenomenológica. Basándose en este argumento, Janicaud señala como un error el hecho de clasificar ciertas filosofías dentro del ámbito de la fenomenología cuando, en su opinión, ya no lo son. Esta postura, que como hemos visto recibe el nombre de «giro teológico», denota la tendencia a desplazar la fenomenología hacia reflexiones teológicas, contemplando e integrando lo divino y sagrado, hasta el punto de transformar la disciplina en teología. En este sentido, la obra de Heidegger se destaca, así pues, como un caso ejemplar en el análisis de Janicaud, presagiando una corriente que influiría a futuros pensadores.

Janicaud argumenta que el «giro teológico» en la fenomenología se origina precisamente en el cambio de dirección, o *kehre*, que ocurre en el pensamiento de Heidegger, sin el cual no habría emergido. A consecuencia de todo esto, Janicaud critica a filósofos como Marion y Henry, entre otros, a quienes acusa de enmascarar la teología como fenomenología, y sostiene que fue Heidegger quien explícitamente inició este giro al diferenciar al «último Dios» del Dios cristiano, lo que indica un alejamiento de la fenomenología tradicional. Siendo ateo, Janicaud asocia la fenomenología con el estudio de la consciencia y la constitución, y rechaza la inclusión de lo divino en ella. Es más, argumenta que figuras como Heidegger, Levinas y Derrida, al abordar cuestiones teológicas, pierden su seriedad filosófica, ya que toda mención de Dios en la fenomenología conduce al misticismo y no a la ciencia rigurosa.

Según Janicaud, integrar la revelación como fenómeno perceptible infringe lo que él llama «el principio de todos los principios» de

Husserl, es decir, «el principio de la intuición» como aprehensión de todo objeto intencional. Esto se manifiesta en teorías filosóficas (no las considera ni llama fenomenológicas) actuales como el fenómeno saturado de Marion, la infinitud del rostro en Levinas, el don en Derrida, el icono en Marion, la carne en Henry, el «tu absoluto» de Martín Buber y «lo imposible» junto con «la llamada» en Chrétien. Para Janicaud, incorporar estos elementos en la fenomenología sería convertirla en teología y renunciar a ella como fenomenología.

Contrario al posicionamiento de Janicaud, el argumento desarrollado por Jean-Paul Sartre en el prólogo de *El Ser y la Nada* nos permite llegar a conclusiones diferentes. Según Sartre, si la existencia se confinara meramente a las manifestaciones aparentes que la revelan, entonces la naturaleza del fenómeno intencional no sería objetiva, es decir, no sería «cósica», o en términos de Janicaud, no sería «aparente». El tratamiento de este fenómeno requiere una cautela especial para evitar el deslizamiento hacia el idealismo. Sartre descubre una solución en el enfoque de Heidegger, más concretamente en su propuesta de comprensión preontológica. Basándose en esta perspectiva filosófica, el filósofo francés se adentra en un análisis exhaustivo de las estructuras del «para-sí», es decir, la autoconsciencia, buscando un meticuloso equilibrio y evitando cualquier sesgo hacia un punto de vista idealista del Ser. En la filosofía de Jean-Paul Sartre, el concepto de «para-sí» se refiere a la facultad intrínseca del ser humano de autodefinirse o asignarse su propia esencia. Contrapuesto a esto, el «en-sí» representa lo inherente o aquello en el individuo que permanece inalterable. El «para-sí» simboliza lo que es adquirido o moldeable en el ser humano, lo que este puede formar o reconstruir sobre sí mismo. La existencia de células en nuestro organismo, por ejemplo, escapa de nuestro control y no está sujeta a nuestra elección; sin embargo, aspectos como el lugar en el cual decidimos vivir, ya sea en India o Israel, caen bajo el dominio de nuestra libertad. Así, el «para-sí» se convierte en la manifestación de la autoconstrucción del individuo.

El ser humano reconoce entidades, pero no el Ser en sí mismo. Sartre señala que, si la fenomenología se circunscribiera únicamente a lo perceptible, sería imposible establecer una diferencia ontológica.

En ese contexto, el Ser no existiría o sería inaccesible para nosotros. Por ende, la fenomenología no puede limitarse solo a lo observable y perceptible, dado que el Ser, cuya trascendencia es crucial, es imperceptible. Es vital salvaguardar la trascendencia del Ser. La comprensión preontológica sugiere que todo y todos los entes están relacionados con el Ser, y esta relación merece ser estudiada por ser manifiesta. Aunque el Ser es imperceptible, no se puede ignorar que la relación con este es parte de lo manifiesto. El ser humano debate sobre el Ser, de tal forma que, incluso aquellos que niegan su existencia, no pueden refutar que al menos se habla de este. Al referirse al Ser, incluso si se niega, se está admitiendo que el ser humano mantiene una relación definida con este. Por lo tanto, lo que Heidegger sugiere en la preontología es reconocer que, aunque neguemos el Ser, estamos en relación con él y, con ello, estamos estableciendo una relación inherente.

Bajo esta óptica, el giro de Heidegger con relación a la fenomenología, el fenómeno y el Ser debe entenderse, como bien hemos expuesto con la ayuda de Sartre, como un rechazo del idealismo kantiano que interpreta al Ser como una construcción mental. De acuerdo con la preontología heideggeriana, para comprender el Ser, es esencial que el ser humano analice su propio discurso sobre el mismo. Aquí surge una cuestión fundamental: por un lado, la ruptura con una fenomenología exclusivamente inmanente y, por el otro lado, el nacimiento de conceptos que van más allá de lo simplemente visible, tales como el Otro, la donación y la archirrevelación. Dichos conceptos abren la puerta a una perspectiva teológica, reflejada en la problemática planteada por Ricoeur respecto al rol de Dios como sujeto radical o ente fundamental.

CAPÍTULO 24

EL MÉTODO COMO CRITERIO FENOMENOLÓGICO

La metodología en la fenomenología de lo sagrado

El debate en torno al «giro teológico» tiene otra dimensión vinculada a la apertura de la fenomenología a lo inaparente, lo intangible, en otras palabras, a lo sagrado. La cuestión metodológica resulta central, ya que define el enfoque del estudio y orienta el modo de proceder en la investigación. Así, permite o no que la investigación integre ciertos objetos como fenómenos y, en caso de integrarlos, los categorice como un tipo u otro de fenómeno. Esta centralidad, o incluso protagonismo, de la metodología no debería extrañar a nadie. El mismo Janicaud ha utilizado la cuestión de la naturaleza del objeto y la metodología en sí como criterio para determinar que ciertas investigaciones fenomenológicas no son, en realidad, fenomenológicas. Lo que esto demuestra es que, de facto, el objeto es un tipo u otro de objeto, es decir, es fenómeno o no, en función de cómo se aborda y dentro de qué parámetros metodológicos.

En cuanto al método mismo —qué es y cómo se practica— se ha abierto un campo de debates amplio y complejo. Esto ha provocado un enfrentamiento de posturas que tensiona tanto la comprensión como la aplicación de la fenomenología. Por un lado, algunos investigadores y filósofos afirman que la fenomenología posee un método claro. Janicaud, por ejemplo, sostiene que, en última instancia, la fenomenología se reduce exclusivamente a un método. Para ellos, todo se reduciría a seguir una serie de pasos dentro de un marco metodológico, con lo cual el objeto de la fenomenología termina siendo el resultado indirecto de dicha metodología. En el extremo opuesto están quienes rechazan la posibilidad de definir con claridad el método fenomenológico o reducirlo a un conjunto de pasos y procedimientos estrictos, ordenados e invariables. Un caso ilustrativo es el de Antonio Zirión, quien, tras abordar la fenomenología en relación con su método, concluye que esta conexión es un espejismo, debido principalmente a la inexistencia de una interpretación coherente tanto en Husserl como en los fenomenólogos subsiguientes (1994). Es oportuno mencionar también a Elizabeth Behnke (2009) y Thomas Nenon (2011), quienes han expresado opiniones parecidas a la de Zirión, cuyo argumento principal se enfoca en la ausencia de una definición concreta y uniforme del método fenomenológico, una idea que encuentra eco en distintos sectores del pensamiento filosófico contemporáneo.

Ante esta dicotomía, sugeriremos un punto medio entre ambos extremos y argumentaremos. Por nuestra parte, consideramos que la esencia de la fenomenología se basa en una ontología que incorpora aspectos metodológicos, pero sin quedar encasillada ni restringida dentro de un método rígido e invariable. Así pues, defenderemos que no es posible aplicar un único método universal a todas las realidades y los fenómenos que se nos presentan mediante la experiencia. Cada elemento, cada fenómeno, que se nos revela trae consigo su propio enfoque metodológico en el momento de su aparición, su manera de ser, por lo que consideramos que no puede haber una única senda para comprender todas las realidades.

Cada realidad fenoménica abre su propio camino al manifestarse, revelando una ruta específica. La fenomenología de Husserl pretendía dejar que el fenómeno se nos diera en su propia manera de aparecer para, en última instancia, describirlo y comprenderlo en su manera de ser. Si limitáramos la manera de atenderla a un proceder rígido y cerrado, estaríamos también coartándola del fenómeno para acomodarla a nuestra visión, lo que conllevaría una actitud totalmente antifenomenológica. Todo fenómeno, como veremos más adelante en este mismo capítulo, delinea sus rutas particulares hacia la comprensión, porque su aparición, su donación, no depende ni viene delimitada por el sujeto ni su método *a priori*, sino que es la manera de ser de cada fenómeno en sí. Esta lectura concuerda con la premisa de que, en última instancia, la fenomenología siempre se ha definido por intentar hacer justicia a la realidad, en lugar de violentarla, como el mismo Husserl nos recuerda en varios de sus textos.

Este debate es importante porque, en cierto modo, determina la posibilidad de abrir la fenomenología a lo sagrado, a aquello que aparece sin aparecer, y que lo hace a su propia manera, autónomamente de cualquier metodología que uno pueda haber diseñado o preparado de antemano. Al contrario, y siguiendo al mismo Husserl, al abordar diferentes fenómenos, abordaremos también las problemáticas que estos abren en nuestra investigación. Pero la finalidad será siempre permitir que la realidad fenoménica, el Ser si se prefiere decir así, pueda darse bajo sus propias condiciones. Debemos, por tanto, evitar restringirlo a criterios inamovibles que podrían empujarnos a omitir ricos aspectos de la experiencia que puedan permitirnos comprender en mayor profundidad al ser humano.

Nuestra posición con relación al método tendrá especial importancia por lo que respecta a la fenomenología de lo sagrado, eso es a la posibilidad de que la fenomenología pueda abordar la cuestión de lo divino, de lo oculto. Aunque exista una verdad universal, los métodos para descubrirla varían ampliamente. La aproximación al supremo sea este denominado Padre, Allah, Śiva, Kṛṣṇa o Devī, se caracteriza por la diversidad de caminos espirituales que cada deidad propone. Cada manifestación de lo divino o fenomenal presenta inicialmente su propia estrategia de acercamiento, como dijo Jesús: «Yo soy el camino». Una interpretación arraigada en las estructuras institucionales de la fe sostiene que exclusivamente a través de Cristo se puede alcanzar la divinidad. No obstante, esta perspectiva enfatiza de manera restrictiva el término «yo», sin reconocer que cada ser encarna ese «yo» que constituye la vía hacia lo sagrado. La concepción que limita el camino a Cristo parece olvidar que todos poseemos esa identidad del «yo» que nos conecta con lo divino. Quienes consideran que Cristo es el único camino parecen obviar que el «yo» es una presencia universal, no exclusiva de una entidad. Por eso, afirmar que existe un único método definitivo sería un error.

La subjetividad trascendental de Husserl

Contra la posición de Janicaud, así pues, nuestra hipótesis principal postula que una fenomenología enfocada en lo oculto o en lo no aparente ya está preconfigurada en los enfoques de Husserl mismo. La metodología fenomenológica es crucial justamente porque ofrece los pasos para ir a las cosas mismas. Este concepto de la reducción fenomenológica, o *epojé*, como ya hemos mencionado en diferentes ocasiones, cumple con la tarea de apartar las creencias preconcebidas, los prejuicios o las presuposiciones sobre la existencia del mundo para enfocarnos en cómo la consciencia percibe y confiere significado a la realidad.

La palabra *reducción* tiene sus raíces en el latín *ducere*, lo que implica una guía o dirección, una idea que se refleja en el término español *conducir*. Esto sugiere que la consciencia actúa como una guía en la percepción y formación de nuestra realidad. Las palabras *reducir* y *reconducir* tienen en común el prefijo *re-*, que típicamente implica volver a algo o repetirlo. En nuestro uso del lenguaje, *reducir* se asocia con la idea de 'contraer', lo que indica un movimiento hacia un origen o esencia, una especie de retorno a lo básico u originario. Contrario a lo que se suele pensar, reducir aquí no implica una disminución, sino una intensa concentración en lo fundamental. En el marco de la fenomenología, la reducción implica poner entre paréntesis todas las presuposiciones relativas al objeto. Entonces, podemos sumergirnos en aquellos elementos que aparecen en nuestra consciencia y extraerlos hacia su manifestación en la realidad para permitir que surjan como objetos de nuestra atención. Esta es una experiencia neutralizada en la que el mundo reemerge como primordialmente dado en la consciencia. Es decir, como mundo que es tanto transcendente como inmanente a la consciencia y que, por lo tanto, no debe tomarse como si se tratara de una entidad ajena a la consciencia sino como un fenómeno único: nuestra experiencia de los objetos en la consciencia. El mismo Husserl también lo llama «una subjetividad trascendental» que es anterior y subyacente a cualquier noción de sujeto u objeto. Dicho de otro modo, la importancia de la *epojé* reside en el hecho de que nos brinda acceso a la estructura fundamental de toda experiencia mediante la cual podemos comprender cómo la realidad adquiere su significado o se constituye como tal.

La «subjetividad trascendental» implica entender la realidad en la consciencia y la consciencia en los objetos, destacando una interacción recíproca. El estudio de los objetos, por lo tanto, proporciona conocimiento sobre la consciencia, ya que ambos, objetos y consciencia, se fusionan en una vivencia o experiencia denominada «fenómeno». Cuando decimos que «la piedra se apareció hacia mí», estamos experimentando la consciencia en la piedra y la piedra en la consciencia. No percibimos ni la piedra ni la consciencia de forma aislada, sino la experiencia que tenemos de ambas. El enfoque fenomenológico, por tanto, nos permite ver y describir cómo las cosas, en cuanto que cosas, son parte de nuestras vivencias, al mismo tiempo que estas últimas solo son posibles si son vivencias de algo. Solo una vez que la fenomenología ha desvelado esta estructura primordial, podremos proceder a su estudio o análisis. Esto viene a decir, una vez más, que el verdadero objeto del conocimiento en la fenomenología es, en esencia, la experiencia vivida. Nuestra comprensión, ya sea de un objeto tangible como una piedra o de un concepto abstracto como la consciencia, es incompleta en sí misma, pues ambos se definen mutuamente.

Epojé es el método central de la fenomenología. En este ámbito, el término «método» debe interpretarse desde su origen etimológico, teniendo en cuenta que está compuesto de *metá*, que significa 'a través de', y *hodós*, que se traduce como 'camino'. Eso es, el método es el 'camino a través del cual' se emprende una exploración o investigación profunda. Sin embargo, no es un camino único, sino que se ajusta a la naturaleza fenomenológica del objeto de la investigación. Esto se evidencia en la propia obra de Husserl, al introducir principios y criterios básicos casi normativos que acompañan y enriquecen la *epojé*. Algunos se articulan con ella armónicamente, mientras otros la desbordan, ampliando así el horizonte mismo de la fenomenología por los motivos que veremos a continuación. En esta misma línea, pero en un contexto diferente, se narra la anécdota de que un discípulo inquirió a su maestro sobre el motivo de la existencia de múltiples religiones. El maestro respondió que, en esencia, las religiones son insuficientes en número, argumentando que debería existir una religión por cada individuo. La premisa era que cada persona debiera forjar su propio sendero espiritual. El método, por lo tanto, no es una construcción del investigador, sino un hallazgo que emerge de la relación dinámica con el objeto de estudio.

Algunas de estas propuestas, criterios o principios que Husserl incluye a medida que su investigación avanza, han sido interpretadas como los fundamentos de su metodología fenomenológica. Dichas propuestas, lejos de ser meridianamente claras y de haber contribuido a clarificar las bases de la metodología fenomenológica, han suscitado una amplia variedad de interpretaciones, malentendidos y hasta confusión. En los próximos párrafos, examinaremos algunos de estos aspectos en el intento de clarificar la esencia del enfoque de Husserl.

Descubriendo la fenomenología genética

Los avances en la investigación del mismo Husserl lo llevaron, más o menos, en 1917, a establecer una distinción esencial entre dos fases y metodologías fenomenológicas: la estática y la genética. Dicha distinción, que se desarrolló y consolidó en la década de 1920, representó una transformación significativa en el ámbito metodológico de la misma fenomenología y de ciertas otras corrientes filosóficas de la época. Estos dos enfoques fenomenológicos se detallan en el libro segundo de su obra *Ideas relativas a una fenomenología pura y una filosofía fenomenológica*. Aunque fueron valiosos en su contribución, la diferencia entre ellos no es absolutamente clara. En varias ocasiones, el propio Husserl sostiene que estos enfoques corresponden a diferentes dimensiones de la consciencia, que, como tales, conviven y se entrelazan. Podemos decir que el enfoque estático se centra en el estudio de las formas de percepción constantes, estables e inmutables, como la idea de que el mundo existe fuera, pero en el ámbito de la consciencia. Dicho de otro modo, a nivel estático, la fenomenología, tras la *epojé*, entiende la consciencia a modo de una subjetividad trascendental que opera a nivel de sus actos intencionales. Es decir, toda experiencia ocurre en forma de actos de la consciencia. Sin embargo, en esta etapa de la investigación, Husserl da un paso más en esa dirección y presenta, en algunos textos, lo que él mismo denominó la «reducción trascendental». Esta segunda reducción, llamada ahora «trascendental», consiste en suspender los actos de la consciencia y su estructura intencional. Esto incluye también los objetos eidéticos presentes en dichos actos, revelados tras la primera reducción fenomenológica. El objetivo es comprender el origen de esas estructuras estables y esclarecer su evolución y desarrollo. Esta aproximación descifra la estructura interna de la subjetividad trascendental y su organización intencional, arrojando luz sobre la arquitectura fundamental que facilita su existencia con el fin de evaluar la validez formal del mundo. Por ejemplo, la noción de que el conjunto es mayor que la suma de sus partes individuales es una manifestación de la fenomenología estática. De igual forma, el concepto de que la consciencia siempre se relaciona con el mundo es otro ejemplo de este enfoque, ya que esta relación se mantiene uniformemente.

Por su lado, el enfoque genético se orienta hacia la exploración de los orígenes de las estructuras que moldean nuestra interpretación del mundo. Este enfoque busca comprender cómo se forman y desarrollan estas estructuras, cómo se genera la «subjetividad trascendental» y qué implica este proceso generativo, conocido como la génesis de su constitución. La fenomenología genética se concentra en el recorrido histórico de estos fenómenos, observando cómo emergen y evolucionan. Lo que más destaca en esta segunda reducción, y en la dimensión genética de la consciencia, es que de la consciencia no es reducible a sus actos intencionales, a diferencia de lo que inicialmente afirmó Husserl. Esta segunda reducción representa una verdadera revolución. Gracias a ella, la fenomenología de Husserl amplía sus fronteras y se orienta hacia preguntas que él no había formulado de manera explícita en sus obras iniciales. A partir de esta reducción trascendental, comienzan a emerger objetos de estudio como la temporalidad de la consciencia, el ego trascendental puro y la dimensión preegoica y prelingüística de la consciencia. Estas cuestiones plantean desafíos y aparentes contradicciones dentro del campo fenomenológico. El mismo Husserl lo identifica, por lo que trata de adaptar su metodología a estos fenómenos.

Uno de los principales problemas es que lo que «emerge» tras esta segunda reducción no resulta explícitamente «visible» y, por tanto, no es describible con precisión, como Husserl sí logró hacerlo con los actos de la conciencia y su estructura intencional. Incluso podríamos preguntarnos si lo que «emerge» tras la reducción trascendental realmente aparece, dado que resulta indescriptible e indefinible. Si se manifiesta, en qué términos lo hace y qué implica eso para la fenomenología y su propia metodología. Un ejemplo sería el inconsciente, que Husserl considera como esa zona de la consciencia preegoica y que, por su naturaleza, tal vez no deberíamos ni siquiera nombrar. Pues, para nombrarla, tendremos que tomar prestado el lenguaje del nivel estático de la consciencia, con sus normas sintáctico-gramaticales, para describir una dimensión que desafía y escapa a dichas normas.

Dicho de otro modo, ¿qué tipo de fenómeno confronta la fenomenología genética? ¿Cómo puede «darse», aparecer en nuestra consciencia reflexiva ese fenómeno que ya no responde a las mismas estructuras noético-noemáticas de la consciencia estática? Para responder a estas preguntas, Husserl recurre a métodos y herramientas particularmente diseñados para tal fin. Un ejemplo notable es el concepto de «horizonticidad», frecuentemente vinculado a cuestiones que estimulan la investigación en este campo de la fenomenología. En su obra *Lógica formal y trascendental*, hace explícita esta conexión al afirmar: «la constitución estática de objetos, que se vincula con una subjetividad ya establecida, tiene una contraparte en una constitución genética *a priori*, que se fundamenta en ella y la precede necesariamente».[111] Esta cita resulta especialmente reveladora porque la consciencia genética, aunque «organizada» dentro de un flujo y, por tanto, describible, posee una contraparte. Esa constitución genética subyacente y *a priori* a toda experiencia no se muestra de forma inmediata, por lo tanto, permanece fuera del acceso de nuestro alcance reflexivo-perceptual directo.

---

111. Edmund Husserl, *Lógica formal y lógica trascendental. Ensayo de una crítica de la razón lógica*, trad. Luis Villoro, revisión de Antonio Zirión Quijano (México: UNAM, Instituto de Investigaciones Filosóficas, 2009), §100 (Hua XVII, 257).

La pregunta es obvia: ¿cómo puede presentarse, darse, aparecer, aquello que no se presenta ni se somete a nuestra visión? ¿Cómo podemos «ver» aquello que no «se ve»? Así pues, el problema de esta articulación es que, aunque el fenómeno no se ajusta a nuestros parámetros perceptuales de la fenomenología estática, el fenómeno se da, se revela, a nuestra consciencia reflexiva. El hecho de que los parámetros de la fenomenología estática no sean capaces de abordarlo no significa que la fenomenología deba renunciar a dicho fenómeno. Al contrario, esta nueva realidad fenoménica requiere una actitud subjetiva especial para percibir estos elementos, pues, aunque esté más allá de nuestra comprensión inmediata, constituye la base de toda manifestación y debe, por tanto, ser objeto de investigación fenomenológica. De lo contrario, la fenomenología traicionaría uno de sus principios, pues tendría que aceptar dicha realidad genética a modo de un *a priori* del que no podría dar cuenta alguna, lo que lo convertiría en un prejuicio. Ante esta disyuntiva, la fenomenología de Husserl no renuncia a la dimensión genética de la consciencia, a lo que nos elude. Al contrario, revisa su proceder metodológico para abordar la «naturaleza» de aquello que aparece sin aparecer, se da sin darse y se revela sin revelarse. De esta manera, se convierte en una «fenomenología de lo oculto».

Capítulo 25

La fenomenología de lo oculto

La meditación como apertura a lo sagrado

El debate llevado a cabo en estos últimos capítulos ha puesto los cimientos que nos permitirán adentrarnos en lo que podemos llamar la «fenomenología de lo oculto». Este ámbito, a primera vista y como hemos expuesto en el capítulo anterior, abre la puerta a aparentes complicaciones en el seno de la fenomenología. Podría parecer que hablar de una fenomenología de lo inaparente, o de lo que no se muestra, es un contraste ilógico. La idea de un fenómeno imperceptible o inaparente en sí mismo parece un oxímoron, pues, por definición, fenómeno implica un aparecer, mientras que imperceptible, oculto o inaparente indicaría justamente lo opuesto. ¿Podemos incluso llegar a hablar de un aparecer (*phainómenon*) que no aparece, eso es, un fenómeno nouménico?

Determinados fenomenólogos sostienen que la única forma de acceder a la manifestación es a través de los sentidos. Es decir, sin percepción sensorial no puede haber fenómeno como tal y, por lo tanto, tampoco fenomenología. En otras palabras, solo existe una fenomenología estática, en la que el objeto (la consciencia) de la reflexión fenomenológica siempre remite al acto sensorial de percibir objetos intencionales. Estos, en su forma más elemental, se nos presentan primero a través de los sentidos. En contra de esta posición, el «fenómeno oculto» requiere una disposición subjetiva particular para manifestarse como fenómeno, aunque no sea inmediatamente evidente.

Heidegger llama a esta disposición subjetiva particular «la precomprensión ontologica».[112] La precomprensión ontológica está dada en el hecho mismo de la relación con el Ser. Esta comprensión se oscurece cuando se teoriza y conceptualiza. Tal como Marion subrayaría años más tarde, la fenomenología de lo oculto requiere una pasividad tanto en el plano mental como emocional para que el objeto se manifieste sin la interferencia de conceptualizaciones o actividades intelectuales. Esta pasividad no es una mera inactividad, sino una liberación o una postergación de toda actitud técnica y maquinadora frente al fenómeno para que este pueda darse en su autenticidad.

Una manera de entender esta noción de pasividad es mediante la meditación. Aunque a simple vista pueda parecer que «meditación» y «precomprensión ontológica» son términos totalmente opuestos, hay en ambos un rasgo que los acerca. Cuando Heidegger habla de una precomprensión ontológica se refiere a un estado de «relacionalidad» con todo aquello que nos rodea, pero sin conceptualizarlo.

Lo decisivo aquí es que aquello que nos rodea aún no comparece como objeto intencional de la consciencia, en su aparición primera y discreta. No se trata de inconsciencia; se trata de una consciencia activa y silenciosa, previa a cualquier tematización y aún ajena al cedazo del concepto. La precomprensión ontológica constituye una consciencia no teórica, en obra, aunque reticente a definirse. Si digo a mi vecino «tengo poco tiempo», entiende sin esfuerzo el sentido de tiempo. Ante la pregunta «¿qué es el tiempo?», esa comprensión se escapa y no alcanza a cuajar en concepto estable. Si añado «yo soy norteamericano», maneja sin tropiezos el verbo *ser*. Todos entendemos «ser» al decir «soy cristiano», «soy judío», «soy ateo», «soy comunista», «soy médico». Ese «soy» se capta de inmediato y orienta la conversación, la identificación y la pertenencia. Cuando la indagación se desplaza hacia «¿qué es ser?», la claridad cotidiana se opaca y la comprensión que sostenía aquellos enunciados rehúsa fijarse en una definición. Este modo de estar en el mundo puede

---

112. Martin Heidegger, *Ser y tiempo*, trad., introd. y notas de Jorge Eduardo Rivera (Madrid: Trotta, 2003), §43.

llamarse estado de relacionalidad con todo cuanto nos circunda, una apertura previa a la criba de la conceptualización. Si se prefiere, conviene describirlo como relación preteorética o anteteorética, asentada en prácticas y usos antes de la reflexión. En esto consiste, con propiedad, la comprensión del Ser.

De ahí, el giro heideggeriano orienta el pensar hacia la fuente previa al concepto y aparta la confianza en definiciones de ser ya elaboradas. El punto de partida ya no reside en esquemas conceptuales concluidos; reside en esa comprensión compartida antes de la teoría, guía del trato con el mundo. No hay renuncia al pensar; se lo obliga a medirse con aquello que, al sostenernos desde siempre, apenas consiente dejarse decir.

Con ello, Heidegger se está refiriendo a un «estado de ánimo», si queremos llamarlo así, en el que el mundo se nos «da» de manera tácita, es decir, sin que el sujeto actúe, señale o indique nada ni a nadie explícitamente.

Algo parecido sucede en la meditación. El que medita entra en un estado de pasividad que es justamente el «estado de ánimo» que le permite relacionarse con lo que lo rodea, pero a un nivel más primordial, sin objetos ni sujetos que emprendan acciones o contengan significados propios de la comprensión objetivizadora. En ese sentido, la noción de meditación que aquí proponemos nos lleva a una esfera de existencia en la que nos mantenemos abiertos, predispuestos al mundo, pero sin que ello nos remita a su teorización o conceptualización. Como Heidegger diría, nuestro más íntimo vínculo con el mundo es ontológico y no epistemológico. Este estado precomprensivo puede quizás explicarse mejor a través de un lenguaje diferente, poético, y no técnico.

En última instancia, la «relación» con el mundo y sus objetos no es intencional, eso es, no está basada en las capacidades de un sujeto ni en sus esfuerzos por entender. La pasividad, o la precomprensión, indican una «relacionalidad» sin relación ni polos, sin sujetos ni objetos. La meditación subyace a toda posicionalidad de sujeto frente al objeto, de comprensión y comprendido. En la meditación no hay esfuerzo, pues todo esfuerzo se ve invariablemente acompañado de una cierta tensión. Entendemos que, en el ámbito de la meditación, esforzarse por lograr una consciencia plena equivale a enfrentarse a uno mismo, a un conflicto que resulta superfluo. El auténtico despertar al que uno puede llegar mediante la meditación no se origina en el esfuerzo, sino que más bien aflora de manera espontánea al entregarse a la naturalidad del Ser. Es fruto de la liberación, de acoger la aceptación y sumergirse en el estado de relajación. Meditar es una invitación a adoptar una postura de serenidad y paz, sin intentar intervenir activamente y siendo uno meramente testigo de cómo la consciencia se manifiesta sin esfuerzo alguno. No hay necesidad de forzar su aparición o de invocarla desde un ámbito ajeno a nosotros, pues emergerá desde la profundidad de nuestro interior, siempre que nos mantengamos en un auténtico estado de sosiego. Debemos reconocer que reside una complejidad inherente en esta simplicidad: el reto de permanecer inmóvil, anclado en la quietud, mientras los pensamientos van y vienen sin cesar.

Sin embargo, y por contradictorio que pueda parecer, en el estado de sosiego en que se produce la meditación uno debe permitirlos transitar. El que medita no debe entrar en conflicto con sus pensamientos ni tratar de dominarlos o manipularlos con esfuerzo. Simplemente deberá dejarlos existir al igual que las nubes fluyen libremente en el cielo, y permitir que se muevan sin barreras ni ningún tipo de restricción. Esto, en definitiva, implica evitar tomar una postura de defensa o emitir juicios sobre su idoneidad.

La meditación demanda situarse en un estado de completa receptividad pasiva. En ese estado, uno eventualmente descubre que los pensamientos con su constante vaivén influyen menos en uno mismo. Y al dejar de vernos alterados por ellos, estos se esfumarán solos, no a través de un esfuerzo deliberado de expulsarlos, sino gracias a la misma calma y al profundo estado de relajación en el que uno se subsume. Más aún, meditar no es un método *per se*, del mismo modo que tampoco pende de una metodología que quepa aplicar o implementar, sino todo lo contrario. Meditar es, más bien, el arte de mantenerse desocupado. La meditación emerge natural y espontáneamente cuando uno aprende a estar sin hacer nada; ahí radica el secreto de la meditación: el arte de la inactividad. En el mismo instante en que la actividad se torna imposible, la meditación se despliega por sí misma. En la pasividad, la energía se dirige hacia nuestro núcleo, reorganizándose en el centro. En contraste, la actividad dispersa la energía porque es el camino hacia afuera; la pasividad es el camino hacia adentro. La constante actividad es un desvío. Toda actividad actúa como pretexto o justificación para evitar el encuentro con nosotros mismos. La humanidad, en su ignorancia y ceguera, opta por permanecer en ese estado, pues adentrarse en sí mismo es adentrarse en un aparente desorden. Dentro de cada uno reside un caos que hemos generado y es imprescindible enfrentarlo y atravesarlo.

En cierto modo, la meditación no es otra cosa que hallarse embelesado por la propia existencia. Se trata de un proceso sencillo, una condición de consciencia en la que prevalece la relajación absoluta, sin involucrarse en ninguna actividad. En la meditación, somos conscientes sin ser conscientes de nada en concreto. La aparición de la acción, del acto de la consciencia y su objeto concreto, introduce tensión. Con ella, la ansiedad se hace presente de inmediato debido a la actitud utilitaria acerca de cómo lograr el éxito o evitar el fracaso, interrogantes que nos proyectan al futuro. Pensar, especular o reflexionar son posibles solo acerca de lo conocido, de lo concretizado, de lo objetivizado como tal. Nuestros conocimientos acerca de nuestra religión, de Śiva, Alá, Kṛṣṇa o Ha Shem pueden ser el centro de nuestra reflexión o especulación, pero jamás nos conducirán a lo desconocido, a lo no concretizado.

Ahí yace la cuestión que vincula la meditación, con la consciencia de lo no concreto, y la religión. Porque justamente lo divino, lo sagrado, es lo no objetizado ni concretizado, es decir, lo desconocido, el enigma, el misterio. La meditación consiste en simplemente ser, en dejar de emprender acción alguna, libres de expectativas, pensamientos y emociones. Sin meditación, sin mantener esta apertura a la donación, a la revelación del Ser, sin concretizarlo, no habría posterior concreción posible, pues no habría un Ser en que algo pudiera convertirse en algo ante nuestra consciencia, nuestro pensar, nuestro conocer.

Meditar es des-entenderse del mundo, no para llevar a cabo reducciones fenomenológicas ni autorreflexionar, sino para dejarse engullir por ese estado latente de apertura al Ser. En definitiva, la meditación evita hacer de la consciencia, del Ser, un fin en sí mismo, una meta u objetivo, ya que tal enfoque obstaculiza experimentarla verdaderamente. En este sentido, presentamos la meditación como una actitud de observación y sosiego que es condición de posibilidad para que el fenómeno nouménico, aquello que se manifiesta en tanto que no se manifiesta, pueda revelarse. Dicho de otro modo, sin meditación, lo sagrado no podría atenderse fenomenológicamente.

La «reducción espiritual» de la fenomenología de lo oculto

Meditación es entregarse a la relajación, desligarse de nuestros objetos y de nuestra propia individualidad, dejar pasar los pensamientos de manera sencilla, e incluso dejar pasar el tiempo, casi literalmente. La meditación presentada en estos términos nos permite sugerir que estamos ante una nueva reducción. Esta «reducción de la fenomenología de lo oculto», como podríamos llamarla, nos desvela un estado de existencia que subyace a toda consciencia intencional, es decir, a toda consciencia constituyente de significado, objetivadora y subjetivadora.

No obstante, al seguir inmersos en el campo de la fenomenología, esta reducción nos desvela un nuevo fenómeno, un nuevo nivel de la consciencia que quizás deberíamos describir como preconsciente, como genésico de toda consciencia, y, como tal, oculto. Porque, en el campo de la meditación, de la auténtica pasividad, aquello que «aparece» se muestra, pero sin ser siquiera un «aquello» concreto. En el estado meditativo, lo que se «muestra» no tiene siquiera forma (*morphé*) estable y, por tanto, no es eidético ni en consecuencia inteligible mediante la comprensión, eso es, a través de conceptos y categorías. En el estado de plena pasividad, del puro sosiego, lo que «aparece» se da y se revela sin llamarlo, sin nombrarlo, sin ni siquiera buscarlo, señalarlo, eso es, sin pensarlo. Ese «eso» es un «fenómeno nouménico» que simplemente se da, se revela incluso sin ser activamente percibido como un algo concreto e individualizado.

A este estado genésico de toda posterior consciencia, a este estado meditativo o de pasividad, no se llega ni se accede mediante la intención, pues, como tal, no responde ni se deja objetivar ni pensar.

La reducción de la fenomenología de lo oculto no es fruto de la acción, sino más bien de la pasividad. El sendero marcado por el esfuerzo no desemboca ni penetra en los océanos de la pasividad. No es mediante la fuerza de voluntad ni la disciplina rigurosa por lo que se alcanza una «visión» del estado de atención plena, del amor o la precomprensión plena. La tendencia a obsesionarse no ofrece una vía clara hacia la resolución. La verdadera gracia, que es como podemos definir por ahora este estado meditativo que subyace todo otro estado de consciencia posterior, no se manifiesta en aquel que se esfuerza sin medida, sino en «aquel» que se abre completamente a la experiencia de entrega. La gracia se descubre en el reconocimiento de una entrega absoluta, en la aceptación de un vínculo de devoción total hacia lo amado. No es el objeto de amor quien concede esta gracia, sino que es esta gracia misma la que libera al sujeto amante. Entonces, desaparece la distinción entre el amante y el amado, porque este estado es más profundo que toda relación entre dos polos. El grado de esta entrega reflejará la profundidad de nuestra devoción. Es importante comprender que la vida proporciona una guía espiritual pero solo cuando se está preparado para recibir dicha guía. Solo aquel que ha contemplado y vivido la experiencia divina posee la auténtica capacidad de instruir.

En este escenario, el fenómeno adquiere una dimensión especial por su capacidad innata de desvelamiento independiente de la disposición del observador y porque su naturaleza trasciende los límites de la percepción y la cognición humanas. La excedencia del fenómeno reside en revelar aspectos que trascienden la percepción ordinaria. La fenomenología de lo subyacente enfatiza aspectos como una intencionalidad suavizada, o casi una preintencionalidad, y características esenciales de afecto y apertura que van ligadas al momento exacto de la percepción, pero sin reducirse a ella. Paralelamente, para que el fenómeno que aquí llamamos «oculto» pueda revelarse en su Ser, se requiere un proceso distintivo de reducción. Este proceso ya no es simplemente fenomenológico o trascendental sino quizás espiritual. Este resultará fundamental para recibir aquello que se manifiesta como oculto, sin forma definida ni categorías circunscribibles.

Como hemos dicho, el fenómeno en cuestión no se puede abordar de forma intencionada directamente. Como fenomenólogos, llevamos a cabo una «reflexión», pero entre comillas porque es diferente a la de otros niveles de la investigación fenomenológica, debido a su disposición de pasividad particular para situarse en una posición que le permita captar lo que se revela. Como hemos señalado unos párrafos más arriba, esta pasividad en la «reflexión» no es una pasividad estratégica que, en el fondo, esconde un esfuerzo. Al contrario, esta reflexión que ocurre en términos de «reducción espiritual», como proponemos llamarla, es un entregarse, un «dejarse» sin objeto, sin nada concreto de lo que dejarse.

Contrariamente a esta pasividad, a este dejarse o entregarse, todo esfuerzo se origina en el sujeto, quien es un componente intrínseco del fenómeno observado. La acción de esforzarse introduce, por defecto, un concepto de dualidad, ya que presupone la existencia de un espacio a ser superado entre el observador y el objeto de observación, un espacio que requiere ser atravesado por el sujeto. El esfuerzo crea conflicto, el conflicto desorden, el desorden crea caos y este último impide la clara observación. Por eso, alcanzar el sosiego se vuelve esencial para comenzar a percibir con claridad ese «eso» que se da, cuya revelación es invisible porque carece de forma en la que aparecer.

En este sentido, proponemos que esta «reflexión» no es un esfuerzo, sino una entrega, un dejarse llevar plenamente. No se ajusta a ningún acto de significación que nace de la decisión de girarse sobre sí mismo. No crea un espacio de separación donde el sujeto se distancia para relacionarse con su propio objeto. La «reducción espiritual» no crea espacios ni dualidades y, por lo tanto, no constituye ningún objeto intencional. Sería como cerrar los ojos y abandonarse al sueño en el que «eso», que se manifiesta sin aparecer, aparece como amorfo y nos inunda.

El fenómeno nouménico subyacente a toda consciencia

La «reducción espiritual» sería parecida a lo que Jean-Luc Marion llama «anamorfosis», y que, según él, resulta indispensable para la emergencia del fenómeno oculto. Marion usa este término para invitarnos a pensar el fenómeno desde perspectivas diferentes. Nos aleja de la simple consideración del fenómeno como objeto y nos muestra otros ángulos para explorarlo como donación y manifestación de lo oculto. De este modo, nos abre un camino hacia una fenomenología más profunda. Este fenómeno, al que nosotros llamamos «nouménico» y al que Marion también llama «saturado», aunque no se percibe a simple vista, sí que se da a conocer, mas no a través de los sentidos tradicionales.

Para considerar este fenómeno, que podríamos equiparar con lo que Heidegger llama el «Ser», es esencial abordarlo desde otras perspectivas que permitan su desvelo. Se requiere una disposición específica y un modo particular de situar la consciencia del sujeto. Esto implica des-subjetivarse y abandonarse a sí mismo, como mencionamos anteriormente. Este proceso se logra mediante una reducción que llamamos «espiritual», y su proceder no es un acto, sino un abandono que nos abre la puerta al campo de la meditación.

Sin este entregarse explícitamente pasivo de la consciencia, el sujeto seguirá siendo el mismo sujeto intencional que opera mediante actos intencionales. Por lo tanto, no podrá captar aquello que se revela como oculto, amorfo y preeidético. Este es el fenómeno de la relacionalidad sin relación, del amor que no se reduce ni se explica mediante los polos opuestos del amante y del amado. «Eso» que se revela, «eso» que aparece como oculto, no responde a estructuras noético-intencionales de la consciencia. Por lo tanto, no puede aprehenderse como un objeto intencional. En ese sentido, el fenómeno oculto ha reventado las costuras de toda intencionalidad y de los actos de la consciencia.

De hecho, fenomenológicamente hablando, el sujeto intencional se encuentra incapacitado para girarse sobre sí mismo en modo autorreflexivo y orientar sus intenciones hacia lo oculto. Esto no es debido a la naturaleza de una experiencia en particular, sino a la esencia y existencia inherentes a las experiencias como tales. Al dirigir nuestras intenciones a lo oculto e intentar abordar lo amorfo intencionalmente, incurrimos en su objetivación, en tanto que le otorgamos una forma concreta que lo transforma erróneamente en una experiencia objetual más. Al hacerlo, lo cargamos con estructuras de la experiencia que le son ajenas y no le pertenecen y lo pervierten.

Esta problemática se inscribe en el campo de la fenomenología de lo oculto, la cual se entrelaza profundamente con metodologías y perspectivas previas. Algunas de estas ya fueron intuidas por el mismo Husserl, como hemos mencionado en ocasiones, aprovechando y expandiendo sus desarrollos. Este enfoque fenomenológico nos permite un cuestionamiento más profundo de los fenómenos que aparecen como ocultos. Es decir, de todo aquello que subyace y que, en cierto modo, «es» sin «ser conceptualizable», extendiéndose más allá de lo meramente perceptible.

En este sentido, la fenomenología de lo subyacente aborda una nueva dimensión de la experiencia o reconstruye los parámetros de lo que hasta ahora habíamos entendido como «consciencia». Al mismo tiempo, nos permite interrogar las fases anteriores de la disciplina e indagar en aspectos de los fenómenos no-ocultos que, no obstante, superan nuestra percepción.

Sin embargo, uno no decide ocasionalmente entrar en un estado de pasividad meditativa. Al contrario, y como Heidegger advierte al llamarla «precomprensión ontológica», el estado oculto acompaña a la consciencia a lo largo de toda su vida activa. Si el que medita puede dejarse imbuir, abandonarse a la meditación, es justamente porque el estado meditativo ya late en el interior del sujeto, a nivel preintencional. Heidegger sugiere con la expresión «precomprensión ontológica», de forma similar a como Husserl se refiere a la «intencionalidad prerreflexiva», que toda vida y actividad de la consciencia no es reducible a sus actos, intencionalidad, ideas, categorías, formas y su correspondiente inteligibilidad de la realidad. A todo ello subyace una dimensión oculta, una «realidad» fenoménica, que aquí llamamos «el estado pasivo de meditación», el cual hace posible cualquier conocimiento posterior. Dicho de otro modo, para percibir algo y conocerlo, primero debemos mantener un vínculo subyacente, una «relacionalidad» con ese algo, y ser inconscientemente conscientes de su aparente no-aparecer, de su afenoménica fenomicidad.

Además, esta «subyaciencia» no solo afecta a la consciencia como fenómeno no intencional, sino que también es integral a todo fenómeno intencional. Por ejemplo, aunque se tienda a pensar que objetos de nuestra experiencia como una piedra, el silencio, el ahora, o la nada no exceden nuestras capacidades perceptivas, en realidad, todos ellos pueden revelar dimensiones de su esencia que van más allá de nuestra comprensión inmediata. Sin embargo, como tales, permanecen ocultas a nuestros poderes cognitivos. Esto se debe a que, al intentar aprehender plenamente estos fenómenos, en cierto modo los transformamos, alterando su esencia. Un ejemplo de esto es la ola en el océano. Al disolverse en él, deja de ser reconocida como tal, incluso al percibir su naturaleza oceánica.

Expresado de este modo, la fenomenología de lo oculto nos permite adentrarnos en una dimensión de la consciencia, de la existencia para decirlo con Heidegger, que desborda los límites de las estructuras del pensamiento y la razón, y que enriquece nuestra comprensión de la consciencia misma y su dimensión genésica. Más aún, esta fenomenología de lo oculto también tiene la virtud de mostrarnos que lo oculto lo subyace todo. Esto significa que la fenomenología debe repensarse a sí misma, ya que el fenómeno oculto, que aparece sin mostrarse a los poderes de la percepción y la comprensión, desborda siempre el carácter intencional de todo conocimiento.

No obstante, esto no es nuevo, sino que ha acompañado a la fenomenología desde sus inicios. De hecho, el estudio fenomenológico ha abordado siempre el desmoronamiento de la modernidad y la relevancia del marco conceptual. Dentro de este complejo entorno, han emergido conceptos novedosos, como las distintas reducciones que hemos descrito, y la que hemos propuesto en este mismo capítulo. Cada una ha tenido implicaciones para la intencionalidad, así como para la exploración de experiencias subjetivas que difieren de las propias. Todo este desarrollo, del cual la fenomenología de lo oculto forma parte, enfatiza que la fenomenología trasciende el análisis de acciones aisladas y personales, extendiendo su enfoque a un entendimiento más amplio del horizonte en el que se desarrollan las experiencias. Este acercamiento reafirma la naturaleza expansiva de la fenomenología, que busca comprender la totalidad de la experiencia humana, más allá de las limitaciones individuales y subjetivas.

Capítulo 26

LA RELACIONALIDAD Y EL APARECER DEL SER COMO LO SAGRADO

La noción heideggeriana de *ereignis*: ocultamiento y claridad

Hemos terminado el capítulo anterior vinculando el fenómeno oculto, como dimensión primordial y genética de la consciencia, con lo oculto de todo fenómeno. En este sentido, hemos argumentado que la fenomenología de lo oculto tiene la virtud de abordar tanto el fenómeno oculto que subyace toda vida de la consciencia y nuestra experiencia, como de des-cubrir lo oculto en todo fenómeno intencional de la consciencia. Dicho de otro modo, lo oculto reside en todo fenómeno, bien sea este una dimensión pasiva de toda experiencia que no se presta a ningún tipo de percepción ni conocimiento, o bien una dimensión de los mismos actos de la consciencia intencional que la fenomenología estática describe sin, aparentemente, demasiados problemas.

Esa dimensión oculta de todo fenómeno «oculto» y, por tanto, fenomenológicamente descriptible, ha sido uno de los temas principales que el mismo Heidegger debatió de manera extensa. Abordando la cuestión desde una perspectiva única, el autor de *Ser y Tiempo* introduce el concepto de excedencia, o *Überschuss* en alemán, con el cual pretendió denotar un fenómeno peculiar que emerge al percibir e intentar comprender algo como objeto. Según Heidegger, en todo proceso de percepción se manifiesta un excedente, una dimensión que va más allá de lo aparente o perceptible. Dicho excedente no es una simple adición a nuestra comprensión, sino que más bien se revela de tal manera que difiere de lo visible. Por ejemplo, al observar una manzana, percibimos sus características obvias como el color, la forma y el tamaño. Sin embargo, Heidegger sugiere la existencia de un aspecto más profundo, una cualidad oculta inherente a la esencia misma de la manzana. Esta faceta oculta no es un mero complemento a lo visible, sino una dimensión totalmente distinta. La aparición de esta dimensión del fenómeno, que es un fenómeno en sí mismo, no es algo espontáneo y, por tanto, requiere ser desvelado o facilitado de alguna manera, no siendo un proceso natural o automático.

Este requerimiento fenomenológico de desvelar lo oculto del fenómeno intencional abre la puerta a nuevas maneras de ver, de percibir, de intuir. Ante esta necesidad fenomenológica, Heidegger introduce una nueva manera de ver, paralela a la intuición sensible, cuya finalidad será la de adentrarse en el ámbito de los fenómenos que no son inmediatamente evidentes.

Este enfoque abre un nuevo panorama en la forma en que percibimos y comprendemos el mundo, extendiéndose incluso a esferas que no son visibles o manifiestas de inmediato. Esta propuesta nos invita a una reflexión profunda sobre la complejidad de nuestra percepción y experiencia del mundo. Plantea la existencia de elementos más allá de lo que captan directamente nuestros sentidos. Como Heidegger sugerirá, este otro modo de ver, de intuir, que trasciende los poderes de los sentidos, enriquece no obstante la misma experiencia perceptiva, abriendo puertas a niveles de significado más allá de lo superficial, de lo obvio, de lo aparentemente dado.

En sus reflexiones sobre lo inaparente, Heidegger resalta la importancia de que el Ser se mantenga oculto para posibilitar su desocultamiento, una idea que subraya la profundidad de la experiencia fenomenológica y nuestra comprensión del mundo. En su obra *Vortrage und Aufsatze*, Heidegger profundiza en esta idea e introduce la noción de *ereignis*, término que podemos traducir como 'evento' o 'acontecimiento', y que resultará clave para comprender la relación recíproca entre los seres humanos y el Ser. De modo parecido a como lo hemos expresado en el capítulo anterior, al describir el fenómeno oculto de la consciencia inconsciente como una «relacionalidad sin relación», Heidegger utiliza el término «acontecimiento» para describir el proceso de revelación del Ser. Esto subraya la premisa de que el Ser permanece oculto en su estado primordial. *Ereignis* es concebido como el ámbito donde el ser humano y el Ser se entrelazan y coexisten, trascendiendo la identidad de ambos. Esta «relacionalidad» actúa como el principio configurador de las diversas formas del Ser, concediéndole existencia y transformándolo en una manifestación del acontecimiento que emerge en la realidad perceptible.

Este vínculo, esta relacionalidad sin relación, como nosotros la hemos llamado en este estudio, permite que el Ser se exprese y se actualice a través de la humanidad, sugiriéndose así un diálogo íntimo entre la condición humana y la naturaleza misma del Ser. En esta, ambos se imbrican y se definen recíprocamente, desvelando así elementos cruciales tanto de la realidad objetiva como de nuestra percepción subjetiva de la existencia.

Ereignis simboliza el instante crítico en el que el Ser y el individuo convergen, facilitando una nueva apertura hacia la comprensión del Ser. Esto muestra que las condiciones de posibilidad de toda comprensión y sentido emergen a un nivel donde aún no hay relación entre sujeto y objeto intencional de la consciencia, pero sí una relacionalidad, un acontecer, un ser-en-el-mundo que subyace oculto pero latente a toda experiencia, cincelando en la oscuridad toda posibilidad de sentido. Es importante no confundir la noción de *ereignis*, de acontecimiento, o evento, con una mera suma del ser humano y el Ser, como si se tratara de dos entidades que se acercan la una a la otra y, al unirse, se acumulan. Al contrario, el acontecer, la «relacionalidad», es el fenómeno oculto, y no la presencialización de nada. Acontecer no es hacerse presente en el sentido tradicional del término, sino fluir. En este sentido, puede entenderse como una dinamicidad que dibuja el escenario donde el Ser late en el ser humano, manifestándose y afirmándose. *Ereignis* no es un fenómeno de presencia estática, sino un acontecer dinámico donde el Ser y el ser humano se definen mutuamente en una relacionalidad de apropiación y pertenencia continua.

En *De camino al habla* (*Unterwegs zur Sprache*), Heidegger profundiza en la esencia del *ereignis*, un concepto que, como hemos empezado a exponer, trasciende la idea de lo revelado, el revelador y el receptor de la revelación, enfocándose en la interacción dinámica entre estos elementos. En este sentido, Heidegger caracteriza la *ereignis* como «lo más inaparente de lo inaparente, lo más simple de lo simple», destacando su calidad de donación asubjetiva manifestada en la noción de «hay».[113] Esta asubjetividad se deriva de su falta de sujeto concreto, reduciéndose por tanto a la existencia de un «hay» que expresa una existencia, un haber, un ser, cuya «aparición» no demanda ninguna acción ni entidad subjetiva que lo articule. Es más, lo que Heidegger está dibujando aquí es una noción de manifestación que se define por el ocultamiento. Lo que se manifiesta, precisamente, es el des-aparecer constante con el que subraya un trasfondo existencial en el que el Ser se manifiesta primordialmente a través de su tendencia a la ocultación.

Sin embargo, Heidegger vincula esta dimensión de inapariencia con el concepto de *lichtung*, eso es, 'claridad'. Aquí, la ocultación del Ser abre paso a un espacio de claridad que se erige en contraposición a la oscuridad, sugiriendo una diferenciación esencial en la manifestación del Ser. Heidegger parece apuntar a una «relacionalidad» fluctuante que late previa a toda relación, donde el Ser muestra su ocultación subyacente. Paradójicamente, esa ocultación es su claridad, su «luz», la cual no se ve ni se percibe, pero sin la cual no veríamos, percibiríamos ni comprenderíamos nada. Esta luz que no se muestra, pero ilumina y permite ver todo lo demás es lo que Heidegger entiende como lo divino, lo sagrado, a saber, aquello que se manifiesta a través de la excedencia del Ser que se retira y se oculta. *Ereignis*, tal como lo hemos expuesto aquí, insta a la filosofía a surgir como un esfuerzo por comprender la posición del ser humano ante esta excedencia del «presente», en la cual Dios, Ser y la *ereignis* misma coexisten en una esfera de inapariencia que propicia el aparecer de lo sagrado.

---

113. Martin Heidegger, *De camino al habla*, trad. Yves Zimmermann (Barcelona: Ediciones del Serbal–Guiard, 1990), 233.

El Ser como lo radicalmente Otro

En contraste con Edmund Husserl, cuya fenomenología genética nunca se desvincula completamente de su fenomenología estática, Heidegger introduce una metodología enfocada en desentrañar la inapariencia del Ser sin permanecer anclados en estructuras convencionales. Para Heidegger, el problema de la fenomenología husserliana es que toda dimensión genética permanece siempre anclada en la dimensión estática, es decir, en la consciencia intencional que percibe y comprende. El proyecto de Heidegger es deshacerse de esta ancla para zarpar y atender al Ser y a lo sagrado, permitiendo al ser humano pensarse y comprenderse filosóficamente con mayor profundidad.

En este contexto, el enfoque poshusserliano de Heidegger subraya la importancia de la diferencia ontológica, es decir, la distinción entre el «ser objeto» y el «Ser» propiamente dicho. Aunque cercanos semánticamente, estos conceptos encierran diferencias ontológicas profundas. Esta distinción es crucial para entender la complejidad del pensamiento heideggeriano, que busca trascender las limitaciones de la conceptualización tradicional del Ser y adentrarse en un territorio filosófico donde la esencia del Ser se revela en su relación con la ocultación, acontecimiento (*ereignis*) y claridad (*lichtung*). Así, se configura una comprensión ontológica más rica y precisa, que supera el plano epistemológico, como desarrollamos en estos capítulos.

La fenomenología de Husserl persiste en una interpretación del Ser apoyada en la objetivación o intencionalidad de la consciencia, atribuyéndole una identidad fija, ya sea objetual o subjetual. Sin embargo, Heidegger propone un ángulo radicalmente diferente. Este es un punto de inflexión crucial en el pensamiento filosófico, que se remonta a las interpretaciones fundacionales de Platón y Aristóteles, quienes vincularon el Ser de manera indisoluble a la noción de *parousía*, o 'presencia'. Tal perspectiva ha dominado el discurso metafísico a lo largo de la historia, ejerciendo una influencia profunda y duradera en el entendimiento del Ser, que ha perdurado —según Heidegger— hasta el mismo Husserl.

En su obra *Seminare*, Heidegger articula esta crítica declarando que la trayectoria de la metafísica se ha caracterizado esencialmente por una historia del Ser del ente, cuestionando así la validez de la «metafísica de la presencia» defendida por Husserl. Para Husserl, la autenticidad del Ser se confirma a través de su manifestación perceptible. Contrariamente, Heidegger propone que la verdadera esencia del Ser trasciende su mera aparición física. Esto implica, como hemos visto en este capítulo, su forma, su percepción, y su posterior aprehensión conceptual.

Heidegger refuta la equivalencia entre Ser y presencia (*ousia estin parousia*) que ha marcado los cimientos de la filosofía occidental. Desafía la noción de que el Ser se agote en su visibilidad o manifestación ante nosotros, es decir, que el Ser sea un mero polo-objeto que solo tiene sentido como polo opuesto a un sujeto que lo percibe y lo piensa como objeto inteligible. Para Heidegger, esta concepción filosófica del Ser es fundamentalmente insuficiente. El Ser, en su manifestación, no revela su esencia más profunda, sino su propia inapariencia, es decir, su ocultamiento. Este argumento se expone explícitamente en *Ser y tiempo*, donde se sostiene que el Ser no comunica su realidad auténtica tal como se presenta ante nuestros ojos.

Por ende, la contribución de Heidegger a la filosofía trasciende significativamente la de Husserl, ofreciendo una perspectiva más compleja y matizada. Heidegger rechaza las interpretaciones simplistas del Ser como una entidad meramente visible o identificable y, por tanto, cognoscible mediante actos intencionales de la consciencia. Aunque Husserl no limita su fenomenología a la inteligibilidad y los actos de la consciencia, Heidegger considera que nunca los abandona del todo. Incluso al explorar la génesis pasiva, Husserl permanece dentro de los límites de la epistemología.

Ante ello, Heidegger insta a una reconsideración profunda de la ontología como «filosofía primera», buscando comprender el Ser más allá de su presencia inmediata. Esto nos abre a una apreciación de su profundidad oculta y significado ontológico. Esta reorientación invita a una exploración más rica y detallada del Ser, subrayando la necesidad de superar las limitaciones impuestas por concepciones anteriores y revelando las capas más intrincadas y esquivas de la realidad ontológica. En *Seminare*, Heidegger sostiene:

> als Da-sein verstanden, das heißt, von der Ek-statik aus, der Mensch nur ist, indem er von sich bis zu jenem ganz anderen als er selbst kommt, das die Lichtung des Seins ist.

> Entendido como *Dasein*, es decir a partir de lo *ekstático*, el hombre no es sino saliendo de sí hacia eso por completo otro que él, que es el claro del Ser.[114]

Para Heidegger, el Ser, al no ser un mero objeto, no puede someterse a la estructura de trascendencia en la inmanencia propuesta por Husserl, sino que solo responde a un estado de éxtasis, del griego *ekstasis*, que significa 'pura exterioridad'. En ese sentido, el *Dasein*, como ser-en-el-mundo, trasciende sus confines personales para encontrarse con aquello que es completamente ajeno, otro, a su propia existencia. Es más, la autenticidad del ser humano se revela en su capacidad para trascenderse y encontrarse con lo absolutamente Otro, con lo que se distingue radicalmente de su propia esencia. Este momento de apertura genuina hacia lo diferente, iluminado en la claridad (*lichtung*) del acontecer (*ereignis*), marca el instante en que el ser humano se realiza plenamente. La verdadera esencia de lo humano como ser-en-el-mundo emerge únicamente a través de la «relacionalidad» con lo «radicalmente Otro» —como Levinas dirá más tarde— eso es, con aquello que lo interpela e invita a la reflexión sobre el mundo y sobre él mismo. Por eso Heidegger, en su *Carta sobre el Humanismo*, sostiene que la esencia del humanismo no reside en la exaltación del hombre, sino en su capacidad de abrirse hacia el Ser, viviendo en una constante referencia o «relacionalidad» a este.

---

114. Martin Heidegger, "Seminar in Zähringen 1973," in *Four Seminars*, trans. Andrew J. Mitchell and François Raffoul (Bloomington: Indiana University Press, 2003), 386; traducción castellana en Hernán Gabriel Inverso, *Fenomenología de lo inaparente* (Buenos Aires: Prometeo Libros, 2018).

El Ser como Verdad

Como hemos visto en las secciones anteriores, Heidegger define esta «relacionalidad» de apertura al Ser en términos de *ereignis* y *lichtung*, cuestiones que nos remiten a los fundamentos de la filosofía. Heidegger nos guía en este retorno mediante una reflexión sobre Parménides, buscando trascender lo que identifica como la «torpeza y propiamente ingenuidad de la destrucción ontológica» (*die Ungeschicklichkeit und strenggenommen Naivität der 'ontologischen Destruktion*)[115], aproximación que somete a crítica en *Ser y Tiempo* por considerarla un estadio primitivo en la historia del Ser. Heidegger se adentra en un análisis detallado del primer verso del poema de Parménides. Este pensador, junto a Anaximandro y Heráclito, se erige como pilar fundamental en el estudio del Ser, y vincula el Ser con la cuestión de la Verdad (*alétheia*).

Platón y Aristóteles, a diferencia de Parménides, orientan su indagación filosófica hacia la entidad más que hacia el Ser en su pura esencia. Su concepto de «verdad» queda restringido a los parámetros del ente, es decir, a su facticidad empírica y su calculabilidad, y a unas capacidades subjetivas limitadas a la inteligibilidad y la razón. Desde esta perspectiva crítica, emerge la definición heideggeriana de *alétheia* como un acontecimiento dinámico de desocultamiento del Ser.

Este acontecimiento de «desocultación», aunque envuelve lo existente con «presencia», no debe entenderse como un acto de plena presencialización. Lo que el desocultamiento revela es aquello que hay en la periferia o que envuelve a la presencia sin constituirse en presencia *per se*. Explicado de otro modo, lo que aparece en el desocultamiento es el Ser como existencia sin objetificación. Esto implica que no tiene características empíricas de ente presente a la consciencia y, por lo tanto, no puede ser objeto de un acto que lo piense calculadamente.

El Ser, al no manifestarse plenamente como presencia, se ofrece al mismo tiempo que permanece oculto en la relacionalidad asubjetiva

---

115. Ibid., 395.

del sosiego meditativo. El Ser es aquella luz o claridad que rodea la presencia, otorgándole visibilidad. Es precisamente su ausencia de presencialidad lo que permite que la entidad se revele por sí misma. Por esta razón, dicha ocultación, lejos de ser manifiesta, escapa siempre a toda verificación empírica, ya que no es discernible a través de métodos exclusivamente basados en el conocimiento empírico. En su argumentación, Heidegger recurre nuevamente al verso de Parménides (DK 28B1.28), que ha sido traducido como:

nötig ist, dass du die Erfahrung von allem machst.

Es necesario que hagas la experiencia de todo.[116]

Heidegger interpreta esta cita de Parménides, la esencia de lo que se observa se revela a través de una experiencia. Lo oculto trasciende todo marco epistemológico basado en la percepción sensible y la inteligibilidad derivada esta. Argumenta que intentar demostrar la existencia del Ser mediante métodos científicos, es decir, parámetros epistemológicos diseñados para comprender el ente, no hace más que ontificar el Ser.

A diferencia de la epistemología objetificadora y ontificadora, Heidegger nos orienta hacia la contemplación y la observación como camino predilecto. La actitud de sosiego abre esa «relacionalidad» sin relación, sin ontificación, que permite al *Dasein* mantenerse vinculado al Ser sin ontificarlo, sin convertirlo en objeto de su pensamiento. Es, como hemos dicho antes, un estado de meditación como estadio de existencia, de la consciencia como diría Husserl, en el que esa «relacionalidad» puede tener lugar antes del surgimiento de todo objeto, pero también de todo sujeto. Si Heidegger hubiera conocido en mayor profundidad esta noción de meditación, seguramente la hubiera planteado como sendero para expresar lo que aquí llamamos «relacionalidad» con el Ser.

La importancia de la meditación, o contemplación para decirlo con Heidegger, es que permite abrir una nueva noción de pensamiento

---

116. Ibid., 399.

que no depende de las estructuras epistemológicas tradicionales, que nacieron con Platón y condujeron a la fenomenología de Husserl. Aunque Husserl nos proporcionó un nuevo mapa conceptual para estudiar los orígenes de la experiencia y el conocimiento, Heidegger sigue considerando que su enfoque está anclado en la tradición filosófica, incluso cartesiana, que debe ser superada. Su principal crítica es sobre la cuestión de la intuición, concepto que Husserl bautizó como «el principio de todos los principios». Debido a la intuición, la fenomenología de Husserl no logra distinguir con claridad entre la dimensión genética y la estática, es decir, entre lo que se genera y lo que permanece fijo.

La intuición en la fenomenología de Husserl

Para Heidegger, el problema con el concepto de intuición en la fenomenología surge de su conceptualización como relación directa entre manifestación, apariencia (fenómeno) y Ser, expresada como «a tanta apariencia, tanto Ser». Es decir, dentro de los parámetros de la filosofía de Husserl, aquello que **es**, es aquello que se muestra. O, dicho de otro modo, no hay Ser más allá del fenómeno de la consciencia, por lo que toda concepción posible de Ser queda restringida a los límites del fenómeno.

Más aún, como hemos afirmado en capítulos anteriores, si el fenómeno es **su** aparecer, su propio manifestarse (y no el manifestarse de ninguna otra realidad que la precede), eso equivaldrá a afirmar que el Ser es su manifestación fenoménica. Por lo tanto, no hay Ser sin manifestación. En este contexto, el concepto de intuición fenomenológica se convierte en un problema.

Según Husserl, especialmente el primer Husserl de las *Investigaciones lógicas* y de *Ideas I*, la intuición es el complemento de la intencionalidad y la percepción con el que conferimos significado a todo objeto de la consciencia. El acto de la percepción pone ante la consciencia el objeto de la intención como objeto aún despojado de todo sentido, es decir, como objeto bruto casi sin determinar. Por su parte, la intuición es aquel otro acto que discierne entre la maleza del objeto en bruto y lo ofrece a la consciencia como objeto inteligible. La percepción no incorpora ni confiere por sí sola ningún significado al objeto percibido de la intencionalidad. Lo «encuentra» como objeto de la consciencia y lo convierte en potencialmente objeto-con-sentido. Lo ofrece a la mirada intuitiva, que posteriormente lo envuelve y le da forma como objeto de nuestra comprensión. Podríamos decir, entonces, que sin percepción no habría nada que ver y sin intuición no habría nada que entender.

Sin embargo, la intuición no debe entenderse como un acto totalmente independiente de la intencionalidad o de la percepción en la que el objeto aparece en la consciencia. La intuición, como acto adosado a la percepción, satisface o frustra aquello que la consciencia enfoca en el acto intencional. La percepción nos presenta la «cosa» que es objeto de nuestra atención. Junto con la percepción, uno va intuyendo sus esencias. Al principio, la ve como algo «con color» y «con forma», sin ser perfectamente consciente aún del objeto intencional percibido. Pero gradualmente, intuye las categorías materiales y formales que la definen, como los conceptos «caja», «roja» y «cuadrada».

La intuición de esencias y categorías no son actos «adicionales» a la percepción, sino que, y aun siendo actos diferentes, son todos ellos actos entrelazados que constituyen conjunta y sintetizadamente una misma experiencia con momentos diferentes. En este sentido, para Husserl, la intuición es la constitución del objeto intencional, el objeto al cual se enfoca la consciencia en un primer momento. En cada momento en que actúa la intuición, el objeto revela una nueva dimensión de sí mismo y se convierte en un objeto intencional constituido de la consciencia. La intuición es el acto sintético que percibe, abstrae y reflexiona sobre las diferentes dimensiones de aquello que se presenta a la consciencia mediante la percepción.

Desde este punto de vista, para Husserl, la intuición es la dimensión de la consciencia que permite que aquello que se da en la consciencia sea comprendido en sus propios términos, en su propia esencia, revelándose en su idealidad y existencia estructural. Dicho de otro modo, la intuición es el marco de todo sentido, y por eso, Husserl la llama, como dijimos, «el principio de todos los principios»:

> *jede originär gebende Anschauung eine Rechtquelle der Erkenntnis sei, daß alles, was sich uns inter Intuition originär ... darbietet, einfach hinzunehmen sei, als was es sich gibt.*

Toda intuición originariamente dadora es una fuente legítima de conocimiento; que todo lo que se nos ofrece en la «intuición» originariamente [...] hay que aceptarlo simplemente como lo que se da.[117]

Husserl dice que todo aquello que se revela ante nosotros en su Ser, en su esencia, es decir, mediante sus esencias generales, materiales y categoriales a través de la intuición, es lo que **es**, y lo que **es** (Ser) es lo que se da (manifestación). Ahí reside el problema para Heidegger, porque por infinita que pueda ser la síntesis de actos dentro del proceso constitutivo de conocimiento de un objeto, el Ser en ningún momento excede su donación. Más aún, al quedar restringido a los poderes de la intuición, el Ser termina siendo un mero correlato de la consciencia y, por lo tanto, un objeto de la misma.

Por esto, Heidegger insiste en la necesidad de desmantelar el edificio husserliano de la consciencia, en el que el Ser acaba siempre ontificado, y se dispone a situar la ontología como filosofía fundamental y subyacente a toda epistemología. El problema del Ser, su ontificación, reside en que toda experiencia se ve reducida a los parámetros de la consciencia intencional y sus capacidades cognitivas. Contrariamente a esto, Heidegger sostiene que, previamente a todo conocimiento de un objeto mediante el filtro de la intuición, el *Dasein* ya se mantiene abierto al Ser. Ahora, el Ser no se entiende como mero correlato de la consciencia sino como existencia *ekstática*, es decir, como puramente exterior, radicalmente Otro e irredimible a todo acto de conocimiento.

---

117. Edmund Husserl, *Ideas relativas a una fenomenología pura y una filosofía fenomenológica. Libro primero: Introducción general a la fenomenología pura*, nueva ed. y refundición integral de la trad. de José Gaos por Antonio Zirión Quijano (México: UNAM/Instituto de Investigaciones Filosóficas; Fondo de Cultura Económica, 2013), §24, 129; [*Hua* III/1, 51].

Capítulo 26: La relacionalidad y el aparecer del Ser como lo sagrado

Esta apertura hacia el Ser, que Heidegger describe como respuesta al problema de la ontificación y epistemologización de la experiencia y el sentido del ser humano, equivale a una predisposición original hacia la manifestación del Ser, pero sin filtrarlo por la intuición cognoscitiva. Heidegger denomina esta disposición como el verdadero sentido del Ser. La analogía podría ser la de sintonizar una emisora específica que transmite una pieza musical determinada; solo es posible captarla en la frecuencia que la emisora elige transmitir. De la misma forma, la relacionalidad con el Ser se logra exclusivamente a través del modo o frecuencia en que este se manifiesta, más allá de las conceptualizaciones que la consciencia le pueda imponer. No es factible sintonizar esa melodía en cualquier frecuencia, sino solamente en la específica que la estación radial transmite.

Bibliografía de la sección VI

- Aristóteles. *De Anima: Books II and III, with Passages from Book I*. Translated by D. W. Hamlyn, with a report on recent work and a revised bibliography by Christopher Shields. Oxford: Clarendon Press, 1968; rev. ed., 1993.
- Heidegger, Martin. *Carta sobre el humanismo*. Traducción de Helena Cortés y Arturo Leyte. Madrid: Alianza Editorial, 2000.
- Heidegger, Martin. *De camino al habla*. Traducción de Yves Zimmermann. Barcelona: Ediciones del Serbal–Guiard, 1990.
- Heidegger, Martin. *Introduction to Phenomenological Research*. Translated by Daniel O. Dahlstrom. Bloomington: Indiana University Press, 2005.
- Heidegger, Martin. *Phänomenologie und Theologie*. In *Wegmarken*. 2. Aufl. *Gesamtausgabe*, Bd. 9, 39–62. Frankfurt am Main: Klostermann, 1976. Traducción al español: «Teología y Filosofía», por Dina V. Picotti. *Stromata* 47, nos. 3–4 (1991): 387–409.
- Heidegger, Martin. «*Mein Weg in die Phänomenologie*». En *Zur Sache des Denkens*, *Gesamtausgabe* Band 14, 101. Frankfurt am Main: Vittorio Klostermann, 2007.
- Heidegger, Martin. *Seminar in Zähringen 1973*. In *Four Seminars*, translated by Andrew J. Mitchell and François Raffoul. Bloomington: Indiana University Press, 2003.
- Heidegger, Martin. *Ser y tiempo*. Traducción, introducción y notas de Jorge Eduardo Rivera. Madrid: Trotta, 2003.
- Heidegger, Martin. *Zur Sache des Denkens*. Tübingen: Max Niemeyer Verlag, 1969.
- Husserl, Edmund. *Ideas relativas a una fenomenología pura y una filosofía fenomenológica. Libro primero: Introducción general a la fenomenología pura*. Nueva edición y refundición integral de la traducción de José Gaos por Antonio

Zirión Quijano. México: Fondo de Cultura Económica / Universidad Nacional Autónoma de México, Instituto de Investigaciones Filosóficas, 2013.
- Husserl, Edmund. *Lógica formal y lógica trascendental. Ensayo de una crítica de la razón lógica.* Traducción de Luis Villoro; revisión de Antonio Zirión Quijano. México: Universidad Nacional Autónoma de México, Instituto de Investigaciones Filosóficas, 2009.
- Husserl, Edmund. *Phänomenologische Methode und phänomenologische Philosophie* (1922). En *Aufsätze und Vorträge (1922–1937), Husserliana* XXVII, editado por Thomas Nenon y Hans Rainer Sepp, 200–246. Dordrecht: Kluwer, 1989.
- Inverso, Hernán Gabriel. *Fenomenología de lo inaparente.* Buenos Aires: Prometeo Libros, 2018.
- Janicaud, Dominique. *Heidegger en Francia.* Traducido por José Luis Molinuevo. Madrid: Akal, 2005.

Sección VII

De la ontología a la (pos) fenomenología

Capítulo 27

El fenómeno saturado

La llamada del Ser

Como hemos mencionado previamente, y como Michel Henry también argumenta, en nuestra percepción, lo visible está inherentemente vinculado a lo invisible; lo manifestado a lo no manifestado; lo dado con lo no dado. Siguiendo la crítica de Heidegger sobre Husserl, cualquier donación se nos presenta como incompleta, limitada por horizontes no explorados y circundada por posibilidades incumplidas. Michel Henry plantea que en la vida *tout est là tout entier à chaque instant*, es decir, «todo está ahí entero a cada instante».[118] Esto sugiere que la donación última, o el acto último de recibir o percibir, de intuir como diría Husserl, no se segmenta en diferentes partes o metas a alcanzar. Cada percepción del ser humano remite a lo que no se percibe y cada cosa dada sugiere lo que no es dado. Dicho de otra manera, la donación integra en su seno la no donación, del mismo modo que lo aparente encierra en sí lo inaparente. Es decir, el fenómeno no se extingue en lo visible y aparente. En este sentido, el fenómeno es, como sostiene Jean-Luc Marion, «un fenómeno saturado», lo que significa que el aparecer implica también lo oculto, desbordando siempre todo conocimiento posible del mismo. Esto nos permite afirmar que el fenómeno, el Ser, no se conoce plenamente, ya que siempre desborda todo posible conocimiento.

Hablar del fenómeno, o del Ser, en estos términos, a través de esta apariencia que implica su inapariencia, de una donación que

---

118. Michel Henry, *De la phénoménologie, t.1: Phénoménologie de la vie* (Paris: Presses Universitaires de France, 2003), 91. Traducción Hernán Inverso.

incluye lo oculto, o de lo visible que encierra lo invisible, nos lleva de nuevo, y ahora con mayor claridad todavía, a la cuestión del símbolo. Un símbolo consiste en algo visible que nos remite a lo invisible, a lo imperceptible, a lo que siempre excede y desborda y, como tal, permanece siempre oculto, revelándose a todo conocimiento y visualización de este. Esto significa que la donación del fenómeno saturado se da mediante la vía simbólica. Por eso, toda donación se revela como precaria, (des)enmarcada por horizontes no alcanzados y por posibilidades aún sin realizar. Debido a la polisemia inherente al símbolo, ninguna exégesis puede confinarse estrictamente a una sola interpretación dogmática del mismo. A diferencia de lo que podríamos denominar «fenómenos pobres», los fenómenos saturados presentan una naturaleza paradójica en la que el objeto de estudio fenomenológico supera lo abstracto para adentrarse en una realidad eminentemente humana y concreta: la emoción, el pathos. Por ende, en su núcleo, el fenómeno saturado no desvela absolutamente nada. En contraposición a perspectivas que disocian o fraccionan su objeto de estudio, se nos ofrece un enfoque emotivo. Dicha visión se centra no en lo externo al fenómeno, sino en una inmanencia completa y radical al mismo fenómeno, a lo inaparente, a lo oculto, como genuinamente inherente a lo dado y visible. Según Henry, es en esta inmanencia donde se halla la llave esencial, sosteniendo que:

> *non seulement elle n'oublie ni ne retranche rien mais que c'est par elle seulement que ce qu'elle a mis entre parenthèses reçoit ses propriétés particulières, tandis que le voir, l'intuition, l'évidence laissés à eux-mêmes ne les expliquent nullement.*

No solo no omite ni sustrae nada, sino que solo a través de ella lo que ha puesto entre paréntesis recibe sus propiedades particulares, mientras que la visión, la intuición y la evidencia por sí solas no hacen nada para explicarlas.[119]

---

119. Ibid., 92.

Todo está dado para ser percibido, pero lo que ha de ser percibido no está dado. Se dona la revelación, se manifiesta el fenómeno como donación, pero a la hora de interpretarla resulta que no hay nada porque la revelación simplemente se revela a sí misma ocultándose. Vemos un objeto, por ejemplo, una botella. Percibimos su vidrio, su etiqueta, el papel, los colores, lo que contiene, el metal de su cierre, su redondez, su transparencia. A pesar de que estos elementos, estas esencias materiales y categoriales para decirlo con Husserl, nos dirigen hacia la botella, lo curioso es que la botella misma nos resulta inasible. En esencia, dentro del conjunto de elementos a los que nos referimos como botella, es precisamente la botella la que no logramos identificar. De la misma manera, al indagar en el microcosmos hasta las partículas más diminutas, o al explorar el macrocosmos hasta las galaxias más remotas, nunca llegamos a encontrar realmente algo tangible. Detrás de las ramas, la madera, el tronco, las hojas, el color verde, las flores, los frutos, no hallamos ningún elemento que podamos definir claramente como árbol, aunque todos estos aspectos nos apunten hacia él.

El fenómeno, entendido como **su** propia manifestación o revelación ocultándose, nos demuestra que, en realidad, nada es definitivamente algo ni nadie es definitivamente alguien. Aunque accesibles a nuestra percepción, visión e intuición mediante los actos de la consciencia, estos no se desvelan ni a través de la percepción ni la intuición. Henry acompaña por esta vía los planteamientos de Marion, cuyos temas «la llamada» y «la reivindicación» subordinan el Ser, la esencia de lo que se da, a algo todavía más esencial, afirmando que:

> *L'appel de l'être, c'est tout simplement son surgissement en nous, c'est l'étreinte en laquelle il se donne à nous en même temps qu'il nous donne d'être. Ainsi n'y aurait-il rien sans cette irruption triomphale d'une révélation qui est celle de l'Absolu.*

La llamada del Ser es simplemente su surgimiento en nosotros, es el abrazo en el cual él se da a nosotros al mismo tiempo que nos hace ser. Por esto, no habría nada sin esta irrupción triunfal de una revelación que es aquella del Absoluto.[120]

La cuestión de la «llamada», según Marion y Henry, nos lleva a redefinir la «relacionalidad» subyacente con el Ser, entendida por Heidegger como una «relacionalidad» de pura exterioridad, a entenderla como una de pura inmanencia en la que el Ser irrumpe en nosotros, en nuestro más íntimo interior, como Absoluto. Es decir, si la «relacionalidad» subyacente equivale al terreno en el cual el Ser puede revelarse en los entes, el enfoque de Marion y Henry nos muestra cómo el Ser irrumpe en nosotros como punto de partida para toda posible identificación como sujetos, a través de la cual el ser humano puede abrirse a sus objetos cognoscitivos. Esta irrupción del Ser en nosotros, este abrazo, como Henry lo describe, no es un acto de autorreflexión, pues no procede del sujeto, sino del mismo Ser que, al dársenos, nos hace ser a nosotros mismos.

Lo que se da en esta irrupción del Ser es una anonimidad subjetiva que solo puede entenderse mediante una pluralidad que no es el resultado calculable de singularidades. Un modo de explicar esta noción de donación en términos de irrupción o llamada es a través de las figuras del océano y las olas. El inmenso océano se extiende más allá de la percepción visual humana, proponiendo una escala y profundidad que rebasan el entendimiento, un ámbito cuya inmensidad es inasible para nuestra imaginación. La realidad completa del océano escapa a nuestra plena comprensión; tendemos a subestimar su magnificencia, alejándonos notablemente de su verdadera extensión. Dentro de esta vastedad, las olas se manifiestan ininterrumpidamente como expresiones naturales del mar. Pese a que se las nombra y son consideradas distintas, en su esencia, las olas son inseparables del océano, encarnando la misma sustancia. No obstante, olvidamos a menudo esta realidad esencial: compartimos, como las olas, una esencia común y universal que nos vincula con el gran océano de la consciencia, desatendiendo nuestra vinculación fundamental con la totalidad del Ser.

---

120. Ibid., 96.

Estas reflexiones, desde Husserl a Heidegger, y ahora más concretamente de Marion y Henry, nos permiten referirnos a una noción de consciencia que podríamos entender como esa unidad básica desde la cual todos surgimos, es decir, nuestra genuina esencia originaria. Tal consciencia y unidad, que integra y coordina el conjunto de lo existente, puede equipararse con el océano en su ilimitación y amplitud. Nosotros, como seres humanos, nos asemejamos a las olas, erróneamente identificados con nuestra personalidad hasta olvidar nuestra auténtica condición oceánica. Este olvido colectivo nos induce a considerarnos aislados, similares a un cántaro sumergido en el océano, sin recordar que seguimos siendo parte del océano a pesar de las barreras del recipiente. La falacia de la separación, fundamentada en la creencia de nuestras restricciones corpóreas, nos obstaculiza admitir que, en lo fundamental, somos y permanecemos siendo el océano.

En este sentido, la manifestación triunfal del fenómeno saturado constituye la esencia de todo; sin tal manifestación, de lo visible y de lo invisible consigo, nos encontraríamos ante la inexistencia misma. La multiplicidad de objetos que detectamos en nuestro entorno equivale a «nada» hasta que no la identificamos como tal vacuidad en nuestro ser interior, momento en el cual comprendemos su verdadera «existencia». Nos estamos refiriendo a la esencia primigenia de todo lo existente, sosteniendo que el cimiento y la esencia de esta multiplicidad objetual se unifican en un solo Ser, un Absoluto. Esta figura, ligada íntimamente al tedio, emerge como posibilidad de ignorar la llamada. De este modo, Henry presenta el concepto de «reducción radical» como un acto de retirar temporalmente la atención del Ser en sí y una escucha de la *forme pure de d'appel* o «forma pura de la llamada». Describe la forma pura del Ser como:

> *a fulguration d'un apparaître qui nous submerge et qui, en tant qu'il fulgure, nous fait être en même temps que lui.*

Fulguración de un aparecer que nos sumerge y que, en cuanto que fulgura, nos hace ser al mismo tiempo que él.[121]

La esencia de la vida se manifiesta en su capacidad de conmover profundamente, una verdad que Marion explora meticulosamente en su obra *Siendo dado: Ensayo para una fenomenología de la donación* (*Étant donné. Essai d'une phénoménologie de la donation*). Aquí, y siguiendo la línea de la fenomenología, Marion presenta una alternativa metodológica radical, proponiendo una limitación voluntaria de la acción subjetiva para permitir una manifestación más pura de lo que se nos aparece. Criticando la metodología estándar por constreñir el dinamismo del sujeto y así fortalecer la visibilidad de lo manifiesto, Marion argumenta que tales enfoques coartan la espontaneidad necesaria para una verdadera revelación. La complejidad de su argumento radica en cómo asignar un fundamento sólido a un método que intrínsecamente exige un retiro de la acción. Para Marion, el abandono de cualquier metodología preestablecida, aceptando pasivamente lo que se revela, constituye la única práctica válida. Perder la iniciativa consiste en un estar arrojado constantemente al abrazo del Ser. Esta pasividad, ese dejarse imbuir con el cual hemos descrito la meditación, el sosiego, se alinea con el «pathos de la espera» de Heidegger y nos sumerge en una constante disposición hacia el Ser que no implica iniciar acción alguna. Sin embargo, y paradójicamente, Marion subraya que alcanzar una plena pasividad implica un esfuerzo significativo, exigiendo y proponiendo por tanto llevar la actividad al extremo para verdaderamente no actuar. Para lograr no hacer nada se requiere hacer mucho, para alcanzar el no hacer nada es necesario llevar el hacer hasta un máximo.

Michel Henry profundiza sobre la cuestión que «Toda intuición originariamente dadora es una fuente legítima de conocimiento».[122]

---

121. Ibid., 100.
122. Edmund Husserl, *Ideas relativas a una fenomenología pura y una filosofía fenomenológica. Libro primero: Introducción general a la fenomenología pura*, nueva ed. y refundición integral de la trad. de José Gaos por Antonio Zirión Quijano (México: UNAM/Instituto de Investigaciones Filosóficas; Fondo de Cultura Económica, 2013), §24, 129; [*Hua* III/1, 51].

Introduce la cuestión del lenguaje, postulando que el acto de expresarse sobre aquello que se nos revela tiene una justificación inherente. No es meramente caprichoso ni condenable hablar de lo revelado en nosotros. Se establece un derecho inalienable de expresarnos sobre lo desvelado, dado que este acto de revelación justifica por sí mismo la expresión, particularmente por aquel en quien la revelación se ha efectuado directamente. Hay derecho a hablar de eso porque fue manifestado y el único que tiene verdadero derecho a hablar de la revelación es aquel en quien esta ha ocurrido. En realidad, y como veremos más adelante, la Fenomenología de lo Sagrado es solo para iluminados.

Nuevo principio fenomenológico: de la intuición a la donación

Una de las primeras preguntas que surgen ante la cuestión del fenómeno saturado es: ¿cómo puede la fenomenología dar cuenta de dicha invisibilidad y justificar que el fenómeno saturado sea, efectivamente, fenómeno? Para responder a esta pregunta, Marion introduce una consideración importante respecto al axioma de la percepción intuitiva de Husserl. Según los estándares fenomenológicos, la percepción intuitiva es el principio de todos los principios como vehículo mediante el cual se concede el derecho de fenomenicidad a los fenómenos, especialmente cuando estos están sujetos a la condición de éxtasis y trascendencia. Siguiendo en esto más a Heidegger que a Husserl, Jean-Luc Marion interpreta la intuición, entendida como la «fuente de derecho» de toda fenomenicidad, en todas las instancias en las que los fenómenos se hallan en una relación de *ék-stasis* y de trascendencia. El término *éxtasis*, del griego ἐκ στασις (ek stasis), que se traduce como 'estar fuera de uno mismo', evoca un estado de ser que va más allá del fenómeno egoico o el «yo» separado. *Ék-stasis* sugiere una profundización en el Ser, en el cual solamente aquel que se sumerge en la vivencia emocional del Ser puede recibir la donación del Ser. En este sentido, lo extático nos trasciende en cuanto que nos sobrepasa, pues reside más allá de nuestro ámbito personal.

Esta primera consideración lleva a Marion a resaltar una cierta ambigüedad en las situaciones en las que la intuición podría no jugar ningún papel y, por tanto, la acción de conceder o donar se efectuaría sin la mediación de la intuición. Dicho de otro modo, Marion se pregunta si este proceso de la donación ocurre, o puede ocurrir, «sin rebasar los límites en que se da».[123] Argumenta que el problema podría residir en que hasta ahora se había entendido la donación bajo unos perímetros que responden a las restricciones impuestas por la percepción intuitiva y no a las características de la donación en sí.

Como Marion señala, resaltando la existencia de una paradoja intrínseca, si por un lado nuestras percepciones son finitas, la esencia de dar, por otro lado, es infinita; si la intuición tiene límites, la donación, por su naturaleza, no los tiene. Una donación simplificada, es decir, liberada de elementos adicionales, se entrega de manera absoluta, total, plena y sin condiciones. La donación no se ajusta, por tanto, a los parámetros ni las normas de la intuición que el sujeto del conocimiento ha ideado. Según Marion, la fenomenología explora lo que se da dentro de los confines en los que se da. Sin embargo, estos límites están influenciados, predelimitados, por nuestras capacidades perceptivas, más que por las propiedades de la donación misma y, más concretamente, como hemos visto antes, por la donación del fenómeno saturado, es decir, el fenómeno que al darse integra también lo oculto y no mostrado.

Marion no pone en tela de juicio a la fenomenología, sino que discierne entre diferentes tipos de fenómenos, es decir, de «apareceres» o donaciones. Por ende, según Marion, las restricciones de la fenomenología, especialmente la husserliana, no se aplican al fenómeno revelado, sino al sujeto perceptor. Este meticuloso discernimiento es esencial para identificar las diferencias entre los niveles o estratos de experiencia y de investigación fenomenológica. Lo que se busca aquí es destacar que la dinámica entre la intuición y la donación difiere y varía significativamente; mientras que la

---

123. Marion, Jean-Luc. *Siendo dado: Ensayo para una fenomenología de la donación*. Traducción, presentación y notas de Javier Bassas Vila. Madrid: Editorial Síntesis, 2008.

percepción y la intuición pertenecen al dominio del sujeto, el «acto» de dar emana del Ser.

Esta aclaración de Marion es importante porque, en cierto modo, libera a la misma fenomenología de los límites que ella misma se había impuesto, es decir, los límites que marca siempre la subjetividad trascendental. Lo que Marion, siguiendo en cierto modo a Heidegger, nos sugiere es que puede seguir habiendo fenomenología sin limitarla a la intuición del sujeto trascendental, poniendo ahora el énfasis en la donación de la pura exterioridad del fenómeno.

Este enfoque de Marion viene complementado por el análisis que Henry lleva a cabo sobre otro de los principios de la fenomenología de Husserl, denotado por la necesidad de regresar «a las cosas mismas», y que emerge como el principio más invocado para definir el enfoque epistemológico de la fenomenología. Siguiendo a Marion, Henry cuestiona si la donación sin intuición puede entenderse como una epistemología. Como Heidegger ya preguntó en su profundo análisis en los *Prolegómenos para una historia del concepto de tiempo*, ¿a qué entidades exactamente se refiere Husserl? Parecería que la referencia es hacia «los fenómenos», que emergen como el correlato de un acto intencional.

Sin embargo, al desplazar el enfoque fenomenológico del sujeto intuitivo a la donación, y por lo tanto, poner entre paréntesis a la intuición, reconocemos que existen ámbitos donde esta manifestación adopta variadas formas y estructuras. Los fenómenos emergen de distintas maneras en función de la configuración de la consciencia, o también según su propia manera de ser o manifestarse, sin las capacidades intuitivas de la consciencia subjetiva como condicionante. Este argumento no arrincona la consciencia como campo de la donación, sino que más bien la libera de los límites que la intuición le impone.

El gran salto fenomenológico que Marion y Henry dan, bajo los auspicios de Heidegger, es el de reducir o suspender la intuición, el concepto de entendimiento o comprensión en el que la filosofía trascendental se ha basado desde Kant, para des-cubrir otro nivel de la consciencia que es ahora preepistemológico y en el que el fenómeno puede darse en toda su amplitud, sin limitaciones perceptuales. Esto significa que no solo el fenómeno no es reducible a la intuición, sino que la consciencia tampoco es reducible a sus capacidades intuitivas. Esta reducción fenomenológica de la intuición que Marion lleva a cabo no disuelve la fenomenología, sino que más bien la abre a otros confines.

El paradójico principio ético de la fenomenología

Es precisamente en este contexto que las críticas de Janicaud al «giro teológico» en la fenomenología, que hemos comentado en capítulos previos, cobran pleno sentido. Bajo esta luz, el mismo fenomenólogo francés se pregunta: «¿cómo podemos seguir llamando fenomenología a la fenomenología, una vez que la hemos despojado de su "principio de todos los principios" (la intuición) y de su dimensión epistemológica?».[124]

En *La filosofía como ciencia rigurosa*, publicado en 1910, el mismo Husserl sostiene que «el incentivo para la investigación no tiene que provenir de las filosofías sino de las cosas y los problemas».[125] A. Zirión interpreta esta postura como una convocatoria epistemológica de carácter ético, promoviendo una invocación al empleo autónomo del pensamiento y la indagación libre de preconceptos o sesgos previos. La ética emerge como un componente esencial de la fenomenología, repudiando la premisa de que existen caminos predeterminados para el entendimiento. Los estímulos para la investigación deben originarse no en los dictados filosóficos, sino en la manifestación objetiva de las cosas y en los problemas que estas exponen. El foco de interés debe ser el objeto de estudio en sí, y no la filosofía, evitando la influencia de prejuicios propios de cualquier sistema filosófico. Estas reflexiones nos instan a no dejarnos llevar exclusivamente por lo conocido o lo

---

124. Translator's Introduction, in Dominique Janicaud et al., *Phenomenology and the "Theological Turn": The French Debate* (New York: Fordham University Press, 2000), 4-5.

125. Edmund Husserl, *Obras completas, vol. XXV (Sobre la fenomenología de la intersubjetividad, primera parte)*, ed. por Iso Kern (La Haya: Martinus Nijhoff, 1973), 61.

sabido, sino a ejercitar en todo momento el pensamiento crítico de manera independiente.

En su análisis, Zirión revisita la interpretación que Waldenfels hace del axioma husserliano, vinculándolo con la noción del «impulso a la cosidad», o *Zug zur Sachlichkeit*, concibiéndolo como un elemento esencial. Zirión sostiene que Waldenfels propone «algo más que un concepto puramente formal de la cosidad (*Sachlichkeit*) se necesita para poder afirmar que la fenomenología tiene siempre que tematizar, junto con el contenido cósico (*Sachgehalt*), el modo de acceso (*Zugangsweise*) o que lo que ella busca es el *lógos* de los *phenómena*».[126] Este impulso hacia la cosidad nos compromete con la cosa tal como se muestra, tal como aparece, más allá de una interpretación formalista.

No nos vinculamos a la cosa mentada por el concepto, sino con la realidad concreta o la cosa misma. Así, la llamada «a las cosas mismas» sugiere un rechazo a las nociones preconcebidas de las cosas en favor de un contacto directo con la cosa. Este impulso es crucial para afirmar que la fenomenología debe siempre analizar no solo el contenido cósico, es decir, lo que la cosa nos muestra, sino también la manera apropiada de acercarnos a ella. Cuando la cosa se revela, muestra tanto lo que es como la forma de conocerla. En este acto de manifestación, la realidad nos enseña tanto su ser como el camino para conocerla. La cosa misma revela su forma de ser accedida.

La aproximación a la realidad es dictada por la esencia misma de lo que se busca comprender, lo cual fundamenta la objeción a establecer un método o fenómeno fenomenológico universal. La imposición de una metodología única para el estudio fenomenológico significaría negar a cada entidad tanto su peculiaridad expresiva como su manera de mostrarse. Por ejemplo, el enfoque empleado para explorar una célula difiere sustancialmente del utilizado para apreciar una melodía. Pretender que el abordaje para interpretar un poema sea el modelo exclusivo para entender el entorno resultaría en un grave error.

---

126. Alfredo Zirión Quijano, «El llamado a las cosas mismas y la noción de fenomenología», en *Escritos de filosofía 43* (2003): 157-182, 177.

La fenomenología se enfoca en cómo se manifiesta el fenómeno, dejando de lado las predisposiciones del observador. Ese es precisamente el objetivo de las reducciones fenomenológicas y trascendentales que el mismo Husserl lleva a cabo a lo largo de sus investigaciones. La reducción, como hemos dicho antes, se implementa para suspender prejuicios, precondicionantes y presuposiciones. De hecho, la reducción podría entenderse como el antídoto contra todo dogmatismo, como A. D. Smith argumentó en su libro sobre las *Meditaciones Cartesianas* de Husserl. Asimismo, y como J. Siles i Borràs también debate extensamente en *The Ethical Character of Husserl's Phenomenology*, el mismo Husserl invoca en varios de sus escritos el principio de la «autorresponsabilidad» (*Selbstverantworlichkeit*) como el criterio ético por el cual la investigación fenomenológica debe guiarse en todo momento para rendir cuentas de su propio proceder y reorientarse si fuera necesario en virtud de sus nuevos descubrimientos.

Así pues, Marion puede seguir invocando a la fenomenología porque esta no se restringe ni limita a ninguno de sus principios. Siempre debe cuestionarse a sí misma, sus limitaciones, principios y doctrinas, para permitir que el objeto de su estudio se dé, se muestre, en su propia naturaleza o ser. El trabajo de Heidegger, Marion y Henry, entre muchos otros, son la más vívida expresión de ello. Esta «autorresponsabilidad fenomenológica», como podemos llamarla, y que el mismo Husserl identifica como una «llamada interior», no se detiene en el campo de una investigación académica. Debe entenderse como un principio universal que no se conforma con cualquier conocimiento libresco.

Sin embargo, a ojos de Marion esta misma propuesta husserliana de la autorresponsabilidad como esencia de todo proceder fenomenológico tiene consecuencias importantes que la misma fenomenología no debe pasar por alto. Concretamente, Marion escribe:

> *Le paradoxe initial et final de la phénoménologie tient précisé- ment à ceci qu'elle prend l'initiative de la perdre. Certes comme toute science rigoureuse, elle décide de son projet, de son terrain et de sa méthode,*

prenant ainsi l'initiative (…), mais, à l'encontre de toute métaphysique, elle n'ambitionne que de perdre cette initiative le plus tôt et le plus complètement possible, puisqu'elle prétend rejoindre les apparitions de choses dans leur plus initiale originarité.

La paradoja inicial y final de la fenomenología consiste precisamente en: que toma la iniciativa (de percibir lo manifiesto) para perderla. Como toda ciencia rigurosa, decide su proyecto, su terreno y su método, tomando así la iniciativa tan originalmente como le es posible; pero, contrariamente a toda metafísica, sólo ambiciona perder esta iniciativa lo más pronto y lo más completamente posible, puesto que pretende alcanzar las apariciones de las cosas en su originariedad más inicial […].[127]

Desde el punto de vista de Marion, solo mediante esta paradoja fundacional se revela que el enfoque metodológico inicial de la fenomenología establece las bases para que se desencadene su propia disolución en el proceso de automanifestación. El cometido de la fenomenología radica en su resolución a abstenerse de toda acción iniciadora por parte de la polaridad subjetual, permitiendo que la realidad emerja en su estado puro. Esto implica liberar al objeto de estudio, dejándolo simplemente ser, sin intervención, pues al intervenir es cuando el sujeto impone su método sobre el objeto, distorsionando su verdadera esencia.

Esa es la tarea de las diferentes reducciones que Husserl, Heidegger, Marion, Henry o nosotros mismos con la meditación, hemos implementado en nuestros respectivos estudios. Sin embargo, es precisamente aquí donde la paradoja emerge: la fenomenología toma la iniciativa con el fin explícito de abandonarla. Esta contradicción se manifiesta en el hecho de que, aunque la fenomenología adopta inicialmente una postura activa al definir su proyecto, campo de estudio y metodología, su intención última es

---

127. Jean-Luc Marion, *Siendo dado: Ensayo para una fenomenología de la donación*, trad., introd. y notas de Javier Bassas Vila (Madrid: Editorial Síntesis, 2008), 41.

despojarse completamente de esta actitud activa para alcanzar una comprensión genuina de la realidad tal cual es.

Este proceso implica establecer las condiciones para una desaparición ontológica que permita que la esencia del Ser se revele. Se trata, por tanto, de un tránsito radical de lo que se presume o se cree ser hacia lo que se es verdaderamente. Así, el empeño por desvelar la esencia del Ser conlleva, paradójicamente, un proceso propio de desaparición ontológica. La metodología fenomenológica, con toda su esencial autorresponsabilidad, se caracterizará, por tanto, por su autodisolución. Por eso afirma Marion que:

> *La méthode n'avance pas devant le phénomène, en le pré-voyant, le pré-disant et le pro-duisant, pour l'attendre d'emblée au bout du chemin qu'il entame á peine (metà hodós); désormais, elle marche justa u pas du phénomène, comme en le protégeant et lui dégageant le chemin.*

> El método no debe avanzarse al fenómeno, previéndolo, prediciéndolo, y produciéndolo, para esperar al final del camino apenas empezado (*metà hodós*); en lo sucesivo el método caminará junto al paso del fenómeno, como protegiéndolo y despejándole el camino.[128]

Dicho en términos ontológicos, nada puede anteceder al Ser, pues este lo subyace todo, incluso el lenguaje que el mismo Ser habita y en el que se desvela y oculta al mismo tiempo. Si algún método fuera capaz de preverlo, predecirlo o acelerarlo, se adelantaría al Ser, lo que significa que lo predispondría, cuya consecuencia no sería otra que el Ser dejaría de ser Ser para convertirse en un producto de un método. En este contexto, debemos considerar la postura de Marion frente al método fenomenológico y leerla a la luz de Heráclito. Heráclito sostiene que solo en la renuncia existe la posibilidad de esperar lo inesperado: «Si no se espera lo inesperado, no se lo hallará, dado lo inhallable y difícil de acceder que es».[129]

---

128. Ibid., 42.
129. Heráclito, *Fragmentos presocráticos: de Tales a Demócrito*, introd., trad. y notas de Alberto Bernabé Pajares (Madrid: Alianza Editorial, 2008), 130 (frag. 18, DK 22B18).

Así pues, el requisito primordial de la fenomenología es la renuncia a la acción para mantener un estado de pasividad que permita la más pura observación. Esta tarea, que en apariencia podría considerarse trivial y sencilla, se erige en realidad como uno de los retos más significativos de la investigación. El mayor desafío para la fenomenología, así como para la filosofía y las diferentes ciencias, es renunciar a toda actividad que pudiera predisponer al objeto como tal para darse en un modo determinado y con unas características concretas. Marion apunta a la necesidad de permanecer en un estado de quietud y silencio que se centre exclusivamente en afinar nuestra capacidad de percibir sin caer en la tentación de actuar.

Al conservar la calma y evitar formular juicios acerca de la oscuridad, sin definirla como algo perjudicial o beneficioso, evitamos las turbulencias que se generan en nuestra mente. Es precisamente esta serenidad mental la que tiene el poder de diluir las sombras. En este sentido, resulta crucial adoptar una actitud de atenta observación distante, pasiva, sin prejuicios ni marcos preestablecidos, similar a la de alguien que desde la cima de una colina observa un valle cubierto por la sombra y se deja abrazar por ella. En este dejarse abrazar, y a medida que la consciencia meditativa se intensifica abriéndose a lo que le acontece, prestándole atención sin tratar de conceptualizarla, la oscuridad se evapora por sí sola. Entonces el observador percibe en su interior una luz que se proyecta por naturaleza y revela la sombra como sombra, disipando la penumbra.

En este proceso hacia la meditación, el mérito personal no ocurre y, por tanto, no corresponde reclamarlo como tal. En el estado meditativo, se ausentan el ego y cualquier impulso de organizar o normar la comprensión de lo que nos sobrecoge. Todo lo que hay es una norma universal, una manera de Ser, que gobierna el dominio interno. La clave radica en aceptar y someterse a esta norma para dejar que opere libremente sin intervenciones. Cualquier interferencia por nuestra parte solo creará obstáculos e impedimentos, y corromperá lo que se nos da, lo que nos abruma y sobrecoge desde la más pura de las otredades en lo más profundo del Ser.

Esto es precisamente lo que Lao Tzu denominó «acción mediante la no-acción», y el zen, «el esfuerzo sin esfuerzo». Como hemos expuesto hasta ahora, la esencia de esta acción sin esfuerzo y del esfuerzo sin acción es el modo en que la luz interior del Ser brilla. Esa luz eterna ilumina la oscuridad como oscuridad misma y nos permite acoger la otredad sin necesidad de pensarla. En las profundidades de nuestro interior reside la perfección, no es necesario cambiar nada. Aunque alrededor reine la corrupción, el centro todos permanecemos en la pureza. Nuestra verdadera esencia última es la eterna luz del Ser. En este contexto, el Sendero Retroprogresivo de la meditación consiste, precisamente, en el reconocimiento de nuestra propia luminosidad.

Como dijimos en capítulos anteriores, esta visión de la meditación se acerca a la metodología fenomenológica según Marion. También guarda afinidad con Heidegger, pues se trata de una disposición interior que nos permite hundirnos en nuestro propio Ser, en la presconsciencia más absoluta, para que el fenómeno, o la donación, se revele como lo que es, más allá de nuestras capacidades subjetivas.

Ahora bien, todas las técnicas de meditación son solo introductorias. La auténtica meditación se inicia junto con el reconocimiento de que la actividad constituye un obstáculo. La inactividad, o la abstención de toda actividad, es lo que permite que la existencia nos transforme, renovándonos. Lamentablemente, la sociedad educa al ser humano para la actividad, condenando la inactividad al ostracismo y tildándola de pereza e infructuosa. Esta concepción puede ser valedera en lo que respecta a la realidad objetual exterior, pero en ningún caso debe entenderse así con relación al interior.

Precisamente es la pasividad, la inactividad, entendida como no agencialidad, la que abre la correlacionalidad con Dios. Eso no significa que optemos por la inactividad para tratar de convertir a alguien en adorador de un Dios personal celeste que, en el fondo, no es más que un espejismo, una creación de nuestra propia actividad. Al contrario, la pasividad de la meditación es lo que nos abre al Dios interior, al absoluto que lo subyace todo y en todo momento. La auténtica realidad reside en uno mismo; y para descubrir el fundamento de toda existencia y vida, basta con dirigir la mirada hacia el interior, hacia el propio Ser. Como ya escribió el mismo Husserl al final de sus *Meditaciones Cartesianas*, citando a San Agustín en *De vera religione* (39, 72), con relación a la inscripción que supuestamente se podía leer a las puertas de un Oráculo: *Noli foras ire, in teipsum redi; in interiori homine habitat veritas*, eso es, «No vayas fuera de ti; dentro de ti, en el interior del hombre habita la verdad».[130]

La metodología propuesta aquí de «entrar en sí mismo» no constituye ni debe entenderse como algún tipo de acción activa; simplemente requiere que uno se posicione en tranquilidad, y así descubrirá de manera gradual cómo se adentra en su esencia, posiblemente guiado por una suerte de atracción análoga a la magnética. Se aconseja una entrega incondicional a este tirón, a esta «llamada», como lo hemos denominado antes siguiendo la terminología de Husserl, Heidegger o Marion.

Meditar es dejarse engullir por la realidad interior, por la luz del Ser que brilla en el interior, en el mismo palpitar de la vida, sin resistirse, sin oponerse, y más aún, sin aspirar a superarla ni trascenderla. Meditar es, también, hacer caso omiso de los cantos de sirena de la siempre hambrienta subjetividad egoica que surge para controlar, conceptualizar y, con su linterna, amortecer la luz interior preegoica y preagencial. Al contrario, dejarse engullir no es el resultado de ninguna aspiración ferviente, ni de un deseo ni una voluntad primigenia que siempre son del sujeto, sino de la espera, la observación y la paciencia.

La meditación como elemento metodológico de la fenomenología

Marion, en su revisión conceptual, aborda el método desde una perspectiva renovada, distinta de la presentada en un primer momento en *Reducción y donación*, donde se contemplaba la idea de una

---

130. Edmund Husserl, *Meditaciones cartesianas*, introd., trad. y notas de Mario A. Presas (Madrid: Ediciones Paulinas, 1979), 234.

fenomenología negativa. En esta nueva fase, el método se orienta a revelar el fenómeno, con el propósito específico de demostrar cómo el «yo» independiente o ego permite que algo se manifieste en su auténtica presencia. El enfoque se centra en una postergación del fenómeno egoico como la manifestación de la esencia del Ser. Este proceso se justifica porque sienta las bases para su propia anulación, volviéndose esencial en la fenomenología. No produce ni sintetiza, prepara el terreno para que el fenómeno emerja.

Según esta visión, la esencia de la donación determina que nada precede al fenómeno salvo su manifestación autónoma, implicando que el fenómeno emerge sin un origen externo a su propia existencia. Marion retoma aquí parcialmente la posición de Husserl en *La idea de la fenomenología* y lo cita: «la donación absoluta es un término último (*absolute Gegebenheit ist ein Letztes*)».[131] Adquiere un carácter definitivo cuando ocurre la revelación del acto de manifestación que confirma la esencia del fenómeno dado mediante el proceso de la reducción.

En este estudio, proponemos la meditación como desarrollo y clarificación de la metodología fenomenológica. Esto asume un cambio de paradigma tanto para la fenomenología como campo de investigación como para la concepción epistemológica. En el ámbito del conocimiento, se distinguen el sujeto, el objeto y el acto de conocer. En la concepción clásica de la teoría del conocimiento, el objeto es considerado pasivo, siendo el ente conocido, mientras que el sujeto actúa como el agente cognoscente activo. En función de esto, todo intento por trascender las limitaciones de esta estructura está destinado al fracaso desde su inicio, debido a que la raíz del esfuerzo es siempre el fenómeno egoico, independientemente de la naturaleza y la orientación que pudiera tomar la investigación.

Esta estructura, fundamentada en el esfuerzo egoico, plantea un «yo» separado, independiente y libre, que se embarca en una búsqueda para obtener más, conseguir más, adquirir más, procurar más, fuera de sí. Esta estructura epistemológica ha empapado toda

---

131. Marion, Jean-Luc. *Siendo dado: Ensayo para una fenomenología de la donación*. Traducción, presentación y notas de Javier Bassas Vila. Madrid: Editorial Síntesis, 2008, 54. Citando Edmund Husserl, *Die Idee der Phänomenologie. Fünf Vorlesungen*, ed. Walter Biemel, Husserliana III (Den Haag: Martinus Nijhoff, 1950), 9.

concepción relativa al «yo». Este mismo «yo» ansía más riqueza, una vivienda más grande, un vehículo más lujoso, una pareja más atractiva, más de esto y mucho más de aquello.

El problema de la epistemología es que no es inocente. Al contrario, la epistemología ha sido la responsable de dibujar los parámetros de la realidad occidental, y ahora ya no solo occidental. Esa es la realidad egoica. Sin embargo, el ego no se limita a esta faceta, pues también puede adoptar una estrategia alternativa y permitir que la serenidad y el sosiego lo libren de su actividad epistemológica y pueda entregarse a la meditación para dejarse abrazar por la luz que brilla en su interior y lograr la santidad. Este es, de nuevo, el mismo juego, pero jugado en un ámbito diferente. El mismo ego que antes buscaba adornarse con atributos materiales, ahora desea embellecerse con cualidades religiosas y espirituales, pero para ello debe poner su actividad en suspenso y entregarse, dejarse engullir, por su propia dimensión preegoica.

Esta es la clave de la cuestión: si el objetivo es superarse a uno mismo, el ego se condena a su propio esfuerzo. Movido por su avidez, el ego busca mejorar y convertirse en alguien distinto. Pero esa idea de cambio es invención suya. Reconocer al ego como el verdadero obstáculo abre paso a la conversión genuina, como señala Husserl en la sección 35 de *La Crisis de las ciencias europeas y la fenomenología trascendental*. Allí sostiene que la fenomenología trascendental propone la transformación existencial más radical, comparable solo a una «conversión religiosa». Conversión, del latín *conversio*, significa girar hacia uno mismo, a diferencia de revolución, del latín *revolutio*, que implica un cambio externo.

La «conversión religiosa» es radical (del latín *radicalis*) que significa un cambio de raíz (*radix*). El término «religiosa» (del latín *religio*) se entiende en su traducción literal, eso es, como «consciencia escrupulosa». El giro hacia la raíz de la interioridad se lleva a cabo escrupulosamente y sin mediación de prejuicios o presuposiciones como toda falsa religión. Esta conversión surge naturalmente al desentrañar, al poner a un lado y en suspenso, las maquinaciones del ego.

Esta llamada a la pasividad, la meditación y el sosiego, contrasta con nuestra sociedad contemporánea, en la que se observa una inclinación dominante hacia la actividad constante. Desde una edad temprana, somos instruidos y obligados a actuar. Esta enseñanza ha permeado tan profundamente nuestras vidas que ahora resulta insólito y atípico tomarse unos minutos del día para simplemente no hacer nada. La mayoría de las personas se encuentra atrapada en un torbellino incesante de tareas y compromisos. En esos escasos momentos de respiro entre nuestras numerosas obligaciones, buscamos ansiosamente alguna forma de ocupar esos intervalos vacíos, ya sea encendiendo un cigarrillo, revisando el teléfono, viendo televisión, jugando en el ordenador o participando en cualquier otra actividad recreativa. La intención detrás de estas acciones es evitar a toda costa ese vacío de inactividad. Este fenómeno se ha convertido en una característica distintiva de nuestro tiempo, donde la inercia de la actividad constante domina nuestras vidas. La presión social y cultural nos empuja a mantenernos siempre ocupados, a considerar la inactividad como algo improductivo y, por ende, indeseable. Esta obsesión por la ocupación perpetua nos lleva a ver la pausa y el descanso no como necesidades esenciales para el bienestar humano, sino como lapsos que deben ser llenados inmediatamente con alguna forma de distracción. A medida que navegamos por nuestros días, cargados de responsabilidades y compromisos, rara vez nos permitimos un momento para la contemplación o el simple acto de no hacer nada. Esta ausencia de tiempo para la reflexión personal y el descanso auténtico crea una cultura donde el valor de la quietud se ha perdido. En consecuencia, nuestra capacidad para disfrutar de la serenidad y el sosiego se ve comprometida, ya que hemos sido condicionados para ver estos momentos como carencias que deben ser subsanadas rápidamente con alguna forma de ocupación. Este impulso hacia la actividad constante y la aversión al vacío de la inactividad pone de manifiesto una transformación en nuestra forma de vivir y experimentar el tiempo. En un mundo donde el éxito y la productividad se miden por la cantidad de actividades que podemos realizar en un día, la inactividad se ha convertido en un lujo que pocos se permiten. La presión por mantenernos ocupados en todo momento nos priva de la oportunidad de experimentar el verdadero descanso y la paz interior que solo se pueden encontrar en los momentos de quietud.

Es fundamental reconocer y cuestionar esta tendencia a la hiperactividad que define nuestra sociedad actual. La inactividad no es sinónimo de pereza o improductividad, sino una parte necesaria de la vida humana que también permite la regeneración mental y emocional. Al aprender a valorar y a incorporar momentos de auténtica inactividad en nuestras rutinas diarias, podemos recuperar un equilibrio que nos permita vivir de manera más plena y consciente. La verdadera sabiduría radica en encontrar el valor en la pausa y el silencio, permitiéndonos así redescubrir el poder del simple acto de no hacer nada.

A diferencia de Occidente, donde la pasividad ha sido vilipendiada bajo los auspicios de algunas corrientes tradicionales, Oriente ha valorado desde siempre la paz, la tranquilidad y el disfrute que reside en la simpleza de no hacer nada. El gran místico del Budismo Zen Basho lo expresó con gran sabiduría cuando dijo: «Sentarse tranquilamente, sin hacer nada, la primavera llega y la hierba crece por sí sola».

La pasividad, o inactividad, de la que aquí estamos hablando no debe confundirse con lo que se suele llamar «tener pensamientos positivos». Muchos creen que serían felices si sus pensamientos fueran positivos, como si su bienestar dependiera de la calidad del contenido de la actividad mental. Sin embargo, el problema no reside en el contenido de los pensamientos sino en el acto y en la actividad misma del pensar. La mente es una actividad y, por ende, sería más apropiado referirse a ella como «mentación» que como mente. Literalmente hablando, podríamos decir que, al «mentar», la mente miente y que, por tanto, todo lo «mentado» es mentido.

Este proceso es similar a bailar. El baile se produce cuando el bailarín baila; si el bailarín se detiene, el baile cesa. No podemos decir que, si el bailarín simplemente se sienta, el baile se ha detenido. El bailarín posee piernas y las facultades para bailar, pero no está bailando. Las piernas pueden danzar, pero si se detienen, entonces las piernas y las facultades están ahí, pero no la danza. En este sentido, la consciencia es como las piernas del bailarín, mientras que la mente es el bailar. Si el movimiento se detiene, la mente desaparece. Así como el bailarín tiene piernas y capacidad de danzar, aunque permanezca quieto, el ser humano permanece en cierto modo consciente, incluso en ausencia de la mente. Este estado de la consciencia, que también incluye dimensiones como la preconsciencia o la consciencia inconsciente que antes hemos mencionado, y que no es reducible a la mente, constituye la esencia del budismo zen.

Al decir que «la hierba crece por sí misma», Basho sugiere que el crecimiento de aquel estado trascendental a la mente ocurre sin esfuerzo y sucede espontáneamente. Es posible regar y cuidar la hierba, pero es imposible forzar su crecimiento porque este es autónomo. Obviamente, es imposible acceder a un estado de inactividad a través de algún esfuerzo activo. En cierto modo, nos encontramos frente a un dilema porque el objetivo consiste en meditar, pero sin llevar a cabo ninguna actividad que nos lleve a ello. Por eso, antes hemos hablado de entregarse o dejarse engullir. Solo en estos términos la sabiduría de la frase de Basho cobra sentido.

Algo similar ocurre con el sueño o la relajación, los cuales no es posible forzar, sino que solo podemos permitir, entregarnos a ellos. Podemos comprar una buena cama con un confortable colchón, apagar las luces y cerrar las ventanas, pero es imposible forzarnos a dormir. Cuanto más tratemos de dormir, más esquivo se volverá el sueño. Lo mismo ocurre con la relajación: cuanto más trate uno de relajarse, más tenso estará. También ocurre con el amor hacia otra persona. No desempeñamos papel alguno en la gestación del amor. Este se manifiesta en nosotros ajeno a nuestra voluntad, como la vegetación que crece sin intervención en la tierra fértil.

El miedo al amor nace de su carácter indomable y su resistencia a ser domesticado. A menudo se atribuye a este sentimiento una ceguera, criticándolo por su supuesta falta de guía; sin embargo, es precisamente en este estado donde se revela una percepción profunda de la realidad. El amor es el único lente capaz de revelar una comprensión genuina del Ser, aunque muchos lo juzguen febril o delirante. Esta percepción de pérdida de dominio es indicativa de que la existencia misma asume el control. El amor, así como la verdad, surge de un núcleo sagrado, y por eso, no es casualidad que figuras trascendentales como Jesús hayan proclamado que «Dios es amor» o una expresión equivalente, «el amor es Dios». Ambos emanan de una fuente común, brotando de forma natural sin requerir de nuestra intervención como sujetos para su florecimiento.

En este contexto, Marion desplaza la atención de la dinámica husserliana, que privilegia la acción del sujeto en el conocimiento, hacia la dinámica propia del objeto que se revela al ser conocido. A diferencia de Husserl, para quien el sujeto cognoscente juega un papel central, Marion enfatiza la manifestación del objeto conocido en su disposición a ser descubierto. En su esquema, los fenómenos denominados «pobres» no requieren de una participación intensa por parte del sujeto, debido a su predisposición limitada. Contrariamente, el «fenómeno saturado» demanda una elevada apertura por parte del sujeto para su plena comprensión. Una vez que se ha experimentado el fenómeno saturado, se considera que no hay más realidad por descubrir, situándolo como el ápice de la revelación fenomenológica. Marion propone transformar el método fenomenológico en lo que algunos han llamado un antimétodo. Esto ha generado una amplia gama de críticas que apuntan a un riesgo de pasividad en el sujeto cognoscente, lo cual podría comprometer su capacidad de actuar eficazmente dentro del marco fenomenológico. La preocupación radica en la posibilidad de que, ante la ausencia de un método estructurado y la inactividad del sujeto, quede una incertidumbre sobre la naturaleza de la actividad cognitiva en curso.

Este tema ostenta una relevancia significativa, puesto que la práctica de la meditación, intrínsecamente, no está sujeta a la implementación de técnicas o métodos específicos. No obstante, la adopción de métodos pareciera imperativa para eliminar las barreras que obstruyen el sendero hacia la meditación profunda. Resulta esencial comprender claramente que la esencia de la meditación no se halla en la técnica, sino en la consciencia desprovista de esfuerzo. La alerta, la atención, la observación, así como la consciencia inconsciente no se erigen como técnicas, sino como estados naturales del Ser. Sin embargo, el trayecto hacia esta observación se encuentra plagado de impedimentos que un sinnúmero de generaciones ha acumulado a lo largo de los milenios y que requieren ser erradicados. Por su propia naturaleza, la meditación carece de la facultad de disipar dichos obstáculos, emergiendo así la necesidad de una metodología que facilite su eliminación. Por lo tanto, la función de las técnicas meditativas radica meramente en allanar el sendero para el tránsito hacia la meditación.

Resulta crucial no confundir entre las técnicas y la meditación misma. El mercado espiritual pone a la venta técnicas de meditación pero no la meditación en sí. Quien predique que las técnicas son innecesarias para la meditación debe ofrecer una alternativa para abordar los obstáculos inherentes al proceso. La cuestión de si es viable adentrarse en la profundidad de la meditación sin recurrir a métodos preestablecidos desentraña un axioma oculto: la verdadera esencia de la meditación yace más allá de la técnica, erigiéndose como el único sendero hacia la autenticidad. La meditación se erige como la esencia intrínseca de nuestro Ser, un fulgor interno ansioso por elevarse y fusionarse con la infinitud y la eternidad.

Sin embargo, nuestra mente se impone como una cortina que oscurece la bóveda celeste. Las técnicas, entonces, asumen el papel de llaves místicas, destinadas a descorrer el telón que oculta la esfera celeste, abriendo así brechas por donde la luz puede filtrarse. Funcionan como el antídoto contra la ceguera autoimpuesta, permitiéndonos finalmente vislumbrar la inmensurable belleza de la luna y las estrellas. En este punto culminante, la meditación se despliega en su máximo esplendor, liberada de la necesidad de cualquier artificio. Definir la meditación como una presencia consciente es hablar de un estado de vigilia inherente, un despertar sin esfuerzo, una consciencia inconsciente. No obstante, ante la inclinación de la mente a peregrinar por laberintos temporales, extraviándose entre los ecos del pasado y las sombras del futuro, se revela imprescindible la adopción de técnicas que la anclen en el presente, el único instante verdaderamente tangible. Al conquistar este bastión temporal, el recurso a las técnicas se torna obsoleto, desvelando así la esencia destilada de la meditación, purgada de toda superfluidad. Se trata de desarrollar el pathos de la espera.

La dinámica de la espera se manifiesta de manera distinta cuando se experimenta en soledad comparada con cuando se vive colectivamente. En el silencio de la soledad, la espera se transforma en una experiencia intensamente personal, donde la anticipación de un suceso significativo se siente de una manera íntima y particular. En contraposición, cuando se comparte la espera, esta adquiere una naturaleza colectiva; por ejemplo, el anhelo compartido por una comunidad a la espera de la conclusión de un importante evento deportivo o un cambio político significativo crea una atmósfera de solidaridad y conexión. Ludwig Landgrebe, en sus estudios, señaló cómo la espera modifica nuestra percepción del tiempo, llevándonos a un estado donde el presente parece diluirse entre lo que ha pasado y lo que esperamos que suceda. Esta alteración en el fluir del tiempo nos dificulta situarnos en el ahora, pues nos encontramos mentalmente proyectados hacia futuros anticipados, ignorando el presente.

Estar en espera introduce un estado peculiar donde el momento actual parece eludirnos, concentrando nuestra atención en lo que está por venir. Aunque tratemos de distraernos con otras actividades, internamente somos conscientes de que estos intentos son meramente formas de sortear la inquietud que trae consigo la espera. Esta idea se ejemplifica en una persona que, mientras espera una llamada telefónica, se distrae leyendo un libro, demostrando que, pese a intentar enfocarse en otra tarea, la espera sigue siendo el centro de su atención. En conclusión, la espera tiene el poder de desvincularnos del presente, ya sea en momentos de aislamiento o en compañía, al mismo tiempo que otro presente absorbe el pasado y el futuro que transitan por él. A pesar de nuestros esfuerzos por manejar esta sensación de diferentes maneras, la espera tiene una capacidad única para fijar nuestra atención en lo que está por venir, relegando la experiencia del momento actual. En los próximos capítulos volveremos sobre la cuestión de la espera y su relación con la noción del tiempo.

CAPÍTULO 28

LA MANIFESTACIÓN DIVINA

La interdependencia entre el Ser y el conocer

El debate abierto por Marion y Henry nos permite precisar qué es la fenomenología y cómo opera su método. Además, nos ayuda a replantear preguntas esenciales dentro del pensamiento occidental. La controversia emerge al considerar si los objetos se revelan según nuestra intención hacia ellos o si, por el contrario, su manifestación exige un tipo específico de atención. Es decir, ¿adaptamos nuestra percepción a la manera en que se nos presenta el objeto o el objeto se ajusta a nuestra percepción? Formulada fenomenológicamente, la pregunta sería: ¿qué prima: la intencionalidad de la consciencia o la donación del objeto? ¿Existe un ajuste entre nuestra disposición y la manifestación del objeto o necesitamos alinear nuestra percepción a la forma en que el objeto se revela?

La respuesta debe abordarse desde dos planos. Desde la esfera del Ser, o fenomenología genética, prevalece la manifestación auténtica del objeto. Desde la esfera del conocimiento, lo que prevalece es nuestra disposición a conocerlo. En el ámbito del Ser, la realidad que se manifiesta se define por su existencia auténtica, tal como la divinidad se manifiesta ante el ser humano en su propia esencia divina. Sin embargo, para hacerse accesible y visible, asume una forma humana, facilitando así su comprensión por parte de los seres humanos. Esta dinámica, que es obvia en el cristianismo con la figura de Jesucristo, es también comparable a la noción de Iśvara en el *vedānta* o a las diversas encarnaciones divinas. La divinidad, en su esencia, no puede ser plenamente aprehendida por nosotros a menos que se revele en términos comprensibles, adoptando forma humana. Por lo tanto, dado que la naturaleza divina prevalece sobre cómo se presenta a nuestro conocimiento, esta opta por manifestarse de una manera que resuene con la experiencia cognoscible humana, a través de sus avatares o incluso a través de un maestro espiritual, permitiendo así una conexión y comprensión más profundas.

El *Aditya Purāṇa* dice:

अविद्यो वा सविद्यो वा गुरुरेव जनार्दनः ।
मार्गस्थो वाप्यमार्गस्थो गुरुरेव सदा गतिः ॥

avidyo vā sa-vidyo vā
gurur eva janārdanaḥ
mārga-stho vāpy amārga-stho
gurur eva sadā gatiḥ

Ya sea ignorante o erudito, el maestro espiritual es Dios mismo. Tanto si sigue el camino como si no, el maestro espiritual es siempre nuestro refugio.

(*Aditya Purāṇa*, 15.33)

El *Bhāgavata Purāṇa* dice:

आचार्यं मां विजानीयान्नावमन्येत कर्हिचित् ।
न मर्त्यबुद्ध्यासूयेत सर्वदेवमयो गुरुः ॥

ācāryaṁ māṁ vijānīyān
nāvamanyeta karhicit
na martya-buddhyāsūyeta
sarva-deva-mayo guruḥ

Uno debe conocer al *ācārya* como Yo Mismo y nunca ser irrespetuoso con el de ninguna manera. Uno no debe envidiarle, o pensar que se trata de un ser ordinario, porque él es el representante de todos los dioses.

(*Bhāgavata Purāṇa*, 11.17.27)

La misma idea se transmite en el Nuevo Testamento, en el libro de Juan precisamente, donde leemos, primero:

Yo y el Padre uno somos.

(Juan, 10:30)

El que me ha visto a mí, ha visto al Padre.

(Juan, 14:9)

La misma idea se expresa de nuevo en el *Bhāgavata Purāṇa*:

कृष्णवर्णं त्विषाकृष्णं साङ्गोपाङ्गास्त्रपार्षदम् ।
यज्ञैः सङ्कीर्तनप्रायैर्यजन्ति हि सुमेधसः ॥

kṛṣṇa-varṇaṁ tviṣākṛṣṇaṁ
sāṅgopāṅgāstra-pārṣadam
yajñaiḥ saṅkīrtana-prāyair
yajanti hi su-medhasaḥ

En la Era de Kali, las personas inteligentes entonan cánticos congregacionales para adorar a la encarnación de Dios que canta constantemente los nombres de Kṛṣṇa. Aunque Su complexión no es negruzca, Él es Kṛṣṇa mismo. Le acompañan Sus asociados, sirvientes, armas y compañeros confidenciales.

(*Bhāgavata Purāṇa*, 11.5.32)

En el orden del Ser, Dios, o la consciencia, se muestra constantemente. En el orden del conocimiento, se muestra como fenómeno pobre o saturado, según nuestra manera de conocer. En otras palabras, en el primero, se manifiesta incesantemente, mientras que, en el segundo, se revela a través de fenómenos, ya sean pobres o saturados, en función del enfoque humano hacia el conocimiento. Esta doble faceta que la donación del Ser y la capacidad cognitiva expresan para entender el Ser fenoménicamente está presente en otras tradiciones filosóficas y religiosas.

Según la tradición vedántica, por ejemplo, un avatar, aunque humano en forma, es reconocido como la encarnación de la divinidad misma. Mahatma Gandhi en su comentario al *Bhagavad-gītā* dice que a medida que esta esencia divina se intensifica y consolida en un individuo, este se aleja de su condición humana. En su máxima expresión, se le considera una divinidad encarnada o una deidad que ha tomado forma humana. En la medida que somos más chispa somos menos humanos y si alguien es totalmente dicha chispa es porque prácticamente ha trascendido lo humano.

Esta diferenciación entre fenómenos limitados o plenos se vincula con cómo la divinidad se percibe a través del conocimiento. Según Marion, cualquier fenómeno puede considerarse pobre o saturado dependiendo de la perspectiva desde la cual se le aborde. Por lo tanto, sería el Ser mostrándose según el conocimiento porque no es el acto de revelación el que limita, sino la disposición con la que la consciencia aborda dicho fenómeno. Tomando como ejemplo la afirmación de que Dios es Jesús y que la única iglesia verdadera es la católica, aquel que se cierra a esta única interpretación experimenta a la divinidad como un fenómeno pobre, debido a su incapacidad para reconocerla en su plenitud. En contraste, quien percibe a la divinidad como un fenómeno pleno y saturado reconoce que la manifestación divina trasciende cualquier límite impuesto por la percepción individual, aceptando que la divinidad puede revelarse a través de todo ser iluminado de cualquier tradición religiosa. Es decir, la percepción del fenómeno saturado nos abre a la poliforme manera que tiene Dios de mostrarse. Quien está en la plenitud del fenómeno saturado reconoce que Dios no se agota en lo que yo pueda percibir de Él. Por lo tanto, el desafío no reside en la naturaleza de la revelación, sino en la intencionalidad con la que la consciencia se aproxima a ella.

El fenómeno «nuevo»: asombro y repetición

La consciencia cerrada solo conoce el fenómeno pobre. La apertura de la consciencia hacia el fenómeno revela una dimensión de conocimiento que trasciende la mera superficie. Del mismo modo que el Ser se presenta ónticamente, es decir, en el ente, para servir como puntal a lo ontológico, lo divino, lo sacro, en su interacción con la percepción humana, se manifiesta de manera que actúa como un vínculo hacia una comprensión ontológica más profunda. El Ser se presenta como humano para la perspectiva óntica para servir como puntal a lo ontológico. La divinidad, en su interacción con la percepción humana, se manifiesta de manera que actúa como un vínculo hacia una comprensión ontológica más profunda. Este proceso se ilustra en las palabras de Jesús, donde se autoidentifica como «el camino, la Verdad y la vida; nadie viene al Padre, sino por mí» (Juan, 14:6). La interpretación tradicional del cristianismo, que se centra exclusivamente en la figura de Jesús, omite la esencia de su mensaje: servir como una vía hacia una realidad trascendental (el Padre).

El fenómeno saturado en su plenitud se ofrece de forma simplificada para constituirse en símbolo, a través del cual, desde una perspectiva óntica limitada, se posibilita el acceso a la trascendencia ontológica. Este concepto se extiende al reconocimiento del maestro como manifestación divina; es un fenómeno saturado que, al simplificarse en símbolo, permite al ser humano trascender hacia lo ontológico. Sin esta comprensión, la verdadera naturaleza y el propósito del maestro permanecen ocultos. Chaitanya Mahāprabhu encarna este principio, presentándose como un devoto para guiar a otros en el camino de la devoción y, de esa manera, acceder a lo ontológico.

Desde la perspectiva subjetiva, la interacción con lo divino implica una receptividad que trasciende la mera elección personal sobre cómo se manifestará el fenómeno. La forma en que la divinidad se revela está íntimamente ligada a nuestra disposición para recibirla. Si nos determinamos a recibirlo desde la profundidad de lo saturado, se manifiesta como Ser. Por el contrario, una predisposición hacia lo fenomenológicamente «pobre» limita nuestra experiencia a que se manifieste ónticamente, es decir, como ente objetivado.

La práctica devocional diaria del hinduismo, como la adoración a Kṛṣṇa mediante la ofrenda de flores e incienso, ejemplifica cómo nuestra receptividad moldea la manifestación de lo divino. Al honrar, adorar o venerar a estas figuras, se establece un vínculo óntico con la divinidad, manifestándose en la esfera de lo concreto. La idolatría ocurre cuando se confunde la esencia divina con las representaciones físicas, es decir, el Ser con el ente.

Este punto nos permite ahora volver a las discusiones en torno a la fenomenología de lo oculto, destacando la noción del «fenómeno nuevo» o «inédito». Esta noción pone de relieve el debate sobre «las cosas mismas» y su aplicabilidad o no a los objetos de investigación en las disciplinas científicas. Según Marion, nos encontramos ante un grado de fenomenicidad que podría considerarse como «pobre». Tanto los fenómenos experimentados en la vida diaria como aquellos estudiados por la ciencia se categorizan como «fenómenos pobres». Los «fenómenos nuevos», en cambio, son aquellos capaces de impulsarnos hacia nuevas interpretaciones del Ser, aún no asimiladas. Un «fenómeno nuevo» o «inédito» es aquel que todavía no ha sido ontificado pero que es posible ontificar, es decir, que aún no se ha integrado plenamente en nuestra comprensión del Ser, pero tiene el potencial de integrarse. Aquello que ya hemos integrado y comprendido se considera «ente», por haber sido ya asimilado, es decir, conceptualizado y pensado como objeto intencional de la consciencia.

El fenómeno nuevo, por contra, es «el Último Dios» o aquella deidad aún no poseída, no pensada ni conceptualizada, y destinada a permanecer en el umbral de lo insondable. La manifestación de la existencia se condiciona a su capacidad para revelarse nueva e inéditamente. Es decir, la única manera de que se muestre el Ser es que se vuelva a mostrar «de nuevo». Este aspecto de lo «novedoso» es importante porque nos permite profundizar en la noción de la relacionalidad con el Ser que hemos ido describiendo a lo largo de nuestro estudio, vinculándola ahora con dos otras cuestiones importantes como son el asombro y la repetición.

En primer lugar, lo novedoso como tal está vinculado a la cuestión del «asombro» como fundamento de la filosofía, entendiendo por asombro la facultad de discernir novedades dentro de lo perpetuamente idéntico. *Taumatso*, o 'el asombro', es la capacidad de descubrir algo nuevo en lo mismo de siempre. Esta cuestión se expone especialmente en la filosofía de Soren Kierkegaard. Las primeras palabras de su famosa obra titulada *La repetición* dicen:

Todo el mundo sabe que cuando los Eleatas negaron el movimiento, Diógenes les salió al paso como contrincante. Digo que «les salió al paso», pues en realidad Diógenes no pronunció ni una sola palabra en contra de ellos, sino que se contentó con dar unos paseos por delante de sus mismas narices, con lo que dejaba suficientemente en claro que los había refutado. Algo semejante me ha acontecido a mí mismo, por cuanto hacía ya bastante tiempo que me venía ocupando, especialmente en determinadas ocasiones, el problema de la posibilidad de la repetición y de su verdadero significado, si una cosa pierde o gana con repetirse, etcétera, hasta que un buen día se me ocurrió de repente la idea de preparar mis maletas y hacer un viaje a Berlín. Puesto que ya has estado allí una vez, me dije para mis adentros, podrás comprobar ahora si es posible la repetición y qué es lo que significa. En mi propia casa, y dentro de las circunstancias habituales, me sentía como estancado en torno a este problema, que por cierto, dígase lo que se quiera sobre el mismo, llegará a jugar un papel muy importante en la nueva filosofía. Porque la repetición viene a expresar de un modo decisivo lo que la reminiscencia representaba para los griegos. De la misma manera que éstos enseñaban que todo conocimiento era una reminiscencia, así enseñará también la nueva filosofía que toda la vida es una repetición. Leibniz ha sido el único filósofo moderno que lo ha barruntado. Repetición y recuerdo constituyen el mismo movimiento, pero en sentido contrario. Porque lo que se recuerda es algo que fue, y en cuanto tal se repite en sentido retroactivo. La auténtica repetición, suponiendo que sea posible, hace al hombre feliz, mientras el recuerdo lo hace desgraciado, en el caso, claro está, de que se conceda tiempo suficiente para vivir y no busque, apenas nacido, un pretexto para evadirse nuevamente de la vida, el pretexto, por ejemplo, de que ha olvidado algo. Un autor ha dicho que el amor-recuerdo es el único feliz. Esta afirmación, desde luego, es muy acertada, con la condición de que no se olvide que es precisamente ese amor el que empieza haciendo la desgracia del hombre. El amor-repetición es en verdad el único dichoso. Porque no entraña, como el del recuerdo, la inquietud de la esperanza, ni la angustiosa fascinación del descubrimiento, ni tampoco la melancolía propia del recuerdo. Lo peculiar del amor-repetición es la deliciosa seguridad del instante. La esperanza es un vestido nuevo, flamante, sin ningún pliegue ni arruga, pero del que no puedes saber, ya que no le has puesto nunca, si te cae o sienta bien. El recuerdo es un vestido desechado que, por muy bello que sea o te parezca, no te puede caer bien, pues ya no corresponde a tu estatura. La repetición es un vestido indestructible que se acomoda perfecta y delicadamente a tu talle, sin presionarte lo más mínimo y sin que, por otra parte, parezca que llevas encima como un saco. La esperanza es una encantadora muchacha que, irremisiblemente, se le escurre a uno entre las manos. El recuerdo es una vieja mujer todavía hermosa, pero con la que ya no puedes intentar nada en el instante. La repetición es una esposa amada, de la que jamás llegas a sentir hastío, porque solamente se cansa uno de lo nuevo, pero no de las cosas antiguas, cuya presencia constituye una fuente inagotable de placer y felicidad. Claro que, para ser verdaderamente feliz en este último caso, es necesario no dejarse engañar con la idea fantástica de que la repetición tiene que ofrecerle a uno algo nuevo, pues entonces le causará hastío.[132]

La reiteración, concebida como una vuelta a lo ya conocido, pero bajo un disfraz novedoso, es esencial para el mantenimiento del interés. Cuando se presenta algo completamente inédito, puede provocar una sensación de fatiga o desinterés. Por lo tanto, el acto de repetir implica regresar a experiencias previas, aunque estas se presenten envueltas en un atuendo distinto. A modo

---

132. Søren Kierkegaard, *Obras y papeles de Sören Kierkegaard*, trad. Demetrio Gutiérrez Rivero (Madrid: Editorial Guadarrama, 1961–1975), 11 vols.

de ejemplo, se narra una anécdota en la que un aprendiz de karate le pregunta a su mentor cuánto tiempo tendrá que seguir practicando la misma *kata*, término con el que nos referimos a un conjunto de movimientos en secuencia. La respuesta del maestro es reveladora: le indica que no tiene que practicar la misma *kata*, argumentando que, si el discípulo hubiera observado con detenimiento, habría comprendido que nunca repitió exactamente la misma secuencia de movimientos en dos ocasiones. La esencia de su enseñanza radica en la consciencia plena durante la ejecución de la *kata*, subrayando la idea de que es inviable llevar a cabo idénticamente la misma secuencia más de una vez. Esta perspectiva invita a la reflexión sobre la profundidad y la renovación constante en la práctica, enfatizando la singularidad de cada ejecución y el aprendizaje continuo que esta conlleva. Como escribió Garth Stein en su novela *El arte de conducir bajo la lluvia*: «A las personas, como a los perros, les encanta la repetición. Perseguir una pelota, recorrer la recta de un circuito de carreras, tirarse por un tobogán. Porque cada repetición es igual pero distinta al mismo tiempo».[133]

El *taumatso*, por su parte, se refiere a la capacidad de experimentar asombro ante lo ya experimentado, sin el cual, la renovación sería imposible, pues la fe se convertiría en hastío y recuerdo. El término *taumatso* destaca, por lo tanto, la profundidad y riqueza que puede encontrarse en la repetición y la observación detenida de lo vivido. Como en el caso del devoto, abordar experiencias o conocimientos previos con una perspectiva renovada despierta una sensación de maravilla y descubrimiento que, a menudo, pasa desapercibida en la cotidianidad. Es más, es el asombro que despierta la repetición el que, a su vez, invita a la posterior reflexión filosófica con la cual conseguimos una apreciación más profunda de los aspectos de la vida que, a simple vista, podrían considerarse ordinarios o rutinarios, revelando su complejidad inherente.

---

133. Garth Stein, *El arte de conducir bajo la lluvia*, trad. Agustín Pico (Madrid: Penguin Random House Grupo Editorial, 2010).

Del conocimiento concreto al amor absoluto

Podemos alcanzar un conocimiento de las personas semejante al que poseen dentistas, carteros o comerciantes acerca de nuestras vidas. En esta línea, el dentista está familiarizado únicamente con las características de nuestra dentadura; el cartero, por su parte, reconoce exclusivamente nuestra ubicación residencial; mientras que el comerciante comprende nuestras preferencias de consumo. Al mismo tiempo, hay quienes persiguen un entendimiento de la divinidad análogo a esta modalidad, es decir, aspiran a identificar a Dios mediante la aprehensión de elementos distintivos como su denominación, el lenguaje que le es propio, sus inclinaciones, sus anhelos y su localización. No obstante, si realmente deseamos conocer a una persona, no debemos preguntarle qué piensa, sino más bien qué ama. Nuestras pasiones hablan con mayor elocuencia acerca de nuestra realidad que las construcciones lógicas o racionales. Para acceder al conocimiento verdadero es, por lo tanto, necesario recurrir al corazón y no a la mente. En el libro de Deuteronomio, leemos:

וְיָדַעְתָּ הַיּוֹם וַהֲשֵׁבֹתָ אֶל לְבָבֶךָ כִּי ה' הוּא הָאֱלֹהִים בַּשָּׁמַיִם מִמַּעַל וְעַל הָאָרֶץ מִתָּחַת אֵין עוֹד:

(דברים ד' ל"ט)

Y sabrás hoy, y reflexiona en tu corazón que el Señor es Dios arriba en el cielo y abajo en la tierra, no hay otro.

(Deuteronomio, 4:39)

Este verso comienza con la palabra hebrea *iadata*, que es la conjugación del verbo 'conocer' o 'saber' en pasado. Aquí se le antepone la letra *vav* (ו) que significa 'y', transformando la palabra en futuro. Luego le sigue la palabra *haiom* (היום) o 'hoy' que indica presente. *Ve iadata haiom* (Y sabrás hoy), sería supiste, sabes y sabrás, con lo cual se nos indica que el conocimiento de Dios es eterno, y que, como tal, podemos decir que fue, que es y que será siempre. Y dicho conocimiento consiste en que *ein od* (אין עוד) o 'no hay otro'. En otras palabras: fuera de Dios aquí no hay nada o solo y únicamente Dios realmente es. Pero es importante comprender que, en este contexto, conocer o saber es amar, pues en hebreo los términos saber y amar se utilizan indistintamente, tal como vemos en este verso:

וְהָאָדָם יָדַע אֶת חַוָּה אִשְׁתּוֹ וַתַּהַר וַתֵּלֶד אֶת קַיִן וַתֹּאמֶר קָנִיתִי אִישׁ אֶת ה':
(בראשית ד', א')

Y el hombre conoció a Eva su mujer; y ella concibió y dio a luz a Caín, y dijo: «He adquirido [*kanithi* como 'Cain'] un varón (con la ayuda) del Señor».

(Génesis, 4:1)

Porque conocer realmente no es conocernos como nos conoce nuestro dentista, nuestro cartero o nuestro farmacéutico, sino como quien nos ama. Quienes nos aman conocen nuestros estados de ánimo solo con mirarnos a los ojos y nos conoce de verdad. No solo quien estudia veterinaria es un buen veterinario, sino quien, por encima de todo, ama a los animales. Si uno desea contratar a un buen jardinero, deberá buscar a alguien que antes que nada ame las plantas y las flores. Aquel que ama el mar realmente sabe apreciar el oleaje, las mareas, la navegación y la meteorología marítima. Solo quien ama al ser humano puede conocer algo de Dios.

भक्त्या त्वनन्यया शक्य अहमेवंविधोऽर्जुन ।
ज्ञातुं द्रष्टुं च तत्त्वेन प्रवेष्टुं च परन्तप ॥

bhaktyā tv ananyayā śakya
aham evaṁ-vidho 'rjuna
jñātuṁ draṣṭuṁ ca tattvena
praveṣṭuṁ ca paran-tapa

Mi querido Arjuna, a Mí se me puede comprender tal como soy, únicamente por medio de la devoción, solo así podrás penetrar el misterio, ¡oh, conquistador de los enemigos!

(*Bhagavad-gītā*, 11.54)

Conocer al Ser es amar y entregarse al misterio. Debemos tener siempre presente que la contemplación, el pensamiento o la especulación acerca de Dios, del alma o de la vida ultraterrena puede inducirnos a creer que poseemos algún conocimiento sobre Él. Sin embargo, esta creencia es engañosa. La noción misma de saber «sobre» Dios carece de sentido; el término «sobre» o «acerca» es en sí mismo una contradicción. La verdadera conexión con Dios trasciende la posibilidad de un conocimiento «sobre» Él, ya que este precepto «sobre» fundamenta un conocimiento superficial. Es factible vivenciar el amor, mas no es viable adquirir un conocimiento «sobre» el amor, porque «sobre» implica que el conocimiento proviene de terceros. Se acumulan opiniones, teorías, creencias y conceptos, y se proclama: «conozco algo sobre Dios». Cualquier conocimiento que se defina como «sobre» es inherentemente equívoco y representa un riesgo, pues existe la posibilidad de ser seducido por este. Dicho de otro modo, Dios no es cognoscible y, por tanto, tampoco es inteligible, como Kierkegaard nos ha mostrado a través del episodio de Abraham e Isaac. Cuando, por un motivo u otro, reivindicamos tener cualquier conocimiento sobre Dios, lo que entendemos es únicamente el concepto que la consciencia intencional ha creado de Dios, convirtiéndolo en un dios adiestrado, constituido a imagen y semejanza de lo conceptual y lo óntico, despojado de su radical trascendentalidad.

Es posible experimentar a Dios, vivenciar el amor, y comprenderse a sí mismo; pero se debe prescindir de ese «sobre» que constituye la base de una filosofía equivocada que confunde al ente con el Ser, y a un dios conceptualizado con el Dios que nos trasciende, y cuya relacionalidad late en toda existencia y pensamiento posterior. Los textos sagrados aportan declaraciones, pero estos se convertirán en meros discursos, charlas, alocuciones y disertaciones «sobre», a menos que se transformen en experiencia personal; caso contrario, su valor será nulo, desperdiciado.

Este principio es de suma importancia, ya que la tendencia a reflexionar, pensar o especular persiste y jamás nos abandona. La mente es tal que puede llevarnos a meditar «sobre» la meditación, pensar acerca de la revelación o la iluminación. La meditación puede convertirse en un mero objeto de tu pensamiento. El problema es que incluso reflexionando «sobre» ella, no se producirá ningún cambio. El vagar por el mundo del pensamiento te aleja de tus raíces, y cuanto más distante te encuentres, menores serán las posibilidades de resolver cualquier cosa. Es probable que no lo hayas notado, pero al reflexionar, te aíslas. Todo lo presente se desvanece. Tu mente se adentra en un laberinto de ensueños. Una palabra lleva a otra, un pensamiento a otro, profundizando cada vez más. Cuanto más te sumerges en el pensamiento, más te distancias de la realidad. Pensar es un acto de distanciamiento, un recorrido por un mundo hecho de conceptos. Regresa a lo concreto. Los problemas de la vida solo pueden resolverse arraigándose en la existencia.

Capítulo 29

Manifestación y ocultamiento: fenómeno, tiempo y lenguaje

El fenómeno como verdad revelada

En *La inversión de la fenomenología*, incluida en su obra *Encarnación*, Michel Henry aborda el tema central de la fenomenología y uno de nuestros focos de atención en este estudio: el fenómeno del aparecer. Mediante la referencia al séptimo párrafo de *Ser y Tiempo*, Henry destaca cómo Heidegger define el fenómeno, distinguiendo meticulosamente entre el contenido de un fenómeno y su manifestación. Husserl, por su parte, también había profundizado en esta distinción al hablar de los «objetos en el cómo», orientando el foco no hacia su contenido, sino hacia su forma de donación.

Con base en estos posicionamientos, el fenómeno se entiende como la manera en que el Ser se dona. Como hemos visto a lo largo de este estudio, la fenomenología no se ocupa de los supuestos contenidos específicos de los entes, sino de cómo estos entes aparecen, se manifiestan, se donan, se revelan y se ocultan, sin presuponerles ningún origen, realidad objetiva ni contenido más allá de dicha revelación. Incluso cuando la fenomenología estudia el contenido de los fenómenos, debe abordarlos siempre en el ámbito de su misma donación como tal. Es decir, abordarlos en los actos de la consciencia, que sería en el ámbito epistemológico, o en la relacionalidad con el Ser, que sería en el ámbito ontológico.

Como hemos sugerido antes, desde la óptica de la fenomenología, el fenómeno es su misma donación, y toda verdad (*alétheia*), equivale a su desvelamiento como tal.

Desde esta perspectiva, Heidegger vincula la donación del Ser, o podríamos decir el Ser como donación, es decir, como fenómeno, con la cuestión de la verdad, que concibe simplemente como la capacidad de desvelarse. En este contexto, critica la costumbre histórica de confundir el fenómeno más originario de la verdad con los objetos mismos, apuntando de nuevo a la diferencia ontológica entre el Ser y el ente, o, dicho en términos fenomenológicos, entre la donación y el «posible» contenido o realidad objetiva del fenómeno. Al observar nuestro entorno, notamos que esta aparente diversidad, en realidad, no es nada; es una «multiplicidad de multiplicidades», como lo denomina Alain Badiou.

Por eso, Heidegger señala que la tendencia histórica a confundir el fenómeno fundamental de la verdad con las cosas mismas, subrayando así la distinción ontológica esencial. La verdad no yace en la cosa en sí, sino en su desvelarse, lo cual, como hemos introducido anteriormente, integra su propia ocultación también. El Ser se desvela en tanto que se oculta, generándose así una paradoja que redefine la misma noción de fenómeno (*phainómenon*). Esto permitió que Marion desarrollara luego la noción de fenómeno saturado: aquel que une lo visible con lo invisible, lo que se muestra y lo que permanece oculto. Este desvelarse, o aparecer, entendido como un doble movimiento de manifestación y ocultación a la vez, ya aparece claramente definido tanto en la obra de Husserl como de Heidegger, pero en términos de temporalidad.

El fenómeno como temporalidad

En sus *Lecciones de fenomenología de la consciencia interna del tiempo*, Edmund Husserl define el fenómeno de la aparición del objeto en la consciencia intencional mediante un devenir dividido en tres «momentos»: la protención, el ahora y la retención. Estos tres momentos o dimensiones no son atributos o características que constituyen la unidad del objeto en el tiempo. Por el contrario, son la extensión temporal, la duración, en la que el objeto intencional se da o es percibido en la consciencia. Así pues, Husserl argumenta desde un buen principio que, dado que todo objeto intencional de la consciencia solo puede darse o aparecer en la consciencia, el objeto de la fenomenología intencional no será otro que esa misma temporalidad del objeto, y no sus atributos. En la terminología que el mismo Husserl usó en *Ideas I*, el ser de un objeto, el fenómeno, es la donación temporal en la que el objeto mismo brota como tal en la consciencia y puede ser percibido e intuido gradualmente en el tiempo, en su durabilidad.

Husserl recurre al ejemplo de los tonos de una melodía para mostrar que nunca se percibe como totalidad inmediata. La melodía, al igual que cualquier objeto, surge poco a poco en la consciencia, desplegándose tono por tono. Cada nota aparece en secuencia, constituyéndose como melodía en la consciencia que la alberga y le permite brotar llena de significado. Del mismo modo que la melodía, podemos pensar también en una frase cuando la leemos o la escuchamos. Jamás leeremos ni oiremos la frase toda a la vez, sino que iremos leyendo sus palabras, concatenándolas gradualmente unas con otras, y a medida que lo hacemos, la frase va adquiriendo significado en la consciencia. Más aún, no percibimos todos los sonidos de las palabras a la vez. Escuchamos sílaba tras sílaba, gradualmente, es decir, temporalmente. Por pequeño o breve que sea un objeto, una letra, un tono, ese mismo objeto también se dará en la consciencia gradualmente, lo cual lleva a Husserl a definir todo objeto por su temporalidad al darse en la consciencia.

Aunque, a modo explicativo, Husserl introduce los términos que antes hemos mencionado del ahora (presente), retención (pasado) y protención (futuro), en última instancia argumentará que la donación del objeto en la consciencia debe entenderse no como la percepción de pequeñas unidades estáticas e independientes unas de otras, sino como flujos que discurren unos en los otros. En el ejemplo de la melodía, primero percibimos el tono A, que va sonando mientras aparece el tono B, que empuja el tono A hacia el pasado, manteniéndose o siendo retenido en la consciencia como tono A, previo a tono B, que a su vez es empujado hacia el pasado al aparecer el tono C, lo que hace que A pase a ser un pasado anterior al pasado que ahora es B con relación a C. Esta explicación ilustra que la consciencia de la melodía conlleva la retención y la protención. Es decir, el recuerdo de los tonos escuchados y la anticipación del tono que sonará, como si dicha anticipación ya abriera una expectativa del próximo tono.

Por tanto, la temporalidad de la percepción se juega en un discurrir constante entre memoria y anticipación, entre pasado y futuro, que se entremezclan. Más aún, Husserl enfatiza que ninguno de estos momentos toma precedencia sobre el otro, hasta el punto de afirmar que ninguno de ellos podría ser sin los demás. No hay posible anticipación sin memoria, es decir, no hay futuro sin pasado. Del mismo modo, no hay memoria sin anticipación, es decir, no hay pasado sin abertura al futuro. El fenómeno, entendido como donación, no es otra cosa que su pura temporalidad. Aparecer, darse, donarse, es temporalizarse. No obstante, Husserl argumenta que, para que ello sea posible, para que el objeto aparezca temporalizándose a sí mismo, debe haber una estructura inherentemente temporal en la consciencia que sea capaz de acoger y albergar dicha temporalización. Es decir, lo que hace que los tonos de una melodía, o cualquier otro objeto de la consciencia, aparezcan o se den gradualmente es la estructura temporal de la misma consciencia. El tiempo, dicho de otro modo, es la columna vertebral de la consciencia en la que la realidad adquiere su significado.

Como hemos avanzado en el capítulo 3 de este estudio, la noción del tiempo en la obra de Heidegger sigue un patrón parecido. En *Ser y Tiempo*, Heidegger introduce la idea de «la proyección de la exterioridad», con la cual interpreta el aparecer, el fenómeno, en términos de temporalidad. Aparecer es revelarse temporalmente. O dicho al revés, temporalidad equivale a darse, a aparecer. Siguiendo a Husserl, Heidegger define el surgir del fenómeno en un movimiento tripartito que engloba la protención, la percepción y la retención, combinándose en una tríada intencional que moldea nuestro entendimiento interno del tiempo y, por extensión, desentraña la esencia de nuestra subjetividad primigenia. Así, el tiempo no es una entidad autónoma, ajena, sino una emanación hacia lo venidero. O dicho de manera más directa, el Ser es su temporalidad, en cuya donación se muestra y oculta al mismo tiempo, del mismo modo que la melodía suena, se muestra, apareciendo y desvaneciéndose ante nosotros.

Esta noción de temporalidad no solo se refiere a la manifestación y el ocultamiento del Ser, sino que, para Heidegger, desempeña un papel fundamental en la naturaleza misma del *Dasein*. Heidegger, que probablemente fue el primero en leer y editar los escritos de Husserl sobre el tiempo, dio una dimensión existencial a los postulados de Husserl sobre la temporalidad. Hizo hincapié en el momento de protensión, o anticipación del futuro, que interpretó como el miedo a la propia muerte. Para Heidegger, el ser humano, el *Dasein*, vive siempre siendo inconscientemente consciente de la inexorabilidad de su propia muerte como acontecimiento (*ereignis*) futuro. Todas sus experiencias vienen en cierto modo enmarcadas y filtradas por esta predisposición o apertura subyacente a su inexorable futuro, dentro de la cual se crea la memoria y el significado de todo lo que va viviendo. El *Dasein* se caracteriza por esta dinámica de tensión entre la proyección hacia lo que está por venir y la retención de lo que ha sido. Ser-en-el-mundo equivaldría, en cierto modo, a ser-en-el-mundo temporalizándolo en nuestra experiencia. Si el fenómeno, el Ser, es la misma temporalización de la donación, es porque esa temporalización aparece y encuentra albergue en otra temporalidad, que es la apertura subyacente del *Dasein* a su futura muerte.

Es en esta noción de temporalidad del *Dasein* de Heidegger, o de la consciencia intencional de Husserl, ambos entendidos como pura temporalidad, que el mundo se despliega y adquiere existencia como un mundo lleno de significado para el *Dasein*, para el ser humano. En el mundo del ser-en-el-mundo, es decir, un mundo de significado, emerge también la cuestión de la verdad. Así, la revelación más fundamental de la verdad se configura como la manifestación del mundo, mostrándose como *ek-stasis*, una proyección donde mundo, experiencia, ser y tiempo se funden inextricablemente.

Esta idea en la que mundo, tiempo y Ser se pertenecen ya aparece perfilada en el Antiguo Testamento. En el contexto bíblico, lo que podríamos reconocer como consciencia se oculta desapareciendo en una realidad objetual llamada '*olám*, que en hebreo significa 'mundo'; procede de la raíz a.l.m. (ע.ל.ם) que contiene tanto el concepto de lugar como la idea de tiempo: *le'olám*, que significa 'para siempre' y *me'olam* que significa 'desde siempre'. El término *he'elem* se deriva de *'olám* y significa 'desaparición' u 'ocultamiento'; por lo tanto, *'olám*, o 'la realidad objetual', no es una creación positiva que **agrega** o **crea** algo, sino todo lo contrario. La realidad objetual es el ocultamiento de la consciencia. Por lo tanto, la consciencia deviene en el universo al ocultarse, lo cual permite un devenir sin permutar. La consciencia logra su objetualización a través de su autoencubrimiento o retirada voluntaria. Dios, o como se le llama en hebreo *Alufó Shel 'Olám*, o 'Amo del mundo', se esconde en ti, como tú.

אֶת־הַכֹּל עָשָׂה יָפֶה בְעִתּוֹ גַּם אֶת־הָעֹלָם נָתַן בְּלִבָּם מִבְּלִי אֲשֶׁר לֹא־יִמְצָא הָאָדָם אֶת־הַמַּעֲשֶׂה אֲשֶׁר־עָשָׂה הָאֱלֹהִים מֵרֹאשׁ וְעַד־סוֹף:

(קהלת ג׳, י"א)

[Dios] ha hecho que todo transcurra precisamente a su tiempo, y también ha puesto en su corazón el *olam* [puede traducirse como 'mundo', 'eternidad' u 'ocultamiento'] para que nadie pueda desentrañar la obra que Dios ha realizado de principio a fin.

(Eclesiastés, 3:11)

El *Midrásh Rabbah* dice sobre este versículo:

"אֶת־הַכֹּל עָשָׂה יָפֶה בְעִתּוֹ גַּם אֶת־הָעֹלָם נָתַן בְּלִבָּם" (קהלת ג׳, י"א) אָמַר רַבִּי אַחֲוָה בְּרֵיהּ דְּרַבִּי זֵירָא: "הָעֹלָם"– הָעֶלֶם מֵהֶם שֵׁם הַמְפֹרָשׁ. וְאָמַר רַבִּי טַרְפוֹן: פַּעַם אַחַת שָׁמַעְתִּי וְנָפַלְתִּי עַל פָּנַי. הַקְּרוֹבִים שֶׁכְּשֶׁהֵם שׁוֹמְעִין אוֹתוֹ, נוֹפְלִים עַל פְּנֵיהֶם וְאוֹמְרִים: "בָּרוּךְ שֵׁם כְּבוֹד מַלְכוּתוֹ לְעוֹלָם וָעֶד". אִלּוּ וְאִלּוּ לֹא הָיוּ זָזִין מִשָּׁם עַד שָׁעָה שֶׁנִּתְעַלֵּם מֵהֶם, שֶׁנֶּאֱמַר (שמות ג׳, ט"ו): "זֶה שְׁמִי לְעֹלָם", לְעַלֵּם כְּתִיב. וְכָל כָּךְ לָמָה? "מִבְּלִי אֲשֶׁר לֹא יִמְצָא הָאָדָם אֶת הַמַּעֲשֶׂה אֲשֶׁר עָשָׂה הָאֱלֹהִים מֵרֹאשׁ וְעַד סוֹף"(קהלת ג׳, י"א).

(קהלת רבה ג׳, י"א)

Todo lo hizo hermoso en su tiempo. Además, el mundo (*ha'olam*) [también puede leerse 'de lo que está oculto'], Él lo puso en su corazón. (Eclesiastés, 3:11) Rabí Ajva, hijo de Rabí Zeira, dijo: «El mundo (*ha'olam*) — el nombre explícito les fue ocultado (*ho'alam*) de ellos...».

Capítulo 29: Manifestación y ocultamiento: fenómeno, tiempo y lenguaje

[...] Y Rabí Tarfón dijo: «Una vez lo oí [el nombre] y me postré sobre mi rostro. Los que estaban cerca, cuando lo oyeron, se postraron sobre sus rostros y dijeron: "Bendito sea el nombre de su glorioso reino por los siglos de los siglos". Estos y aquellos no se moverían de allí hasta el momento en que fuera olvidado (*shenit'alem*) de ellos, como se afirma: "Este es Mi nombre para siempre (*le'olam*)" (Éxodo, 3:15), está escrito: *le'alem* (la palabra *le'olam* está escrita sin vocal, por lo que puede leerse como *le'alem*, *que significa «esconder»*). ¿Por qué? "para que nadie pueda desentrañar la obra que Dios ha realizado de principio a fin" (Eclesiastés, 3:11)».

(*Kohelet Rabbah*, 3.11)

La realidad absoluta se esconde tras ilusiones como el tiempo y el espacio, pero se revela trascendiéndolas en el ahora y el aquí.

אָמַר רַבִּי בּוּן: מַאי דִכְתִיב (משלי ח', כ"ג) "מֵעוֹלָם נִסַּכְתִּי מֵרֹאשׁ מִקַּדְמֵי אָרֶץ"? מַאי מֵעוֹלָם? שֶׁצָּרִיךְ לְהַעְלִימוֹ מִכָּל עָלְמָא. דִּכְתִיב (קהלת ג', י"א) "גַּם אֶת הָעֹלָם נָתַן בְּלִבָּם", אַל תִּקְרָא הָעוֹלָם אֶלָּא הֶעְלֵם.

(ספר הבהיר, סימן י')

Rabí Bun dijo: «¿Cuál es el significado del versículo: "Yo fui establecido desde siempre (*me'olam*), desde el principio, antes de que existiera la tierra" (Proverbios, 8:23). ¿Por qué *me'olam*? Porque Él necesita ocultarlo de todos. Como está escrito: "también ha puesto en su corazón el *olam*" (Eclesiastés, 3:11), no se lee *ha'olam* (mundo), sino *he'elem* (ocultamiento)».

(*Sefer Ha'Bahir*, 10)

הִנֵּה בְּרִבּוּי הַהִשְׁתַּלְשְׁלוּת הַהֲוָיָה נִתְהַוָּה מִזֶּה צִמְצוּם גָּמוּר וְהֶעְלֵם גָּדוֹל שֶׁנִּתְעַלֵּם בְּחִינַת כֹּחַ הָאֱלֹהִי הַמְחַיֶּה אֶת הָעוֹלָם וְנִתְלַבֵּשׁ בִּלְבוּשִׁים רַבִּים וַעֲצוּמִים, כִּי עוֹלָם הוּא מִלְּשׁוֹן הֶעְלֵם כַּנּוֹדָע.

(האדמו"ר הזקן, ליקוטי תורה, פרשת שלח, ב', ד')

> Y con el avance de la emanación, se produjo una contracción completa y un gran ocultamiento, en el que la cualidad del poder Divino, que vitaliza el mundo, se ocultó a sí mismo y se vistió con muchos grandes ropajes, como es bien sabido que la palabra *olam* transmite también *he'elem*.
>
> (El Alter Rebe, *Likkutei Torá*, «Shlaj», 2.4)

Este breve comentario sobre la raíz etimológica del término, y cómo se ha empleado en hebreo, nos conduce a sugerir que *Alufó Shel Olám* se oculta como mundo en tanto que consiste en tiempo y espacio. La fenomenología, por tanto, investiga cómo se encadenan las percepciones dentro del flujo temporal, subrayando que estas percepciones acontecen dentro de dicho flujo.

Este modo de abordar la cuestión nos permite mostrar el dilema de la exclusión mutua entre Ser y manifestación, paradoja en la cual, a su vez, el lenguaje emerge como medio vehicular. Profundamente enraizado en la fenomenología, el lenguaje configura el logos como el canal que nos guía inequívocamente hacia el fenómeno. Esta exclusión mutua entre Ser y manifestación, según lo expuesto por Parménides, sostiene que lo que se manifiesta no es, y lo que es, no se manifiesta, pues lo que es, al manifestarse, lo hace al modo del ente, permaneciendo oculto como Ser. Esto vendría a significar que el Ser no se exhibe, sino que se dona. Si se exhibiese, dejaría de ser Ser para convertirse en ente. De esto se desprende que el Ser no puede simplemente manifestarse, sino que debe ofrecerse o entregarse. Lo que el Ser nos brinda no es una imagen, sino una palabra o el lenguaje, ya que el Ser no se revela visualmente, sino a través del lenguaje.

Michel Henry, en *Incarnation*, sostiene que la base de nuestro discurso sobre cualquier objeto se asienta en su manifestación previa; de esta manera, fenomenicidad y logos constituyen una unidad indivisible en la que el lenguaje ejerce una función esencial, evidenciando la deficiencia intrínseca en la manifestación del mundo y mimetizando su estructura. Ello se debe a que, aunque el lenguaje sirve como un vehículo de revelación, carece de la capacidad intrínseca de conferir existencia, puesto que remite a un referente externo que, por sí mismo, carece de fundamentación. Dicho de otro modo, aunque es mediante el lenguaje que el mundo adquiere su significado, eso no implica que la existencia, que la realidad, sea un mero resultado del lenguaje. El lenguaje no inventa el mundo de la nada, *ex nihilo*, sino que lo dota de su propia posible significación.

Paradójicamente, la exhibición del mundo mediante el lenguaje anula o deshace la realidad de su propia presentación. Así como el Ser se manifiesta en el lenguaje, también es en el lenguaje donde el Ser se oculta. Ambos movimientos suceden a la vez, y no podría ser de otro modo. Si el Ser se manifestara en el mundo en su completa plenitud, dejaría de ser el Ser; y si el mundo se revelara como tal, ya no sería el mundo. Por tanto, la manifestación implica ofrecer lo que no se es, pues Ser y aparecer son, por defecto, antagónicos. La máxima subyacente es que nada puede revelarse tal cual es; pues si se revelara tal cual es, ya no sería como se muestra, debiendo entregarse a través del lenguaje. Lo que puede mostrarse es solo la dimensión temporal de lo que es, es decir, el tiempo del Ser, lo que implica inexorablemente que toda revelación encierra la ocultación. Decimos ocultación porque dicho mostrarse de lo manifiesto es un esconder su aspecto inmanifiesto o eterno. La paradoja brilla con luz propia porque el fenómeno, el aparecer (*phainómenon*), y el Ser se excluyen mutuamente, al tiempo que se incluyen, pulsando uno dentro del otro a través del lenguaje.

La autorrevelación afectiva: origen de toda temporalidad

Como ya hemos argumentado previamente, el fenómeno de un objeto de la consciencia es, en el fondo, el objeto mismo. No podemos dar por supuesta ninguna realidad objetiva más allá del campo de la consciencia, en el cual el objeto es siempre un objeto intencional. Esto sería aplicable a Husserl, pero en cierto modo también a Heidegger, quien sustituye la consciencia por la existencia, por el Ser. En ambos casos, el fenómeno, el Ser, desborda siempre nuestra percepción e intuición del mismo debido a su dimensión temporal. En *Ideas I*, el mismo Husserl admite que la intuición se ve desbordada cuando, al reflexionar sobre la temporalidad de la consciencia, solo se nos revela la ocultación manifiesta de nuestra propia subjetividad trascendental, aquello que estructura y vertebra la consciencia, eso es, la temporalidad en la que la realidad se aparece y adquiere significado.

Cuando aprehendemos y describimos nuestros propios actos de la consciencia y entendemos que todos ellos se sintetizan formando un flujo vital, aquello que los encadena desaparece en cuanto intentamos convertirlo en nuestro objeto intencional del pensamiento y la intuición. Por eso Henry argumenta que todo fenómeno implica su propia ocultación, es decir, que el Ser se manifiesta en tanto que se oculta. Dicho todavía de otro modo, lo que realmente aparece, en el fondo, es la propia y constante desaparición de lo que aparece.

En esta tesitura, podemos entender que, para Heidegger, todo ente se despliega siempre dentro de las restricciones impuestas por el tiempo y el espacio, como Kant ya había advertido, manifestándose como una entidad definida y limitada. Esta manifestación implica, para la entidad que se revela, una aceptación de las limitaciones inherentes a su existencia como ente de nuestra experiencia. A diferencia del ente, el Ser es aquello que late ilimitadamente en todo ente, en toda experiencia del ente, en todo *Dasein*, y, por lo tanto, es lo que permite que los entes se revelen y se muestren. Como tal, no puede aparecer ante la atención del *Dasein* como si de un ente se tratara. En este contexto, la noción de lo ilimitado se opone intrínsecamente a lo limitado; lo primero no puede encerrar su esencia en confines restringidos, mientras que lo segundo no puede aspirar a la infinitud.

En el reino de lo infinito, solo puede haber una presencia singular, excluyendo la posibilidad de la multiplicidad. Este marco también aplica a lo que Henry ha llamado lo «impresional» o las «impresiones sensoriales», las cuales obedecen a las mismas leyes que se observan en fenómenos caracterizados por su naturaleza excesiva o saturada, marcando así el límite de lo oculto, de lo absoluto y de la revelación. El término «impresional» se refiere a todo aquello capaz de generar impresiones en nuestras capacidades perceptivas, estableciendo que cada entidad actúa como un modelo, un arquetipo, dentro del cual un fenómeno saturado ejemplifica el paradigma de todos los fenómenos y, consecuentemente, de la fenomenología misma. En su esencia, la realidad objetual se nos presenta como un regalo sin condiciones.

Michel Henry vincula lo impresional con la afectividad y plantea que, a través de la pasividad, de la «relacionalidad con Ser», la impresión surge espontáneamente, permitiéndonos avanzar hacia la comprensión de la «venida a sí de la vida». La impresión, que para Henry yace en lo más profundo de toda consciencia o toda existencia, se convoca a sí misma, y lo que impacta nuestros sentidos es lo que se ofrece gratuitamente o se dona a sí mismo. Esta noción se traduce en una experiencia directa y no mediada de la vida que se manifiesta como una autorrevelación auténtica. Henry afirma que, si tanto Husserl como Heidegger pueden hablar de un determinado elemento de comprensión del fenómeno y del Ser, respectivamente, que aparece y se oculta, se debe a que antes de todo pensamiento, la percepción ya se está experimentando a sí misma a través del ser humano.

Husserl nos habla de una intencionalidad horizontal, entendida como una autopercepción tácita, no mediada, que no es en sí un acto pero que es inherente a todos los actos de la consciencia y, como tal, es la autotemporalización de la consciencia en la que todos los actos se sintetizan como «mis» actos. De manera parecida, ahora Henry nos habla de una percepción afectiva que permite que la vida se experimente pasivamente a sí misma en un estado de pathos, o de afectividad original y pura. Esta afectividad, que debe entenderse como trascendental y no a nivel meramente empírico, tiene la singular capacidad de experimentarse sin mediaciones, sin distancia, lo que la lleva a constituirse como el pilar fenomenológico que determina la esencia de la autorrevelación, y por extensión, la esencia misma de la vida. Mediante esta noción de afectividad original y surgimiento de la vida como experiencia inmediata y primaria, Henry argumenta que, previamente a toda consciencia intencional, e incluso a toda relacionalidad con el Ser, la afectividad trascendental ya palpita inexorablemente en el ser humano. Esto le permite «vivirse a sí mismo» sin necesidad de identidad ni agencialidad alguna y, por tanto, sin necesidad de autoconocerse tampoco. De hecho, si la fenomenología puede proceder y reflexionar sobre nuestra propia subjetividad trascendental es porque el ser humano, sin identidad ni agencialidad aún definidas, ya se vive a sí mismo en la más absoluta quietud y previamente a toda temporalidad.

Este es el argumento de Henry, de que la impresión trasciende la mera temporalidad, entendida como la estructura de la consciencia y de todo posible conocimiento, para constituirse como una afectividad esencial y perdurable. La esencia de la propia identidad y posterior agencialidad del ser humano, de todo posible sujeto, se halla enraizada en la afectividad. Esto no solo hace referencia a la consciencia intencional de Husserl sino también a la relacionalidad con el Ser. Todo acto de la consciencia integra en su seno una autorrevelación afectiva latente que permite la meditación y los posteriores actos de la consciencia intencional. Esto implica que, en su núcleo más profundo, cada emoción, en su calidad de experiencia de uno mismo, actúa como una manifestación del «Yo» que aún no lo es. Cada sensación, al ser vivida como una percepción introspectiva, permite la existencia y desvela la esencia del Ser. En este sentido, la afectividad subyace a la constitución de nuestra identidad individual y se convierte en el vehículo a través del cual el Ser se hace patente y se define a sí mismo. Este proceso de autorrevelación a través de la afectividad subraya la importancia fundamental de las emociones como elementos generadores y reveladores del «yo», desempeñando un papel crucial en la articulación y comprensión de nuestra existencia individual.

El posicionamiento de Henry con relación a la autoafectividad, entendida como origen precognitivo de todo «yo» trascendental, obviamente está relacionado con Husserl, Heidegger y Marion. Pero también mantiene un fuerte vínculo con Descartes, para quien la *cogitatio*, o la vida tal como es entendida por un individuo, adquiere su plenitud de significado en este marco afectivo. Cualquier impresión o sensación que experimentamos procede del exterior, integrándose en nuestro ser de múltiples formas. Algunos pueden llamar a esta profunda afectividad Dios, mientras que Descartes la denomina *cogitatio*, aunque ambos términos apuntan hacia la misma realidad trascendental que busca manifestarse a través de nosotros. Nos referimos aquí a esas impresiones que van más allá de lo meramente perceptible, a aquellos aspectos que trascienden la percepción ordinaria. Michel Henry, al interpretar la segunda meditación cartesiana sobre las pruebas de la existencia de Dios, destaca que la esencia de la *cogitatio* reside en su capacidad de autorrevelación. A través del prisma de Henry, Descartes parece defender esta visión, encontrando en su obra un cuestionamiento a la estructura intencional sugerida por la hipótesis del genio maligno, lo que abre la puerta a la consideración de una percepción errónea. Un aspecto relevante en las *Meditaciones metafísicas*, expresado en la frase *at certe videre videor*, o «realmente me parece ver», es que descompone el acto de visión en dos dimensiones que se retroalimentan.[134] Por un lado, tenemos el término *videre*, que se refiere al despliegue del mundo, y por el otro, y paralelamente, el término *videor*, que pone de relieve el proceso de autorrevelación en el marco del cual el mundo se despliega ante el *cogito*.

En este marco conceptual, la introducción del genio maligno por parte de Descartes nos invita a cuestionar la fiabilidad de nuestras percepciones sensoriales, sugiriendo que lo que se percibe a través de ellas puede ser ilusorio. Por lo tanto, es solo mediante la consciencia individual, o la capacidad cognoscitiva, que es posible acceder al Ser, ofreciendo así la única vía auténtica para percibir la realidad: los ojos del alma o la visión verdadera. El Ser, por tanto, no se manifiesta a los sentidos, sino que se revela en el potencial cognitivo. Dicho eso, y aquí yace la lectura de Henry, para que el Ser pueda dársenos como verdad a través de la cognición, la afectividad «subyacente» en la que las *cogitatio* palpitan incesantemente, nos abre «afectivamente» a lo otro al mundo, pero también al mismo sujeto que entonces piensa y comprende.

Es cierto que, por los motivos expuestos anteriormente, Descartes no alcanzó las profundidades filosóficas que posteriormente exploraría Heidegger; sin embargo, la introducción de la noción del genio maligno resultó ser un instrumento crítico, al demostrarnos la imposibilidad de depositar nuestra confianza plena en las

---

134. René Descartes, *Meditations on First Philosophy: With Selections from the Objections and Replies*, trans. and intro. Michael Moriarty (New York: Oxford University Press, 2008), 21 (§§29–30). Traducción propia.

percepciones sensoriales, al mismo tiempo que, indirectamente, afirmaba la existencia de una afectividad sensorial primigenia en el ser humano. De manera similar, Kant critica la postura de aquellos que aceptan como dogma la realidad de lo que es captado por los sentidos, catalogándolos de dogmáticos. Esta perspectiva subraya un escepticismo fundamental respecto a la fiabilidad de nuestros sentidos para discernir la Verdad, una línea de pensamiento que cuestiona la autenticidad de la experiencia sensorial como vehículo para alcanzar el conocimiento certero.

BIBLIOGRAFÍA DE LA SECCIÓN VII

- Heráclito. *Fragmentos presocráticos: de Tales a Demócrito*. Introducción, traducción y notas de Alberto Bernabé Pajares. Madrid: Alianza Editorial, 2008.
- Henry, Michel. *De la phénoménologie*. Tome 1: *Phénoménologie de la vie*. Paris: Presses Universitaires de France, 2003.
- Husserl, Edmund. *Aufsätze und Vorträge (1911–1921)*. Edited by Thomas Nenon and Hans Rainer Sepp. *Husserliana* XXV. Dordrecht: Kluwer Academic Publishers, 1987.
- Husserl, Edmund. *Ideas relativas a una fenomenología pura y una filosofía fenomenológica. Libro primero: Introducción general a la fenomenología pura*. Nueva edición y refundición integral de la traducción de José Gaos por Antonio Zirión Quijano. México: Fondo de Cultura Económica / Universidad Nacional Autónoma de México, Instituto de Investigaciones Filosóficas, 2013.
- Husserl, Edmund. *Meditaciones cartesianas*. Introducción, traducción y notas de Mario A. Presas. Madrid: Ediciones Paulinas, 1979.
- Husserl, Edmund. *Obras completas*, vol. XXV: *Sobre la fenomenología de la intersubjetividad, primera parte*. Editado por Iso Kern. La Haya: Martinus Nijhoff, 1973.
- Janicaud, Dominique, Jean-François Courtine, Jean-Louis Chrétien, Michel Henry, and Jean-Luc Marion. *Phenomenology and the "Theological Turn": The French Debate*. New York: Fordham University Press, 2000.
- Kierkegaard, Søren. *Obras y papeles de Sören Kierkegaard*. Traducción de Demetrio Gutiérrez Rivero. 11 vols. Madrid: Editorial Guadarrama, 1961–1975.
- Marion, Jean-Luc. *Siendo dado: Ensayo para una fenomenología de la donación*. Traducción, presentación y notas de Javier Bassas Vila. Madrid: Editorial Síntesis, 2008.

- Stein, Garth. *El arte de conducir bajo la lluvia*. Traducción de Agustín Pico. Madrid: Penguin Random House Grupo Editorial, 2010.
- Zirión Quijano, Alfredo. «El llamado a las cosas mismas y la noción de fenomenología». *Escritos de filosofía* 43 (2003).

Sección VIII

La fenomenología del tiempo

Capítulo 30

Una genealogía del tiempo

Al abordar el tema de la espera que hemos introducido anteriormente, debemos considerar inevitablemente el tiempo como un elemento crucial. Solo comprendiendo el flujo del tiempo podemos verdaderamente apreciar la grandeza y el significado de lo que es atemporal y auténtico. Además, la cuestión de la afectividad, que brota tácita y espontáneamente de manera previa a toda formación o constitución subjetual, como Henry tan bien ha mostrado, nos devuelve a la cuestión de la temporalidad y a la necesidad de repensarla para entender mejor nuestra experiencia del Ser. Aunque hemos examinado el tema del tiempo en varias secciones de este estudio, especialmente en relación con Husserl y Heidegger, el tiempo no es un tema exclusivo de la fenomenología, sino que ha sido una preocupación central de la filosofía desde sus inicios.

Ofreceremos una breve genealogía filosófica del concepto de tiempo. Este fascinante viaje intelectual se expande desde las reflexiones iniciales sobre el cambio y el movimiento hasta las complejas teorías de la física cuántica y la relatividad. Finalmente, regresaremos a la cuestión de la espera atemporal, que es de especial interés en este estudio. Empezaremos desglosando los desarrollos principales:

- Los presocráticos nos introducen a la idea de que el fundamento de la realidad es el cambio constante, con Heráclito afirmando que «todo fluye», situando el tiempo en el corazón del devenir del mundo. El ejemplo de Heráclito, cuando escribe que no nos

bañamos nunca en el mismo río, deja claro la posición del filósofo de Éfeso.
- Platón eleva el concepto, proponiendo una distinción entre el tiempo eterno y el tiempo del mundo, vinculando este último con los astros y considerándolo una manifestación de la eternidad en el ámbito sensible.
- Aristóteles, por su parte, aporta una mirada más estructurada que lo lleva a definir el tiempo como la medida del movimiento según el antes y el después, anclando el tiempo en la experiencia concreta del cambio.
- San Agustín introduce una dimensión introspectiva, considerando el tiempo como una entidad que solo existe en la consciencia del individuo, con el pasado y el futuro viviendo únicamente en la memoria y la anticipación.
- Durante la Edad Media, San Tomás de Aquino fusionó estas ideas con el marco teológico cristiano, sosteniendo que Dios, al Ser eterno, trasciende el tiempo, que es visto como una parte de la creación divina.
- El Renacimiento y la Ilustración marcan el inicio de la concepción moderna del tiempo, especialmente con Isaac Newton, quien introduce la idea del tiempo absoluto, un marco que parece independiente de los eventos del universo.
- Immanuel Kant lleva el debate a la esfera de la percepción humana, argumentando que el tiempo (y el espacio) son formas *a priori* de la sensibilidad, esenciales para estructurar nuestra experiencia del mundo.
- La física contemporánea, particularmente a través de Albert Einstein, revoluciona nuestra comprensión del tiempo mostrándolo como relativo y vinculado inseparablemente al espacio, desafiando la noción de un tiempo universal y absoluto.
- En el siglo XX, filósofos como Henri Bergson y Martin Heidegger profundizan en la experiencia subjetiva y existencial del tiempo, explorando sus implicaciones para la identidad, la memoria y la existencia. Más allá de la

fenomenología, el mismo Wittgenstein se preguntó: «¿A dónde va el presente cuando se convierte en pasado? ¿Dónde está el pasado?».

- Las teorías contemporáneas continúan desafiando y expandiendo nuestra comprensión del tiempo, explorando su relación con la mecánica cuántica, la cosmología y la consciencia, en un esfuerzo por comprender las bases más fundamentales de la realidad.

Esta genealogía demuestra cómo el concepto de tiempo ha sido y sigue siendo central en nuestra búsqueda por entender la naturaleza del universo y nuestra propia existencia. Las preguntas que la filosofía formula con relación al tiempo son indicativas de que estamos ante una cuestión fundamental y omnipresente. En la odisea de la vida humana, el tiempo permea desde el aprendizaje de destrezas y medios de supervivencia hasta lo más profundo de nuestra autocomprensión como seres dotados de una dimensión trascendental y espiritual. Cada etapa refleja un avance en el pensamiento filosófico y científico, así como un espejo de las preocupaciones existentes en su contexto cultural. El tiempo sigue revelando nuevas dimensiones de la realidad, manteniendo su lugar como uno de los temas más intrigantes y fundamentales para seguir explorando.

CAPÍTULO 31

El tiempo según Aristóteles

Aristóteles: tiempo, movimiento y alma

Uno de los autores cuyo estudio del tiempo ha causado mayor impacto en la filosofía es Aristóteles, para quien el tiempo nos circunscribe, englobando todo lo que hacemos y somos. Según el estagirita, el tiempo está relacionado con el movimiento y el cambio, y si notamos el trascurso del tiempo es porque percibimos el movimiento y el cambio de las cosas. El tiempo es, por tanto, como un vértice que conecta un antes y un después, lo que ha ocurrido con lo que sucederá. Esta visión del tiempo puso las bases del concepto de tiempo lineal, es decir, del tiempo como una línea en la cual nos movemos. En la *Física*, libro IV (217b 29), Aristóteles se embarca en una indagación sobre la naturaleza del tiempo, estableciendo inicialmente los temas y problemas a abordar, siguiendo su método habitual. Esta exploración se centra primero en determinar si el tiempo existe realmente y, en caso afirmativo, cuál es su esencia. En otras palabras, empieza por cuestionar la existencia del tiempo e indaga sobre su naturaleza.

Aristóteles propone inicialmente que el tiempo se concibe como compuesto de dos partes: pasado y futuro. Excluyendo al presente por no considerarse una parte propiamente dicha, argumenta que el tiempo no existe en un sentido absoluto, sino de manera relativa y confusa. El futuro es algo que será, pero aún no es, y el pasado es algo que fue y, por ende, ya no es. Esta perspectiva pone en duda la existencia del tiempo, ya que resulta problemático afirmar la existencia de algo compuesto de partes que no son, o que son no existentes o, dicho fenomenológicamente, que ya no aparecen o se muestran, y por tanto están ocultas. Para afirmar la existencia de algo divisible en partes, Aristóteles señala que deben cumplirse dos condiciones: que alguna o todas sus partes existan y que estas partes contribuyan a una medida del todo, es decir, que posean alguna extensión dentro del continuo al que pertenecen. Dado que el tiempo, por los motivos expuestos, no cumple la primera condición, la segunda condición enfrenta serias dificultades. El único aspecto del tiempo que puede considerarse existente, el presente o el «ahora», no puede ser visto como una extensión y, por lo tanto, como parte del tiempo.

A continuación, Aristóteles procede a adentrarse en la discusión sobre la naturaleza del «ahora», cuestionando si puede ser siempre el mismo o si, por el contrario, debe considerarse siempre distinto. La conclusión es que cada «ahora» es único y no pueden coexistir, ya que no representan extensiones temporales, sino que actúan como límites inextensos e indivisibles del tiempo. La solución al dilema de la identidad y alteridad del «ahora» se encuentra en la distinción entre el «ahora» como un instante específico y su carácter de sustrato continuo que permite la sucesión de eventos. Al igual que cada etapa de un movimiento es distinta de las demás, pero participa en un movimiento continuo, el «ahora» se entiende en un doble sentido: como un instante único en el tiempo y como el sustrato constante que facilita la transición entre estos instantes.

Aristóteles refuerza esta comprensión mediante una analogía entre el «ahora» y el «móvil» (219b 15 - 220a), sugiriendo que el «ahora», al igual que el «móvil» en movimiento, permanece constante como sustrato mientras se manifiesta de forma distinta en cada fase del movimiento o del tiempo.[135] Esta analogía aclara que el «ahora», y por extensión el tiempo, posee una doble naturaleza: es constante en su esencia, pero cambiante en su manifestación. Con base en lo expuesto, Aristóteles procede a abordar la problemática de la existencia del tiempo sin pretender ofrecer una solución definitiva. Subraya que el análisis del «ahora» y sus modalidades

---

135. Aristóteles, *Física*, trad. Guillermo R. de Echandía, Biblioteca Clásica Gredos (Madrid: Gredos, 1995), libro 4, parte 13.

de ser brinda pautas fundamentales para abordar la naturaleza del tiempo. Siguiendo su metodología, examina primero las opiniones de sus predecesores sobre el tema, método que le permite sentar las bases para su propia definición.

El estagirita contempla y luego refuta dos concepciones previas sobre el tiempo: la primera, que el tiempo es el movimiento del todo, específicamente la rotación de la esfera celeste; y la segunda, que el tiempo es la esfera celeste en sí misma. Rechaza la primera idea argumentando que el tiempo puede ser considerado incluso en fragmentos del movimiento de la esfera, no exclusivamente en su totalidad. Señala que la hipótesis de múltiples mundos con sus propios movimientos implicaría la existencia de tiempos simultáneos, lo que es erróneo según esta visión. Contra la segunda concepción, argumenta que pensar el tiempo como la esfera celeste es una simplificación, ya que confunde la noción de estar «en el tiempo» con estar «en la esfera». Aristóteles aclara que, si bien el tiempo está relacionado con el movimiento, no es idéntico a este. El movimiento afecta solo a lo que cambia, mientras que el tiempo concierne a todas las cosas. Además, mientras que el movimiento puede variar en velocidad, el tiempo no, ya que la velocidad se mide en función del tiempo. Esto lleva a la conclusión de que el tiempo no es movimiento, sino que está intrínsecamente relacionado con el cambio. La percepción del tiempo depende de la percepción del cambio por parte del alma.

La relación entre tiempo y movimiento se esclarece al considerar que el movimiento ocurre en un «continuo» que, para Aristóteles, es primariamente el espacio. La continuidad del movimiento da lugar a la continuidad del tiempo. El conocimiento del tiempo surge de la capacidad del alma para distinguir entre «ahoras», identificando lo anterior y lo posterior en el movimiento. Aristóteles define entonces el tiempo como «el número del movimiento según lo anterior y lo posterior», estableciendo una distinción entre el concepto de «número» como lo que se cuenta y el acto de contar. En esta definición, el tiempo numera no el movimiento *per se*, sino la amplitud del movimiento entre dos puntos en el tiempo, los «ahoras». A partir de esto, Aristóteles propone que, si lo mayor y lo menor se mide por el número, y si el movimiento (ya sea mayor o menor) se mide por el tiempo, entonces el tiempo funciona como una especie de número. Esto no implica una identificación absoluta entre tiempo y movimiento, sino que el tiempo se relaciona con el movimiento en cuanto a su aspecto cuantificable. Este enfoque subraya la función del tiempo como medida del movimiento, resaltando su aspecto cuantitativo y su independencia de la naturaleza concreta del movimiento mismo.

Para concluir, es menester enfatizar que la semejanza previamente señalada entre el concepto de «ahora» y el de «móvil» trasciende la mera coincidencia de ser idénticos bajo ciertas circunstancias y distintos bajo otras. Esta similitud se extiende al papel que ambos desempeñan como puertas de entrada al entendimiento del «continuo» al que pertenecen. Por un lado, se sostiene que nuestro entendimiento del movimiento se deriva exclusivamente del «móvil». Por otro lado, si nos remitimos a la definición de tiempo previamente establecida, como el «número del movimiento en relación con lo anterior y lo posterior», y comprendemos que lo «anterior» y lo «posterior» se refieren a dos instancias temporales o «ahoras», entonces se concluye que nuestro conocimiento del tiempo también procede del «ahora».

Basándose en el análisis de Aristóteles, los párrafos subsiguientes abordarán las consecuencias que se desprenden de las interacciones entre tiempo-alma y tiempo-mundo. En este sentido, es relevante retomar los conceptos (aunque no necesariamente los análisis) propuestos por Paul Ricoeur en *Tiempo y Narración*, respecto a las dos perspectivas desde las cuales se examina nuestra cuestión. Por un lado, se identifica un enfoque que podríamos denominar psicológico, centrado en la indagación sobre la relación entre tiempo y alma. Por otro, enfrentamos una visión que calificaríamos de cosmológica, destinada a explorar la conexión entre tiempo y mundo. A través de este enfoque, buscamos demostrar que, aunque la medida del movimiento por el alma se establece como el momento en que la existencia del tiempo adquiere significado, esta relación no constituye de manera absoluta la condición de posibilidad de la existencia del tiempo.

Desde el principio, Aristóteles procura eliminar cualquier distinción clara entre la existencia del tiempo y su percepción. Sin embargo, su propia definición de tiempo implica la existencia del alma. Proponemos que un análisis cuidadoso al respecto nos permitirá proyectar una concepción del tiempo independiente de su vínculo con el alma (cosmología del tiempo). Esto se debe a que, incluso en ausencia del alma, se puede hablar de un «substrato del tiempo» para facilitar la examinación la relación tiempo-mundo. Luego, discutiremos la relevancia y función del «Motor inmóvil» en cuanto a los fundamentos cosmológicos que establecen la noción de temporalidad en Aristóteles.

Para dilucidar el rol que desempeña el alma en su relación con el tiempo, resulta provechoso retomar lo discutido anteriormente acerca de la vinculación entre tiempo y movimiento. Aunque Aristóteles no equipara directamente tiempo con movimiento, es palpable que identifica una conexión inmediata entre estos dos «continuos». Según sostiene, nuestro conocimiento del tiempo se origina en el movimiento, y viceversa, nuestro entendimiento del movimiento se funda en el tiempo. Esta interdependencia se evidencia claramente en su definición de tiempo como «el número del movimiento en relación con lo anterior y lo posterior».[136] Al abordar el concepto de «número», Aristóteles lo distingue en dos acepciones: como el número que se cuenta (el contado) y como el número con el que se cuenta (el contador). En su conceptualización del tiempo, opera de manera explícita la noción de número contado, es decir, aquello que se «mide». Esta medición indiscutiblemente requiere de un ente que realice la acción de contar; y es aquí donde el alma asume un papel crucial dentro de la concepción aristotélica del tiempo. El alma, o más específicamente, su facultad intelectiva, al diferenciar dos instantes «ahoras» en el tiempo —lo anterior y lo posterior en el movimiento— y reconocer que estos instantes son distintos de lo que yace entre ellos, facilita la concepción del tiempo como el número del movimiento.

Ante dicha concepción, podríamos preguntarnos entonces, tras haber definido el tiempo como el número del movimiento, si es factible considerarlo como algo que pueda existir de forma independiente del alma. Aristóteles plantea este interrogante de la siguiente manera: ¿Existiría el tiempo en ausencia del alma? A lo que

---

136. Ibid., libro 4, parte 11.

él mismo responde que si no hubiese quien contase, tampoco habría qué contar y, por ende, no existiría el número, ya que un número es o bien lo contado o lo contable. La respuesta de Aristóteles a este dilema es concisa, fundamentándose en su definición de tiempo. Dado que el tiempo es el número del movimiento, es imprescindible la presencia de un ente capaz de contar dicho movimiento para que el tiempo pueda manifestarse de forma efectiva. De este modo, «es imposible que el tiempo exista sin el alma, a menos que sea con relación a lo que el tiempo existe», como sería el caso de un movimiento que persista sin alma.[137] Supongamos que ignoramos el tiempo como numeración del movimiento y consideramos lo que el tiempo numera. En ese caso, obtenemos algo que, aunque no es el tiempo *per se*, constituye su sustrato, es decir, el movimiento que es potencialmente numerable.

Alejandro Vigo ha señalado que la discusión que se extiende desde 223a21 hasta 223a29 de la *Física* ha presentado complicaciones interpretativas. Esto se debe en gran medida a la perspectiva moderna desde la que se ha leído, que implica categorías como el realismo y el idealismo. Vigo argumenta que el verdadero desafío radica en que el enfoque aristotélico sobre la relación del alma con el movimiento, y por extensión, con el mundo, no se ajusta fácilmente a estas categorías. Una interpretación idealista se desvanece al considerar que Aristóteles no sugiere que el tiempo ocurre dentro del alma o que esta lo constituya, sino que enfatiza que el tiempo, al ser el número del movimiento, está íntimamente ligado a la acción de contar. Por otro lado, una interpretación realista, que presupone la existencia real de los objetos de conocimiento independientemente del sujeto cognoscente, podría apoyarse en las palabras de Aristóteles en el libro de la *Metafísica IV* 5, donde discute la existencia de lo sensible en ausencia de seres vivos. Esta perspectiva permite sostener que el objeto de conocimiento tiene una existencia independiente de las determinaciones que el alma pueda percibir.

---

137. Ibid., libro 4, parte 14.

En este marco, es esencial diferenciar entre los objetos primarios de percepción, que no existen de manera actual independiente de la percepción, y el sustrato de estas percepciones, que puede existir independientemente de la actividad perceptiva del alma, ya que es aquello que permite la manifestación de lo sensible. Así, reconocemos que el tiempo no es un ente sustancial o un sustrato independiente del alma, sino una determinación de aquellos entes sustanciales en movimiento. Su existencia, como afección del movimiento, está intrínsecamente vinculada a la percepción del movimiento por parte del alma. Esta es la esencia de la afirmación aristotélica de que el tiempo emerge cuando se pueden contar los instantes de «antes» y «después» en el cambio. En consecuencia, Aristóteles sostiene que el tiempo no se reduce a una mera observación del alma ni a una simple determinación del movimiento, sino que representa el punto de convergencia entre la capacidad del alma para contar y la capacidad del movimiento para ser contado. Lo planteado por Aristóteles no niega de manera absoluta la existencia del tiempo independiente del alma, ya que el tiempo, siendo un número «contado» del movimiento, y lo contado también puede considerarse como «contable». Esto permite hablar de tiempo incluso en potencia de ser contado, sin que necesariamente se realice en acto. Esta reflexión abre la puerta, no obstante, a lo que podríamos llamar una «cosmología del tiempo».

Aristóteles: tiempo, cosmos y Dios

En el pensamiento de Aristóteles, así como en la concepción general griega, el universo es considerado eterno e indestructible, descartando la posibilidad de una creación *ex nihilo* o de una transición absoluta del ser al no-ser del cosmos. Sin embargo, es en la especificidad de sus argumentaciones donde se observan las divergencias más significativas con Platón. En el mito narrado en el Timeo, Platón concibe el mundo como una entidad formada y organizada por un Demiurgo a partir de una materia prima preexistente dentro de un marco de tiempo caótico e indefinido. Sin embargo, Aristóteles sostiene que el mundo y todos sus elementos constituyentes, incluyendo el espacio, el movimiento y el tiempo, son coeternos con una realidad primera y eterna, que ocupa este lugar preeminente al Ser, la causa primera del movimiento. Ante esto, es imperativo examinar los fundamentos que llevan a Aristóteles a postular la existencia de un Motor inmóvil, una entidad que, aunque no interactúa directamente con el cosmos, permite su persistencia.

Para Aristóteles, la idea de que el mundo haya sido generado contradice la lógica. La explicación más elocuente de esta concepción se encuentra en la *Física VIII*, donde, aunque se centra en la eternidad del movimiento, este razonamiento puede extrapolarse a la eternidad del tiempo y del mundo material o espacial. Esta extrapolación es posible debido a la naturaleza continua del espacio, el movimiento y el tiempo: lo continuo se define por tener un antes y un después. En primer lugar, el antes y el después se conceptualizan en términos de posición espacial, dado que en la magnitud espacial existe un antes y un después, el movimiento, por analogía, también debe tener un antes y un después. Del mismo modo, el tiempo contiene un antes y un después, pues sigue al movimiento. Así, mientras el tiempo es inherente al movimiento (es imposible concebir uno sin el otro), el movimiento depende de la magnitud espacial, ya que implica el desplazamiento de algo en el espacio, no un movimiento en sí mismo. Por lo tanto, al afirmar la eternidad del movimiento, simultáneamente afirmamos la eternidad del tiempo y del cosmos.

Aristóteles plantea el dilema de esta forma: ¿se generó alguna vez el movimiento, sin haber existido previamente, y será algún día destruido, cesando todo movimiento? ¿O es que el movimiento nunca fue generado ni será destruido, habiendo existido siempre y por existir eternamente, perteneciendo así a la inmortalidad y permanencia de las cosas? Las opciones planteadas pueden resumirse en: 1) ¿Fue el movimiento (y, por ende, el mundo) alguna vez creado para luego finalizar? o 2) ¿Es eterno, sin inicio ni fin? Para abordar esta cuestión, que además reviste gran interés por el debate entre el paganismo y el cristianismo, Aristóteles recurre principalmente a argumentaciones de índole lógico-causal. El estagirita acierta al señalar que, independientemente de la posición adoptada sobre la finitud o eternidad del mundo, casi todos los filósofos que han elaborado cosmogonías han reconocido, de forma explícita o implícita, la existencia del movimiento. Esto se debe a que tales cosmogonías abordan procesos de generación y corrupción, los cuales son manifestaciones del cambio. La naturaleza del movimiento se analiza detalladamente en *Física III*, donde se define como «la actualidad de lo que está en potencia, en cuanto tal».[138] Este concepto sugiere que el movimiento es la realización efectiva de un potencial. Bajo este marco conceptual, cuando se argumenta que el movimiento tuvo un inicio en el tiempo, sin haber existido previamente, se nos presentan dos posibilidades.

La primera posibilidad plantea que el mundo fue generado y luego comenzó a moverse. Este escenario implica que la generación misma ya es una forma de cambio, ya que, si algo no existe y posee la potencia de existir, su emergencia o generación implica la actualización de esa potencia. Esto, según la definición aristotélica, constituye movimiento. Este argumento sugiere que el movimiento sería anterior al supuesto inicio del movimiento. Además, afirmar que el mundo se generó «junto con el movimiento» presupone erróneamente un tiempo previo en el que ni el mundo ni el movimiento existían, lo cual es contradictorio, pues el tiempo es inseparable del movimiento. La segunda posibilidad considera absurda la idea de que el mundo, siendo eterno, experimente un inicio del movimiento. Si se asume que el movimiento tuvo un comienzo, necesariamente tendríamos que postular la existencia de un primer móvil y un primer motor. Sin embargo, para que algo funcione como motor, debe poseer movimiento, el cual solo puede ser impartido por otro motor, llevando este razonamiento a una regresión infinita de motores y movimientos.

Estas reflexiones llevan a Aristóteles a rechazar la idea de un comienzo temporal del movimiento, así como la concepción de un mundo que se genere independientemente de él. La conclusión aristotélica subraya la interdependencia fundamental entre movimiento, tiempo y la existencia misma del cosmos, lo cual refuerza su argumento sobre la eternidad del mundo y del

---

138. Ibid., libro 4, parte 1.

movimiento. Esta posición resuelve las paradojas y establece una base firme para el concepto de un universo eterno, donde el cambio y el movimiento son características intrínsecas y coeternas con la existencia del cosmos.

La negación de Aristóteles sobre la generación del movimiento nos conduce a la necesidad de identificar una causa primera que explique su eternidad sin caer en un regreso al infinito. Esto se basa en el principio de causalidad, que sostiene que todo lo que se mueve debe ser movido por algo. De acuerdo con nuestra definición de movimiento, todo ente capaz de inducir cambio debe encontrarse en acto; por ejemplo, un cuerpo se calienta por la acción de otro cuerpo que ya se encuentra caliente. Aquí surge una aporía: parece que todo lo que está en acto tuvo alguna vez una potencia (es decir, aquello que calienta no fue siempre caliente, sino que obtuvo su calor de otro cuerpo), pero la potencia no necesariamente desemboca en acto, ya que lo potencial puede no actualizarse. De este modo, la potencia parecería ser anterior al acto. Si este fuera el caso, entonces nada de cuanto existe sería, puesto que lo potencial no se materializaría necesariamente en acto. Este dilema resuena tanto con la idea teológica de que todo emergió de la oscuridad como con la concepción de los filósofos de la naturaleza de que «todo estaba junto»; ambos escenarios enfrentan el problema de cómo el movimiento pudo haber surgido sin una causa en acto.

Dado que el movimiento es eterno, se requiere de un motor que sea siempre acto, es decir, acto puro, ya que, si poseyera alguna potencia, el movimiento eterno estaría en riesgo, pues lo potencial podría no realizarse. Por tanto, la causa primera del movimiento eterno debe ser un acto eterno, inmaterial (pues la materialidad implica potencialidad), y estar libre de toda potencialidad. Esta causa primera, al ser acto puro, no puede interactuar ni ser afectada por nada que no sea su propia perfección, evitando así cualquier contaminación con la potencialidad. Los atributos del primer motor incluyen ser eterno, inmaterial, acto puro e inmóvil, lo que nos deja con la interrogante sobre cómo el Dios aristotélico, que no actúa como causa eficiente debido a su separación del mundo material, puede ser la causa eterna del movimiento.

Una manera posible de abordar esta cuestión es prestando atención a la distinción entre el pensamiento griego y el cristiano, radicando este último en el hecho de que el cristianismo fundamenta su cosmología en la doctrina de la creación *ex nihilo*, a diferencia de la concepción aristotélica. Mientras el Dios cristiano es visto como la causa eficiente del mundo, creándolo de la nada al igual que un artesano trabaja la materia, el Dios de Aristóteles actúa como causa final, moviendo al mundo de manera análoga a como el amado mueve al amante. Así, el motor inmóvil aristotélico evita cualquier contacto con lo material. Aristóteles, de hecho, sostiene que el mundo no puede tener una causa eficiente, ya que ello implicaría una regresión infinita de causas. Sin embargo, argumenta que sí es posible concebir una causa primera que no sea primaria en un sentido cronológico, si se entiende que la eternidad de esta causa es coeterna a la eternidad del tiempo y el mundo. Este enfoque permite a Aristóteles ofrecer una explicación coherente de la eternidad del movimiento sin caer en las complicaciones lógicas de un inicio o un fin temporal del movimiento mismo.

Capítulo 32

El tiempo y la eternidad según San Agustín

La paradoja del tiempo

Los comentarios que San Agustín dedicó a la cuestión del tiempo supusieron un punto de referencia para estudios posteriores, especialmente en el campo de la filosofía. A fin de abordar la posición del filósofo de Hipona con respecto a este tema, nos centraremos en la lectura del libro XI de su famosa obra *Confesiones*. Allí argumenta, en cierto modo en la misma línea que Aristóteles, que solo el presente tiene existencia real, mientras que el pasado y el futuro existen únicamente en la mente. Asimismo, define el tiempo como una medida del movimiento, indicando que este concepto es también una creación divina que surge con el acto de la creación misma, no precediéndola, situando a Dios como anterior al tiempo, pero no en un sentido cronológico. San Agustín sostiene:

> ¿Qué es, pues, el tiempo? Si nadie me lo pregunta, lo sé; pero si quiero explicárselo al que me lo pregunta, no lo sé. Lo que sí digo sin vacilación es que sé que si nada pasase no habría tiempo pasado; y si nada sucediese, no habría tiempo futuro; y si nada existiese, no habría tiempo presente. Pero aquellos dos tiempos, pretérito y futuro, ¿cómo pueden ser, si el pretérito ya no es él y el futuro todavía no es? Y en cuanto al presente, si fuese siempre presente y no pasase a ser pretérito, ya no sería tiempo, sino eternidad. Si, pues, el presente, para ser tiempo es necesario que pase a ser pretérito, ¿cómo decimos que existe éste, cuya causa o razón de ser está en dejar de ser, de tal modo que no

podemos decir con verdad que existe el tiempo sino en cuanto tiende a no ser?[139]

De aquí me pareció que el tiempo no es otra cosa que una extensión; pero ¿de qué? No lo sé, y maravilla será si no es de la misma alma. Porque ¿qué es, te suplico, Dios mío, lo que mido cuando digo, bien de modo indefinido, como: «Este tiempo es más largo que aquel otro»; o bien de modo definido, como: «Este es doble que aquél»? Mido el tiempo, lo sé; pero ni mido el futuro, que aún no es; ni mido el presente, que no se extiende por ningún espacio; ni mido el pretérito, que ya no existe. ¿Qué es, pues, lo que mido?[140]

En ti, alma mía, mido los tiempos. No quieras perturbarme, que así es; ni quieras perturbarte a ti con el tropel de tus impresiones. En ti —repito— mido los tiempos. La afección que en ti producen las cosas que pasan —y que, aun cuando hayan pasado, permanece— es la que yo mido de presente, no las cosas que pasaron para producirla: ésta es la que mido cuando mido los tiempos. Luego o ésta es el tiempo o yo no mido el tiempo.[141]

Pero lo que ahora es claro y manifiesto es que no existen los pretéritos ni los futuros, ni se puede decir con propiedad que son tres los tiempos: pretérito, presente y futuro; sino que tal vez sería más propio decir que los tiempos son tres: presente de las cosas pasadas, presente de las cosas presentes y presente de las futuras. Porque éstas son tres cosas que existen de algún modo en el alma, y fuera de ella yo no veo que existan: presente de cosas pasadas (la memoria), presente de cosas presentes (visión) y presente de cosas futuras (expectación). Si

---

139. Agustín de Hipona, *Las Confesiones*, trad. Ángel Custodio Vega Rodríguez, rev. José Rodríguez Díaz, edición digital en español, libro XI, cap. XIV: «¿Qué es, pues, el tiempo?», §17.
140. Ibid., Libro XI, cap. XXVI: «Agustín mide y no sabe lo que mide», §33.
141. Ibid., Libro XI, cap. XXVII: «En la memoria se miden los tiempos», §36.

me es permitido hablar así, veo ya los tres tiempos y confieso que los tres existen. Puede decirse también que son tres los tiempos: presente, pasado y futuro, como abusivamente dice la costumbre; dígase así, que yo no curo de ello, ni me opongo, ni lo reprendo; con tal que se entienda lo que se dice y no se tome por ya existente lo que está por venir ni lo que es ya pasado. Porque pocas son las cosas que hablamos con propiedad, muchas las que decimos de modo impropio, pero que se sabe lo que queremos decir con ellas.[142]

Todo esto lo hago yo interiormente en el aula inmensa de mi memoria. Allí se me ofrecen al punto el cielo y la tierra y el mar con todas las cosas que he percibido sensiblemente en ellos, a excepción de las que tengo ya olvidadas. Allí me encuentro con mí mismo y me acuerdo de mí y de lo que hice, y en qué tiempo y en qué lugar, y de qué modo y cómo estaba afectado cuando lo hacía. Allí están todas las cosas que yo recuerdo haber experimentado o creído. De este mismo tesoro salen las semejanzas tan diversas unas de otras, bien experimentadas, bien creídas en virtud de las experimentadas, las cuales, cotejándolas con las pasadas, infiero de ellas acciones futuras, acontecimientos y esperanzas, todo lo cual lo pienso como presente. «Haré esto o aquello», digo entre mí en el seno ingente de mi alma, repleto de imágenes de tantas y tan grandes cosas; y esto o aquello se sigue. «¡Oh si sucediese esto o aquello!» «¡No quiera Dios esto o aquello!» Esto digo en mi interior, y al decirlo se me ofrecen al punto las imágenes de las cosas que digo de este tesoro de la memoria, porque si me faltasen, nada en absoluto podría decir de ellas.[143]

San Agustín se adentra en la compleja cuestión del tiempo, planteando reflexiones que desafían la intuición común. Esta famosa

---

142. Ibid., Libro XI, cap. XX: «Diferencia de tiempos», §26.
143. Ibid., Libro X, cap. VIII: «Los anchurosos palacios de la memoria», §14.

cita encapsula la dificultad de definir el tiempo: «¿Qué es, pues, el tiempo? Si nadie me lo pregunta lo sé, pero si trato de explicárselo a quien me lo pregunta no lo sé». El tiempo es un concepto familiar en la experiencia cotidiana, pero elusivo cuando se busca conceptualizarlo. Contrario a la noción general que divide el tiempo en pasado, presente y futuro, San Agustín propone que solo el presente posee realidad tangible, mientras que el pasado y el futuro existen únicamente en la mente, como recuerdos o expectativas. El pasado ya no existe y el futuro aún no existe. De manera parecida a Aristóteles, esta conclusión lleva a la inexistencia real del pasado y del futuro, planteando el dilema de cómo es posible medir algo que no existe. La medición del tiempo, entonces, parece referirse a una cualidad que no tiene entidad fuera de nuestra percepción y concepción mental.

Al abordar la medición del tiempo, San Agustín señala la imposibilidad de afirmar que un tiempo pasado fue largo, ya que no puede ser medido ni cómo pasado (ya que ha dejado de existir) ni como presente (porque el presente no tiene extensión). Este razonamiento lleva a la conclusión de que solo el presente es real, aunque sería, al mismo tiempo, un presente sin extensión y, por lo tanto, sin duración mensurable. Para mostrar este punto, San Agustín usa el ejemplo de cien años, con el que ilustra que solo podemos considerar presente el año que transcurre actualmente, mientras que los demás son futuros (y por tanto inexistentes) o pasados (y ya no existen). Esta división continúa hasta llegar a la conclusión de que el presente es indivisible. El presente, según San Agustín, es un instante fugaz que no permite división alguna en partes más pequeñas sin caer en la categoría de pasado o futuro.

La reflexión agustiniana sobre el tiempo destaca por su profundidad filosófica, ofreciendo una perspectiva que desafía las concepciones lineales y segmentadas del tiempo. Al considerar el tiempo no como una entidad independiente y divisible, sino como una experiencia subjetiva y momentánea marcada por la consciencia, San Agustín aporta a la discusión filosófica sobre la naturaleza del ser, la percepción y la existencia divina. Este enfoque sobre el tiempo, como algo que escapa a la definición objetiva y se enraíza en la experiencia subjetiva y la consciencia, invita a reflexionar sobre la manera en que comprendemos y vivimos la temporalidad en nuestra vida cotidiana y espiritual.

San Agustín profundiza en la aparente contradicción entre la inexistencia del pasado y el futuro y nuestra capacidad de hablar y conocer sobre ellos. Aunque inicialmente sostiene que solo el presente existe realmente, reconoce la necesidad de admitir algún tipo de existencia para el pasado y el futuro, para explicar cómo es posible el conocimiento histórico, la profecía y la anticipación de los efectos de nuestras acciones. Para resolver esta aparente paradoja, San Agustín propone que, aunque el pasado y el futuro no existan en la realidad de las cosas de manera tangible, deben poseer un modo de existencia que permita su conocimiento y medición. Argumenta que, si el futuro no existiera en absoluto, sería imposible para los profetas predecirlo, y si el pasado no tuviera ningún tipo de existencia, sería imposible recordarlo o narrarlo verazmente.

Ante ello, San Agustín sugiere que tanto el recuerdo del pasado como la anticipación del futuro ocurren en el presente. Los recuerdos del pasado no son los hechos reales ya ocurridos, sino más bien imágenes o huellas de estos hechos almacenadas en la memoria, que se manifiestan en el presente cuando se accede a ellas. Del mismo modo, la premeditación o planificación de acciones futuras se realiza en el presente, aunque las acciones mismas aún no hayan ocurrido y sean, por lo tanto, futuras. En cuanto a la predicción de eventos futuros, San Agustín aclara que lo que realmente se ve o conoce son las causas o signos presentes que indican lo que sucederá, no los eventos futuros en sí mismos. Estas causas o signos existen en el presente y permiten inferir o imaginar lo que ocurrirá en el futuro. Este análisis lleva a San Agustín a mantener firmemente que solo lo presente tiene existencia real, al mismo tiempo que reconoce que el pasado y el futuro tienen una existencia en la mente, en «algún lugar» donde se manifiestan como presentes para el observador. Esta concepción refina su entendimiento inicial sobre la naturaleza del tiempo, permitiendo conciliar la existencia real y única del presente con nuestra experiencia y conocimiento del pasado y el futuro.

Para enfrentarse al dilema de cómo medimos el tiempo, si el pasado y el futuro no existen en la realidad y el presente no tiene duración, San Agustín explora la relación entre el tiempo y el movimiento. La duración del movimiento o del reposo de un cuerpo se mide mediante el tiempo, lo que indica que, aunque el tiempo no es el movimiento mismo, actúa como la medida de la duración tanto del movimiento como del reposo. Este análisis lleva a San Agustín a concluir que medimos el tiempo en su transcurrir, lo que implica que no medimos ni el futuro (por ser inexistente), ni el presente (por su falta de extensión), ni el pasado (por haber dejado de existir). Sin embargo, a pesar de estas limitaciones, el tiempo se mide en relación con el movimiento, sugiriendo que el tiempo es una medida del movimiento y, por extensión, del reposo.

En función de lo expuesto, San Agustín avanza en su reflexión argumentando que el tiempo no solo mide el movimiento, sino que también se mide a sí mismo. Esto se manifiesta en cómo se compara la duración de distintos intervalos de tiempo, por ejemplo, midiendo la duración de una sílaba larga con respecto a una sílaba breve. Esta capacidad de medir intervalos de tiempo, unos con otros, lleva a San Agustín a una conclusión significativa sobre la naturaleza del tiempo: el tiempo es una distensión. Esta conceptualización del tiempo como distensión, o extensión, implica que el tiempo es algo más que una simple sucesión de instantes o un marco en el que ocurren eventos. Más bien, el tiempo se entiende como una continuidad que permite la experiencia del cambio y del movimiento. Esta distensión abarca la secuencia de eventos y también la extensión interna de nuestra consciencia, donde se alojan los recuerdos del pasado y las anticipaciones del futuro, permitiendo así la medición del tiempo.

Por tanto, la explicación agustiniana sobre cómo medimos el tiempo, a pesar de sus aparentes contradicciones, revela una profunda comprensión de la naturaleza temporal como intrínsecamente ligada a la experiencia humana, al movimiento y a la consciencia. El tiempo como distensión encapsula la continuidad de nuestra experiencia interna, uniendo el mundo físico con la percepción y el pensamiento humanos.

El tiempo como la posibilidad de la experiencia

San Agustín vincula intrínsecamente la existencia del tiempo, entendido como continuidad de la experiencia de una consciencia subjetiva, con la presencia de movimiento. Argumenta que el tiempo solo puede existir donde hay entes materiales capaces de moverse. Esta idea refleja una comprensión del universo donde el tiempo y el movimiento son codependientes, y ambos están sujetos a la existencia de la materia. En este contexto, San Agustín sostiene que para que se dé el movimiento, es necesario que existan entes compuestos de materia y forma, ya que en una materia sin forma no puede haber movimiento.

Este posicionamiento queda refrendado en su comentario del pasaje bíblico de Génesis (1:2) donde se describe la tierra como «confusa y vacía» y cubierta por las tinieblas. San Agustín interpreta la «tierra confusa y vacía» como una referencia a una materia primordial sin forma, a partir de la cual Dios habría formado la tierra tal como la conocemos. Esta interpretación lleva a San Agustín a concluir que la materia informe, al no tener forma ni orden, no es contabilizada por las Escrituras entre los días de la creación. Para él, donde no hay forma ni orden, no hay cambio, y donde no hay cambio, no hay tiempo ni sucesión de espacios temporales. San Agustín profundiza aún más en esta idea afirmando que los tiempos se originan a partir de los cambios en las cosas, a través de las variaciones y sucesiones de formas sobre la materia. Esta perspectiva resalta que el tiempo está intrínsecamente ligado a la existencia de entes materiales y a los cambios que en ellos ocurren. Dicho de otro modo, la concepción agustiniana defiende que el tiempo es una construcción relacionada con el orden, la forma y el cambio en el universo material.

Este análisis ofrece una visión profunda sobre cómo San Agustín entiende la creación y la naturaleza del tiempo, vinculándolo a aspectos físicos como el movimiento y la materia, así como a conceptos metafísicos, como la forma y el orden. Así, la relación entre tiempo, movimiento y materia es fundamental para comprender el universo físico, pero también refleja una dimensión espiritual y teológica en la interpretación del acto creativo divino. En su profunda reflexión sobre la naturaleza del tiempo en las *Confesiones*, el filósofo de Hipona llega a la conclusión de que el tiempo, más que una entidad externa y objetiva, se experimenta y se mide en el interior del espíritu humano. Esta perspectiva se desarrolla a partir de la observación de que, aunque parezca que medimos tiempos objetivos como el pasado o el futuro, en realidad, medimos nuestras impresiones, es decir, nuestras percepciones internas y recuerdos de esos tiempos. Para San Agustín, el tiempo se mide en el espíritu a través de las impresiones que las cosas dejan al pasar y que permanecen incluso después de que hayan pasado.

Esta percepción agustiniana del tiempo se basa en tres facultades del espíritu: la memoria, por la cual retenemos el pasado; la atención, a través de la cual experimentamos el presente; y la expectación, mediante la cual anticipamos el futuro. El ejemplo de emitir una voz prolongada ilustra cómo el espíritu opera con estas tres dimensiones temporales. Antes de emitir la voz, se premedita su duración en el pensamiento, confiando esta premeditación a la memoria. A medida que la voz se emite, la intención presente mueve lo que estaba en el futuro al pasado, en un proceso donde el futuro se reduce y el pasado se acumula, todo ello gestionado por la memoria, la atención y la expectación del espíritu.

Esta comprensión del tiempo como algo que se vive y se mide internamente resuelve las paradojas de su inexistencia real y su inextensibilidad y explica cómo es posible hablar de tiempos largos o breves. Un «futuro largo» no es más que una larga espera de lo que está por venir, y un «pasado largo» es una larga memoria de lo que ha sido. San Agustín, por tanto, nos ofrece una visión del tiempo profundamente introspectiva y subjetiva, anclada en la experiencia interna del espíritu humano, que subraya el papel central de la consciencia humana en la percepción y medición del tiempo. Esta concepción agustiniana del tiempo como distensión del espíritu, y su medición como un acto de memoria, atención y expectación, revela una comprensión del tiempo que trasciende su manifestación física, situándolo en el dominio de la experiencia subjetiva y espiritual.

Identificar el tiempo con la consciencia subjetiva lo deja fuera de la dimensión creadora de Dios. En el mismo libro XI de las *Confesiones*,

San Agustín aborda precisamente la compleja relación entre Dios, el tiempo y la creación, ofreciendo una profunda reflexión sobre la naturaleza del tiempo y su origen divino. Para él, la pregunta sobre qué hacía Dios antes de la creación del mundo no tiene sentido, ya que el tiempo mismo es una creación de Dios. Esta perspectiva implica que el tiempo no existía antes de la creación del universo; por lo tanto, no había un «antes» en el sentido temporal donde Dios estuviera inactivo. El obispo de Hipona resuelve el problema de la eternidad del mundo argumentando contra la idea de que el mundo debe ser coeterno con Dios para evitar cambios en la voluntad divina. Sostiene que el tiempo, al ser una creación de Dios, no precede a la creación material, lo que significa que no hay necesidad de que el mundo sea eterno, ni implica un cambio en la sustancia o voluntad divina de crear el mundo en un momento específico, ya que dicha decisión y acción están fuera del marco del tiempo creado.

La anterioridad de Dios respecto del tiempo se entiende no en términos cronológicos, sino desde la perspectiva de la eternidad de Dios, que siempre está presente y supera tanto los tiempos pasados como los futuros. Dios conoce todos los tiempos simultáneamente, sin las limitaciones temporales, y mueve las cosas temporales sin estar sujeto a los movimientos del tiempo. San Agustín enfatiza que ninguna criatura, incluso aquellas «superiores al tiempo» como los ángeles, es coeterna con Dios. Todos los seres creados, independientemente de su naturaleza, tienen un principio establecido por Dios, aunque no sea un principio temporal en el caso de los seres espirituales. Esto refuerza la idea de que solo Dios es eterno, existiendo fuera y antes del tiempo y la creación.

Finalmente, San Agustín sugiere que la experiencia del tiempo está vinculada a la naturaleza dual de los seres humanos, compuestos de espíritu y materia. Mientras que el espíritu puro puede ser considerado superior al tiempo, es la encarnación del espíritu en la materia lo que nos introduce en la experiencia del tiempo, marcada por el movimiento y el cambio. Este análisis resalta la conexión entre la espiritualidad, la materialidad y nuestra percepción del tiempo, mostrando cómo nuestra existencia encarnada nos sitúa en el flujo temporal, en contraposición a la eternidad inmutable de Dios.

Sección VIII: La fenomenología del tiempo

El análisis del tiempo permite a San Agustín llevar a cabo una exploración sobre la eternidad y el tiempo, mediante la cual establece una distinción fundamental entre la naturaleza de Dios y la experiencia temporal humana. Al comparar la eternidad con el presente, ilustra cómo el concepto humano de tiempo, definido por sucesiones y cambios, contrasta con la eternidad divina, donde todo es permanentemente presente y nada es transitorio. Esta comparación busca resaltar la diferencia entre la temporalidad de la creación y la atemporalidad de Dios, sin sugerir que la eternidad de Dios sea simplemente un presente prolongado en el sentido humano. La eternidad divina no debe ser entendida como un presente extendido, sino como una realidad donde la sucesión temporal no ocurre y donde todo existe en un estado de presencia constante y completa. En contraste, el tiempo humano se caracteriza por la imposibilidad de experimentar el pasado, presente y futuro simultáneamente, ya que siempre estamos en movimiento, atravesando momentos sucesivos.

Aunque San Agustín reconoce la influencia del alma o el espíritu en la percepción del tiempo, argumentando que el alma es necesaria para que exista el tiempo tal como lo experimentamos, también afirma la importancia del movimiento físico. En este sentido, su visión no excluye un fundamento real del tiempo en las cosas materiales, reconociendo que el movimiento —un fenómeno material— es esencial para la existencia del tiempo. Por tanto, aunque su concepción del tiempo tenga un componente significativo relacionado con el espíritu o el alma, no niega la realidad objetiva del tiempo manifestada en el mundo material.

Esta aproximación al tiempo y la eternidad de San Agustín refleja la profundidad de su pensamiento y su habilidad para integrar reflexiones filosóficas sobre la naturaleza de Dios, el alma y el universo material. Arribó a conclusiones similares a las de Aristóteles sobre la relación entre tiempo y movimiento sin haber tenido acceso directo a sus obras. Al abordar estas cuestiones, San Agustín contribuye de manera significativa a la tradición filosófica, ofreciendo una perspectiva que trasciende su contexto histórico y continúa influyendo en el debate filosófico contemporáneo, especialmente en el campo de la fenomenología.

CAPÍTULO 33

EL TIEMPO SEGÚN KANT, HUSSERL Y HEIDEGGER

La revolución kantiana: el tiempo como conocimiento *a priori*

En el siglo XVIII, la filosofía de Immanuel Kant impulsó la llamada «revolución copernicana». El origen y la razón de todo conocimiento se desplazó de la realidad del objeto experimentado al sujeto que experimenta la realidad. La filosofía de Kant, que niega los posicionamientos de Descartes por un lado y de Hume por el otro, rompe radicalmente con ciertos principios de la tradición filosófica e inaugura un nuevo punto de partida en el que se fundamentará la filosofía moderna. Se dice que Kant supuso un antes y un después en la historia de la filosofía.

Kant explora la naturaleza del conocimiento, cuestionando si este se deriva enteramente de la experiencia sensorial o si existen conocimientos *a priori*, es decir, que preceden a toda experiencia empírica. Cuestiona si el tiempo y el espacio son experiencias aprendidas o condiciones inherentes a nuestra estructura cognitiva. La respuesta de Kant es clara al respecto cuando define el tiempo no como un objeto más de la experiencia y el conocimiento sino como una condición previa necesaria para cualquier experiencia.

Antes de Kant, la concepción del tiempo había evolucionado desde Aristóteles y San Agustín, pasando por los cambios conceptuales introducidos por el cristianismo, hasta los debates filosóficos entre Newton y Leibniz. Estos diálogos históricos sentaron las bases para el enfoque revolucionario de Kant, quien cuestionó la fiabilidad de los sentidos para captar la realidad tal como es, ilustrado en el fenómeno de las ilusiones ópticas y los espejismos. Kant distingue entre conocimientos empíricos, sujetos a la variabilidad de la experiencia, y conocimientos *a priori*, que son universales y necesarios, como los principios de la geometría. El entendimiento humano organiza la información sensorial mediante estructuras cognitivas. Esto significa que nuestra percepción de la realidad es una interpretación de los datos sensoriales filtrados por estas estructuras innatas, como el tiempo y el espacio.

Concretamente, Kant sostiene que, junto al espacio, el tiempo es la forma de la intuición, lo que simplemente significa que es una condición *a priori* de toda experiencia, indispensable para organizar y comprender los fenómenos. Kant está diciendo esencialmente, de una manera similar a lo que Husserl argumentará más tarde, que los objetos de la experiencia sensorial se nos dan temporalmente, no todos a la vez. Esta perspectiva supuso un desafío tanto para la visión newtoniana del tiempo, que considera el tiempo como un absoluto independiente de los observadores, como para la perspectiva leibniziana, que lo considera una relación entre eventos. Para Kant, el tiempo no existe fuera de la capacidad humana para percibir y estructurar la experiencia, enfatizando que es la forma *a priori* de nuestra sensibilidad. Esta comprensión del tiempo como una condición necesaria para la experiencia nos obliga a revisar la concepción de cambio, alejándonos de las paradojas tradicionales y aplicando principios como la Ley de Conservación de Masa-Energía. Kant argumenta que lo que cambia no es la existencia fundamental de las cosas, sino la manera en que estas existencias se manifiestan. Esta nueva visión del tiempo y del espacio implicó una reconfiguración radical del modo en que la filosofía abordó estas cuestiones y, más importante todavía, de la concepción de nuestra propia relación con el mundo y la naturaleza del conocimiento.

En resumen, el tiempo, según Kant, no es un ente externo que afecta a los objetos, sino una dimensión esencial de nuestra experiencia, poseedora de un carácter *a priori* e inseparable de la condición humana, eso es, del sujeto de la experiencia. Esta visión nos conecta con un universo donde el tiempo, aunque fundamental para nuestra existencia, no es independiente de nuestra percepción y cognición. La substancia, eterna a través de los cambios, resalta la interconexión entre nuestra percepción del tiempo y nuestra capacidad para interactuar con la realidad, situando al tiempo en el centro de nuestra comprensión epistemológica y existencial.

De la rememoración de Husserl a la *ereignis* de Heidegger

Este cambio de paradigma por lo que respecta al sujeto y al tiempo servirá de punto de partida para la concepción tanto husserliana como heideggeriana. Como ya hemos visto antes y en línea con Kant, Husserl acaba identificando tiempo y consciencia hasta el punto de sugerir, como hemos hecho nosotros, que el tiempo es la columna vertebral de toda consciencia intencional; por lo tanto, es a través del tiempo que emerge o puede emerger cualquier tipo posible de subjetividad trascendental. A su vez, el mismo Husserl se pregunta cómo puede el fenomenólogo «captar» o «percibir» el tiempo como tiempo interno de la consciencia si él mismo, al formularse la pregunta, continúa anclado en el mismo flujo de la consciencia. Es decir, se pregunta qué tipo de reflexión despliega y bajo qué tipo de intuición puede la fenomenología percibir aquello que rebosa el mismo acto reflexivo intencional. El tiempo de la consciencia no puede tomarse como un objeto más que se nos da en la consciencia, ya que el tiempo es la consciencia misma desde la cual se formula la pregunta. En este sentido, la problemática y la concepción de Edmund Husserl contrasta radicalmente con todo lo que la filosofía había planteado hasta su época. Porque, a diferencia de Kant, para quien el tiempo es una forma *a priori* de la sensibilidad que permite conocer la cosa a partir de la sucesión, lo que realmente interesa a Husserl con relación al tiempo es la componente vivencial (*erlebnis*) del mismo tiempo. Dicho de otro modo, aquello que Husserl busca describir, más allá de la estructura temporalizada de una consciencia pasiva, es precisamente cómo me doy cuenta de aquello llamado «tiempo».

Recordemos que, en respuesta a esta pregunta, Aristóteles argumentaba que percibimos el tiempo en tanto que percibimos cambio, mientras que San Agustín decía que si percibimos el tiempo es porque lo podemos medir. Por su parte, Husserl argumenta que la consciencia del tiempo emerge cuando somos capaces de desvincularnos de la misma continuidad del flujo temporal, de manera análoga a cómo se detiene una máquina. Esta detención nos permite reconocer nuestra inserción en el tiempo, transformándolo en algo perceptible, en un elemento del mundo que se siente y se experimenta.

En este marco, Husserl introduce dos nociones cruciales para su análisis del tiempo: la retención y la rememoración. La retención es entendida como la memoria inmediata, de la que ya hemos hablado antes, mientras que la rememoración se refiere a la memoria de segundo orden o, lo que podríamos llamar, la memoria de una memoria. Mediante la experiencia de un sonido que emerge, persiste y finaliza, tal fenómeno se constituye en un «objeto» susceptible de ser comprendido porque nos permite captarlo, aunque, como tal, se nos escurre, desbordando todos los límites de la intuición. Lo mismo sucede con la misma consciencia como «objeto» de reflexión.

Podemos definir e incluso describir la estructura temporal de los actos de la consciencia, como hemos visto hace unos capítulos. Sin embargo, al centrar nuestra atención en la interioridad más íntima de dicha estructura, que es el tiempo de la temporalidad, este se desvanece, del mismo modo que el Ser de Heidegger. El tiempo, por tanto, se revela en su ocultación, en desbordar y rebosar los límites de todo acto intencional. Es por este motivo que Husserl da tanta importancia a la rememoración, a la que entiende como si se tratara de un cometa que observamos pasar, siendo conscientes solo de su estela. Este recuerdo de segundo orden se caracteriza por su completa desvinculación del presente, desplazándose hacia una posición de pasado muy distante. La rememoración es, para Husserl, esa dimensión de la misma estructura del acto de la consciencia que permite al acto desbordarse y salir de sí mismo, abriéndose más allá de los límites de la presencia y la actualidad; y al hacerlo, es lo que nos permite «darnos cuenta» del tiempo como flujo y estructura a la vez.

En este punto, Heidegger explora la cuestión del tiempo con relación al Ser. Para hacerlo, primero sostiene que la concepción del tiempo como un parámetro absoluto o relativo y como una sucesión de instantes presentes emergió con los pensadores griegos. Según su perspectiva, aún prevalece en las teorías modernas, incluyendo las geometrías no euclidianas y la teoría de la Relatividad, y ha obstruido la comprensión del tiempo en su sentido más primigenio, al cual él denomina «temporalidad». Partiendo de Husserl, Heidegger argumenta que la temporalidad debe entenderse como una unidad donde pasado, presente y futuro no constituyen momentos distintos, sino que se interrelacionan como éxtasis, es decir, como formas de salir de sí mismos. Por lo tanto, están entrelazados de manera esencial, como un futuro protendido al que nos arrojamos, a la vez que nos hundimos en un pasado que se evapora.

Es justamente entre la protención de la consciencia y la consciencia retenida, que el *Dasein* habita en la contención. La contención consiste en estar tensionado tanto hacia el pasado como hacia el futuro. El análisis de Heidegger se centrará en la relación de estos tres momentos o dimensiones. Más concretamente, y leyendo a Kierkegaard desde el método fenomenológico de Husserl, Heidegger interpreta el pasado como «la culpa» y el futuro a modo de «miedo a la muerte», entendiendo estos dos fenómenos como fenómenos de la consciencia a través de los cuales el tiempo se nos desvela como horizonte de comprensión del Ser. Según Heidegger, el Ser es «un advenir presentante que va siendo sido». El «advenir» corresponde a la consciencia protendida, «presentante» a la presencia y «siendo sido» a la consciencia retenida.

El *Dasein*, en su temporalidad, habita en el futuro o el pasado, los cuales lo tensionan en una y otra dirección, disolviendo toda posible connotación de presencia estable. En futuros textos, Heidegger dirá que es incluso necesario tachar el *Dasein* con una X. En *Ser y Tiempo*, el Ser se abre desde el tiempo, pero en el tercer Heidegger, el Ser no se abre desde el tiempo sino desde la *ereignis*.

Capítulo 34

La trascendencia del tiempo

Más allá del tiempo cronológico y el psicológico

Los seres humanos entendemos que todo logro o evolución personal requiere tiempo; ya sea el aprendizaje de un idioma o el avance natural de la juventud hacia la senectud, cada uno se inscribe en una dimensión temporal. Aspiraciones tan ambiciosas como la conquista espacial subrayan el tiempo como un equivalente de distancia y expansión, evidenciando su rol crítico en nuestra realidad. Negar su influencia sería ignorar una verdad palpable de nuestra existencia. Sin embargo, no tenemos claro si el tiempo psicológico consiste en una realidad objetiva o se trata meramente de una elaboración mental en nuestra búsqueda de propósitos y cambio. Me reconozco propenso a la envidia, la codicia, la violencia; no obstante, albergo la esperanza de que el transcurso del tiempo me permitirá despojarme de estas cadenas, encaminándome hacia la paz interior. ¿Acaso es posible considerar este proceso como una realidad mensurable, similar a la distancia entre dos puntos?

Para Aristóteles el tiempo es la medida del movimiento según un anterior y un posterior y lo único que se mueve es el ente. Si el tiempo cronológico mide el movimiento solo sufre la temporalidad el ente que se mueve, pero como el Ser no se mueve no padece de la temporalidad. ¿Hay acaso otra modalidad de tiempo que ofrezca la misma objetividad que el espacio y la distancia? En definitiva, ¿podemos corroborar la existencia del tiempo psicológico con certeza? Esta reflexión invita a ponderar la naturaleza del tiempo más allá de sus manifestaciones físicas, cuestionando su realidad y nuestra percepción de este en el marco de la experiencia humana. Si bien reconocemos su presencia y estamos envueltos en su fluir, cabe preguntarse si el tiempo constituye una realidad objetiva. Aceptamos sin reservas que tanto el tiempo cronológico como el psicológico son fenómenos reales, emergiendo la duda sobre si el último es esencial para una percepción nítida y directa de nuestro entorno. Es necesario elucidar si el tiempo es indispensable para entender la naturaleza del deseo, la envidia y el dolor que estas emociones engendran, y para percibir la Verdad en su forma más pura. Quizás la mente ha inventado el concepto de tiempo psicológico como una estrategia para navegar la complejidad de la existencia, posponiendo enfrentamientos y eludiendo la presión del momento presente.

De este modo, el tiempo se convierte en el asilo para una mente que se aferra a la pasividad. Es esa mente reacia al cambio, que se escuda en el tiempo para justificar su letargo; esa que pospone la acción con la excusa de requerir más tiempo para meditar y proceder. Los conservadores se aferran al pasado y los progresistas se aferran al futuro. Tanto los tradicionalistas, que desean que todo permanezca igual, como los que abogan por un cambio total, erran en comprender la auténtica naturaleza del tiempo. Unos añoran el pasado y otros poseen esperanzas del futuro, pero ambos están viviendo presos de un tiempo que deviene y que, como Kronos, se va devorando a sí mismo. Esta concepción es la que justamente da pie a la noción del «deber ser», una idealización que se contrapone a la realidad tangible, creando un abismo entre lo que es y lo que se anhela ser. Y, ante ello, nos vemos compelidos a interrogarnos: ¿es este ideal del «deber ser» una verdad palpable, o meramente un subterfugio mental para dilatar nuestras responsabilidades y esquivar la transformación?

En última instancia, cada persona anhela alcanzar una plenitud, un enriquecimiento espiritual. Una vida saturada de significado, que constituye el máximo anhelo de felicidad auténtica, se libera de las ataduras temporales. Como el amor, tal existencia trasciende el tiempo; para captar lo eterno, debemos apartar nuestra mirada del reloj y adentrarnos en su verdadera esencia. No debemos servirnos del tiempo como un medio para lograr o comprender lo intemporal. No obstante, este desafío perpetuo de la vida consiste en desentrañar el tiempo en la búsqueda de lo perpetuo. Entender el tiempo en su complejidad, no meramente en fragmentos, se presenta como un desafío para nuestro desarrollo. Por ende, resulta crucial explorar la esencia del tiempo, convencidos de que es posible liberarnos de su dominio.

La contemplación de nuestra existencia, entrelazada íntimamente con el flujo del tiempo, incita a una introspección significativa. No nos referimos únicamente a la sucesión mecánica de segundos, minutos y años, sino más bien a una experiencia profundamente arraigada en nuestra consciencia temporal, que se manifiesta a través de la memoria. Nuestras vidas se encuentran inexorablemente vinculadas al tiempo, esculpidas por su paso. La mente, nutrida por una serie de experiencias pretéritas, actúa como un espejo de los momentos vividos. De hecho, según Paul Ricœur, incluso el olvido es un fenómeno temporal y que, justamente por eso, el individuo debe distanciarse del hecho histórico para ser capaz de recordarlo. Pero para recordarlo, resulta imprescindible olvidarlo, es decir, el olvido es fundamental para la memoria. Así, el presente no es sino un puente entre lo que fue y lo que será, impregnando cada aspecto de nuestro ser con la esencia del tiempo.

Sin esta dimensión temporal, el pensamiento perdería su contexto, ya que se nutre de la secuencia de experiencias acumuladas, almacenadas en la memoria. La memoria, por ende, se revela como una proyección directa del tiempo, lo que nos lleva a distinguir entre dos variantes de este: el tiempo cronológico, observable en el reloj, y el tiempo psicológico, anclado en el recuerdo. En la contemplación sobre la naturaleza del tiempo, no discernimos el tiempo cronológico, ese medido por los calendarios, un constructo cultural arraigado en las convenciones que definen unidades como horas, minutos, días y años. Tal consenso colectivo posibilita la coordinación de nuestras acciones, permitiéndonos adherirnos a compromisos y engranarnos en los mecanismos de la sociedad. El tiempo cronológico se define por el avance de las manecillas del reloj, actuando como una medida cuantificable al servicio de la humanidad para organizar la duración de sus acciones y los ciclos naturales. Ignorar el aspecto cronológico sería una falacia, pues implicaría reaprender la existencia en cada momento.

El tiempo psicológico, por su parte, emerge como una construcción de nuestra propia psique. En ausencia de reflexión, el tiempo se desvanece, transformándose en un eco de lo que una vez fue, una fusión entre el ayer y el ahora que da forma al mañana. El tiempo psicológico reside en la esfera interna de cada individuo, enmarcando sus pensamientos, sus aspiraciones, sus nostalgias y sus recuerdos. Este constituye el hilo conductor que enlaza cada reflexión, sitúa las ideas en el tiempo y garantiza una continuidad ininterrumpida. Las vivencias y concepciones pasadas influyen en nuestro pensamiento actual y delinean nuestras expectativas. Este tiempo psicológico se manifiesta tanto en la esperanza como en el miedo, funcionando como un catalizador para materializar nuestros anhelos mientras simultáneamente evoca el temor a la muerte, al abandono y a la exclusión, instaurando así un combate perpetuo entre el deseo de esperanza y la evasión del miedo. Por eso Heidegger dirá en *Ser y Tiempo* que el miedo (a la muerte, a su propia muerte) ata al ser humano al futuro, mientras que la culpa lo condena al pasado, es decir, a la finitud.

Además, el tiempo psicológico actúa como un mecanismo de transformación, impulsando cambios en nuestro modo de vida, en nuestro carácter y en nuestras interacciones sociales. Se traduce en metas mentales cuya realización se pospone indefinidamente, relegando al futuro aquello que «debería ser» en el presente. Por lo tanto, abarca el pasado, el presente y el futuro. En esencia, el tiempo psicológico opera como una construcción imaginaria que nos permite justificar nuestras acciones, encontrar consuelo o diferir decisiones. Se convierte en un subterfugio para desvincularnos de la realidad inmediata, permitiéndonos refugiarnos en un ideal autoconstruido y personalizado. En armonía con el presente, el acto de recordar da origen al futuro, delineando el curso del pensamiento, un camino forjado por nuestra consciencia. El desarrollo del pensamiento implica un avance a través del tiempo psicológico; sin embargo, la verdadera felicidad trasciende el pasado y el futuro, pues reside en el eterno ahora, un dominio libre de tiempo.

Es posible observar que, en momentos de pura alegría y placer, cuando experimentamos una felicidad plena, la noción del tiempo se diluye, prevaleciendo únicamente el instante presente. La mente reaparece cuando trata de sobrevivir y perpetuarse. Sin embargo, en el ahora, la mente desaparece y, por ende, el fenómeno egoico se esfuma. En el *Bhagavad-gītā* se dice:

न त्वेवाहं जातु नासं न त्वं नेमे जनाधिपाः ।
न चैव नभविष्यामः सर्वे वयमतः परम् ॥

*na tvevāhaṁ jātu nāsaṁ
na tvaṁ neme janādhipāḥ
na caiva na bhaviṣyāmaḥ
sarve vayam ataḥ param*

Nunca hubo un tiempo en el que Yo no existiera, ni tú, ni todos estos reyes; y en el futuro, ninguno de nosotros dejará de existir.

(*Bhagavad-gītā*, 2.12)

En este verso se menciona la individualidad de Kṛṣṇa, Arjuna y todos los reyes en relación tanto al pasado como al futuro. Sin embargo, no se menciona individualidad alguna en el instante presente. Porque, en el ahora, la mente, y por ende la individualidad del *ahaṅkāra*, se evapora. Al renunciar a todo vínculo con la mente, situándonos como un mero espectador en la cima mientras la mente permanece sumida en la penumbra de los valles, entramos en ese estado de ser en el que toda interrogante se disipa. Ejerciendo únicamente el rol de observador, el pensamiento se diluye. Al asumir únicamente el papel de observador, el pensamiento se diluye. Desapareceremos cuando permanecemos en las cimas iluminadas por el sol, sin asociarnos a nada, ya sea bueno o malo, sagrado o profano, espiritual o material. Nos transformamos en nadie, sin pasado y desprovistos de futuro y, por ende, sin presente. Sin embargo, en su intento por prolongar esos momentos, la mente interfiere en el presente con la memoria y el deseo, acumulando nuevas experiencias y generando tiempo con ellas. De esta manera, el tiempo se configura a través de nuestra constante búsqueda de «más», siendo al mismo tiempo una adquisición y un desprendimiento que, irónicamente, continúa siendo una conquista mental.

Por ende, el mero ejercicio de someter la mente al marco temporal, de situar el pensamiento dentro de los límites de la memoria, no logra revelar la dimensión atemporal. La convicción predominante entre nosotros sostiene que el tiempo constituye un factor crucial para el crecimiento y la metamorfosis personal. Partimos de un estado de ser hacia un objetivo deseado, creyendo firmemente que el tiempo es un componente fundamental en este proceso. Nos encontramos atrapados por la codicia, lo que nos arrastra hacia estados de confusión, oposición, disputa y sufrimiento; en consecuencia, para evolucionar hacia un estado de «ausencia de codicia», consideramos al tiempo como un recurso indispensable. Se presupone que el tiempo sirve como un catalizador para el desarrollo, para transformarnos en algo diferente a lo que somos.

No obstante, enfrentamos el dilema de que, por naturaleza, somos entes marcados por violencia, codicia, envidia, ira, vicios y pasiones. Buscamos cambiar, dado que nuestra situación presente nos resulta insatisfactoria; nos genera conflicto y agitación. Ante esta falta de contentamiento con nuestro estado actual, deseamos alcanzar un estadio más elevado, más noble, más ideal. La motivación para transformarnos surge del dolor, del malestar, de la discordia. Sin embargo, si postulamos que el tiempo es la solución al conflicto, permanecemos atrapados en su espiral. Se podría argumentar que nos tomará veinte días o veinte años superar el conflicto y modificar nuestro ser, pero a lo largo de ese tiempo seguiremos sumergidos en el conflicto; de este modo, el tiempo no resulta ser el creador de la transformación. Utilizar el tiempo como herramienta para alcanzar una determinada cualidad, virtud o estado de ser equivale a posponer o eludir la realidad de lo que **es**. Es fundamental comprender este punto.

El problema surge porque al practicar la no violencia durante un tiempo, revelamos un intento constante de evitar del conflicto. A eso se refiere Heráclito al decir que para que haya esperanza hay que renunciar al tiempo. Se sostiene que es esencial resistirse al conflicto para superarlo, y que para dicha resistencia se requiere tiempo. Pero esta resistencia, en sí misma, constituye una forma de conflicto. Se invierte energía en oponerse a lo que se denomina codicia, envidia o violencia, manteniendo así la mente en estado de conflicto. Por lo tanto, es crucial reconocer la ilusión de depender del tiempo para superar la violencia. Solo cuando aceptemos la violencia como parte integral de nosotros mismos podremos liberarnos de este ciclo. Ninguna perturbación psicológica se esfuma esforzándonos por hacerla desaparecer, sino que solo abrazándola en las profundidades de nuestro interior.

El tiempo de la meditación

La clave para desentrañar cualquier dilema, ya sea de índole humana o científica, radica en poseer una mente serena. Se requiere una mente abierta a la comprensión, no una que se cierre o que intente forzar la concentración, pues esto último es simplemente otra forma de resistencia. Cuando mi interés genuino es comprender algo, mi mente se sumerge en un estado de calma. Esta quietud mental es similar a la que experimentamos al escuchar música que nos agrada; en esos momentos, nuestra mente no divaga, sino que se centra plenamente en la experiencia auditiva. De la misma manera, cuando nos enfrentamos al conflicto sin depender del tiempo, encarando la realidad tal cual es, nuestra mente se apacigua automáticamente, alcanzando un estado de tranquilidad y sosiego. Al abandonar la idea de utilizar el tiempo como vehículo mutacional y al reconocer la inutilidad de tal enfoque, enfrentamos la realidad de manera directa. La verdadera comprensión permanecerá elusiva mientras la mente permanezca atrapada en el conflicto, ocupada en criticar, resistir y condenar. El interés sincero de comprender la realidad tal cual es conduce de forma natural a una profunda quietud mental. Cuando la mente cesa su resistencia, su evasión, su rechazo o su condena de la realidad y se mantiene atenta de forma pasiva, es entonces, y solo entonces, que profundizar en el problema trae consigo una transformación.

En nuestra percepción objetiva, interpretamos el tiempo como el proceso de transitar de una ubicación a otra. En el contexto físico, esto se traduce en un cambio de posición dentro del espacio. La inexistencia de espacio anula la posibilidad de movimiento exterior. No obstante, el desplazamiento mental ocurre en una esfera distinta: la del tiempo. Sin la presencia del tiempo, el movimiento interno se torna inviable. El tiempo, entonces, funciona como un espacio mental en el que nos movemos de un instante a otro, de un día al siguiente, en un flujo continuo de momentos. Así, el tiempo se transforma en el escenario de nuestro mundo interior. Una introspección revelará una constante navegación entre el pasado y el futuro, en un balance entre lo vivido y lo deseado, lo recordado y lo anhelado. Este balanceo utiliza el instante presente meramente como un umbral, un medio provisional. Para la mente, el presente no tiene entidad propia; es simplemente un punto de transición hacia el pasado o el futuro. La mente se encuentra perpetuamente proyectada hacia otros tiempos, incapaz de residir en el instante actual.

Es esencial comprender que el presente es estático, un punto temporal donde no existe la movilidad. El ahora es siempre un instante único, y nunca coexistimos en más de un momento. No existe un «aquí» y un «allá» en el presente; solo hay un «aquí». Esta realidad del tiempo presente destaca que nuestra existencia se desenvuelve invariablemente en un único instante continuo, encerrados en una secuencia ininterrumpida de momentos sin posibilidad de movimiento interno. La mente, dependiente de la dinámica del movimiento para su funcionamiento, se encuentra entonces incapacitada para actuar en el presente. La mente puede regresar al pasado, un inmenso depósito de recuerdos y vivencias. De igual manera, puede proyectarse hacia el futuro, que no es otra cosa que una recreación de nuestras experiencias pasadas, filtradas por nuestros deseos de repetición o evasión. Por ejemplo, el deseo de revivir un amor pasado se convierte en una esperanza futura. De esta forma, el futuro se erige como una proyección de nuestro pasado, facilitando nuestra navegación a través de él. Pero la mente no se limita al futuro de esta vida, sino que extiende sus proyecciones más allá de la muerte, imaginando utopías y existencias venideras. Insatisfecha con un futuro acotado, la mente dilata la noción de tiempo más allá de la vida terrenal y de todos sus conceptos y límites.

Tanto el pasado como el futuro se presentan como dominios amplios y accesibles para el desplazamiento mental. Sin embargo, en el presente, este movimiento se detiene. La quietud se convierte en la esencia del estar en el ahora, la cual constituye la segunda dimensión de la paz. Se alcanza un estado de calma absoluta permaneciendo en el instante presente, en el aquí y ahora. No existe alternativa ni otro sendero hacia la tranquilidad plena. La transformación interna es posible únicamente en el ahora, no en un futuro; la renovación debe suceder en el momento presente, y no se puede posponer. Si se experimenta lo que se ha descrito, se descubre que ocurre una regeneración instantánea y emerge algo nuevo y fresco; esto es así porque la mente se mantiene serena cuando está genuinamente interesada en comprender.

Muchos de nosotros tememos que comprender transforme por completo nuestra vida. Por eso, recurrimos al tiempo o a ideales como un mecanismo de defensa para resistir al cambio. El gran teólogo luterano Ebeling dijo una vez que el ser humano rompe con el tiempo capitalista productivo a través del concepto de «rato». El rato carece de medida y, por ende, al vivir por ratos, el ser humano rompe con esa lógica del tiempo productivo.

Así, la transformación genuina nunca ocurre en el futuro o en un porvenir marcado, delimitado y mesurable. Solo es posible en el instante presente, el rato, que no es medible. Quien confía en el tiempo como el camino hacia la felicidad se está engañando, pues permanece en un estado de ignorancia y, por lo tanto, en un perpetuo conflicto. Mientras se considere al tiempo como una herramienta para lograr objetivos, como el entendimiento de la verdad, el conocimiento divino o la revelación, la mente seguirá estando atrapada en sus propias construcciones. Solo una mente que se ha renovado y que se ha despojado del concepto de tiempo, que se halla libre de cualquier proyección y sumida en un profundo silencio interno, puede trascender sus limitaciones. Por otro lado, quienes comprenden que el tiempo no soluciona nuestros conflictos y abandonan las ilusiones, se acercan naturalmente a la comprensión profunda. Entonces la mente, sin métodos ni esfuerzo, entra en quietud auténtica, sin evasión ni resistencia. Cuando cesa la búsqueda de respuestas y la huida de preguntas, la regeneración interior se vuelve posible. En esa serenidad meditativa, puede ocurrir el reconocimiento de la Verdad. Y es la Verdad, no el afán de libertad, lo que realmente nos libera.

El pensamiento, con su carga de recuerdos, prejuicios, esperanzas y aislamientos, encapsula nuestra vivencia del tiempo. Al aspirar a una dimensión atemporal, surge una pregunta ineludible: ¿puede la mente liberarse por completo de la experiencia, del saber y de las imágenes pretéritas que conjuntamente constituyen el tiempo? Por tanto, el tiempo se revela como pensamiento, el pensamiento como memoria, la memoria como ecos del pasado y el pasado, en esencia, como inexistente. Todo ello conforma el tiempo: meras ilusiones urdidas por la mente. El sujeto tiene que vivir en esa tensión, la cual solo desaparece en la temporalidad de la que antes hemos hablado. Esta doble dimensión del tiempo, que es el tiempo psicológico, por un lado, y el tiempo en sentido de temporalidad por el otro, se corresponden con dos tipos de donación: la donación según el conocimiento y la donación según el Ser, respectivamente. La primera sería la donación en la polaridad subjetiva, mientras que la segunda tendría lugar desde y en el Ser. Para que esta se dé en el conocimiento, la donación debe adaptarse a las limitaciones intuitivas del sujeto. Es allí donde la donación debe ser dada en términos humanizados: lo limitado debe limitarse, lo infinito debe finitarse. Si se aspira a la donación en su forma pura, es el sujeto el que debe adaptarse al Ser. En este contexto, y como veremos a continuación, la espera se sitúa en el ahora eterno del Ser.

CAPÍTULO 35

EL ARTE DE LA ESPERA

La espera negativa

En sus libros *La Genealogía de la moral* y *Más allá del bien y del mal*, Nietzsche critica el hecho de dividir las acciones del ser humano en, simplemente, buenas o malas, actitud esta que él mismo definió como una sobresimplificación que rehúye la complejidad de la existencia humana.[144] Imaginemos que nuestras decisiones son como un barco navegando por un río, que es el tiempo. Podemos dejar que la corriente nos lleve o podemos remar para ir en nuestra propia dirección. Si creemos que el tiempo no cambia, nuestras decisiones parecerán carecer de verdadero significado. Pero si creemos que podemos influir en el transcurso del tiempo, nuestras acciones cobrarán mucha más relevancia.

Nietzsche critica las religiones que presentan el tiempo como rígido e inmutable. Cuando concebimos el tiempo como inmóvil y esperamos pasivamente, nos sentimos perdidos, como prisioneros en un corredor sin salida. La inactividad resultante nos aleja de nosotros mismos y nos exilia del presente. Así, el tiempo se vacía de sentido y se transforma en una sucesión estéril, incapaz de sostener nuestra experiencia.

Para evitar que la espera nos paralice, Nietzsche propone dos caminos. El primero consiste en ignorarla, adoptando una actitud automática que nos libera de la sensación de estar atrapados en ella. El segundo consiste en afrontarla directamente, tomando el

---

144. Friedrich Nietzsche, *Genealogía de la moral*, trad. Andrés Sánchez Pascual (Madrid: Alianza Editorial, 1996), primera disertación, §§ 10-11, 50-57.

timón del barco con el que navegamos por el río del tiempo. La primera opción puede volvernos indiferentes, haciéndonos perder la noción del tiempo. La segunda, en cambio, nos permite utilizar ese tiempo y nuestras acciones para moldear nuestras vidas. Nietzsche nos insta a no dejar que la espera nos domine, sino a tomar el control del tiempo y vivir según nuestra perspectiva única y lo que realmente valoramos.

Según los Evangelios, Jesús enseñó:

> Estén ceñidos vuestros lomos, y vuestras lámparas encendidas; y vosotros sed semejantes a hombres que aguardan a que su señor regrese de las bodas, para que cuando llegue y llame, le abran en seguida.
>
> (Lucas, 12:35-36)

La forma en que Jesús hablaba de la espera en sus historias es muy diferente a la idea común de simplemente no hacer nada, sentir aburrimiento o ansiedad. Esperar no es solo sentarse y soñar con el futuro, viendo el presente como algo que nos estorba para alcanzar lo que deseamos. A esa noción de espera podemos llamarla «espera negativa», en cuanto que niega y rehúye el presente y el estado de meditación donde solo el Ser, lo sagrado, puede vivirse. Contrariamente a esta espera negativa, Jesús hablaba de un tipo de espera muy especial, que requiere estar completamente alerta y listo para cualquier cosa que pueda suceder en todo momento. Si no estamos totalmente enfocados y tranquilos, podríamos perdernos lo inesperado.

Este tipo de espera implica una apertura o predisposición total al ahora, una entrega sin distracciones, sin pensar en el pasado o el futuro. En esta espera auténtica, no hay lugar para la culpa, el estrés o el miedo, sino solo una clara consciencia del momento. En este estado, toda la complejidad de quiénes somos, con nuestro pasado y nuestros planes a futuro, se desvanece, aunque eso no significa que perdamos nuestro valor. En realidad, ocurre lo opuesto: en esa claridad presente experimentamos, quizá por primera vez, la esencia de nuestro ser y la verdadera riqueza del momento actual.

Jesús cuenta una historia sobre cinco mujeres que no estaban preparadas porque no tenían suficiente aceite para mantener sus lámparas encendidas, lo que significa que no estaban realmente presentes o conscientes. Por eso, se perdieron de una fiesta importante. En cambio, otras cinco mujeres sí estaban listas y atentas. De modo parecido, el judaísmo introduce la misma idea. Leemos en Habacuc:

כִּי עוֹד חָזוֹן לַמּוֹעֵד וְיָפֵחַ לַקֵּץ וְלֹא יְכַזֵּב אִם יִתְמַהְמָהּ חַכֵּה לוֹ כִּי בֹא יָבֹא לֹא יְאַחֵר:

(חבקוק ב', ג')

Porque la visión aguarda el tiempo señalado. Habla del final y no resultará falsa. Si se demora, espérala, porque ciertamente vendrá y no se retrasará.

(Habacuc, 2:3)

הַיְסוֹד הַשָּׁנִים עָשָׂר, יְמוֹת הַמָּשִׁיחַ. וְהוּא לְהַאֲמִין וּלְאַמֵּת שֶׁיָּבוֹא, וְלֹא יַחְשֹׁב שֶׁיִּתְאָחֵר, "אִם יִתְמַהְמָהּ חַכֵּה לוֹ" (חבקוק ב', ג'). וְלֹא יָשִׂים לוֹ זְמַן, וְלֹא יַעֲשֶׂה לוֹ סְבָרוֹת בְּמִקְרָאוֹת לְהוֹצִיא זְמַן בִּיאָתוֹ.

(רמב"ם, הקדמה לפרק חלק, משנה סנהדרין, פרק י')

El duodécimo principio, «la era mesiánica», es creer y confirmar que vendrá y no pensar que se retrasa. «Si tarda, esperadle» (Habacuc, 2:3) y no le deis un tiempo [fijado] y no hagáis análisis a partir de los versículos para extrapolar el momento de su llegada.

(Maimónides, Introducción al *Perek Jekek*, *Mishná Sanedrín*, 10)

אֲנִי מַאֲמִין בֶּאֱמוּנָה שְׁלֵמָה בְּבִיאַת הַמָּשִׁיחַ, וְאַף עַל פִּי שֶׁיִּתְמַהְמֵהַּ, עִם כָּל זֶה אֲחַכֶּה לּוֹ בְּכָל יוֹם שֶׁיָּבוֹא.

(סידור התפילה, י"ג העיקרים, עיקר י"ב)

Creo con plena fe en la venida del Mesías y aunque se demore, anhelo cada día su llegada.

(Libro de oraciones, Los 13 principios, principio 12)

אָמַר רַבִּי שְׁמוּאֵל בַּר נַחְמָנִי אָמַר רַבִּי יוֹנָתָן: תִּיפַּח עַצְמָן שֶׁל מְחַשְּׁבֵי קִיצִּין שֶׁהָיוּ אוֹמְרִים כֵּיוָן שֶׁהִגִּיעַ (אֶת) הַקֵּץ וְלֹא בָּא שׁוּב אֵינוֹ בָּא. אֶלָּא חַכֵּה לוֹ שֶׁנֶּאֱמַר (חבקוק ב', ג'): "אִם יִתְמַהְמָהּ חַכֵּה לוֹ". שֶׁמָּא תֹּאמַר: אָנוּ מְחַכִּין וְהוּא אֵינוֹ מְחַכֶּה? תַּלְמוּד לוֹמַר (ישעיהו ל', י"ח): "וְלָכֵן יְחַכֶּה ה' לַחֲנַנְכֶם וְלָכֵן יָרוּם לְרַחֶמְכֶם". וְכִי מֵאַחַר שֶׁאָנוּ מְחַכִּים וְהוּא מְחַכֶּה– מִי מְעַכֵּב? מִדַּת הַדִּין מְעַכֶּבֶת. וְכִי מֵאַחַר שֶׁמִּדַּת הַדִּין מְעַכֶּבֶת– אָנוּ לָמָּה מְחַכִּין? לְקַבֵּל שָׂכָר. שֶׁנֶּאֱמַר (שם): "אַשְׁרֵי כָּל חוֹכֵי לוֹ".

(תלמוד בבלי, מסכת סנהדרין, צ"ז, ב')

Rabí Shmuel bar Najmani dice que Rabí Yonatán dice: «¡Que sean malditos los que calculan el fin de los días, pues dirían: ya que llegó el fin de los días que ellos calcularon y el Mesías no vino, ya no vendrá en absoluto!». Más bien, el comportamiento adecuado es seguir esperando su llegada, como se afirma (Habacuc, 2:3): «Si se demora, espéralo». Es decir: «¿Estamos expectantes ante el fin de los días y el Santo, Bendito Sea, no espera el fin de los días y no quiere redimir a su pueblo?». Otro versículo (Isaías, 30:18) nos enseña: «Y por eso esperará el Señor, para tener piedad de vosotros; y por eso será exaltado, para tener misericordia de vosotros; porque el Señor es un Dios de juicio; dichosos todos los que le esperan». Y al parecer, puesto que esperamos el fin de los días y el Santo, Bendito Sea, también espera el fin de los días, ¿quién impide la llegada del Mesías? Es el atributo divino del juicio el que impide su venida. Y puesto que el atributo del juicio impide la venida del Mesías y no somos dignos de la redención, ¿por qué esperamos su venida diariamente? Lo hacemos para recibir una recompensa, como se afirma: "Dichosos los que Le esperan"».

(*Talmud Bavlí*, «*Sanedrín*», 97b)

Pasamos mucho tiempo esperando negativamente cosas en nuestras vidas, desde esperas cortas como hacer cola o estar en un atasco, hasta esperas largas como desear unas vacaciones, tener éxito en el trabajo o encontrar un significado más profundo en la vida. En esta espera negativa, que solo enfoca y alude a triunfos concretos, posponemos vivir el momento actual, pensando que nuestra «verdadera» vida comenzará después de que sucedan estas cosas grandes que estamos esperando. Este sentimiento, arraigado en el futuro y en la insatisfacción con el presente, nos impide disfrutar plenamente de la vida que estamos viviendo ahora.

Sin embargo, la verdadera riqueza no tiene que ver con lo que esperamos conseguir en el futuro, sino con sentirnos agradecidos y valorar lo que tenemos ahora mismo. Darnos cuenta de lo bueno que tenemos en nuestra vida actual, como dónde estamos, quién somos, a qué nos dedicamos y lo que tenemos, nos despierta gratitud por nuestra existencia y nuestras posesiones. Este reconocimiento y disfrute del presente es lo que realmente significa ser rico. Disfrutar el presente revela una auténtica riqueza que ya poseemos. Además, esta disposición atrae bendiciones que no anticipamos.

Cuando nos sentimos insatisfechos o molestos por lo que nos falta, podemos abandonarnos al deseo de conseguir más dinero, pensando que eso nos hará felices. Pero incluso con mucha plata, podemos seguir sintiéndonos vacíos por dentro, como si nos faltara algo que el dinero no puede comprar. Las cosas que compramos con dinero pueden ser emocionantes por un momento, pero esa felicidad no dura y pronto queremos más. Si no vivimos el presente y apreciamos lo que la vida nos ofrece ahora, nos perdemos experimentar la verdadera plenitud. Cuando notamos que estamos esperando activamente lo que hemos conceptualizado, debemos volver al presente y, sencillamente, vivir y disfrutar de ser quienes somos. Estar en el momento actual elimina la necesidad de esperar negativamente lo que nos falta. La espera impaciente va siempre relacionada con el deseo y con la insatisfacción. En la auténtica espera, no obstante, si alguien llega tarde a una cita y nos hace esperar, no sentiremos que nos dejaron esperando, sino que disfrutaremos de momentos en que simplemente somos, viviéndonos autoafectivamente a nosotros mismos.

Nuestros estados mentales, como soñar despiertos con el pasado o el futuro, son maneras en que nuestra mente intenta escaparse del presente. Estas tácticas suelen pasar inadvertidas y se convierten en una parte normal de nuestra vida, creando una especie de insatisfacción constante que siempre está ahí, en el fondo. Si prestamos más atención a cómo nos sentimos mental y emocionalmente, podemos darnos cuenta de que cuándo nuestra mente se desvía hacia estos pensamientos que nos alejan del momento actual y de nosotros mismos. Esto nos ayuda a volver al presente y dejar de lado esas distracciones.

Pero hay que tener cuidado, porque nuestro ego, esa parte de nosotros que se siente insatisfecha, desea siempre inconmensurablemente, y se define por nuestros pensamientos y cómo pasa el tiempo. Ve el presente como un peligro para su existencia e intentará por todos los medios distraernos del ahora, llevándonos de vuelta a esa ilusión de que el tiempo es lo más importante. Darse cuenta de que el presente es en realidad el momento en el que el ego puede perder su poder sobre nosotros es crucial para evitar caer en sus engaños y vivir de una manera más auténtica y conectada con nuestro ser verdadero. Reconocer que el presente es el único instante donde el ego pierde poder sobre nosotros permite vivir con autenticidad y conexión con el ser verdadero. Esperar auténticamente es no esperar nada, pues en ese no esperar nada es donde nos vivimos a nosotros mismos en nuestra plenitud.

De la espera a la dicotomía de lo múltiple y lo Uno

En muchas prácticas espirituales y religiosas, como la meditación, existe una suerte de espera, una preparación para recibir lo trascendental, pero que no debe entenderse como una serie de acciones destinadas a precipitar su manifestación. El enfoque no recae en las acciones o métodos para provocar la manifestación de una divinidad, sino en prepararse adecuadamente para ella. Esta concepción, que podría interpretarse erróneamente como una invitación a la inacción «pasivizante», surge de la complejidad del término griego *páscho*, históricamente utilizado para formar el concepto de pasividad. Tal complejidad se evidencia en la dualidad de su significado, que, por un lado, implica «padecer» y, por otro, se aplica técnicamente a la voz gramatical «pasiva». Esta doble interpretación del término ha sido crucial en la conceptualización de la pasividad a lo largo de la historia. En cierto modo, podemos afirmar que se establece una interacción dinámica entre el concepto de *pragmatón*, que se refiere a las acciones que un individuo lleva a cabo, y el de pathos, que alude a las experiencias que se sufren o las situaciones que se padecen. *Pragmatón* engloba todas las actividades generadas por la voluntad y ejecución propias, mientras que pathos representa las circunstancias o eventos que impactan en el individuo de manera externa, sin que este haya tenido necesariamente un papel activo en su ocurrencia. Es crucial entender que *páscho*, en el sentido de pathos, hace referencia a la sensibilidad necesaria para recibir impresiones del entorno. Esto se hace patente en su derivado sustantivo, pathos, el cual de por sí evoca la noción de 'afección' y representa la capacidad de recepción.

Por tanto, una disposición pathos no sugiere pasividad, sino más bien una apertura integral a la revelación plena, una disposición a ser permeable a la esencia del Ser. Cabe destacar, no obstante, que el término griego *páscho*, es decir, «pasividad», implica ese doble significado al que hemos hecho referencia de *pragmatón* y pathos, con el que se establece una relación dialéctica o continua interacción entre el agente y los eventos que lo afectan, destacando cómo la experiencia humana se moldea tanto por las acciones personales como por las influencias externas.

Este concepto adquiere mayor profundidad al contemplar procesos cognitivos complejos, como la referencia, la combinación y la relación, elementos que Husserl en *Aufsätze und Vorträge* sugiere que son integrados por la consciencia en una objetividad coherente y sin complicaciones. Al ahondar en aquellos aspectos más sofisticados de la cognición, es necesario recurrir a la gnoseología, o teoría del conocimiento, para comprender cómo estos procesos cognitivos forman parte de una estructura compleja del entendimiento. Esta rama de la filosofía examina cómo el individuo logra una comprensión integrada y sintética del mundo. Subraya la importancia de la receptividad y la apertura en el proceso de conocimiento, en contraposición a una mera acumulación pasiva de información.

En su obra *Distinguir para unir o Los grados del saber*,[145] Jacques Maritain ofrece una perspectiva profunda sobre la estructura y jerarquía del conocimiento. En esta concepción, se distinguen las funciones cognitivas básicas, tales como las sensaciones físicas y los pensamientos, de las funciones cognitivas superiores o intelecciones espirituales, incluyendo la referencia, las combinaciones y las relaciones. Estos elementos no son entendidos como entidades aisladas, sino como partes de estructuras complejas, integradas dentro de la unidad de la consciencia que constituye una objetividad tanto sintética como simple.

La cognición se articula en una especie de escala que abarca desde la diversidad, en su extremo inferior, hasta la unidad pura, en su cúspide. Esta escala simboliza una transición progresiva de la percepción de la multiplicidad hacia la aprehensión de la unidad. Las cogniciones inferiores, situadas cerca del inicio de esta escala, están vinculadas a la percepción sensorial y captan la diversidad objetiva del mundo fenoménico. En contraste, las cogniciones superiores, o percepciones inteligibles, se asocian con los escalones más altos de la escala y son capaces de captar la unidad subyacente a esta diversidad. Este modelo sugiere que, a medida que ascendemos en la jerarquía cognitiva, aumenta nuestra capacidad para percibir la unidad en la multiplicidad. En el pináculo de esta jerarquía se encuentra la percepción absoluta, que logra captar la unidad absoluta, reflejando la unidad de la consciencia en su nivel más elevado.

Esta categorización gnoseológica de Maritain está directamente relacionada con la introducción del concepto de substancia como el género supremo de todas las cosas y que, como tal, marca un momento crucial en la tradición filosófica, cuyas raíces brotan ya en el pensamiento de Platón y Aristóteles. Posteriormente, en el siglo III n. e., el filósofo neoplatónico Porfirio amplió este marco conceptual con su propio modelo explicativo, conocido como el Árbol de Porfirio. Este modelo presenta una estructura jerárquica en forma de árbol, donde se organiza todo lo existente en un espectro que va

---

145. Jacques Maritain, *Distinguir para unir o Los grados del saber*, trad. Alfredo Frossard, con la colaboración de Leandro de Sesma y Pacífico de Iragui (Buenos Aires: Club de Lectores, [s. f.]).

de lo más general a lo más particular. Dentro de este esquema, se emplean tres conceptos fundamentales: género, especie e individuo, estableciendo una progresión desde categorías amplias y abarcadoras hasta entidades singulares y concretas. El Árbol de Porfirio sirve como una herramienta para entender cómo se relacionan entre sí las diferentes categorías de ser, proporcionando un método para clasificar y comprender la realidad en términos de sus niveles de generalidad y particularidad.

El Árbol de Porfirio representa un avance significativo en la comprensión filosófica y clasificatoria de la realidad, incorporando una perspectiva nominalista que sostiene que los conceptos generales no existen independientemente de las cosas, sino que son meros nombres utilizados para denominar conjuntos de propiedades agrupadas en las cosas. Este enfoque marcó un punto de inflexión en la forma de concebir la relación entre los conceptos y la realidad observable. Al construir su clasificación de la existencia, Porfirio reinterpretó y sintetizó las visiones de Platón y Aristóteles. De Platón, tomó la noción general de substancia, mientras que, de Aristóteles, adoptó el análisis de las categorías, aplicándolas específicamente a la idea de substancia. Esta fusión de pensamientos contribuyó a la creación de un modelo referencial para la filosofía y las ciencias naturales, influenciando las futuras taxonomías en el estudio de la naturaleza.

Porfirio distinguió dos categorías primarias de sustancia: la compuesta y la simple. Las sustancias compuestas remiten a entidades corporales, las cuales se dividen en animadas e inanimadas. A su vez, los cuerpos animados se clasifican como sensibles o insensibles, siendo un ejemplo de los primeros el cuerpo de un animal. En la cúspide de esta jerarquía, los animales se diferencian en racionales e irracionales, posicionando al ser humano como un animal racional. Este sistema clasificatorio se basa en dicotomías y en la lógica aristotélica, operando mediante una serie de subdivisiones que definen las propiedades que una entidad puede o no poseer. Así, la identidad de un individuo concreto se entiende a través de una cadena de conceptos lógicos subyacentes que lo definen en términos de racionalidad, animalidad, sensibilidad, animación, vitalidad y composición. Todas estas nociones se integran bajo la concepción amplia de substancia. Por tanto, este modelo se establece una relación de subordinación que permite comprender la complejidad del Ser en términos de una estructura ordenada y lógicamente coherente.

Este enfoque es crucial para comprender cómo conceptualizamos nuestra experiencia del mundo y subraya la importancia de una jerarquía en nuestras facultades cognitivas. Las «cogniciones inferiores» se ocupan de la realidad fenomenal tangible, reconociendo una realidad objetual definida por nombres y formas. Las «cogniciones superiores», por otro lado, trascienden lo sensible y aprehenden la realidad de una manera integrada y holística. Buscan la unidad subyacente a la aparente diversidad del mundo, percibiendo los aspectos más sutiles de la realidad hasta alcanzar la «cognición absoluta», que es la percepción de la unidad de la consciencia.

Sin embargo, cabe señalar que la aprehensión de la unidad absoluta de la consciencia requiere tanto la percepción sensorial como la cognición que trasciende lo sensible. Como suele ocurrir en la meditación, al dirigir nuestra atención primero hacia sensaciones como la respiración y luego hacia los pensamientos o las emociones, es posible acercarse a la percepción misma. Se trata de un proceso en el cual la cúspide consiste en la atención posándose sobre la atención misma, la percepción autopercibiéndose o la consciencia siendo consciente de sí misma.

Esta idea de complicidad entre la sensibilidad física y corporal por un lado, y la inteligibilidad trascendental también aparece en el Antiguo Testamento y el *Talmud*. Concretamente, prestaremos atención al llamado «sueño de Jacob», en el que según determinadas interpretaciones nos permite pensar cómo la aprehensión de la unidad absoluta, eso es, de Dios, no es ajena a la percepción sensible. O, dicho de otro modo, la unidad absoluta se aprehende a partir de la multiplicidad, que a su vez se percibe y comprende mediante la unidad absoluta.

וַיִּפְגַּע בַּמָּקוֹם וַיָּלֶן שָׁם כִּי־בָא הַשֶּׁמֶשׁ וַיִּקַּח מֵאַבְנֵי הַמָּקוֹם וַיָּשֶׂם מְרַאֲשֹׁתָיו וַיִּשְׁכַּב בַּמָּקוֹם הַהוּא: וַיַּחֲלֹם וְהִנֵּה סֻלָּם מֻצָּב אַרְצָה וְרֹאשׁוֹ מַגִּיעַ הַשָּׁמָיְמָה וְהִנֵּה מַלְאֲכֵי אֱלֹהִים עֹלִים וְיֹרְדִים בּוֹ: וְהִנֵּה ה' נִצָּב עָלָיו וַיֹּאמַר אֲנִי ה' אֱלֹהֵי

אַבְרָהָם אָבִיךָ וֵאלֹהֵי יִצְחָק הָאָרֶץ אֲשֶׁר אַתָּה שֹׁכֵב עָלֶיהָ לְךָ אֶתְּנֶנָּה וּלְזַרְעֶךָ: וְהָיָה זַרְעֲךָ כַּעֲפַר הָאָרֶץ וּפָרַצְתָּ יָמָּה וָקֵדְמָה וְצָפֹנָה וָנֶגְבָּה וְנִבְרְכוּ בְךָ כָּל־מִשְׁפְּחֹת הָאֲדָמָה וּבְזַרְעֶךָ: וְהִנֵּה אָנֹכִי עִמָּךְ וּשְׁמַרְתִּיךָ בְּכֹל אֲשֶׁר־תֵּלֵךְ וַהֲשִׁבֹתִיךָ אֶל־הָאֲדָמָה הַזֹּאת כִּי לֹא אֶעֱזָבְךָ עַד אֲשֶׁר אִם־עָשִׂיתִי אֵת אֲשֶׁר־דִּבַּרְתִּי לָךְ: וַיִּיקַץ יַעֲקֹב מִשְּׁנָתוֹ וַיֹּאמֶר אָכֵן יֵשׁ ה' בַּמָּקוֹם הַזֶּה וְאָנֹכִי לֹא יָדָעְתִּי: וַיִּירָא וַיֹּאמַר מַה־נּוֹרָא הַמָּקוֹם הַזֶּה אֵין זֶה כִּי אִם־בֵּית אֱלֹהִים וְזֶה שַׁעַר הַשָּׁמָיִם: וַיַּשְׁכֵּם יַעֲקֹב בַּבֹּקֶר וַיִּקַּח אֶת־הָאֶבֶן אֲשֶׁר־שָׂם מְרַאֲשֹׁתָיו וַיָּשֶׂם אֹתָהּ מַצֵּבָה וַיִּצֹק שֶׁמֶן עַל־רֹאשָׁהּ: וַיִּקְרָא אֶת־שֵׁם־הַמָּקוֹם הַהוּא בֵּית־אֵל וְאוּלָם לוּז שֵׁם־הָעִיר לָרִאשֹׁנָה: (בראשית כ"ח, י'-י"ט)

Llegando a cierto lugar, se dispuso a hacer noche allí, porque ya se había puesto el sol. Tomó una de las piedras del lugar, se la puso por cabezal, y acostóse en aquel lugar. Y tuvo un sueño; soñó con una escalera apoyada en tierra, y cuya cima tocaba los cielos, y he aquí que los ángeles de Dios subían y bajaban por ella. Y vio que Yahveh estaba sobre ella, y que le dijo: «Yo soy el Señor, el dios de tu padre Abraham y el dios de Isaac. La tierra en que estás acostado te la doy para ti y tu descendencia. Tu descendencia será como el polvo de la tierra y te extenderás al poniente y al oriente, al norte y al mediodía; y por ti se bendecirán todos los linajes de la tierra; y por tu descendencia. Mira que yo estoy contigo; te guardaré por donde quiera que vayas y te devolveré a este solar. No, no te abandonaré hasta haber cumplido lo que te he dicho.» Despertó Jacob de su sueño y dijo: «¡Así pues, está el Señor en este lugar y no sabía el yo!» Y asombrado dijo: «¡Qué increíble es este lugar! ¡Esto no es otra cosa sino la casa de Dios y la puerta al cielo!». Levantóse Jacob de madrugada, y tomando la piedra que se había puesto por cabezal, la erigió como estela y derramó aceite sobre ella. Y llamó a aquel lugar Bethel, aunque el nombre primitivo de la ciudad era Luz.

(Génesis, 28:11-19)

"הָאָרֶץ אֲשֶׁר אַתָּה שֹׁכֵב עָלֶיהָ" וְגוֹ' (בראשית כ"ח, י"ג). מַאי רְבוּתֵיהּ? אָמַר רַבִּי יִצְחָק: מְלַמֵּד שֶׁקִּפְּלָהּ הַקָּדוֹשׁ בָּרוּךְ הוּא לְכָל אֶרֶץ יִשְׂרָאֵל וְהִנִּיחָהּ תַּחַת יַעֲקֹב אָבִינוּ וכו'.

(תלמוד בבלי, חולין צ"א, ב')

La *Guemará* explica otro versículo del sueño de Jacob. «La tierra sobre la que yaces [...]» (Génesis, 28:13). La *Guemará* pregunta: «¿Cuál es la grandeza de esta promesa? es decir, ¿por qué se expresa así a pesar de que en sentido literal Jacob yacía sobre una extensión muy pequeña de tierra?». Rabí Yitzják dice: «Esto enseña que el Santo, Bendito Sea, plegó la totalidad de la Tierra de Israel y la colocó bajo Jacob, nuestro patriarca, y demás».

(*Talmud Bavlí*, « *Hullín*», 91b)

כְּתִיב "וַיִּקַּח מֵאַבְנֵי הַמָּקוֹם" וּכְתִיב "וַיִּקַּח אֶת הָאֶבֶן" אָמַר רַבִּי יִצְחָק מְלַמֵּד שֶׁנִּתְקַבְּצוּ כָּל אוֹתָן אֲבָנִים לְמָקוֹם אֶחָד וְכָל אַחַת וְאַחַת אוֹמֶרֶת עָלַי יַנִּיחַ צַדִּיק זֶה רֹאשׁוֹ תָּנָא. וְכֻלָּן נִבְלְעוּ בְּאֶחָד.

(תלמוד בבלי, חולין צ"א, ב')

[La *Guemará* cita otra exposición de Rabí Yitzják para explicar una aparente contradicción entre dos versículos relativos a este incidente]. Está escrito: «Y tomó de las piedras del lugar» (Génesis, 28:11). Y está escrito: «y tomó la piedra» (Génesis, 28:18). [El primer versículo indica que Jacob tomó varias piedras, mientras que el segundo indica que solo tomó una]. Rabí Yitzják dice: «Esto enseña que todas esas piedras se juntaron en un lugar y cada una dijo: "Que este hombre justo ponga su cabeza sobre mí". Y se enseñó: Y todas ellas fueron absorbidas en una roca».

(*Talmud Bavlí*, «*Hullín*», 91b)

Es decir, Dios sitúa la diversidad en lo Uno.

La espera de lo inesperado

En sus textos más tardíos, Husserl abordó directamente los problemas que su fenomenología confronta a medida que va avanzando. Uno de estos ellos está relacionado con el tiempo, y que ya hemos introducido en previas secciones, puede reformularse ahora del siguiente modo: ¿cómo puede la fenomenología de Husserl dar cuenta de esa dimensión trascendental de la consciencia, entendida como el tiempo en sí mismo, cuando el tiempo interno de la consciencia, como objeto de conocimiento, desborda siempre los límites de la intuición? Dicho de otro modo, ¿cómo puede la consciencia aprehenderse a sí misma si, cuando esta intenta girar sobre sí para aprehenderse, aquello que se da no puede dársenos como fenómeno, sino que destaca por su excedencia del mismo? Justamente debido a este problema, Marion introduce la noción de «fenómeno saturado», es decir, de fenómeno que no solo aparece (*phainómenon*) sino que, al aparecer, también incorpora lo que desborda y excede al fenómeno.

Ante esto, en su escrito *Zur phänomenologischen Reduktion* (incluido en *Husserliana* XXXIV), Husserl nos guía hacia la trascendencia de una mera reducción a la profundidad de la consciencia, promoviendo un acercamiento al núcleo vital de un «presente» a través de lo que denomina «reducción radical». En este marco, y ante los fenómenos de experiencia ordinaria, ahora vistos como fenómenos que se tornan saturados y que superan cualquier anticipación significativa, la intuición se revela como insuficiente. Esta excedencia implica que el Ser siempre contiene más de lo que es accesible para la consciencia reflexiva del fenómeno. Este concepto se ilustra con una anécdota de San Agustín. Un niño cavó un hoyo en la arena en la playa. Con su balde pequeño, llevaba incansablemente agua del océano para llenarlo. Su padre le preguntó qué intentaba hacer. El niño respondió: «Estoy trasladando el océano a este hoyo». El padre sonrió y le dijo que era una tarea imposible. Entonces el niño lo miró con sabiduría y le dijo: «Es tan inútil como tu intento por comprender a Dios mediante la especulación».

De manera similar, la revelación se presenta como un proceso abierto, sin un canon establecido, libre de ortodoxias, sumos sacerdotes o una casta sacerdotal. La revelación destaca, justamente, por ser indeterminada e inagotable y, por tanto, por trascender los límites de la intuición, eso es, el «principio de todos los principios» de la fenomenología, tal como Husserl la había definido. Este paso, predelineado ya por el mismo Husserl, tiene gran importancia. Al no restringirse a la intuición, y aceptar la revelación y la saturación del fenómeno, la fenomenología acepta trascender sus propios límites epistemológicos, abriéndose a nuevos terrenos y derroteros que nos llevan a aceptar la imposibilidad de que el ser humano conozca plenamente lo revelado. Por tanto, expone la necesidad de relacionarse con ello en formas que no se restrinjan a los parámetros de la epistemología.

Abrirse a la revelación implica, no obstante, suspender todo objeto fenoménico tal como lo habíamos entendido hasta ahora y aceptar su modo de darse por sí mismo. Al mismo tiempo, esta abertura no debe confundirse con ningún tipo de creencia o anticipación. Mantener una creencia preconcebida sobre la naturaleza o el contenido de la revelación obstaculiza de por sí la posibilidad de encontrarse verdaderamente con el Ser que se revela como tal en la revelación. Al aferrarse a conceptos propios, el mismo sujeto limita la capacidad de percepción, impidiendo la apertura necesaria para que el Ser se manifieste en toda su riqueza.

Como ya mencionamos, en uno de sus poemas más conocidos, Rilke subraya esta misma idea cuando sostiene: «Mientras no recojas lo que tú mismo arrojas todo será solo destreza y botín sin importancia». La expectativa o la anticipación de lo que la revelación debe o pueda ser nos aparta de la auténtica espera, dirigiéndonos hacia nuestras propias nociones, creencias y fantasías con las que entonces prediseñamos lo esperado. De modo contrario a la anticipación, la auténtica espera de la meditación es aquella que espera sin esperar nada ni a nadie concreto, pensado, imaginado. Esta es la espera auténtica, que precede a todo «yo», como muy bien ya señala Heráclito al afirmar que «Si no se espera lo inesperado, no se lo hallará [...]».[146]

«Esperar sin esperar nada» tiene su origen en la renuncia a toda expectativa y acción. Es una forma de esperar libre de la anticipación de un «yo» que alberga expectativas y se frustra cuando estas no se cumplen. Para el sujeto, no obstante, en cuanto que sujeto, es imposible esperar lo inesperado o el fenómeno saturado sin antes renunciar tanto a sí mismo como al mismo fenómeno saturado. La postura habitual de anticipación se caracteriza por la expectativa

---

146. Heráclito, *Fragmentos presocráticos: de Tales a Demócrito*, introd., trad. y notas de Alberto Bernabé Pajares (Madrid: Alianza Editorial, 2008), 130 (frag. 18, DK 22B18).

hacia aquello ausente, no presente, que ya encierra en su sí una preconcepción que desvirtúa la espera como tal.

Este razonamiento pone de relieve la paradoja inherente a la naturaleza humana: la búsqueda de completitud o de alcanzar una plenitud existencial, a menudo, se basa en la equivocada premisa de que nos falta esa esencia primordial, cuando, en realidad, esta misma constituye nuestra naturaleza intrínseca. A diferencia de la carencia sobre la que reposa la anticipación, la espera ocurre en el asombro que habilita una disposición abierta a lo inesperado del Ser.

Esta posición con relación a la espera de lo inesperado que precede al «yo» y sus expectativas, imaginaciones, recuerdos y fantasías, y, por tanto, a toda acción de la consciencia intencional, no implica una negación de esta última. R. Walton, por ejemplo, habla de excedencia e intencionalidad como realidades que coexisten a través de sus horizontes abiertos, indeterminados e inagotables, en contraposición a la tendencia de la religión institucionalizada y la fe organizada, que siempre han buscado delimitar, agotar y dogmatizar esta relación, convirtiendo la revelación en un producto exclusivo y mercantil acoplado a unos principios y enturbiado por el dogmatismo y el fanatismo.

El «presente» eterno

Esta complicidad entre la intencionalidad de la consciencia y la espera presubjetiva y preegóica debe entenderse, no obstante, como una necesidad. En este contexto, el *nous*, o 'entendimiento', con su capacidad para reflexionar sobre lo inteligible, busca trascender lo meramente sensorial. Su objetivo es adentrarse, comprender y, como menciona Henry en *Encarnación*: «abismarse con él en la contemplación de lo Inteligible para que sea eterna como aquel» (*s'abîmer avec lui dans la contemplation de l'intelligible, et elle sera éternelle comme lui*).[147] El alma y el entendimiento, entrelazadas en su complicidad, se distancian de lo perecedero, lo sensible, para adentrarse en la contemplación profunda

---

147. Michel Henry, *Encarnación: Una filosofía de la carne*, trad. Javier Teira, Gorka Fernández y Roberto Ranz (Salamanca: Ediciones Sígueme, 2018), 11.

de lo inteligible. Así, logran una fusión que trasciende la temporalidad y, al mismo tiempo, abren un «presente» que desborda y no responde a límites temporales ni sensoriales. Esta búsqueda de lo inteligible sobre lo sensorial subraya un anhelo de trascendencia y de unión con lo eterno, con el cual Henry enfatiza la importancia de la reflexión y la contemplación en el proceso del conocimiento y la revelación.

Trascender y distanciarse de lo sensible no significa separarse de ello y enajenarlo, sino trascender sus límites. Nos separamos del conocimiento sensible sin despojarnos de los sentidos. Del mismo modo que, cuando nos centramos en nuestra propia respiración física, nos abrimos a la contemplación profunda de lo inteligible, pero sin dejar de respirar. En esta separación, la consciencia se transfigura, alcanzando una dimensión de eternidad similar a la del Ser mismo y fundiéndose con el Ser para contemplar la eternidad. De este modo, se trascienden las limitaciones temporales y espaciales propias de lo sensible en un «presente» que no es esclavo de anticipaciones futuras ni de la melancolía del pasado.

La pregunta que nos surge en este momento es: ¿qué es esta conexión, esta complicidad, entre la espera meditativa y el pensamiento intencional? O, dicho de otro modo, ¿cómo conviven la presubjetividad meditativa y el ego del pensamiento intencional? El mismo Henry afronta estas preguntas a través de la autoafectividad, especialmente cuando escribe con gran belleza:

> *Aucune Vie n'est possible qui ne porte en elle un premier Soi vivant en lequel elle s'éprouve elle-même et se fait vie. Aucune vie sans un vivant mais, de même, aucun vivant en dehors de ce mouvement par lequel la Vie vient en soi en s'éprouvant soi-même dans le Soi de ce vivant, aucun vivant sans la vie.*

> No es posible vida alguna si no porta consigo un primer Sí viviente en el que se experimente a sí misma y se haga vida. Ninguna vida sin viviente, pero, del mismo modo, ningún viviente fuera de este movimiento por el que la vida viene a sí

al experimentarse a sí misma en el Sí de este viviente, ningún viviente sin la vida.[148]

En esta relación entre vida y viviente, tal como Henry la describe, se establece que la vida no puede existir sin un viviente que la experimente y a través del cual la vida se conoce a sí misma. Es decir, presentarse a sí misma, afirmarse, sin agotarse ni verse limitada por las estructuras del tiempo. Henry entiende la vida como un concepto externo y al viviente como su contraparte interna. La vida necesita del viviente para autocomprenderse, mientras que el viviente se sirve de la vida para existir. Ambos —vida y viviente— constituyen una unidad compuesta por dos aspectos de una misma realidad, siendo intrínsecamente interdependientes.

Este análisis se extiende al fenómeno cristiano, que se caracteriza por su trascendencia más allá de las limitaciones de la horizonticidad, ofreciendo una revelación que es a la vez infinita e intangible. Podemos identificar dos tipos de fenómenos: el griego y el cristiano. El fenómeno griego se asocia con una trascendencia humana que busca comprender el mundo en términos de proximidad, no de superioridad, simbolizando una trascendencia horizontal que se extiende lateralmente. Por otro lado, el fenómeno cristiano representa una trascendencia vertical que se percibe como una donación que desciende desde lo alto. En este contexto, Michel Henry sostiene:

> *Ce qui permet à tout être de se manifester, de devenir 'phénomène', c'est le milieu de visibilité où il peut surgir à titre de présence effective. Le déploiment d'un tel milieu, en tant qu'horizon transcendantal de tour être en général, est l'oeuvre de l'être lui-même.*

> Lo que permite a todo ser manifestarse, volverse «fenómeno», es el medio de visibilidad en donde puede surgir como presencia efectiva. El despliegue de tal medio, en cuanto

---

148. Michel Henry, *Encarnación: Una filosofía de la carne*, trad. Javier Teira, Gorka Fernández y Roberto Ranz (Salamanca: Ediciones Sígueme, 2018), 30.

horizonte trascendental de todo ser en general, es la obra del Ser mismo.[149]

Desde la óptica de Henry, existe un Ser que aspira a autoconocerse y manifestarse, el cual reside en un ámbito externo que trasciende nuestras capacidades y facultades humanas. Solo podemos llegar a conocerlo si este decide revelarse, utilizando símbolos, es decir, medios visibles para hacerse presente y darse a conocer. El símbolo es el fenómeno que transforma lo invisible en visible. Al darse, como Ser en sí mismo, el símbolo engloba lo imperceptible en lo perceptible. Nuestro conocimiento de aquello que excede nuestras capacidades perceptuales se logra mediante una donación por parte del Ser, motivada por su deseo de manifestarse y su anhelo de autoconocerse. El sujeto no puede emprender acción alguna que precipite el aparecer del Ser, como si fuera un mago que saca un conejo de su chistera.

Estas descripciones, no obstante, pueden entenderse únicamente a través de la autodonación de la vida mediante la cuestión de la afectividad, y que, a diferencia de toda acción, es un experimentarse afectivo permanente a través del cual la vida se afirma en el viviente y este último adquiere presencia mediante la vida. Este posicionamiento de la espera que lo subyace todo, tiene sus raíces en la fenomenología, pero en este caso de Hegel. Así, Michel Henry escribe de manera parecida a las palabras de Hegel en *Fenomenología del espíritu* cuando afirma que: «En la manifestación del Ser, la vida capta la vida»:

> *Or à l'apparaître du monde s'oppose trait pour trait, selon nous, la révélation propre à la vie. Alors que le monde dévoile dans le « hors-de-soi », en sorte que tout ce qu'il dévoile est extérieur, autre, différent, le premier trait décisif de la révélation de la vie est que celle-ci, qui ne porte en elle aucun écart et ne diffère jamais de soi, ne révèle jamais qu'elle-même. La vie se révèle. La vie est une autorévélation. Autorévélation,*

---

149. Michel Henry, *La esencia de la manifestación*, trad. Mercedes Huarte Luxán (Salamanca: Ediciones Sígueme, 2015), 34.

quand il s'agit de la vie, veut donc dire deux choses : d'une part, c'est la vie qui accomplit l'œuvre de la révélation, elle est tout sauf un processus anonyme et aveugle. D'autre part, ce qu'elle révèle, c'est elle-même. La révélation de la vie et ce qui se révèle en elle ne font qu'un.

Al aparecer del mundo se opone exactamente, según nosotros, la revelación propia de la vida. Mientras que el mundo se devela en lo «fuera de sí», de manera que todo lo que devela es exterior, otro, diferente, el primer rasgo decisivo de la revelación de la vida es que ella, que no implica ninguna distancia y no difiere jamás de sí, no revela nunca más que a sí misma. La vida se revela. La vida es una autorrevelación. Autorrevelación, cuando se trata de la vida, quiere decir dos cosas: por un lado, la vida completa la obra de la revelación, es todo excepto un proceso anónimo y ciego. Por otro, lo que revela es ella misma. La revelación de la vida y lo que se revela en ella son una sola cosa.[150]

Analicemos más detenidamente esta cita. «Al aparecer del mundo se opone exactamente, según nosotros, la revelación propia de la vida» se refiere a que el mundo, en terminología ya hegeliana, es lo «no yo». La consciencia se divide en «yo», o lo que reside dentro de los límites corporales que consiste solo en sensaciones, y el «no yo», al que se denomina «mundo». Por lo tanto, todo lo objetual, lo observado, lo percibido se considera exterior.

Henry también afirma que «El primer rasgo decisivo de la revelación de la vida es que ella, que no implica ninguna distancia y no difiere jamás de sí, no revela nunca más que a sí misma». Esta frase sugiere que la dificultad para reconocer la consciencia es la carencia de distancia entre el observador y lo observado. La realidad es que entre uno y la vida no hay diferencia alguna y, por lo tanto, la autodonación de la vida no implica ninguna mediación ni acto. La vida, por ser vida, se da a sí misma de manera inmediata. Para

---

150. Michel Henry, *Fenomenología de la vida I. De la fenomenología*, trad. Javier Teira, Gorka Fernández y Roberto Ranz (Salamanca: Ediciones Sígueme, 2010).

entender bien esta cuestión, podemos volver a Jean-Luc Marion, cuando escribe que:

> *Une phénoménalité de la donation peut permettre au phénomène de se montrer en soi et par soi, parce qu'il se donne, mais une phénoménalité de l'objectité ne peut que constituer le phénomène à partir de l'ego d'une conscience qui le vise comme son noème.*

Una fenomenicidad de la donación puede permitir que el fenómeno se muestre en sí y por sí porque se da, pero una fenomenicidad de la objetidad solo puede constituir el fenómeno a partir del ego de una consciencia que lo mienta como su noema.[151]

Según la cita de Marion, el fenómeno puede ser percibido de dos maneras. La primera como un objeto constituido o imaginado por el ego, que solo recoge lo que previamente ha proyectado. La segunda, como un fenómeno que se revela por sí mismo, sin la intervención de la constitución subjetual, y sin ser previamente mentado en el pensamiento, la fantasía o el deseo. La fenomenicidad de la donación posibilita que el fenómeno se manifieste en su propia esencia, mientras que la fenomenicidad de la objetualidad depende de que el ego constituya el fenómeno a través de sus propias proyecciones, entendiendo este como su noema o concepto. En otras palabras, solo lo que no ha sido fabricado por el individuo, sino lo que es una autoafectividad pura, puede considerarse genuinamente donado.

Si ahora volvemos a Henry, entenderemos en qué sentido la vida es autodonación inmediata, sin mediación de actos ni egos ni sujetos que la diseñen ni la menten. La vida se da en el viviente sin que este la piense ni la imagine. La vida se autorrevela, porque es la vida que late subyacentemente en el viviente al que se le revela. Dicho de otro modo, la consciencia, ahora entendida como viviente, es de por sí consciente de sí, no porque el ego de la consciencia lo desee,

---

[151]. Marion, Jean-Luc. *Siendo dado: Ensayo para una fenomenología de la donación*. Traducción, presentación y notas de Javier Bassas Vila. Madrid: Editorial Síntesis, 2008, 50.

lo busque o lo necesite, sino porque el sí de la consciencia no puede sino revelarse en toda consciencia.

Este autorrevelarse de la vida, por tanto, no responde a actos intencionales, sino a una afectividad que brota latente en la espera de la meditación. A través de la meditación, el Ser palpita sin ser objeto de ningún pensamiento ni sujeto. Esto plantea de inmediato la pregunta de cómo distinguir si una experiencia, tal como una surgida en la meditación, es una construcción egoísta o una realidad auténtica. En virtud de lo dicho hasta ahora, si el meditador busca activamente la experiencia, esta podría ser considerada una invención, pues es el mismo meditador el que precipita la experiencia o el fenómeno en virtud de un objetivo que pretende alcanzar, sea cual sea. En cambio, aquello que surge espontáneamente, sin expectativas, se acepta como una donación, una autorrevelación real y verdadera. En la meditación auténtica, el meditador se deja absorber en la espera, en la predisposición y la apertura más absolutas, preparado para recibir. Sin proyectarse ni esperar nada, permanece absorbido en un «presente» eterno.

Bibliografía de la sección VIII

- Aristóteles. *Física*. Traducción de Guillermo R. de Echandía. Biblioteca Clásica Gredos. Madrid: Gredos, 1995.
- Descartes, René. *Meditations on First Philosophy: With Selections from the Objections and Replies*. Translated and introduced by Michael Moriarty. New York: Oxford University Press, 2008.
- Henry, Michel. *La esencia de la manifestación*. Traducido por Mercedes Huarte Luxán. Salamanca: Ediciones Sígueme, 2015.
- Henry, Michel. *Encarnación: Una filosofía de la carne*. Traducido por Javier Teira, Gorka Fernández y Roberto Ranz. Salamanca: Ediciones Sígueme, 2018.
- Henry, Michel. *Fenomenología de la vida I. De la fenomenología*. Traducido por Javier Teira, Gorka Fernández y Roberto Ranz. Salamanca: Ediciones Sígueme, 2010.
- Heráclito. *Fragmentos presocráticos: de Tales a Demócrito*. Introducción, traducción y notas de Alberto Bernabé Pajares. Madrid: Alianza Editorial, 2008.
- Marion, Jean-Luc. *Siendo dado: Ensayo para una fenomenología de la donación*. Traducción, presentación y notas de Javier Bassas Vila. Madrid: Editorial Síntesis, 2008.
- Maritain, Jacques. *Distinguir para unir o Los grados del saber*. Traducido por Alfredo Frossard, con la colaboración de Leandro de Sesma y Pacífico de Iragui. Buenos Aires: Club de Lectores, [s. f.].
- Nietzsche, Friedrich. *La genealogía de la moral*. Traducido por Andrés Sánchez Pascual. Madrid: Alianza Editorial, 1996.
- Agustín de Hipona. *Las Confesiones*. Traducción de Ángel Custodio Vega Rodríguez, revisada por José Rodríguez Díaz. Edición digital en español.

Sección IX
La fenomenología de lo sagrado

Capítulo 36

El fenómeno saturado desde la hermenéutica

La hermenéutica como clarificación del fenómeno saturado

Para expresar en términos diferentes lo dicho en el capítulo anterior, en la exploración de lo que se nos revela, resulta fundamental reconocer que la naturaleza de la donación se manifiesta en la complejidad de lo donado. Así, cualquier fenómeno, sin importar cuán ordinario sea, está inextricablemente vinculado al acto de donar. Además, como hemos sugerido anteriormente, el fenómeno no es más que su propio darse. Esto implica que el fenómeno y el darse son indistinguibles, ya que no puede existir un fenómeno que se dé o no a la consciencia. No es que percibamos o captemos el universo directamente; más bien, el universo se nos da, y este darse acontece en la consciencia, no meramente a través de los sentidos ni directamente ante nuestros ojos. Es como si una cortina se descorriera, permitiéndonos acceder a la esencia del mundo objetual.

En este marco conceptual, en el que vinculamos la autoafectividad con la meditación, y esta última con la estructura intencional de la consciencia, Marion revisita la obra de Husserl, y también de Kant, evocando la distinción kantiana entre fenómeno y noúmeno. Kant define el fenómeno como aquello que se manifiesta y es comprendido.[152] Sin embargo, lo que se manifiesta y se comprende (el fenómeno) no es la cosa en sí misma. La cosa tal como es en

---

152. Immanuel Kant, *Crítica de la razón pura*, pról., trad., notas e índices de Pedro Ribas (Madrid: Santillana, 1997), A249/B305, 267.

sí (el noúmeno) permanece oculta a nuestras facultades cognitivas debido a los límites de la comprensión humana. En este contexto, Marion identifica en el fenómeno saturado una tensión inherente entre lo manifiesto y lo oculto, entre el fenómeno y el noúmeno, para decirlo en términos kantianos. Sugiere que lo que se revela no es precisamente idéntico a lo que queda velado. Es decir, el fenómeno y el noúmeno no son simplemente identificables, ni el primero una copia imperfecta del segundo. Al mismo tiempo, no obstante, esta condición presupone una disposición hacia la pasividad, la cual facilita que lo oculto en lo manifiesto pueda revelarse en su autenticidad. Este mapa conceptual que reúne a Kant, Husserl y Marion queda perfectamente plasmado en la hermenéutica, especialmente en la obra de Hans-Georg Gadamer, gracias a la cual todo lo dicho hasta ahora cobra mayor sentido.

La hermenéutica es el arte de interpretar textos con la finalidad de comprender su significado, ya sea complejo u oculto, tanto dentro del propio texto como según la intención de su autor. En este contexto, la hermenéutica sostiene que es imposible asignar significados arbitrarios a los textos, ya que nuestra consciencia está plenamente integrada con el material escrito. Al proceder a la redacción de un texto, nos entregamos a este proceso hasta fusionarnos con el producto final. De este modo, la interpretación ajena no debe distorsionar el significado original. Si alguien interpreta las palabras de un autor sin atender a su contexto y esencia, estará corrompiendo el texto al proyectar sus propias concepciones sobre este. Así, en lugar de que la obra sirva como un portal hacia una realidad distinta, se convierte en un mero reflejo del universo subjetivo del lector.

A pesar de ello, la tarea de objetivar la psique, que podría sugerir un desplazamiento hacia el inconsciente, resulta ser viable, aunque intrincada según Dilthey. Este proceso de objetivación se basa en la objetivación de la propia vida, punto de partida para cualquier comprensión. Así, el individuo proyecta su mente hacia el exterior, adquiriendo una autopercepción a través de la alteridad. Este mecanismo de construcción de uno mismo «desde fuera hacia dentro» permite que el mundo reflejado por la consciencia adquiera un carácter objetivo a través de la autoobjetivación.

Capítulo 36: El fenómeno saturado desde la hermenéutica

Desde el punto de vista de la comprensión hermenéutica, para entender lo que reside en nuestro interior, es esencial proyectar nuestra esencia interna hacia fuera, mediante la creación de un texto o una obra de arte. Al pintar, derramamos nuestro ser en el lienzo y, al analizar la obra resultante, nos estudiamos a nosotros mismos. Dicha obra no es sino la representación material de nuestro ser, transformándonos en un objeto de estudio. En consecuencia, el acto de crear arte se convierte en el proceso de objetivarnos a nosotros mismos, de hacernos objeto, «expulsándonos» de nosotros mismos para llenarnos de vida.

En esencia, todo cuanto existe en el exterior se halla también en el interior. Lo que se percibe en el entorno, identificado como objetos, tiene su correspondencia dentro de uno mismo. Esta reflexión subraya la profunda interconexión entre el individuo y su entorno, sugiriendo que la barrera entre el «yo» y el «otro» es más permeable de lo que creemos. Además, la comprensión del mundo y de uno mismo son procesos intrínsecamente ligados. El conocimiento de uno mismo, por ende, se obtiene indirectamente, mediante signos y creaciones, principio este que influyó posteriormente en Cassirer.

Lo dicho hasta ahora indica que la hermenéutica distingue claramente entre la «explicación», que es siempre directa y es propia de las ciencias naturales, y la «comprensión» que requiere mediación y está vinculada a las ciencias del espíritu. La objetivación de la comprensión no recae en el contenido textual *per se*, sino en lo que el texto expresa, es decir, la vida realizando su propia exégesis. Por eso, Wilhelm Dilthey afirma que la vida capta la vida, porque es cuando leemos nuestro propio texto que nuestra vida capta la vida misma. En cualquier texto que hable sobre el Ser, es la vida del Ser captando la vida del Ser. En la filosofía, el Ser capta el Ser mismo, o, lo que es lo mismo, el espíritu se conoce a sí mismo a través de la historia de la filosofía. Hegel consideraba que la existencia es una secuencia histórica y decía que «la vida entiende a la vida».[153] Esta idea fue criticada con vehemencia por

---

153. G. W. F. Hegel, *Fenomenología del espíritu*, trad. Wenceslao Roces, ed. revisada por Gustavo Leyva (Ciudad de México: Fondo de Cultura Económica, 2017), 372-82.

Nietzsche. En realidad, el mundo objetual percibido no es más que una objetivación de nuestro psiquismo. Es decir, el mundo —bajo la mirada de la hermenéutica— no es más que consciencia objetualizada. Todo lo que percibimos a nuestro alrededor es nuestra propia consciencia proyectada en la que nos dotamos a nosotros mismos de sentido.

Sin embargo, hay un tercero involucrado: el lector que interpreta el texto. Los pietistas destacaron por primera vez la importancia de una interpretación psicológica, sugiriendo que los sentimientos del intérprete deben resonar con aquellos del autor para lograr una verdadera comprensión. Esta noción de empatía hermenéutica, influenciada por el pietismo, fue desarrollada más adelante por Schleiermacher y Dilthey. Gadamer, por otro lado, argumenta que cada época interpreta los textos de manera única, señalando que el significado verdadero de un texto, tal como se revela al intérprete, no se ve limitado por las circunstancias del autor o su audiencia original. Según él, un autor puede no ser plenamente consciente del significado real de sus escritos, permitiendo al intérprete, en muchas ocasiones, alcanzar una comprensión más profunda que la del propio autor. Esta perspectiva resalta que el significado de un texto trasciende a su creador, una idea que Gadamer considera no solo ocasional, sino una constante.

La interacción entre texto e interpretación se hace evidente al reconocer que, a menudo, es la interpretación la que impulsa la creación crítica del texto. Esto coloca a Gadamer en línea con la propuesta de Derrida a Heidegger sobre la *intentio lectoris*, donde el texto sirve meramente como un catalizador para que el sujeto realice una hermenéutica de sí mismo. En este contexto, Gadamer da un paso más y cuestiona si el sentido de un texto se limita únicamente al propósito «intencional» del autor, o si la comprensión implica una recreación del trabajo original. Sugiere que la interpretación por parte del artista no constituye una mera reproducción sino una nueva creación que amplía el sentido original que el autor había conferido. Gadamer parece sugerir que es la interpretación del texto la que permite que lo manifiesto se revele por sí mismo y que, con ello, también emerja lo oculto; es decir, aquello que los propios autores no eran conscientes de haber narrado. Una idea parecida surge en varios estudios talmúdicos, donde podemos leer:

רַבִּי יוֹחָנָן דִּידֵיהּ אָמַר: "אָנֹכִי", נוֹטָרִיקוֹן: אֲנָא נַפְשִׁי כְּתַבִית יְהַבִית.
(תלמוד בבלי, מסכת שבת, ק"ה, א')

El propio rabino Yojanán dijo que la palabra *anojí* (con la que comienzan los Diez Mandamientos) es una abreviatura de: Yo, mi propio Ser, escribí y otorgué [*ana nafshi ketavit yehavit*].
(*Talmud Bavlí*, «*Shabbát*», 105a)

El Admor de Lubavitch explica el significado de las palabras de Rabí Yojanán:

פֵּרוּשׁוֹ שֶׁהקב"ה הִכְנִיס אֶת עַצְמוּתוֹ בַּתּוֹרָה, וְכָךְ הוּא גַם בַּצַדִּיקִים, שֶׁהֵם עַצְמָם, בְּכָל עַצְמוּתָם וּמַהוּתָם, נִמְצָאִים בְּתוֹרָתָם.
(האדמו"ר מליובביץ, תורת מנחם, י"ב, שנת תשי"ד חלק ג', שיחת ש"פ נצבים, כ"ז אלול)

Es decir, que El Santo, Bendito Sea, insertó su propio ser en la Torá, y lo mismo ocurre con los santos, que, ellos mismos, con todo su ser y esencia, existen en sus enseñanzas.
(El Admor de Lubavitch, *Torat Menajem*, Volumen 12, Año de 5714, parte 3, charla de *Parashát Nitzavím*)

Lo que revelan estas lecturas es que somos cartas escritas, una enseñanza también expresada en la Segunda Carta a los Corintios, donde leemos:

Nuestras cartas sois vosotros, escritas en nuestros corazones, conocidas y leídas por todos los hombres; siendo manifiesto que sois carta de Cristo expedida por nosotros, escrita no con tinta, sino con el Espíritu del Dios vivo; no en tablas de piedra, sino en tablas de carne del corazón.
(2 Corintios, 3:2-3)

Estas dos citas nos muestran, ahora a nivel de lo divino, que «aquello» que late en el ser humano es el Ser. Al latir, el Ser se manifiesta como tal, es decir, manifestándose y velándose al mismo tiempo. Desde una perspectiva fenomenológica, la propuesta de Gadamer reformula sensiblemente la visión husserliana. Afirma que la intencionalidad misma, donde el fenómeno se manifiesta en la consciencia, encierra el excedente: lo oculto, aquello que la propia intencionalidad ignoraba. Este excedente es más una necesidad que un problema, gracias al cual el objeto intencional, el texto, no cesa de ofrecernos significado, sentido, su propia vida y la nuestra con él. De hecho, como el mismo Gadamer afirma en varias ocasiones, y Derrida nos recordará más tarde: nosotros somos el texto, fuera del cual no hay nada. La hermenéutica de Gadamer, en este sentido, enriquece el fenómeno manteniéndolo dentro de los límites de la intencionalidad, al mismo tiempo que lo abre a aquella dimensión del fenómeno que lo desborda y lo convierte en impredecible, imprevisible y oculto en lo manifiesto.

El argumento de Gadamer nos permite ver ahora que, si definimos el horizonte por el cual lo manifiesto debe revelarse, entonces lo que se revela no lo hace en su verdadera esencia, sino más bien reflejando nuestra propia subjetividad. Sin embargo, al permitir que lo manifiesto se revele por sí mismo, eliminamos la distinción entre lo manifiesto y lo oculto, así como la distinción entre lo manifiesto y nosotros mismos. En consecuencia, llegamos a ser uno con lo que se manifiesta, superando las limitaciones de nuestra propia subjetividad para fusionarnos con la realidad tal como **es**.

La condición de imposibilidad de lo sagrado

Esta lectura de Gadamer, que en cierta manera abre ya la puerta a la noción de fenómeno saturado que Marion ampliará más tarde, nos permite indagar aún más en el acto de la donación o el fenómeno como aparecer, y su relación con lo que oculta. En este contexto, conviene subrayar que el fenómeno —el texto, en términos de Gadamer— es un símbolo en el cual yace lo que no se presta a ser visible. Es decir, aquello que, aun siendo de dimensión fenoménica, no puede manifestarse por sí solo. Es decir, lo invisible, aunque forme parte de lo visible, lo excede y, como tal, sigue siendo invisible.

Una segunda cuestión importante con relación a esto es lo que podríamos llamar «la ausencia de reciprocidad». Ante la perspectiva del «sujeto» que ofrece, el don de la revelación se caracteriza por su naturaleza de no exigir ni reciprocidad ni una respuesta activa, sino simplemente ser recibido. Más aún, el don no debe ser retenido en la memoria ni considerado como evidencia de un sacrificio o una representación simbólica, ya que cualquier símbolo lleva consigo la expectativa implícita de una compensación. Así es también entendido en el Nuevo Testamento, especialmente en la Carta a los Corintios, donde leemos:

> Porque ¿quién te distingue? ¿o qué tienes que no hayas recibido? Y si lo recibiste, ¿por qué te glorías como si no lo hubieras recibido?
>
> (1 Corintios, 4:7)

> Toda buena dádiva y todo don perfecto desciende de lo alto, del Padre de las luces, en el cual no hay mudanza, ni sombra de variación.
>
> (Santiago, 1:17)

Los símbolos no deben ser mantenidos en la memoria porque se presupone su renovación constante; siempre hay una nueva entrega. Este concepto se refleja en las palabras de Lamentaciones, donde se habla de la misericordia del Señor, la cual se renueva cada mañana, evidenciando su inagotable fidelidad:

חַסְדֵי ה' כִּי לֹא־תָמְנוּ כִּי לֹא־כָלוּ רַחֲמָיו:
חֲדָשִׁים לַבְּקָרִים רַבָּה אֱמוּנָתֶךָ:

(איכה ג', כ"א-כ"ב)

> Por la misericordia del Señor no hemos sido consumidos, porque nunca decayeron sus misericordias. Nuevas son cada mañana; grande es tu fidelidad.
>
> (Lamentaciones, 3:22-23)

Este principio también se ilustra en el capítulo 16 del libro de Éxodo, que relata cómo Dios proveyó maná del cielo, instruyendo al pueblo de Israel a recoger solo lo necesario para el día, sin guardar excedentes para el futuro. Esta instrucción divina, destinada a enseñar la dependencia diaria del pueblo hacia la provisión de Dios, se contrapone a la tendencia humana a retener y acumular. A pesar de la orden divina, la desobediencia del pueblo al guardar maná para el día siguiente resultó en la corrupción del alimento, simbolizando la futilidad de intentar contener o preservar lo que está destinado a ser una donación perpetua y renovable. Asimismo, Jesús, al pedir al Padre «el pan nuestro de cada día», subraya la importancia de confiar en la provisión diaria y no acumular para el futuro. Se asemeja a la donación, que debe vivirse en el presente sin aferrarse a ella en la memoria. Este enfoque hacia la donación y la recepción enfatiza la liberación de expectativas y la apertura hacia la renovación constante de la gracia.

La revelación también transforma nuestra comprensión de la temporalidad. El reconocimiento de nuestra verdadera esencia disipa la ilusión del pasado y el futuro, mostrando que únicamente el presente es real y tangible. Nuestros recuerdos del pasado, así como nuestras expectativas hacia el futuro, son experiencias que ocurren únicamente en el ahora, haciendo del momento presente el único escenario posible para un encuentro auténtico con la realidad o la vida. Al recordar una revelación, inadvertidamente la relegamos al pasado, y cualquier intento de revivirla no constituye una conexión con la realidad presente, sino más bien con una versión del pasado que moldea nuestras expectativas. La revelación, siendo siempre presente, nos exige abstenernos de memorizar, almacenar o conservar. La auténtica revelación no se recuerda como un evento pasado, pues no es un acto de rememoración convencional sino un fenómeno perpetuo. Es una puerta que permanece invariablemente abierta a quienes esperan, predispuestos, sin proyecciones ni expectativas, desafiando así la noción de que pueda ser un evento confinado al pasado.

La respuesta a tal don implica una presencia ontológica que refleja la acción y la identidad del ego. Cualquier reacción, por mínima que sea, denota la presencia egoica de actuar. Al mismo tiempo, toda reacción causa más ocultamiento. Al actuar, el sujeto no puede sino proyectarse sobre el fenómeno, encubriendo más lo oculto y difuminando más el fenómeno en su conjunto bajo el manto subjetivo. Por eso, en vez de reaccionar, el receptor debería sumergirse en su pasividad, aceptando la revelación sin intentar poseerla o definirla. No podemos aferrarnos a las revelaciones como si fueran vestimentas de la infancia que intentamos que nos sigan sirviendo en la adultez. La puerta de la revelación está siempre abierta, pero el fenómeno saturado que ella revela se renueva constantemente. La esencia de la revelación permanece inalterable, pero sus manifestaciones nunca son idénticas. Por eso, dependemos de su revelación constante para conocer su naturaleza.

La discusión sobre las limitaciones inherentes al concepto del don, y el subsiguiente cuestionamiento de las bases filosóficas tras el acto de pensar y su lógica sujeto-objeto, señala una profundización en la crítica a las estructuras tradicionales de pensamiento. A pesar de los intentos de Heidegger por distanciarse de estos marcos a través de sus propuestas sobre el pensar meditativo, el salto y el pensar tautológico, estas reflexiones no logran completamente separarse de los parámetros convencionales. Este análisis subraya un desafío fundamental en la filosofía: encontrar un modo de pensar que verdaderamente trascienda las dinámicas establecidas y permita abordar la complejidad del don más allá de las restricciones de la lógica tradicional sujeto-objeto. Esto podemos verlo claramente en lo dicho por Derrida en diálogo con Marion en la *Charla de Villanova*, cuando sostiene:

> Yo nunca dije que no hay don. No. Dije exactamente lo contrario. ¿Cuáles son las condiciones para que digamos que hay don, si no podemos determinarlas teóricamente,

fenomenológicamente? Es a través de la experiencia de la imposibilidad, de que su posibilidad es posible como imposible.[154]

La reflexión sobre la imposibilidad del don desafía los marcos conceptuales desde los cuales se ha abordado tradicionalmente. Señala las limitaciones tanto del enfoque antropológico centrado en el intercambio económico como de la fenomenología en su forma convencional. La propuesta de explorar el don mediante la expansión de los límites fenomenológicos, a través de la reducción existencial y la orientación hacia la donación, como hemos hecho en nuestro presente estudio, busca enriquecer el ejercicio filosófico. Sin embargo, estas aproximaciones enfrentan dificultades para cumplir sus objetivos, al no poder abordar adecuadamente la diseminación del sentido y la estructura de «huella de huella», quedando atrapadas en una nostalgia por lo originario.

Esta discusión se extiende al concepto de «fenómeno saturado», el cual se torna concebible solo al alcanzar el límite de la imposibilidad. La pregunta sobre la posibilidad de conocer objetos concretos, como una piedra, ilustra que la necesidad de la donación surge precisamente cuando la percepción y la experiencia directa se tornan imposibles. Contrario a Kant, quien indaga sobre las condiciones de posibilidad de la experiencia, aquí se enfoca en la condición de imposibilidad, vinculándola estrechamente con la pasividad y la imposibilidad misma. Esta cuestión es precisamente objeto de reflexión en el Evangelio de Lucas, donde leemos:

> Un hombre principal le preguntó, diciendo: «Maestro bueno, ¿qué haré para heredar la vida eterna?». Jesús le dijo: «¿Por qué me llamas bueno? Ninguno hay bueno, sino solo Dios. Los mandamientos sabes: No adulterarás; no matarás; no hurtarás; no dirás falso testimonio; honra a tu padre y

---

154. Jacques Derrida y Jean-Luc Marion, «Sobre el don. Una discusión entre Jacques Derrida y Jean-Luc Marion (Moderada por Richard Kearney)» en *Dios, el regalo y el posmodernismo*, ed. John D. Caputo y Michael J. Scanlon, trad. Jorge Alexander Páez (Salamanca: Ediciones Sígueme, 2001), 55.

a tu madre». Él dijo: «Todo esto lo he guardado desde mi juventud». Jesús, oyendo esto, le dijo: «Aún te falta una cosa: vende todo lo que tienes, y dalo a los pobres, y tendrás tesoro en el cielo; y ven, sígueme». Entonces él, oyendo esto, se puso muy triste, porque era muy rico. Al ver Jesús que se había entristecido mucho, dijo: «¡Cuán difícilmente entrarán en el reino de Dios los que tienen riquezas! Porque es más fácil pasar un camello por el ojo de una aguja, que entrar un rico en el reino de Dios». Y los que oyeron esto dijeron: «¿Quién, pues, podrá ser salvo?». Él les dijo: «Lo que es imposible para los hombres, es posible para Dios». Entonces Pedro dijo: «He aquí, nosotros hemos dejado nuestras posesiones y te hemos seguido». Y él les dijo: «De cierto os digo, que no hay nadie que haya dejado casa, o padres, o hermanos, o mujer, o hijos, por el reino de Dios, que no haya de recibir mucho más en este tiempo, y en el siglo venidero la vida eterna».

(Lucas, 18)

Acceder al Ser no implica obtener, adquirir o conseguir algo, sino por el contrario, desprendernos o deshacernos de todo. Así pues, la pregunta es acerca de lo que es necesario hacer para que se revele el Ser. Pero no hay nada que el ser humano pueda hacer para que se revele el Ser, pues solo para el Ser es posible revelarse.

En la Carta a los Romanos también leemos:

¿Qué, pues, diremos que halló Abraham, nuestro padre según la carne? Porque si Abraham fue justificado por las obras, tiene de qué gloriarse, pero no para con Dios. Porque ¿qué dice la Escritura? Creyó Abraham a Dios, y le fue contado por justicia. Pero al que obra, no se le cuenta el salario como gracia, sino como deuda; más al que no obra, sino cree en aquel que justifica al impío, su fe le es contada por justicia.

(Romanos, 4:1-7)

Al que obra no se le cuenta el salario como gracia sino como deuda. Y la donación del Ser no es deuda sino gracia. Por lo tanto, no está precedida de alguna obra humana. No hay técnica o método que pueda precipitar ni acelerar la revelación del Ser.

Esta perspectiva sugiere que el Ser no es un objeto externo ni ocupa un lugar en el espacio. Al buscarlo con los sentidos o con la mente, nos distanciamos de su esencia. Solo al reconocer nuestra impotencia, nace una pasividad que hace posible lo imposible. Este enfoque invita a reconsiderar la relación con el conocimiento y la experiencia, proponiendo que en la aceptación de nuestras limitaciones radica la posibilidad de un encuentro genuino con la realidad y con lo desborda, a saber, lo sagrado.

Sabemos en qué dirección movernos dependiendo de lo que deseamos. Sin embargo, desconocemos hacia dónde o cómo movernos si deseamos acceder a nuestra auténtica naturaleza o lo que realmente somos. Para tal efecto, solo es necesaria la relajación, el sosiego, que nos permite entrar en el campo de la meditación. Dicho en términos religiosos, la búsqueda de Dios se plantea como una exploración hacia lo imposible, donde el acto mismo de buscar no garantiza el encuentro, sino que más bien lo imposibilita aún más. Si Dios pudiera ser encontrado mediante la búsqueda, implicaría que Dios podría ser poseído. Esto reduciría lo divino a una propiedad del buscador y, por ende, sería una mera proyección del individuo que lo busca.

La noción de poseer lo infinito o eterno se presenta como una contradicción, un absurdo. No obstante, se argumenta que el inicio de la búsqueda es necesario para comprender este absurdo. La búsqueda de Dios es, por lo tanto, un proceso de anhelo por lo imposible, una marcha hacia una inevitable derrota donde el buscador y su voluntad de encontrar y poseer se disuelven. Es en esta derrota, en la disolución del ego y la voluntad, donde se da la transformación y la entrega auténtica. Los sentidos y el conocimiento se muestren insuficientes para comprender lo divino, lo sagrado, invisible y oculto. Pero a partir de ellos, de la filosofía, iniciamos el viaje que nos lleve a entender la imposibilidad de conocer lo divino. Al mismo tiempo, nos permite aceptar la necesidad de un nuevo enfoque, de seguir desvelando otros páramos del ser humano mediante los cuales podamos atender a lo divino, al Ser en todo su Ser, sin tener quizás que entenderlo como entendemos cualquier objeto.

Esta perspectiva enfatiza que solo en la pasividad y la aceptación de lo imposible se pueden abrir las puertas a lo absolutamente trascendente. La experiencia auténtica de lo divino, o de cualquier realidad que trascienda la comprensión humana, ocurre solo en el marco de lo que es ontológicamente imposible para el ser humano. Por tanto, lo divino o lo infinito se sitúa más allá de la experiencia humana convencional, accesible no a través del esfuerzo o la voluntad, sino en la rendición y la aceptación de nuestras limitaciones. Por eso, es importante repetir las palabras de Heráclito que ya mencionamos: «si no se espera lo inesperado, no se lo hallará, dado lo inhallable y difícil de acceder que es».[155] La revelación del Ser solo es posible en la espera que no espera nada concreto, en la predisposición y apertura infinita a lo que nos trasciende.

De la imposibilidad a la experiencia de lo sagrado

Esta relación basada en la condición de posibilidad de lo imposible nos abre la puerta a una concepción mística y profunda de la comunión con la divinidad, tal como la articula Meister Eckhart, quien destaca la fusión espiritual del alma con la divinidad. Más concretamente, Eckhart pone énfasis en un vínculo directo y personal con lo sagrado que supera las fronteras convencionales teológicas entre lo innato humano y el don divino de la gracia. La premisa de que «en la consumación de lo sagrado, la dualidad se transforma en unidad» captura el pensamiento de Eckhart sobre la experiencia máxima con la divinidad, donde la línea que separa la condición humana de la gracia divina se desvanece. Para él, al principio del itinerario espiritual, lo humano y lo divino se presentan como esferas separadas. La esfera de la naturaleza simboliza la limitación humana y la predisposición al error; la de la gracia, representa la benevolencia divina dirigida a la redención y elevación del ser humano.

No obstante, en el ápice de la travesía mística, al alcanzar una comunión total con la divinidad, cesan las distinciones entre humano

---

155. Heráclito, *Fragmentos presocráticos: de Tales a Demócrito*, introd., trad. y notas de Alberto Bernabé Pajares (Madrid: Alianza Editorial, 2008), 130 (frag. 18, DK 22B18).

y divino, entre naturaleza y gracia. Este estado de unión sublime no conlleva la anulación literal de estas realidades ni su desvalorización; más bien, sugiere que, ante la magnificencia abrumadora de lo divino, dichas diferenciaciones se tornan obsoletas. El alma, entonces, no percibe a la divinidad como un ente distante o exterior, sino que experimenta una fusión profunda, donde el ser individual se amalgama con la infinitud divina. Eckhart propone este principio para profundizar en la potencialidad de la relación humana-divina, cuyo fin supremo trasciende la mera aceptación de la gracia sin diluir la distinción entre quien otorga y quien recibe. A través de esta vivencia, según Eckhart, el alma reconoce que su esencia y la divina son inseparables, lo que conduce a un entendimiento más allá de la concepción ordinaria de naturaleza y gracia como entidades distintas. Este discernimiento, imbuido de una riqueza filosófica y teológica, nos invita a contemplar la unión con lo divino no como la culminación de la gracia recibida en contraposición a nuestra naturaleza, sino como el reconocimiento de una identidad compartida con la divinidad, eclipsando así las dualidades precedentes.

CAPÍTULO 37

LA COMPRENSIÓN DE LO SAGRADO DESDE HEIDEGGER

Heidegger y lo divino

Heidegger en su *Carta sobre el Humanismo* nos exhorta a emprender un viaje hacia las profundidades de nuestra esencia y del entorno que nos circunda, antes de intentar abrazar conceptos de magnitud tal como lo divino, lo sagrado y la propia definición de Dios. Propone que el inicio de este entendimiento radica en el reconocimiento y la comprensión de la verdad del Ser, el cimiento sobre el cual se erige la totalidad de lo existente. Esta base nos permite, gradualmente, desentrañar el sentido de lo sagrado, profundizar nuestra interpretación de lo divino y, en última instancia, acercarnos a la comprensión de Dios. Heidegger subraya la necesidad de aproximarnos a estas nociones con mesura y profundidad, evitando caer en interpretaciones precipitadas o superficiales. Sostiene que es infructuoso debatir sobre la cercanía o distancia de Dios sin antes haber adquirido una base sólida en los conceptos esenciales del Ser y lo sagrado. Además, destaca que, en su tiempo, la conexión con lo sagrado se ha desvanecido, situación que califica de alarmante. No obstante, aclara que su interés por la verdad del Ser no implica un llamado al teísmo o al ateísmo. Su propuesta es más ambiciosa: se enfoca en dilucidar los confines de nuestro pensamiento y aquello que realmente es posible conocer acerca del Ser. En esencia, Heidegger nos reta a ir más allá de las creencias tradicionales para lograr un entendimiento más profundo tanto de nuestra propia existencia como de la esfera divina.

La propuesta filosófica aquí esbozada plantea que la esencia de la fenomenicidad reside en la donación, entendida como la capacidad de revelar el fenómeno en su pura y estricta dádiva, sin la necesidad de invocar una causa eficiente externa ni un donatario trascendental. Esta visión sostiene que el fenómeno se caracteriza por su naturaleza de ser irrevocablemente dado, basándose únicamente en las experiencias de donabilidad —atribuida al Ser— y de aceptabilidad —atribuida al ser humano—. Lo sagrado se define por su cualidad de ser inalterable, accesible únicamente a aquel individuo que es plenamente consciente de esta característica de intangibilidad. Este entendimiento destaca la relación especial entre la consciencia del Ser y la esfera de lo sagrado, sugiriendo que solo a través de un profundo reconocimiento de la sacralidad inherente a ciertos aspectos de la existencia, se puede realmente «tocar» o conectarse de manera significativa con lo divino o trascendental, respetando su esencia inalterable.

La evolución del ser humano y la emergencia de lo sagrado transcurren de manera paralela, manteniendo intactos rasgos fundamentales de su naturaleza ancestral. Ante la creciente uniformidad y automatización de la vida contemporánea, emerge la inquietud sobre si estamos asistiendo a una merma, no tanto en la práctica de ritos religiosos, que pueden sobrevivir en un marco ceremonial, sino en la experiencia de lo divino que históricamente se entrelazaba con estas prácticas.

En la actualidad, podría decirse que prevalece un alejamiento de lo religioso en múltiples facetas de la sociedad, un fenómeno que Nietzsche destaca en *La gaya ciencia*, particularmente a través de la figura del «insensato». Este personaje, aún en su búsqueda de lo divino, se ve a sí mismo y a la sociedad como responsables de la «muerte de Dios», un acto simbólico que refleja un cambio significativo en nuestra relación con lo trascendente. La declaración del «insensato» no proviene de un desinterés por lo sacro, sino de una reflexión sobre el deterioro de las bases culturales, manifestada como un lamento por la desconexión contemporánea de lo espiritual y su efecto en la cultura y la espiritualidad colectiva.

Al profundizar en la sacralidad en nuestra época, Heidegger halló en el diálogo de Nietzsche una indicación de un despertar hacia un pensar más auténtico y una liberación de las restricciones de la razón. En su análisis sobre la frase de Nietzsche: «Dios ha muerto», sugiere que la autenticidad de dicho clamor invita a cuestionar si hemos permanecido ajenos a su verdadera resonancia. Advierte que el verdadero pensamiento comienza solo al reconocer que la razón, por mucho tiempo venerada, ha obstaculizado la profundidad del pensamiento. A la luz de esto, el mismo Heidegger nos invita a reconsiderar los principios del pensamiento occidental y a buscar un conocimiento más existencial, superando las barreras de una lógica excesivamente estructurada.

Para Heidegger, y en consonancia con lo que hemos argumentado a lo largo de todo este estudio, lo sagrado se encuentra en la inmersión dentro del silencio contemplativo o meditativo, un estado donde las palabras y las acciones ya no tienen lugar. En esta tranquilidad y ausencia de sonido, se hallan las condiciones indispensables para que se manifieste la divinidad última. Este enfoque subraya la importancia de la quietud y el retiro de las distracciones mundanas como medio para alcanzar una conexión espiritual. Heidegger ve en este silencio no una mera ausencia de ruido, sino un espacio pleno de potencialidad para el encuentro con lo trascendente, donde lo divino puede revelarse en su forma más pura y sin mediaciones.

Frecuentemente, exaltamos la razón atribuyéndole un linaje noble, olvidando que sus raíces distan mucho de ser tan elevadas o altruistas como asumimos. La palabra *razón* deriva de *ratio*, término latino que significa cálculo, y hace referencia a las piedras que los comerciantes romanos utilizaban en las balanzas para pesar sus mercancías. Por tanto, el origen de este concepto es esencialmente pragmático y mundano. Este acto de medir de los comerciantes se asemeja a nuestro proceso de razonar, de evaluar los pros y los contras para tomar decisiones.

Sin embargo, esta actividad mental no coincide con lo que Heidegger entiende por pensar. Él propone un «pensar-otro», o *denken-danken* en alemán, que se refiere principalmente a la contemplación del Ser. Sostiene que este otro pensar (*denken*) trasciende la mera actividad intelectual o lógica. En su perspectiva, el acto de pensar en su forma más auténtica es una apertura hacia el Ser, una meditación que busca desentrañar el significado de la existencia. *Denken* significa 'pensar' y *danken* es 'agradecer'. Heidegger aprovecha esta relación etimológica para profundizar en la conexión intrínseca entre el pensamiento y el agradecimiento. Es decir, pensar equivale a agradecer lo donado, en lugar de proyectar un cálculo, una predicción o una previsión. Este *denken-danken* sugiere que una actitud de gratitud debe acompañar al pensamiento verdadero.

Denken es un tipo de pensamiento que exige una atención meticulosa y un cuidado reverencial hacia el Ser, una disposición a escuchar y responder a la llamada de la Verdad. *Danken*, por otro lado, no es una simple expresión de gratitud, sino un agradecimiento que representa aprecio sincero por el Ser. Implica una actitud de respeto y reverencia hacia el mundo y nuestra propia existencia dentro de él. Es reconocer que el Ser nos ha sido dado y nuestra responsabilidad es corresponder a este don. Heidegger sostiene que pensar de manera auténtica significa reconocer y valorar el Ser y su misterio.

El «pensar-otro» en la filosofía de Heidegger nos invita a una forma de pensamiento que no se centra en el análisis racional, lógico o científico, sino en una reflexión más esencial sobre nuestra relación con el Ser. Heidegger critica la tradición metafísica occidental por su tendencia a categorizar el Ser, reduciéndolo a meros objetos de análisis y control. El «pensar-otro» busca trascender estas limitaciones, abriendo nuevas posibilidades de comprensión y relación con el Ser. Este tipo de pensamiento implica una actitud de escucha y apertura. En lugar de imponer conceptos y estructuras predefinidas sobre la realidad, el «pensar-otro» se esfuerza por escuchar el silencio en el cual el Ser mismo expresa lo que tiene que decir. Es una forma de atención receptiva que busca dejarse guiar por el Ser, en lugar de tratar de dominarlo.

A diferencia del pensamiento calculador y técnico, el «pensar-otro» es de talante contemplativo. Heidegger destaca la importancia de la meditación como un medio para acercarse al Ser de manera más auténtica. Este enfoque requiere paciencia y una disposición a aceptar el misterio y la indeterminación del Ser. En lugar de considerar al Ser como un objeto separado del sujeto que lo contempla, el «pensar-otro» reconoce la interconexión fundamental entre el Ser y el pensar. Este tipo de pensamiento busca entender cómo ya estamos inmersos en el Ser y cómo nuestras propias existencias están entrelazadas con el mundo. Finalmente, el «pensar-otro» cambia al pensador mismo. Al adoptar una actitud de apertura y receptividad, el pensador se torna más consciente de su propia existencia y de su relación con el mundo. Esta transformación es esencial para acceder a una comprensión más profunda y auténtica del Ser.

Contrariamente a la idea de que el ser humano es un animal racional, Heidegger sostendría que este trasciende esta definición precisamente por su capacidad para pensar lo aún no pensado, si se encuentra ante la experiencia de lo sagrado. Esta capacidad de asombro ante lo desconocido y lo trascendental distingue al ser humano de otras formas de vida y desafía la concepción tradicional de la razón. Según Heidegger, entonces, el verdadero pensamiento surge no de la lógica o el cálculo, sino de la apertura a lo sagrado, lo cual puede transformar profundamente nuestra comprensión del mundo y de nosotros mismos. Heidegger, alineándose con Nietzsche en su crítica a la racionalidad calculadora, privilegia una forma de pensamiento que al menos atisba la experiencia de lo sagrado. Esto, sin embargo, no implica que Heidegger defienda alguna ideología religiosa específica. Por el contrario, considera a las ideologías como sistemas cerrados que excluyen lo diverso o contradictorio, tachándolo de erróneo o falso. Heidegger busca trascender estas limitaciones ideológicas y teológicas, apuntando hacia un pensamiento más abierto y reflexivo que permita la emergencia de lo sagrado, libre de las restricciones impuestas por estructuras dogmáticas. Su enfoque promueve una exploración profunda del Ser, más allá de los confines de la racionalidad instrumental y las concepciones religiosas convencionales.

Según este enfoque, el individuo no es quien crea o proyecta el fenómeno, sino quien lo recibe, lo acepta y lo agradece. Por tanto, lo que posee el ser humano es una capacidad pura de recepción frente a la pura donación del fenómeno. La distinción entre fenómeno y objeto se establece a través de la actitud del sujeto: un objeto se convierte en tal cuando el sujeto lo interpreta y lo define, mientras que un fenómeno se revela cuando se le permite manifestarse tal como es. Así, la piedra puede ser conocida como objeto —cuando es interpretada por el sujeto— o como fenómeno, cuando se muestra por sí misma.

La tarea de la donación, entonces, es hacer que lo dado aparezca como enteramente fenoménico, y el fenómeno como completamente dado. La reducción filosófica implicada sugiere que todo es fenómeno y que todo fenómeno es dado, desplazando la percepción de un mundo externo meramente sensorial a una realidad dada en la consciencia. La consciencia, siendo siempre dada, permanece a menudo desapercibida, pero es el campo en el que lo fenoménico se manifiesta. Este marco conceptual recalca la centralidad de la donación y la recepción en la experiencia fenomenológica. Enfatiza una ontología donde la aparición del fenómeno es independiente de la acción voluntaria del sujeto y radica en la capacidad de este último para recibir y aceptar lo que se le presenta.

En *Ser y Tiempo*, y como ya hemos expuesto anteriormente, Heidegger sitúa al *Dasein*, o 'ser-ahí', como el ente cuya estructura ontológica le confiere la capacidad única de cuestionarse acerca de su propio Ser y, por extensión, del Ser en general. Así, la responsabilidad de comprender el Ser recae en el *Dasein*, dado que es el único capaz de llevar a cabo esta indagación de manera consciente y reflexiva. La *kehre*, o 'giro', en el pensamiento de Heidegger, marca una transición hacia una perspectiva donde el foco de la indagación sobre el Ser se desplaza del *Dasein* hacia el Ser mismo. Este cambio subraya que es el Ser quien se revela o se oculta a sí mismo, y no tanto el *Dasein* el que activamente descubre o desentraña al Ser. En este sentido, la responsabilidad de la revelación del Ser se traslada del esfuerzo humano de comprensión hacia la manera en que el Ser se manifiesta en sí y por sí. La *kehre* refleja un profundo cambio en la aproximación de Heidegger a la ontología, enfatizando una relación más pasiva y receptiva del ser humano frente a la autorrevelación del Ser. Si en *Ser y Tiempo* la responsabilidad recaía en el *Dasein*, en la *Carta sobre el Humanismo* lo hace sobre el Ser.

Cabe destacar que la exploración comparativa entre el *Dasein* de Heidegger, que subraya la peculiar condición existencial del ser humano con su inherente capacidad de autoconsciencia y reflexión sobre la existencia y el Ser, y el *ahaṅkāra* del *vedānta*, que identifica el ego o sensación del «yo» como una ilusión de separación del verdadero sí mismo (Ātman) del universo (Brahman), abre un fecundo diálogo intercultural entre la filosofía occidental y la oriental.

Podemos abrir un fecundo diálogo intercultural entre la filosofía occidental y la oriental. El *Dasein* de Heidegger subraya la peculiar condición existencial del ser humano con su inherente capacidad de autoconsciencia y reflexión sobre la existencia y el Ser. Por su parte, el *ahaṅkāra* del *vedānta* identifica el ego, o sensación del «yo», como una ilusión de separación del verdadero Sí mismo (Ātman) del universo (Brahman). Mientras Heidegger utiliza el *Dasein* para profundizar en la temporalidad, la finitud y la confrontación con la muerte del ser humano, el *vedānta* postula que el *ahaṅkāra* es un obstáculo para alcanzar la iluminación espiritual, al confundir el Ser temporal con el Ser eterno. A pesar de sus distintos contextos filosóficos y objetivos, ambos conceptos incitan a una profunda reflexión sobre la naturaleza del Ser, la identidad, y la posibilidad de trascender las limitaciones de nuestra comprensión existencial. Esta comparación revela una rica diversidad de pensamiento acerca de la condición humana y su relación con el Ser.

El fenómeno saturado y su testigo

El concepto de fenómeno saturado, que hemos abordado en nuestro estudio, desafía las aproximaciones tradicionales al conocimiento y a la percepción, a la vez que guarda una clara semejanza con el modo en que Heidegger ha definido lo sagrado y la importancia que esto tiene para la comprensión del Ser y del ser humano. Por definición, el fenómeno saturado, igual que lo sagrado, es imprevisible, es decir, no se puede anticipar o concebir mentalmente antes de que ocurra. A diferencia de los fenómenos que se pueden cuantificar o descomponer en partes previsibles, el fenómeno saturado se presenta en su totalidad de manera inmediata y sin advertencia previa, lo que lo hace imposible de prever, pronosticar o construir mentalmente. Esta característica subraya su naturaleza única y su capacidad para sorprender y desafiar nuestras expectativas y preconceptos. Por eso, lo sagrado se revela, siendo dicha revelación posible únicamente en determinadas condiciones que ya hemos introducido con las nociones de la espera, el asombro y el presente atemporal y que en los próximos párrafos volveremos a tratar en mayor detalle.

El asombro, como rasgo que define la meditación como estado presubjetivo y preegóico con el cual el «no yo» espera sin esperar nada ni a nadie, ilustra perfectamente esta imposibilidad de anticipación. Ya Descartes entendió que el asombro nos afecta antes de que podamos conocer completamente la cosa que lo provoca o precisamente porque no la conocemos. Este estado de sorpresa es disruptivo porque interrumpe nuestros prejuicios y expectativas, obligándonos a confrontar la realidad de una manera nueva y no filtrada. El asombro es una apertura hacia la revelación de lo desconocido, lo imposible, aquello que está velado y que se muestra por primera vez sin expectativa alguna.

Por su lado, el fenómeno saturado, al ser anamórfico, carece de una forma o tamaño definido que pueda ser medido o cuantificado. Todo lo que es susceptible de medición o cuantificación se considera objetual, existiendo dentro de las dimensiones del espacio y el tiempo. Sin embargo, el fenómeno saturado trasciende estas limitaciones, presentándose en un «tiempo misterioso» que no sigue una secuencia lineal y que no puede ser contabilizado en minutos o segundos. Por contra, la revelación del fenómeno saturado se caracteriza por una presencia que podría definirse por su atemporalidad e infinitud. Estos términos nos permiten situar lo sagrado como fenómeno saturado, más allá de toda noción convencional del tiempo. Esto subraya su completa inmensurabilidad y su resistencia a ser comprendido o controlado mediante técnicas tradicionales. Dicho de otro modo, el fenómeno saturado desafía la lógica convencional y nos invita a experimentar su realidad directamente, libre de las restricciones impuestas por nuestras estructuras conceptuales y temporales habituales.

Esta noción de presencia o presente atemporal emerge de la distinción entre los conceptos de *chrónos* y *aión*, la cual es fundamental para comprender la medición del tiempo en relación con el ente y el Ser, respectivamente. *Chrónos* representa el tiempo medible asociado con los entes, en donde la medición y la secuencialidad son posibles y pertinentes. En contraste, *aión* refleja el tiempo del Ser, el cual es intrínsecamente inmedible y no se presta a una división en partes sucesivas. La totalidad del Ser se revela en una unidad absoluta, deshaciendo cualquier distinción entre partes, momentos o diferencias. Esta revelación subraya la omnipresencia del Ser, sugiriendo que Dios, trascendental y atemporal, reside en todo lugar, desafiando la conceptualización del Ser en términos espaciales o temporales. El Ser se manifiesta y se oculta en su propio «tiempo misterioso», en un presente atemporal.

Por otro lado, como bien explica Marion en *Siendo dado: Ensayo para una fenomenología de la donación* (*Étant donné: Essai d'une phénoménologie de la donation*), la experiencia de lo fenoménico se enmarca en la representación que requiere una conexión necesaria entre percepciones, tal como se discute en las referencias a las analogías de experiencia. Estas analogías presuponen una unidad de experiencia que permite la manifestación fenoménica dentro de un marco coordinado preestablecido, aunque este marco solo se aplica a una parte del espectro de la fenomenicidad, dejando fenómenos como los históricos fuera de su alcance. Se argumenta que, aunque las analogías de experiencia busquen regular la unidad, su aplicación fenomenológica es limitada, especialmente al comparar las analogías cuantitativas en matemáticas con las cualitativas en filosofía.

La transición de experiencias externamente percibidas a su asimilación y transformación dentro de la consciencia individual constituye un fenómeno central en la evolución de la autoconsciencia. Este fenómeno ilustra un cambio crítico de la percepción que reside fuera de nosotros hacia un entendimiento que se arraiga en nuestro interior. Tal proceso resalta la perspectiva aristotélica sobre la naturaleza del conocimiento, que pone de relieve cómo el objeto de conocimiento se amalgama con el sujeto que conoce, fusionándose con la esencia de su ser. Para Aristóteles, conocer es experimentar una fusión profunda entre el sujeto y el objeto, en la cual el objeto es incorporado por el sujeto, pasando a formar parte de su esfera subjetiva. Este proceso señala el conocimiento como una forma de transformación personal profunda, en la cual lo conocido trasciende el mero entendimiento exterior para ser absorbido, reconfigurando la estructura ontológica del individuo.

Por lo tanto, adquirir conocimiento trasciende la simple recopilación de datos o información, constituyéndose más bien como un proceso de crecimiento y desarrollo del Ser, en el cual cada comprensión nueva se entrelaza con la consciencia del individuo, remodelando su identidad y su percepción del entorno. Esta concepción desentraña la profunda conexión entre el acto de conocer y la esencia del Ser, postulando que el conocimiento posee un poder transformador inherente. Cada experiencia de aprendizaje fortalece esta vinculación. Además, revela que nuestra visión del mundo y de nuestra interioridad evoluciona constantemente, moldeada por cada experiencia que absorbemos. Estas redefinen nuestro entendimiento de nosotros mismos y de nuestra existencia.

En el caso de un fenómeno saturado, este excede las categorías convencionales de cantidad y atributos, presentándose como un evento puro que se desvincula de todas las relaciones establecidas, al no compartir medida común con ningún término conocido o esperado. Esta caracterización resalta la singularidad del fenómeno saturado, su resistencia a ser encasillado dentro de los límites tradicionales de la fenomenología y su capacidad para desafiar nuestra comprensión y percepción de la realidad. No puede ser encasillado dentro de las categorías tradicionales del tiempo óntico y del ente, del espacio, la posesión, la pasión, la relación. Al no haber ninguna categoría que pueda explicarlo, el fenómeno saturado es supracategórico. El tercer presupuesto sobre la unidad de la experiencia sugiere que esta se desarrolla contra el telón de fondo del tiempo, considerado como el horizonte último para los fenómenos. Sin embargo, existen fenómenos saturados que trascienden este horizonte por diversos caminos, recibiendo intuiciones que exceden cualquier marco conceptual preestablecido. Simultáneamente, sobrepasan límites al articular varios horizontes a la vez, como propone Spinoza con su idea de sustancia única. Estos fenómenos provocan una saturación que impide cualquier articulación de horizontes, haciendo que el fenómeno en su totalidad sea inasible. Este último caso, como bien enfatiza Marion, implica que el fenómeno podría no encontrar un espacio para manifestarse de manera comprensible dentro de las estructuras de pensamiento existentes.

En relación con las categorías de modalidad, estas no definen los objetos ni sus interrelaciones directamente, sino más bien su relación con el pensamiento en general, apuntando hacia el yo cognoscente. Este enfoque aliena al fenómeno, asociándolo con una intencionalidad objetivante. El fenómeno saturado, por lo tanto, desafía la capacidad cognitiva del «yo», generando un desacuerdo entre lo que podría ser percibido potencialmente y las condiciones subjetivas de la experiencia, resultando en un fenómeno que no puede ser objetivado. Este fenómeno no objetivable se caracteriza por ser inaprensible, una cualidad que lo distingue y lo hace aparecer de manera excepcional, pero que al mismo tiempo contradice las condiciones asociadas a una fenomenicidad más convencional o «pobre».

El mismo Marion describe esta contradicción en *Siendo dado: Ensayo para una fenomenología de la donación* como una contra-experiencia, definida por la inaccesibilidad del fenómeno a la objetivación. La paradoja se manifiesta cuando el advenimiento del fenómeno excede lo previamente conocido o anticipado, suspendiendo y eventualmente invirtiendo la relación de dominio del «yo» sobre el fenómeno. Éste enfoque subraya una dimensión de la experiencia fenomenológica que se resiste a ser capturada por las estructuras tradicionales del conocimiento, desafiando nuestra comprensión y nuestras expectativas sobre la naturaleza y la accesibilidad de la realidad.

En este mismo análisis, el sujeto se transforma y pasa de ser un agente trascendental, constituyente, a un mero testigo de la experiencia, constituido por ella misma. Deja de ser un sujeto trascendental kantiano para convertirse en un trascendente que trasciende su propia experiencia. De ser el sujeto activo que marca la experiencia se convierte en lo que supera sus propias limitaciones. Es similar a transitar de ser el cineasta que dicta cada escena a convertirse meramente en un espectador en la sala, perdiendo el mando sobre la trama para simplemente sumergirse en ella. Esta transformación ocurre dado que tales vivencias son tan potentes o impactantes que superan nuestra capacidad de describirlas con el lenguaje y los conceptos que solemos emplear, como le sucede al Abraham de Kierkegaard. Esta transformación se debe a que la intuición experimentada sobrepasa lo que cualquier hermenéutica del concepto podría interpretar como significado, colocando al «I» en una posición donde no prevalece ninguna perspectiva dominante sobre la intuición que lo envuelve.

De este modo, el «yo» pierde la prioridad como polo egológico y la figura del testigo se torna más apropiada para describir su rol. El «yo» ya no inicia la manifestación del fenómeno ni lo menta como objeto intencional. No puede percibir el fenómeno en su totalidad ni es capaz de interpretar el exceso de intuición que lo caracteriza. Al abordar la naturaleza de la revelación y su asociación teológica con los fenómenos saturados, Marion explora cómo estos fenómenos llevan implícito un vínculo sagrado y teológico. Sin embargo, este enlace plantea un desafío, ya que activa una dimensión de creencia que parece incompatible con la actitud neutral que Marion propone para la recepción de fenómenos. A pesar de que Marion rechaza explícitamente cualquier asociación con la teología, podríamos argumentar que es imposible mantener una neutralidad frente a fenómenos de revelación. Los fenómenos saturados transforman la fenomenología en teología, complicando la distinción entre ambas y reduciendo la primera a la segunda. Quizás sea por esto mismo que el mismo Marion, en su ensayo *Dios sin el Ser* (*Dieu sans l'être*), dice que «hay que emancipar a Dios de la Metafísica», lo que equivaldría a algo así como la labor de Buda de liberar a Dios del ser humano.[156]

La reflexión que aquí hemos llevado a cabo a lo largo de los últimos capítulos en torno al método filosófico, especialmente centrado en la fenomenología y más brevemente en la hermenéutica, ha conducido a una expansión significativa de sus horizontes, abarcando ahora lo que tradicionalmente se ha considerado como imperceptible,

---

156. Jean-Luc Marion, *Dios sin el ser*, trad. Daniel Barreto González, Javier Bassas Vila y Carlos Enrique Restrepo, rev. y posf. Javier Bassas Vila (Vilaboa [Pontevedra]: Ellago Ediciones, 2010), 126.

indefinible, indescriptible y sagrado. Esta evolución metodológica ha implicado una reorientación hacia aspectos de la realidad que escapan a la percepción sensorial directa y a las categorías definitorias convencionales. En este contexto, se ha propuesto una fenomenología de lo oculto, una aproximación novedosa que, a diferencia de la fenomenología clásica centrada en el estudio de las manifestaciones visibles y accesibles de la realidad, se enfoca en aquellos aspectos que permanecen velados o son intrínsecamente elusivos. Esta «fenomenología de lo oculto» marca un punto de inflexión en la disciplina, ya que desafía la premisa fundamental de que la fenomenología debe limitarse al estudio de lo que se hace presente y cognoscible ante la consciencia. En lugar de ello, la fenomenología de lo oculto se adentra en el terreno de lo que no se hace evidente, de lo que reside más allá o debajo de la superficie perceptible, intentando articular y comprender la esencia de lo que se sustrae a la aprehensión directa, eso es, a lo sagrado.

En este esquema, el papel del maestro también sufre una transformación significativa, convirtiéndose en alguien dotado de la extraordinaria habilidad de describir lo indescriptible, de dar voz a aquello que, por su propia naturaleza, desafía la expresión lingüística. Esta capacidad exige una sensibilidad y una apertura excepcionales hacia dimensiones más sutiles y profundas de la realidad, y un dominio del lenguaje que permita comunicar lo inefable, lo cual constituye una verdadera proeza filosófica y pedagógica.

CAPÍTULO 38

LA INTENCIONALIDAD EN LA REVELACIÓN DE LO SAGRADO

El Otro y lo sagrado según Husserl y Henry

Esta relación fenomenológica con lo sagrado, que hemos articulado gradualmente a lo largo de nuestro estudio y presentado como una relacionalidad que trasciende la cognoscibilidad epistemológica, precisa aún de mayor descripción. Uno de los aspectos clave, si queremos expresarlo así, es que se trata de una relacionalidad que «tiene lugar» o «sucede» (*ereignis*). Sin embargo, no es reducible a una relación de perceptibilidad ni conocimiento mediante conceptos ni categorías. Así pues, el fenómeno sagrado, aunque esté saturado por su propia dimensión de invisibilidad, incomprensibilidad o incognoscibilidad, es, no obstante, un fenómeno, en la medida en que se da, se revela en la consciencia precisamente como imperceptible, invisible e incognoscible. Por lo tanto, y paradójicamente, estamos afirmando que lo no visible se revela, aparece, como el excedente de lo visible y cognoscible. Ante esto, podemos preguntarnos lo siguiente: ¿cómo podemos afirmar que lo invisible o incognoscible se revela, si su naturaleza es precisamente la de trascender nuestras facultades de la percepción y la intuición, que son las que nos permiten ver y conocer?

El recurso de la meditación nos ha permitido delinear un estado de la consciencia que subyace a toda noción activa de agencialidad. Nos ha abierto un camino hacia una dimensión en la que la consciencia, postrada en la espera que no espera nada en concreto, se abre como testigo a recibir, pero sin conocer ni saber. Esta meditación ha dado también lugar a una relacionalidad sin relación que trasciende la polarización de la experiencia en términos de sujeto y objeto. En la meditación, aquel que espera no es sujeto, sino testigo de un fenómeno que no es objetivable. Husserl trata este tema en sus *Meditaciones cartesianas*, en la que aborda la cuestión del Otro. Enlacemos el tema de la intencionalidad con las cuestiones de la donación y lo sagrado. Henry examina cómo el estudio sobre la experiencia de la alteridad, propuesto por Husserl en la quinta de las *Meditaciones cartesianas*, se sostiene sobre dos premisas fundamentales. La primera es:

n'y a un autre pour moi que si j'en ai une expérience, que si, sous quelque forme ou sous aspect que ce soit, l'autre m'est donné, en sorte que je le trouve daris ma propre vie et que, d'une certaine façon, il est en moi.

Solo hay otro para mí si tengo experiencia de él, si, bajo cualquier forma o aspecto que sea, el otro me está dado, de modo que lo encuentro en mi propia vida y, en cierta forma, es en mí.[157]

Este primer supuesto hace referencia al argumento epicúreo sobre la muerte, que considera que es «nada para nosotros» debido a que, al ser un contacto imposible, careceríamos incluso de su idea. Al mismo tiempo, Henry interpreta que esta noción resuena en la declaración de Husserl:

Diese Erfahrungen und ihre Leistungen sind ja transzendentale Tatsachen meiner phänomenologischen Sphäre

Esta experiencia y sus efectuaciones son, en efecto, hechos trascendentales de mi esfera fenomenológica.[158]

---

157. Michel Henry, *Fenomenología material*, ensayo preliminar de Miguel García-Baró (Madrid: Ediciones Encuentro, 2009), 137.
158. Edmund Husserl, *Meditaciones cartesianas*, introd., trad. y notas de Mario A. Presas (Madrid: Ediciones Paulinas, 1979), 152, §42. [Hua I, 121].

El segundo supuesto, que no se detalla específicamente en la quinta de las *Meditaciones cartesianas*, pero que permea la obra de Husserl en su totalidad, se relaciona con la manera en que el Otro me es dado a través de la estructura de la intencionalidad. Henry sostiene:

> Que entre en mi experiencia quiere decir: en ese Fuera primordial donde se lanza la intencionalidad, en ese lugar de luz donde alcanza y ve todo lo que ella ve.[159]

Husserl profundiza en la idea de que nuestro entendimiento y percepción de los objetos y fenómenos del mundo son el resultado de procesos mentales constitutivos. Sin embargo, establece una distinción crucial cuando se trata de otras personas. Según Husserl, a diferencia de objetos inanimados como una piedra, que podemos percibir y conceptualizar mediante la construcción mental, el encuentro con otro ser humano, de otra consciencia, se da en términos de «donación». Esto significa que reconocemos al Otro no como una mera construcción de nuestra mente, sino como un ente dotado de su propia subjetividad. Es decir, el Otro piensa, siente y experimenta el mundo desde su propia perspectiva única. Nuestras interacciones con otros seres humanos difieren de nuestra relación con objetos inanimados. Con las personas, entramos en un espacio de intercambio y reconocimiento mutuo, donde el Otro se manifiesta no como una entidad objetiva definida por nuestras construcciones mentales, sino como un sujeto viviente con su propia agencia y perspectiva.

Michel Henry dice que solo podemos afirmar la presencia de Otro en nuestra vida si, de alguna manera, hemos tenido una experiencia con Otro, lo que permite que se manifieste en nosotros. Dicho de otro modo, la aparición del Otro en mí marca otro tipo de experiencia no constitutiva en la que el Otro adquiere mi reconocimiento sin constituirlo. Este punto es importante porque las

---

159. Michel Henry, *Fenomenología material*, ensayo preliminar de Miguel García-Baró (Madrid: Ediciones Encuentro, 2009), 138.

Meditaciones cartesianas de Husserl no incluyen la Meditación sobre Dios que Descartes lleva a cabo en sus *Meditationes de prima philosophia*, pero en cambio sí una meditación sobre el Otro.

Esta lectura de Henry de la quinta meditación de Husserl contrasta con la visión de Santo Tomás, para quien el Ser (*Esse*) es concebido como separado y subsistente por sí mismo (*Esse Separatur*), indicando una existencia autónoma del Ser en sí. Esta idea refleja una concepción donde Dios es entendido como un ente absolutamente distinto y separado de sus criaturas, marcando una discontinuidad metafísica profunda entre el Creador y lo creado. En este marco, Dios trasciende el mundo físico y todo cuanto existe, ya que posee una naturaleza que es completamente otra, es decir, es «otramente todo». Esto implica que su esencia y su modo de ser no pueden ser comprendidos o asimilados completamente por las criaturas dentro de su propia realidad ontológica y epistemológica. Esta trascendencia insalvable enfatiza la idea de que, no importa cuánto las criaturas intenten acercarse, comprender o explicar a Dios mediante los recursos de la razón o la experiencia, siempre habrá un abismo infranqueable que separará a Dios de sus criaturas, subrayando su total alteridad y misterio.

Sin embargo, para Henry, así como para Descartes según la interpretación de Henry, el Ser, como el Otro en Husserl, se realiza y se da en la experiencia individual; la sustancia del Ser se funda en y es inseparable de la experiencia personal. Sin esta experiencia, el Ser carecería de significado o sustancia. La referencia a «mí» implica una noción de Ser que es distinta de uno mismo, al mismo tiempo que sugiere que el Ser se encuentra dentro del individuo o «es en mí». Esta idea encuentra resonancia en las palabras de Pablo en Gálatas, cuando este dice:

> Con Cristo estoy juntamente crucificado, y ya no vivo yo, más vive Cristo en mí; y lo que ahora vivo en la carne, lo vivo en la fe del Hijo de Dios, el cual me amó y se entregó a sí mismo por mí.
>
> (Gálatas, 2:20)

Lo que Pablo está enfatizando en este versículo es la integración de la experiencia del Otro, en este caso, Cristo, lo sagrado, dentro de la propia existencia del individuo, con lo que expresa una transformación interna profunda.

En consonancia con las palabras de Pablo, desde la óptica de la fenomenología de Henry, la discusión se vuelve sobre la intencionalidad, revela cómo esta conecta profundamente al sujeto con el mundo exterior, esencialmente entrelazando la interioridad del sujeto con la exterioridad del Ser, de lo Otro, de lo sagrado. La clave de esta relación reside en el concepto de intencionalidad. La intencionalidad es el acto mediante el cual la subjetividad, o la consciencia del sujeto, se proyecta hacia el Ser, y, a su vez, el acto de mostrarse con el cual el Ser se revela o se proyecta hacia la intencionalidad del sujeto. Henry nos sugiere que el proceso de mostrarse encuentra su lugar en la intencionalidad, y viceversa, la intencionalidad halla su fundamento en el acto de mostrarse. Así se crea un ciclo de interdependencia donde el Ser existe para el sujeto porque el sujeto existe en el Ser. Henry defiende la existencia de una relación que, aunque trasciende el conocimiento, no puede trascender completamente la intencionalidad. Sin esta, el mismo Ser carecería de significado y no podría ni tan solo darse. Así pues, el Ser se revela a través de la intencionalidad del sujeto, al mismo tiempo que el sujeto se abre al Ser por medio de su intencionalidad. Este entrelazamiento de Ser y consciencia, de donación e intencionalidad, subraya una copertenencia mutua, una trascendencia en la inmanencia, como diría Husserl. Como hemos reiterado a lo largo de este estudio, la revelación se concibe como el momento en que la intencionalidad del sujeto y la donación del Ser se encuentran y se complementan mutuamente.

En cierto modo, cabe entender el argumento de Henry como un regreso a Husserl y un intento de corrección de Heidegger y Marion, para los cuales la experiencia fenomenológica de lo sagrado trasciende y revienta las costuras de toda intencionalidad. Para Henry, en cambio, lo sagrado, como imposible, es aún imposible dentro del horizonte de intencionalidad, pues este es el único horizonte donde la realidad, sea de la naturaleza que sea, posible o imposible, pensable o impensable, puede tomar sentido.

Como ya advirtió Husserl, no hay posibilidad alguna de ni tan solo hablar de experiencia y de lo sacro fuera de las estructuras de la intencionalidad. Henry argumenta que la intencionalidad no es reducible a una relación sujeto-objeto, sino que es aún más profunda y original que cualquier conocimiento. Así pues, a diferencia de Heidegger y Marion, sostiene que la revelación se produce en el espacio de la intencionalidad, iluminando la relación intrínseca y recíproca entre el agente intencional y el Ser.

Esto enfatiza cómo la estructura fundamental de nuestra consciencia y nuestra capacidad de dirigirnos hacia el mundo no son meramente actos subjetivos. Están intrínsecamente vinculados a la manera en que el Ser mismo se ofrece, se dona, o se revela permanentemente en y a nosotros. Nuestra relación intencional con el Ser trasciende una mera interacción sujeto-objeto para convertirse en una participación activa en el proceso de revelación del Ser. Del mismo modo que la ola existe en el océano, y el océano en la ola, esta coparticipación o correlacionalidad, refleja una única intencionalidad propia de la consciencia. Esta relacionalidad simboliza la integración entre la intencionalidad y la donación, mediante la cual la intencionalidad representa la apertura del sujeto, mientras que la donación se asocia a la revelación del objeto. En este marco, la intencionalidad del ente se caracteriza por su pasividad, en contraste con la actividad inherente a la donación, como veremos a continuación.

Siguiendo a Henry a través de las citas previamente comentadas en esta sección, podemos ahora afirmar que la esencia de mi Ser se encuentra inmersa en la existencia misma, y cuando se expresa «que entre en mi experiencia» se alude a ese ámbito trascendente donde se despliega la intencionalidad. Henry se refiere a ese espacio iluminado desde donde se percibe y comprende todo aquello que es visible. Aquí se articula la noción de «yo soy en el Ser», lo cual difiere de la afirmación «el Ser es en mí». Ambas proposiciones, aunque distintas, se entrelazan en su significado. En este contexto, la intencionalidad se entiende mejor como un «lanzamiento». Es decir, un «arrojarse» incluso hacia algo, sin implicar ningún propósito personal por parte del agente.

Dentro de la interpretación de Henry, que como ahora vemos sigue a Husserl más de cerca de lo que a simple vista hubiera parecido, sería un equívoco equiparar «intencionalidad» con «intención» en un sentido estricto. En su lugar, sería más acertado concebirla como una «tensión» o un extenderse hacia algo. Así, el término «intencionalidad» podría ser reemplazado adecuadamente por «lanzamiento», «arrojo», manteniendo la profundidad de su significado original. De este modo, Husserl y Henry mantienen la intencionalidad sin que esta implique por necesidad ningún tipo de construccionismo, sino todo lo contrario, una apertura permanente al Ser que le es inmanente pero que lo trasciende.

Esta interpretación de la intencionalidad en el terreno de la fenomenología disipa la diferenciación convencional entre sujeto y objeto, abriendo camino a una interacción definida por los términos de donación e intencionalidad. La donación describe la manera en que el objeto se manifiesta o se «proyecta» hacia el sujeto, en tanto que la intencionalidad captura la dinámica recíproca, es decir, el arrojarse de la consciencia fuera de sí. Esta dualidad de movimientos enfatiza una interacción recíproca de reconocimiento y encuentro. El «objeto» se hace presente a la consciencia, quien, a su vez, orienta su atención y su ser hacia el objeto en un proceso continuo de exploración y atribución de sentido. Así, en vez de tratar al «sujeto» y al «objeto» como entes separados e inmutables, la fenomenología de Henry y Husserl propone entenderlos como componentes de un proceso interactivo y dinámico, implicados mutuamente en su existencia y definición. Como ya propuso mucho antes la fenomenología de Hegel, no estamos ante dos entidades distintas, sino ante dos facetas de una única realidad. La aparente dualidad es, en esencia, un espejismo, porque lo que en realidad tenemos son dos roles desempeñados por la misma consciencia inalterada. En cierto sentido, sería comparable a las dos caras de una moneda. En esencia, lo que se discute es una sola consciencia pura que adopta, y que se despliega como tal, en dos modos de expresión a la vez: por un lado, proyectándose intencionalmente, y por otro, manifestándose a sí misma.

La religión, Dios y el Otro

A diferencia de Hegel, para quien el espíritu se manifiesta exclusivamente dentro de la esfera filosófica, para Henry, la manifestación del Ser, de lo sacro, se extiende al ámbito religioso, transcendiendo los límites de la razón, pero en ningún caso de la intencionalidad. Esta diferencia descansa sobre el hecho de que Hegel, como racionalista, considera que solo aquello que cae dentro de los límites de la razón puede ser válido, mientras que la religión, al estar basada en el dominio de la fe, se sitúa fuera de estos límites. Según Hegel, en sus orígenes, el espíritu operaba a través de la fe, pero con el tiempo, evolucionó hacia un estado de mayor conocimiento, haciendo innecesaria la religión y dejando a la filosofía como su única necesidad. Curiosamente, Hegel no habla de «la filosofía» en términos generales, sino que se refiere específicamente a «mi filosofía».

Según Henry y Marion, la revelación también puede tener lugar dentro del contexto religioso, el cual consideran como el escenario en el que resuenan las palabras de lo divino. Hegel sostiene que el Ser se revela a través de los conceptos filosóficos y no mediante las palabras de los dioses. Por el contrario, Marion argumenta que es precisamente en las religiones que se nos habla de Dios, a través de sus textos sagrados. Así, la lectura y la comprensión del espíritu (para decirlo hermenéuticamente) de estas escrituras sagradas abren una vía hacia lo divino, permitiéndonos acceder a la esfera de lo sagrado.

Este argumento que vincula la religión con la revelación de lo sagrado debe ser visto a la luz de la alteridad. Como hemos dicho antes, en sus *Meditaciones cartesianas*, Husserl dedica la quinta meditación al Otro, y deja fuera la cuestión de Dios, que Descartes había abordado en su Tercera *Meditatio*. Aunque no podemos abordar aquí lo que ello implica, sí es importante notar que no es una mera coincidencia. Desde la fenomenología de Husserl, la experiencia del Otro es lo que nos abre la puerta a la experiencia de lo sagrado, aunque siempre dentro de los «límites» y los «parámetros» de la intencionalidad y la donación, fuera de los cuales no sería posible ninguna experiencia ni revelación de significado. Por eso Henry destaca que, «en vez de problematizar de forma radical la donación que precede a la captación explicitadora...», Husserl elige explorar otra vía.[160] Esta decisión sugiere la relevancia de expandir nuestro entendimiento en este ámbito específico, llevando a la conclusión de que el estudio de la alteridad trasciende el simple análisis de:

> Saber cómo este objeto intencional que me pertenece puede sin embargo ser algo más que «el punto de intersección de mis síntesis constitutivas» (Hua I 135/105); ser en cierto modo irreducible a mi ser propio, realmente otro que yo, trascendente con relación a mí.[161]

Henry nos demuestra la necesidad de desarrollar una fenomenología de lo que no se manifiesta directamente. Para dilucidar los aspectos más convincentes de su contribución, resultará necesario apartarse de las críticas para reenfocarlas como aclaraciones de los aspectos que complementarían los análisis de Husserl, especialmente aquellos derivados de la exploración de lo inaparente.

Profundizar en la alteridad va más allá de entender cómo un objeto intencional, siendo mío, puede aún representar algo más que «el punto de intersección de mis síntesis constitutivas». Esto abarca la comprensión de que lo verdaderamente Otro puede ser, de alguna manera, inasimilable a mi esencia, verdaderamente distinto y trascendente respecto a mí. La alteridad, definida como «el Otro» o «lo Otro», implica que, aunque el Otro se manifieste en mí y a través de mí, constituye más que mi ser individual. Se asemeja a cómo el océano se revela en una ola, pero excede su singularidad. Los términos del mismo Henry («realmente otro que yo», «trascendente con relación a mí») señalan que, a pesar de manifestarse en mí, el Otro me desborda en existencia, resaltando una dimensión de trascendencia inmanente a la que el mismo Husserl ya había apuntado.

Esta noción de trascendencia inmanente adquiere una doble dimensión en cuanto que, por un lado, abre una relación vertical

---

160. Ibid., 145.
161. Ibid.

que nos eleva hacia lo divino, y otra horizontal, que nos extiende hacia nuestro prójimo. Mientras que Dios se sitúa en un plano de superioridad respecto a nosotros, el prójimo se presenta como nuestro igual, aunque también nos trasciende al ir más allá de los límites de nuestra propia subjetividad. Esta trascendencia del Otro radica en su completa otredad; no es un espejo de nosotros mismos, sino una entidad distinta que nos desafía a reconocer y respetar su singularidad, con la cual, al mismo tiempo, vivimos el mundo. No podemos simplificar al otro a términos ya conocidos; en cambio, estamos llamados a abrazar su misterio con amor. La alteridad del prójimo conlleva una irreductibilidad esencial, convirtiéndolo en un enigma perpetuo que escapa a nuestra total comprensión.

Esta enigmática otredad fenomenológica no solo es aplicable al otro ser humano, sino que también late en la relación con nosotros mismos. Cada individuo es portador de un misterio intrínseco que lo trasciende desde su más profundo interior. Derrida articula que nos concebimos como un ente detrás de una máscara, bajo la creencia de que tras ella reside nuestro «yo» auténtico. Sin embargo, detrás de esta primera máscara, descubrimos sucesivamente otra y otra más. Al intentar desvelar este «yo» eliminando la máscara que lo oculta, nos encontramos solo con más capas, otras máscaras. Esto sugiere que la consciencia engendra una percepción errónea o falsa consciencia de sí misma, que a su vez genera otra y así sucesivamente, en un proceso sin fin de autoengaño y búsqueda incesante de autenticidad. El Otro no es una adición o un complemento, sino una necesidad que yace y late inmanente en la mismidad de la consciencia intencional que se abre y arroja a lo que no es en sí mismo. Lo Otro, así pues, puede comprenderse como lo divino, lo sagrado, que nos trasciende desde la más íntima inmanencia. La alteridad, tal como la entienden desde Husserl a Henry y también Marion, equivaldría al enigma de lo oculto, cuya invisibilidad subyacente se revela en todo sin revelarse ella misma como algo.

Esta nueva conceptualización de la alteridad como aquello que me trasciende desde mi más íntima inmanencia, pero que por sí sola no puede aparecer, no solo redefine el fenómeno como tal, sino que además tiene implicaciones importantes para la fenomenología y su finalidad. La fenomenología de lo sagrado, de lo oculto, de lo subyacente, pone especial énfasis en esta idea de «fenómeno nuevo», destacando que el debate sobre «las cosas mismas» a las que Husserl deseaba volver se sitúa en el ámbito de su posible extensión a los objetos de estudio de las ciencias. Es decir, está dentro de un marco de fenomenicidad que puede considerarse limitado o convencional, empleando para ello la terminología propuesta por Marion. Sin embargo, al adoptar un enfoque que contempla la inapariencia, como es el caso de la alteridad, «las cosas mismas» reveladas se multiplican en su diversidad, permitiendo así que se manifieste aquello que permanecía oculto. Michel Henry subraya la relevancia de adoptar esta perspectiva más amplia al afirmar:

> La fenomenología desconfía de las explicaciones últimas, dedicándose en primer lugar a los problemas de la descripción. Pero una descripción que deja escapar lo esencial de la «cosa misma», en este caso el pathos de toda intersubjetividad concreta no puede legitimarse ni siquiera sobre el plano de la facticidad.[162]

Desde esta perspectiva, la fenomenología se aleja de la tarea de describir la esencia fija o inmutable de las cosas, reconociendo en cambio que lo que define a las cosas es una identidad que se encuentra en constante transformación. Esto introduce una dinámica en la cual solo aquello que se diferencia de mí puede realmente ser descrito. No obstante, si consideramos que el Ser se halla en mí, se diluye cualquier distinción entre el sujeto y el objeto de la descripción. Si, por el contrario, consideráramos que el Ser se halla en mí, y solo en mí, pero no es entendido como alteridad, estaríamos diluyendo cualquier distancia, diferencia, que es lo que en última instancia permite la descripción. Si el Ser fuera únicamente inmanente, cualquier intento de explicar, referenciar o definir lo que no está separado de uno mismo se convertiría en un acto de reificación. Es por esto por lo que Heidegger concibe al Ser

---

162. Ibid., 158.

como «nada», aludiendo a su ausencia de existencia independiente de nosotros, que lo lleva a subrayar un principio fundamental de la fenomenología que reconoce la imbricación entre el observador y lo observado, desafiando así las concepciones tradicionales de objetividad y separación. La misma idea transluce en el filósofo romano Cicerón, cuando escribió:

> Niegan que sea posible percibir nada externo, sino solo percibir lo que se siente por un tacto interno, como dolor o placer; y no se sabe qué es lo que tiene tal color o sonido, sino que su experiencia es tal que tienen esa sensación.[163]

---

163. Marco Tulio Cicerón, *Contra los académicos*, II.24.76, trad. Julio Pimentel Álvarez (Madrid: Gredos, 1981).

CAPÍTULO 39

EL ROL DEL OBSERVADOR

La reinterpretación y redefinición de la intencionalidad y la donación, bajo la óptica de Henry, ha impulsado a Marion a reinterpretar el concepto de «yo» a través del prisma de la anamorfosis. Esto sugiere adoptar una nueva perspectiva facilitada por la donación que sitúa al individuo en el papel de observador más que de protagonista activo. Según Marion, debemos eludir una visión excesivamente psicologista (que surgiría de cuestionar «¿a quién se le otorga lo donado?») o una interpretación demasiado neutral (que resultaría de preguntar «¿a qué se le otorga lo donado?»). Lo importante no es a «quién» se muestra o a «qué» se muestra, sino «que se muestra».

En este marco, Marion introduce la figura del asignatario, la cual marca un punto de transición desde su configuración metafísica. A diferencia del sujeto, el asignatario interactúa sin la intención de anticipar o generar el fenómeno, estableciendo una relación desprovista de dominio. Dicho de otro modo, el asignatario es testigo y espera. Al abordar la noción del asignatario, Marion anticipa dos posibles críticas provenientes de «enfoques metafísicos», que destacan la importancia del sujeto por asegurar la fenomenicidad en cualquier acto de representación. Frente a esto, Marion distingue entre reconocer que ningún fenómeno queda fuera de la representación del «yo», lo cual conlleva la noción del «yo existo», y la idea de que tal representación implica un pensamiento del «yo» que sintetiza y unifica.

Esto revela la trascendencia inherente al acto de comunicación, donde las figuras del emisor, el receptor y el enunciado no remiten a un «yo» concreto y singular, sino al Ser del emisor, que no se puede condensar ni explicar completamente a través de ninguna consciencia individual. En esta dinámica, el «sí mismo» del emisor trasciende las fronteras de una identidad claramente definida, mostrando que la esencia de quien comunica es mucho más amplia y compleja de lo que una simple identidad individual podría contener.

La transformación en la percepción del sujeto hacia el rol de asignatario se caracteriza por lo que podría denominarse una «baja o disminución de la actividad intencional». La primacía del pensamiento como paradigma central se relega a un segundo plano y se favorece el modelo de la afectividad como fundamento subyacente de toda subjetividad. En este sentido, Marion propone que el Ser se manifieste primordialmente como un «yo soy afectado» y explica esta transición afirmando:

> El «sí» del fenómeno —desde el momento en el que se erige contra la objetividad— transmuta el yo en un testigo, según una anamorfosis constructiva, porque se invierte de entrada el nominativo (el sujeto tal como lo caracteriza la gramática) en un dativo más original que designa (todavía gramaticalmente) el «a quién/a qué» de su asignatario.[164]

El fenómeno, así pues, destaca por su afirmación de sí mismo, una apertura que surge al contraponerse a la objetividad. En este escenario, no existe todavía objeto, esencia, cosa o ente definible, porque tampoco existe sujeto que lo piense, intuya o defina. El «yo», en esta esfera de la experiencia, se convierte en observador, ya no como el receptor de la donación, sino como el testigo de esta entrega, dando lugar a una dinámica en la que el «yo» pierde toda la centralidad. El asignatario o testigo asume el papel de observador del Ser que le es presentado, diferenciándose así del «mí». Por lo tanto, el «yo» se convierte en una entidad distinta, un observador externo que, como veremos a continuación, desaparece en favor de la observación y que incluso pierde su identidad como ente, la cual se disuelve en la misma observación.

---

164. Jean-Luc Marion, *Siendo dado: Ensayo para una fenomenología de la donación*, trad., introd. y notas de Javier Bassas Vila (Madrid: Editorial Síntesis, 2008), 344.

En la experiencia de la consciencia pura o última, incluso el «yo» distanciado se contempla como otro objeto más en el conjunto de la realidad. Lo que uno es auténticamente, el testigo, el destinatario o el asignatario, se revela más allá de estas identificaciones transitorias. Este enfoque desplaza la comprensión tradicional del «yo», proponiendo una visión donde el Ser auténtico trasciende las limitaciones de la percepción objetiva y subjetiva, enfatizando un estado de ser que está más allá de toda cognición o afectividad individual.

Según Marion, el asignatario se adentra en la esencia del fenómeno en su pura manifestación, facilitando que lo otorgado se revele tal como es entregado. Dentro de este esquema, recibir se convierte en un acto que transmuta la donación en manifestación, posicionándose en un punto intermedio entre la acción y la receptividad. A través de la sensibilidad del sentir, la donación se convierte en manifestación. El asignatario ejerce de catalizador que permite el surgimiento de la primera visibilidad, no porque busque generarla activamente, sino como resultado de su presencia, de estar-ahí, como diría Heidegger. Este catalizador inicialmente ejerce de lienzo en el cual lo otorgado se hace presente, o como explica el mismo Marion:

> Antes de que lo otorgado, aún no fenomenalizado, se presente, no hay catalizador que lo aguarde. Es el impacto de lo entregado lo que, en un instante decisivo, desencadena tanto el rayo que revela su primera visibilidad como el lienzo mismo en el que impacta (*l'écran même où il s'écrase*).[165]

En esta dinámica, el pensamiento se asocia más con la acogida de lo entregado que con su construcción, y a través de esta, propicia su revelación:

> [...] nace con la manifestación que visibiliza sin saberlo, ni quererlo, sin siquiera, quizá, poderlo", de manera indisociable del sentimiento.[166]

---

165. Ibid., 365.
166. Ibid., 365.

Así, Marion desestima el enfoque que prioriza el conocimiento de un objeto como aquella dimensión impresionista destacada por Henry. Sin embargo, coincide en señalar una etapa que antecede a la fenomenicidad constituida. Se remite a la actitud de donación que precede a toda figura que mantenga cualquier tipo de rasgo parecido y heredado de la subjetividad. En otras palabras, lo otorgado, lo revelado, es lo que despierta al asignatario que, al despertar, espera sin saber lo que adviene. De este modo, Marion sostiene en este mismo libro: «el asignatario se hace eco de lo manifestado, respondiendo a lo entregado (*il répond à ce qui se donne*)».[167] En este contexto podemos afirmar, como hace Marion, pero también Derrida, que previamente a todo conocimiento, percepción, sujeto, receptor, objeto, donante, solo hay donación en proceso de fenomenización. Donación subyacente a todos los entes que despiertan cuando esta ocurre, al irrumpir sin ser aguardada ni calculada por nada ni por nadie. Así lo entiende Derrida, cuando habla del don, y dice:

> *Le don non seulement ne doit pas être payé de retour, mais même gardé en mémoire, retenu comme symbole d'un sacrifice, comme symbolique en général. Car le symbole engage immédiatement dans la restitution. A vrai dire, le don ne doit pas même apparaître ou signifier, consciemment ou inconsciemment, comme don pour les donateurs, sujets individuels ou collectifs. Dès lors que le don apparaîtrait comme don, comme tel, comme ce qu'il est, dans son phénomène, son sens et son essence, il serait engagé dans une structure symbolique, sacrificielle ou économique qui annulerait le don dans le cercle rituel de la dette. La simple intention de donner, en tant qu'elle porte le sens intentionnel du don, suffit à se payer de retour. La simple conscience du don se renvoie aussitôt l'image gratifiante de la bonté ou de la géné- rosité, de l'être-donnant qui, se sachant tel, se reconnaît cir- culairement, spéculairement, dans une sorte d'auto-reconnaissance, d'approbation de soi-même et de gratitude narcissique.*

---

167. Ibid., 366.

A decir verdad, el don ni siquiera debe aparecer o significar, consciente o inconscientemente, en calidad de don ante los donatarios, ya sean estos sujetos individuales o colectivos. En cuanto el don aparezca como don, como tal, como lo que es, en su fenómeno, su sentido y su esencia, estará implicado en una estructura simbólica, sacrificial o económica que anulará el don en el círculo ritual de la deuda. La mera intención de dar, en la medida en que comporta el sentido intencional del don, basta para dar por descontada la reciprocidad. La mera consciencia del don se devuelve a sí misma de inmediato la imagen gratificante de la bondad o de la generosidad, del ser-donante que, sabiéndose tal, se reconoce circular, especularmente, en una especie de autorreconocimiento, de aprobación de sí mismo y de gratitud narcisista. Y esto se produce en cuanto hay un sujeto, en cuanto donador y donatario se constituyen como sujetos idénticos, identificables, capaces de identificarse (res) guardándose y nombrándose. Se trata, incluso, aquí, en este círculo, del movimiento de subjetivación [...]. El devenir-sujeto cuenta entonces consigo mismo y entra como sujeto en el reino de lo calculable. Por eso, si hay don, el don ya no puede tener lugar entre unos sujetos que intercambian objetos, cosas o símbolos. La cuestión del don debería buscar, pues, su lugar antes de cualquier relación con el sujeto, antes de cualquier relación consigo mismo del sujeto, ya sea este consciente o inconsciente.[168]

Cuando lo otorgado, lo que se da sin esperarse, despierta la observación, y el fenómeno emerge, este se presenta, se revela, como fenómeno saturado. Su efecto se intensifica, transformándose en un imperativo y convirtiendo al receptor en destinatario privilegiado. La alusión a la «llamada» evoca las discusiones previas influenciadas por Heidegger y Levinas. Contrario a las propuestas de Heidegger,

---

168. Jacques Derrida, *Dar el tiempo: La moneda falsa*, trad. Cristina de Peretti (Buenos Aires: Paidós, 1991), 24.

Marion sostiene que la llamada trasciende la problemática del Ser o la diferencia ontológica. Más bien, la llamada y el reclamo se configuran como elementos centrales en la convocatoria del destinatario. Este aspecto es de particular interés para el análisis de los cambios en el aspecto «subjetivo» dentro de la fenomenología de lo inmanente, ya que la disposición receptiva ante fenómenos saturados se asocia directamente con una inversión de la intencionalidad. Esta inversión fue insinuada por Levinas al introducir la noción de una «consciencia contracorriente» que esboza una «contraintencionalidad» en su libro *De otro modo que ser o más allá de la esencia*. Este es un concepto que define la naturaleza de todo fenómeno saturado por su capacidad de invertir la intencionalidad y someter al destinatario a la imposición de la llamada.

Todo esto nos lleva a una doble conclusión. Por un lado, Marion redefine la intencionalidad, transcendiéndola y convirtiéndola en donación desde la perspectiva del fenómeno saturado. Por otro lado, y como consecuencia directa de ello, el sujeto intencional ha pasado a ocupar la posición del asignatario, del testigo, dando lugar a que el Ser se manifieste como ente y, por último, desbrozando el camino para que el ente se disuelva en el Ser. O, lo que sería lo mismo, para que Dios se humanice para que lo humano se divinice. Por eso, Marion puede decir:

> Antes de que se dé lo dado que todavía no se ha fenomenalizado, ningún filtro lo está esperando. Solo el impacto de lo que se da hace surgir de un solo y mismo golpe, el rayo que hace estallar su primera visibilidad y la pantalla misma en la que se estrella (*l'écran même où il s'écrase*).[169]

Este enunciado remarca la imprevisibilidad y la radicalidad de lo dado, subrayando cómo la revelación inicial de cualquier fenómeno no anticipado desencadena simultáneamente la manifestación y la capacidad receptiva del destinatario. El Ser, así pues, se revela de

---

169. Jean-Luc Marion, *Siendo dado: Ensayo para una fenomenología de la donación*, trad., introd. y notas de Javier Bassas Vila (Madrid: Editorial Síntesis, 2008), 365.

manera repentina y sorpresiva, como un rayo que nadie anticipa. Su irrupción ocurre en momentos y de formas completamente inesperadas a su propia atemporalidad, en la que todavía no hay presente, pasado ni futuro que son categorías del tiempo de la consciencia cognitiva. Esta ruptura se desencadena en el medio donde impacta, ya que el Ser, al revelarse, no se limita a presentarse, sino que irrumpe con fuerza, descomponiendo o colapsando la estructura del «yo».

Es la misma revelación que, al irrumpir, desnuda al sujeto despojándolo de todos sus mantos y cancelándolo como sujeto, convirtiéndolo en un testigo, en el asignatario de lo sagrado que se revela. La revelación de lo sagrado provoca una profunda transformación: «y ya no vivo yo, mas vive Cristo en mí» (Gálatas, 2:20). Esta expresión evidencia un «mí» desprovisto de «yo». Si la revelación de lo sagrado no disolviera la barrera de la dualidad, se mantendría meramente como una experiencia mística, donde el primer vislumbre en la pantalla de la consciencia individual sería comparable al espectáculo maravilloso de un relámpago. Sin embargo, el Ser, al impactar, desintegra también esta pantalla mística, eliminando cualquier proyección sobre ella y disolviendo por completo la dicotomía sujeto-objeto.

Nuestras experiencias y dramas personales se proyectan sobre la pantalla de la consciencia pura. Con la aparición del Ser, esta pantalla también colapsa. La revelación de lo sagrado no se trata de una proyección adicional sobre la pantalla. Antes de que algo pueda fenomenalizarse, y, por lo tanto, antes de que pueda considerarse un fenómeno, sucede algo más. Marion subraya que «ningún filtro lo espera o no hay pantalla», destacando la importancia de esta «pantalla» como el escenario donde se proyectan nuestras vidas, tragedias y dramas. La irrupción del Ser, en lugar de integrarse en esta narrativa, quiebra la ilusión del simulacro.

El Ser reside siempre en mí, pues, aunque uno asuma el papel de un rey en el escenario y al decir «yo» se refiera al monarca, simultáneamente alude al actor, que es el Ser subyacente que se caracteriza por su latente revelación. Heidegger reflexiona sobre esta condición, señalando: «El drama de Occidente es que busca el

Ser fuera de la caverna, cuando en realidad estaba dentro», eso es, en la revelación de lo sagrado a través de la cual nace todo agente, todo sujeto y todo su universo de fenómenos.[170] Lo que Heidegger, y la fenomenología, han demostrado es, en última instancia, que la búsqueda del Ser ha sido mal orientada hacia el exterior, cuando su esencia y «presencia» radican en nuestro interior.

---

170. Martin Heidegger, *La doctrina de Platón acerca de la verdad*, trad. Juan David García Bacca (Escuela de Filosofía ARCIS, s. f.).

Bibliografía de la sección IX

- Cicerón, Marco Tulio. *Contra los académicos*. Traducción de Julio Pimentel Álvarez. Libro II, 24.76.
- Derrida, Jacques. *Dar el tiempo: La moneda falsa*. Traducción de Cristina de Peretti. Buenos Aires: Paidós, 1991.
- Derrida, Jacques, y Jean-Luc Marion. «Sobre el don. Una discusión entre Jacques Derrida y Jean-Luc Marion (Moderada por Richard Kearney)». En *Dios, el regalo y el posmodernismo*, editado por John D. Caputo y Michael J. Scanlon. Traducido por Jorge Alexander Páez. Salamanca: Ediciones Sígueme, 2001.
- Hegel, G. W. F. *Fenomenología del espíritu*. Traducción de Wenceslao Roces. Edición revisada por Gustavo Leyva. Ciudad de México: Fondo de Cultura Económica, 2017.
- Heidegger, Martin. *La doctrina de Platón acerca de la verdad*. Traducido por Juan David García Bacca. Escuela de Filosofía ARCIS, s. f.
- Henry, Michel. *Fenomenología material*. Ensayo preliminar de Miguel García-Baró. Madrid: Ediciones Encuentro, 2009.
- Heráclito. *Fragmentos presocráticos: de Tales a Demócrito*. Introducción, traducción y notas de Alberto Bernabé Pajares. Madrid: Alianza Editorial, 2008.
- Kant, Immanuel. *Crítica de la razón pura*. Prólogo, traducción, notas e índices de Pedro Ribas. Madrid: Santillana, 1997.
- Marion, Jean-Luc. *Dios sin el ser*. Traducido por Daniel Barreto González, Javier Bassas Vila y Carlos Enrique Restrepo. Revisión y posfacio de Javier Bassas Vila. Vilaboa (Pontevedra): Ellago Ediciones, 2010.
- Marion, Jean-Luc. *Siendo dado: Ensayo para una fenomenología de la donación*. Traducción, introducción y notas de Javier Bassas Vila. Madrid: Editorial Síntesis, 2008.

Sección X

En la búsqueda de Dios

CAPÍTULO 40

ECOS DE SPINOZA, HEGEL Y SCHOPENHAUER ACERCA DE DIOS

La exposición que hemos hecho hasta ahora acerca de la fenomenología de lo sagrado mantiene importantes lazos con determinados autores que nos gustaría abordar aquí, ni que fuera brevemente. Más concretamente, nos detendremos en Spinoza, Hegel y Schopenhauer con el fin de esclarecer y enriquecer aún más algunos de los puntos centrales de nuestro estudio.

En la conceptualización espinosista de lo divino, se nos presenta una noción de Dios profundamente arraigada en la inmanencia, delineándolo como la substancia exclusiva sobre la cual se cimienta la realidad, sin admitir la existencia de nada fuera de ella. Spinoza sostiene que existe una única sustancia constitutiva de la realidad, en contraposición a la dualidad propuesta por René Descartes de *res cogitans*, o 'la mente', y *res extensa*, o 'la materia'. Esta única sustancia es identificada con Dios, quien es infinito y posee innumerables atributos y dimensiones, de los cuales solo tenemos conocimiento parcial. En esta visión, tanto el pensamiento como la materia son expresiones, modos o manifestaciones de esta sustancia única, lo que significa que todo lo existente, incluidos nosotros mismos, forma parte de la divinidad. Para Spinoza, el alma no es una entidad exclusiva de la mente humana, sino que lo permea todo, desde las piedras hasta los paisajes, lo que a su vez implica que, en cierto modo, todo es divino.

Por tanto, para Spinoza, las diferencias que generalmente se establecen entre lo espiritual y lo material son prácticamente inexistentes. Spinoza no concibe a Dios como una entidad personal que gobierna la existencia desde afuera, sino más bien como la totalidad manifestándose tanto en la extensión como en el pensamiento. En otras palabras, la realidad misma es Dios, expresándose a través de la naturaleza, que es una de las maneras específicas en que se manifiesta. En este marco, Dios no impone un propósito al mundo; más bien, el mundo es una extensión de Dios. El mismo Spinoza describe este concepto como «naturaleza naturante», es decir, la esencia que origina diversas formas o naturalezas naturadas, como el pensamiento y la materia.

Para Spinoza, Dios lo es todo y no hay absolutamente nada fuera de Él. En su obra *Ética demostrada según el orden geométrico*, publicada en 1677, se expone que Dios es una entidad singular, eterna, ilimitada, autogenerada y dotada de una infinidad de aspectos, los cuales sirven como medios para su comprensión.[171] Esta concepción otorga a Dios una autonomía en términos causales, lógicos, ontológicos y epistemológicos en relación con el resto del cosmos, el cual se manifiesta como variaciones o componentes dentro de la misma esencia. En oposición a lo divino, entendido como la esencia primordial de y en todo, las entidades finitas se presentan como manifestaciones, variaciones o incidentes de esta totalidad. Esta idea se resume en esta proposición:

> Todo cuanto existe, existe en Dios, y fuera de Dios nada puede existir ni ser comprendido.[172]

Desde la perspectiva de Spinoza, así pues, la suposición de la existencia de cualquier ser o entidad independiente de Dios conllevaría, por necesidad, una restricción a la naturaleza sin límites de lo divino. La emergencia de cualquier realidad ajena a Dios menoscabaría el carácter totalizador de su omnipresencia, puesto que la presencia de dichas entidades disminuiría la extensión de su dominio sin fronteras. Según esta doctrina, todo ser, todo lo que es, se halla inmerso en Dios o, lo que es lo mismo,

---

171. Baruch Spinoza, *Ética demostrada según el orden geométrico*, trad. Vidal Peña (Madrid: Alianza Editorial, 1958).
172. Ibid., proposición 15, parte 1.

Dios lo es todo. Esto implica que la posibilidad de que exista algo externo a esta realidad divina contradiría directamente Su esencia de infinitud. Por su condición de infinito, Dios comprende y constituye la totalidad de lo existente, de modo que cualquier manifestación de la realidad solamente podrá interpretarse como una expresión o faceta de la divinidad misma. Por tanto, no hay espacio para una existencia que se desenvuelva al margen de esta sustancia primordial e ilimitada. Esta interpretación nos invita a considerar la totalidad del cosmos y sus manifestaciones como integrantes de la substancia divina, sin que existan elementos o dimensiones fuera de este marco sagrado e infinito, asegurando así una visión coherente y unitaria de la existencia.

La interpretación y clasificación de las ideas de Spinoza por parte de pensadores posteriores han sido variadas, asignándole etiquetas como panteísta, panenteísta y defensor del inmanentismo absoluto. Debido a dichas calificaciones y a su rechazo de la noción de un Dios personal y revelado, terminó siendo acusado de ateísta. Debido a su comprensión de la sustancia como causalmente determinante y excluyente de la libertad, fue considerado un fatalista y nihilista. La propuesta spinozista de lo divino despertó controversias en sectores significativos de la filosofía subsiguiente, que inicialmente lo repudiaron para posteriormente, valorarlo e integrarlo, reinterpretándolo especialmente en la era del idealismo alemán. Filósofos como Leibniz, Lessing, Fichte, Schelling, Hegel, Nietzsche, Bergson y Deleuze han reflejado en sus obras la concepción spinozista de la divinidad. Además, en campos fuera de la filosofía pura, figuras como Albert Einstein, Sigmund Freud y Antonio Damásio han reconocido la influencia de Spinoza en su pensamiento demostrando la amplitud y profundidad del impacto de sus ideas a través de diversas disciplinas.

Otro de los autores al que deseamos prestar especial atención en este capítulo es Hegel. Aunque su visión con relación a Dios puede tener ciertos vasos comunicantes con la postura de Spinoza, el planteamiento es radicalmente diferente. En su *Fenomenología del espíritu*, Hegel escribe:

El capullo desaparece al abrirse la flor, y podría decirse que aquel es refutado por esta; del mismo modo que el fruto hace aparecer la flor como un falso ser allí de la planta, mostrándose como la verdad de esta en vez de aquella. Estas formas no se distinguen entre sí, sino que se eliminan las unas a las otras como incompatibles. Pero, en su fluir, se constituyen al mismo tiempo otros tantos momentos de una unidad orgánica, en la que, lejos de contradecirse, son todos igualmente necesarios, y esta igual necesidad es cabalmente la que constituye la vida del todo.[173]

Según Hegel, el espíritu se despliega, transforma y desarrolla mediante un acto de autorreflexión, trascendiendo de una fase de existencia puramente potencial, o ser-en-sí, hacia una manifestación más consciente y autodeterminada, conocida como ser-para-sí. Este proceso de introspección lleva consigo una dialéctica peculiar: al intentar autoconceptualizarse y hacerse sujeto de su propia contemplación, el espíritu se enfrenta a una alienación de sí mismo. En este fenómeno de transformación, el espíritu se percibe a sí mismo como otro. Este juego de autoexteriorización resulta necesario para que el espíritu alcance un auténtico autoentendimiento. Este solo se materializa cuando el espíritu logra verse reflejado en otro, en tanto que este otro represente igualmente una extensión de su ser. Sin embargo, tal reconocimiento recíproco solamente puede ser viable bajo la condición de que el alejamiento de sí mismo, o autoenajenación, no sea total. Si esta autoenajenación fuera total, no habría reconocimiento, sino un conocimiento de algo completamente externo y diferente del espíritu.

En el horizonte filosófico hegeliano, el propósito supremo del espíritu es su completa comprensión y autoidentificación, una meta que se realiza plenamente en el dominio de la filosofía. En este sentido, la historia de la filosofía se interpreta como una evolución hacia una mayor autoconsciencia y autorrealización espiritual. La

---

173. Georg Wilhelm Friedrich Hegel, *Fenomenología del espíritu*, trad. Jorge Aurelio Díaz (Bogotá: Siglo del Hombre Editores, 2022), 55.

culminación de este viaje espiritual e intelectual, junto con la del espíritu mismo, se logra a través de una comprensión filosófica integral del espíritu, un objetivo que Hegel sostiene haber alcanzado en su propia obra filosófica. Este panorama dibuja un recorrido donde la filosofía no solo narra el desarrollo del espíritu hacia su plena realización, sino que se erige como el escenario último donde dicho espíritu llega a entenderse a sí mismo en toda su complejidad y totalidad.

Dentro del marco conceptual propuesto por Hegel, se entiende el «espíritu» como una entidad que encarna simultáneamente la corporeidad y el dinamismo, así como una extensión del pensamiento hacia la realidad tangible. Contrario a una existencia inmóvil en un dominio puramente teórico, el espíritu se ve saturado y vigorizado por su interacción con el universo, emergiendo como la fuerza primordial detrás de todo ser. Dicho de otro modo, para Hegel, la historia de la humanidad es la historia del espíritu llegándose a entender a sí mismo, eso es, comprendiendo su significado último en toda extensión material en la que se refleja y sin la que no podría autodesplegarse ni autocomprenderse. En este sentido, todo pensamiento, toda etapa histórica, todas las filosofías y corrientes son pasos necesarios del mismo espíritu, fruto de un proceso acumulativo de autoexploración y evolución histórica del pensamiento.

El espíritu, originalmente latente, alcanza su plenitud mediante este desarrollo, manifestando un desplazamiento intrínseco y fundamental dentro del Ser, donde la esencia del espíritu infiltra y define la naturaleza del objeto. Por ende, el objeto se manifiesta como una proyección de su sincronía con el espíritu, evidenciando la lógica subyacente de su desarrollo. Este fenómeno resalta un momento de simetría entre el concepto y su materialización, en el cual el universo encapsula el movimiento bidireccional del pensamiento hacia el Ser y del Ser de vuelta hacia el pensamiento. El espíritu, por lo tanto, transita desde la esfera de lo abstracto hacia la concreción, un viaje que da origen a la cultura, la civilización, las prácticas físicas y la estructuración de los seres en el tiempo y el espacio dentro de un sistema. A partir de esta manifestación externa, la estructura de la objetividad se gesta. El pensamiento, en su afán de autodescubrimiento en este ámbito externo, se embarca en el proceso de incorporar las actividades y formas definidas por su propia lógica. Este recorrido propuesto por Hegel traza un círculo completo, desde la teoría hasta la fenomenología y de esta de regreso al ámbito teórico, delineando así una dinámica de intercambio continuo entre el intelecto y la realidad física.

En *La fenomenología del espíritu* de Hegel, el concepto de consciencia desempeña una función dialéctica fundamental, caracterizada por su capacidad de contradecir su propia definición cuando existe una discrepancia entre esta y su correspondiente objeto. Este acto de contradicción es determinante para el desarrollo de la consciencia y, consecuentemente, de la realidad misma. Solo mediante la identificación de la veracidad de su conocimiento, la consciencia alcanza un entendimiento profundo de su propia esencia y del entorno en el que se encuentra. El proceso de evolución de la consciencia que Hegel expone no es resultado de un surgimiento espontáneo, sino que más bien refleja una progresión cuidadosamente elaborada desde sus escrituras iniciales hasta la culminación de su expresión teórica en esta obra. La persistencia de la consciencia a lo largo de la obra de Hegel, desde sus primeras críticas hasta la consolidación de su sistema filosófico, la establece como un elemento crítico ante las doctrinas filosóficas modernas y sus visiones del cosmos. De manera esencial, la consciencia actúa como el vínculo que armoniza el Ser con el pensamiento, abordando y resolviendo el dualismo que tanto debate ha provocado dentro de la filosofía, y que, a ojos de Søren Kierkegaard, no sería más que «la tragedia de conocerse a sí mismo» y «la angustia de desesperar de sí».

En el análisis de la revelación desde la perspectiva de la tradición filosófica occidental, se podría discutir cómo se integra el esquema de la fenomenología en la concepción ontológica propuesta por Schopenhauer. Este filósofo postula la existencia de un sujeto activamente deseante y de un objeto que es deseado, estableciendo así los cimientos de la consciencia individual. Se presenta el «yo» como un ente en constante búsqueda de satisfacción frente a un objeto de deseo. Schopenhauer argumenta que, tras repetidos esfuerzos por apaciguar su voluntad mediante diversos entes o personas, el sujeto llega a la realización de que ninguna entidad externa logra colmar sus expectativas. Reconoce, por ende, que ningún elemento del mundo exterior posee la capacidad de aplacar su anhelo perpetuo. El individuo, encadenado a su propia naturaleza deseante, puede llegar a la reflexión de que su impulso de deseo es erróneo o que, en esencia, los objetos de su deseo son meras ilusiones. Esto podría llevarlo a deducir, entonces, que los objetos de su anhelo, en realidad, carecen de la facultad para satisfacer genuinamente sus aspiraciones.

Al tomar consciencia de esta realidad, el sujeto inicia un proceso de distanciamiento de las cosas, comprendiendo que estas no son más que manifestaciones de su voluntad, creadas en un vano intento de alcanzar la satisfacción. En este sentido, su voluntad se ve reflejada en los objetos deseables, los cuales han sido concebidos por el deseo de alcanzar un estado de plenitud. Al descubrir la naturaleza ilusoria de los objetos, la voluntad del sujeto se disuelve, ya que la existencia de la voluntad está intrínsecamente ligada a la de la cosa deseada. Con la desaparición del objeto, el sujeto se encuentra incapacitado para desear algo más. Schopenhauer denomina *nirvāṇa*, o 'liberación' en sánscrito, a este fenómeno de disolución tanto del objeto como de la voluntad del sujeto, Este es un estado en el cual se evapora la dualidad entre desear y el objeto de deseo. Junto con la desaparición del objeto también se evapora el sujeto, pues tal como ya sostiene Kant que solo hay objeto para un sujeto».

Capítulo 41

Una travesía filosófica en la búsqueda de Dios

Históricamente, los metafísicos han asumido la tarea de asignar nombres a lo divino, definiéndolo a través de conceptos como la idea del bien para Platón, la reflexión pura en Aristóteles o lo Uno en Plotino. De este modo, han establecido una correspondencia entre lo divino, posteriormente identificado con el Dios cristiano en la escolástica y una denominación específica. Aristóteles introduce el concepto del Primer Motor Inmóvil como una entidad puramente actual, sin potencia, que mueve al mundo sin ser movido, a través del deseo o amor que inspira en los demás seres. Inspirado tanto por el cristianismo como por el platonismo, San Agustín identifica a Dios como el Sumo Bien, la fuente última de toda bondad y existencia. Tomás de Aquino, en su síntesis de la filosofía y la teología cristiana, describe a Dios como Acto Puro, sin potencialidad, perfecto, inmutable, y causa primera de todo cuanto existe.

Según Baruj Spinoza, Dios es la única sustancia que existe, con infinitos atributos, de la cual todo lo demás es un modo o expresión. Hegel conceptualiza a Dios como el Absoluto, la realidad última que se manifiesta a través del proceso dialéctico de tesis, antítesis y síntesis, alcanzando su plena realización en el espíritu absoluto. Meister Eckhart habla de una «Divinidad sin Fondo», un principio divino más allá de Dios, incomprensible y sin atributos, donde se encuentra la verdadera unión del alma con lo divino. Søren Kierkegaard enfatiza la trascendencia absoluta de Dios, viéndolo como «El Absolutamente Otro», totalmente distinto de la existencia humana y comprensible solo a través de un salto de fe que trasciende la razón, el intelecto y el mismo lenguaje. Suele representarse en el episodio de Abraham que hemos comentado anteriormente. Paul Tillich propone que Dios es el «Fundamento del Ser», la profundidad del Ser en sí, que sostiene todo cuanto existe y ante quien uno se encuentra en un estado de «preocupación última». Por otro lado, Immanuel Kant se refiere a la existencia de un ser supremo moral, es decir, Dios.

Formular un principio o base que describa lo divino no constituye un desafío para quienes acostumbran a pensar en estas cuestiones. No obstante, la legitimidad de tal asignación nominal a lo divino, realizada al finalizar el argumento sobre la existencia de Dios, donde un concepto particular se vincula con lo divino de manera un tanto encubierta y aparentemente obvia, solo podría obtener confirmación directa del propio Dios. De esta forma, la pregunta acerca de la existencia de Dios no se formula al comienzo, sino al término del razonamiento. Entonces, ya no nos basta con elegir un concepto o una entidad para representar a Dios. Surge la necesidad de validar que Dios mismo coincide plenamente con nuestra elección.

Basándose en esto, es posible sostener que las cinco vías de Santo Tomás no conducen inequívocamente a Dios. Por ejemplo, la primera nos guía hacia el Primer Motor, respecto al cual Tomás señala que «esto es lo que todos entienden por Dios»; la segunda nos lleva a la causa eficiente primordial, denominada por todos como «Dios»; y así sucesivamente hasta la quinta, que identifica un propósito último, descrito nuevamente como «aquello que todos reconocen como Dios».

En tiempos modernos, pensadores como Malebranche y Descartes han descrito a la divinidad en términos que remiten a lo Infinito, el Ser ilimitado o una substancia perfecta e independiente. No obstante, la interrogante esencial que emerge aquí está relacionada con aquel que determina la equivalencia entre el concepto final obtenido en la demostración y el «Dios» universalmente reconocido. No parece claro determinar las bases y fundamentos de este razonamiento para equiparar dicho concepto conclusivo con Dios mismo.

Capítulo 41: Una travesía filosófica en la búsqueda de Dios

El intento de encapsular la naturaleza de lo divino o de Dios dentro de la estrechez de términos y definiciones nos confronta con un dilema intrincado. Por ejemplo, Hegel sugiere que la revelación religiosa muestra una fusión entre lo divino y lo humano, lo que podría implicar una intimidad con lo divino, pero al posible costo de reducirlo a una imagen antropomórfica. Al esforzarnos por enmarcar a Dios en construcciones lingüísticas, lo que logramos es distanciarnos de su realidad inefable, forjando una representación que no corresponde a su verdadera entidad y se asemeja más a una deidad fabricada por la mente humana.

En este afán por discernir lo divino exclusivamente a través del análisis lógico, nos alejamos hasta el punto de sentirnos en un vacío espiritual, como si la presencia divina se esfumara entre los dedos de nuestro entendimiento. En el intento de comprender la divinidad exclusivamente a través del intelecto y la lógica humana, nos alejamos paradójicamente de la esencia de lo sagrado. Sería parecido al esfuerzo de sostener agua entre las manos; cuanto más apretamos, más se nos escapa. Al querer desentrañar a Dios con definiciones y raciocinios, tejemos una red de complejidades que nos desvía y nos priva de un verdadero encuentro espiritual. En esta búsqueda racional de lo divino, nos despojamos de su presencia, quedando en un vacío donde su existencia parece desvanecerse.

La reflexión propuesta nos impulsa a pensar sobre una advertencia de Leibniz: la distinción fundamental entre nuestras concepciones personales de Dios y su manifestación genuina. Al abordar el entendimiento divino sin anclarlo en la verdadera esencia del Ser, transitamos un camino donde las herramientas habituales de comprensión pierden efectividad. Es vital reconocer que la incapacidad de encapsular a Dios en definiciones precisas no constituye una paradoja ni un fallo; la esencia de Dios trasciende lo concebible por la mente humana. La naturaleza, vasta y divergente de nuestra experiencia cotidiana desafía cualquier intento de descripción exhaustiva. Este esfuerzo no es en vano, sino un reconocimiento de que ciertos aspectos de lo divino rebasan nuestra comprensión, invitándonos a aceptar la existencia de misterios insondables que fomentan una mayor reverencia y admiración por lo sagrado.

Según Leibniz es imposible captar la esencia de Dios solo con teorías o conceptos. En vez de eso, sugiere que deberíamos reconocer que Dios es algo que va más allá de nuestra capacidad de entender completamente a través del lenguaje o la lógica. Esto no significa que sea un problema o una contradicción; simplemente, Dios es tan grande y complejo que desafía cualquier intento de ser completamente definido o comprendido por nuestra razón. Leibniz reflexiona sobre la existencia divina, argumentando que, si no se puede demostrar la imposibilidad de que las perfecciones de Dios coexistan, entonces se debe contemplar su posible existencia. Bajo este razonamiento, la mera posibilidad de Dios implica su existencia real, dado que la perfección absoluta presupone la existencia auténtica. Leibniz además sugiere que no debemos limitarnos a esta idea, sino estar abiertos a evidencias adicionales de la existencia de Dios, basadas en nuestras observaciones del mundo. Esta aproximación no solo amplía el espectro de comprensión divina, sino que invita a una exploración continua de lo sagrado a través de la evidencia empírica y la lógica.

Al tratar de conocer o comprender a Dios, nos enfrentamos a la limitación de no poseer un marco teórico que pueda encapsular su magnitud infinita. Marion nos presenta una perspectiva donde Dios supera cualquier intento de ser encasillado dentro de nuestra noción de «Ser». La filosofía de Jean-Luc Marion nos ofrece pistas para responder a esas grandes preguntas que resuenan en la confusión y el vacío de nuestra era. Estas pistas cuestionan los límites establecidos por la metafísica moderna, que parece estar atrapada en su propio desgaste o en intentos fallidos de renacimiento. Su objetivo es dar un soplo de aire fresco a la razón.

Marion sugiere que la razón se renueve, permitiéndose ser cuestionada e inspirada por los temas propios de la teología, en un viaje hacia lo desconocido y lo nuevo. En esta intersección donde se cruzan la metafísica, la teología y la fenomenología, la postura de Marion y la potencia única de su trabajo realmente llaman la atención. Su obra se centra en desafiar la mezcla entre

Dios y una mera idea. Más concretamente, al intentar encajar a «Dios» dentro de los límites de la metafísica, el fenomenólogo francés acusa a la filosofía moderna de haber llevado a lo que se denomina «la muerte de Dios». No obstante, según él, lo que realmente ha caído es solo un concepto idolátrico de Dios, no la divinidad misma.

Esta «muerte de Dios» habla de una brecha enorme que ningún concepto puede abarcar. Al deconstruir las imágenes conceptuales que erróneamente hemos tomado por lo divino, Marion nos invita a una apertura hacia lo desconocido, permitiendo que palabras y escuchas se orienten hacia una trascendencia genuina. En esta era, aún resonando con Nietzsche, lo que muere es un ídolo, no el Dios de Abraham, Isaac y Jacob. Marion reivindica una trascendencia no filosófica, al estilo de Pascal, que no renuncia a la razón, sino que la desafía a confrontarse con lo que la excede, transformándola profundamente. Desde sus primeras obras, aborda esta tensión, reinterpretando a Descartes y dialogando críticamente con Heidegger, buscando liberar al Dios vivo de las restricciones de una ontoteología. Confundir a Dios con un ser supremo lo convierte en causa de todo lo existente, y lo atrapa en un ciclo de causa y efecto donde lo milagroso se torna imposible. El problema que realmente encierra esta visión es que termina por reducir lo divino a algo manejable y predecible. Frente a esto, Marion propone una visión donde Dios se entienda más allá de estas categorías. Nos invita a pensarlo no como un ente entre entes, sino como algo completamente aparte, desafiando la tradicional metafísica y abriendo espacio para una relación más auténtica y libre con lo divino.

Contrario a pensadores como Hegel, Marion propone que una verdadera autoexploración incluye el ámbito religioso y espiritual, indicando que la comprensión de Dios trasciende nuestra capacidad de razonamiento. Sugiere que, si bien parece una paradoja, existe la posibilidad de acercarnos a la comprensión divina, reconociendo que ciertos aspectos de la divinidad permanecerán fuera de nuestro alcance cognitivo completo. Así, acercarnos a la comprensión de Dios implica adentrarnos en el ámbito de lo que nuestra mente no puede captar completamente: un dominio que sobrepasa tanto nuestro entendimiento como lo inimaginable para nosotros. A pesar de que lo inconmensurable parece estar más allá de nuestro razonamiento, nos invita a considerar que, de alguna manera, podemos alcanzar un entendimiento parcial dentro de los límites de nuestro pensamiento, abriendo la posibilidad de aproximarnos a lo divino desde una nueva perspectiva. Todo esfuerzo intelectual por comprender la divinidad revela la futilidad de nuestros esfuerzos por materializarlo. Marion nos exhorta a elevar nuestra percepción hacia un entendimiento de Dios que va más allá de cualquier representación humana o práctica idólatra, impulsándonos a adoptar un distintivo que nos recuerde constantemente su naturaleza superior a nuestras construcciones más complejas.

Los ídolos y los conceptos pueden actuar de la misma manera, sirviendo como representaciones limitadas de lo divino. A lo largo de la historia, la ontoteología ha reemplazado la verdadera apertura hacia lo divino con conceptos rígidos de «Dios». La sucesión de conceptualizaciones de Dios que vemos a través de la historia culmina en la crítica de Feuerbach y Marx, quienes vieron la noción de «Dios» como una construcción conceptual humana. En contraste, el ícono representa lo divino de una manera que preserva su misterio y separación. Según san Pablo, Cristo es el «ícono del Dios invisible», mostrando lo divino sin pretender poseerlo:

> Él es la imagen del Dios invisible, el primogénito de toda creación.
>
> (Colosenses, 1:15)

Mientras que el ídolo refleja al sujeto, el ícono actúa como un prisma que revela la luz de lo divino sin reducirlo a elementos del mundo tangible. El ícono, entonces, no es una proyección del sujeto, sino una ventana a la trascendencia, iniciando una mirada que viene de más allá del dominio o comprensión humana, marcando una clara distinción entre la autocomplacencia del ídolo y la apertura trascendental del ícono, tal como expone Marion cuando afirma que:

[...] la intención aquí proviene del infinito; pues implica que el ícono se deja atravesar por una profundidad infinita. Mientras que el ídolo se determina siempre como un reflejo, que lo hace venir de un punto fijo, [...] el ícono se define por un origen sin original: un origen infinito.[174]

Son muchos quienes han tratado de comprender a Dios, encasillándolo dentro de conceptos y teorías, casi como intentando empaquetarlo etiquetándolo en una definición concreta. Marion, sin embargo, argumenta que esta aproximación es insuficiente, pues Dios, por su propia naturaleza, trasciende cualquier intento de ser confinado por nuestras construcciones mentales. Señala hacia Dionisio Areopagita, quien, inspirado en el discurso de San Pablo acerca del «Dios desconocido», cita el Libro de los Hechos y dice:

Porque mientras pasaba y observaba los objetos de vuestra adoración, hallé también un altar con esta inscripción: AL DIOS DESCONOCIDO. Pues lo que vosotros adoráis sin conocer, eso os anuncio yo.

(Hechos, 17:23)

Dionisio abre un sendero de comprensión de lo divino que supera la mera conceptualización. Describe a Dios como el sumo Bien, apuntando hacia una existencia que va más allá de la mera presencia física, invitándonos a abrazar una visión más expansiva de lo divino. De manera parecida, Marion aboga por una exploración de Dios que no se limite a descripciones reductoras, sino que emplee un lenguaje capaz de capturar su naturaleza inefable y sublime, sin someterla a nuestras categorías limitadas.

Con base en esto, Marion subraya que la verdadera aproximación a Dios no se logra únicamente a través de esfuerzos intelectuales, sino viviendo de manera que refleje la magnificencia y el amor divinos. Según Marion, es esta vivencia de amor hacia el prójimo

---

174. Jean-Luc Marion, *Dios sin el ser*, trad. Daniel Barreto González, Javier Bassas Vila y Carlos Enrique Restrepo, rev. Javier Bassas Vila (Vilaboa [Pontevedra]: Ellago Ediciones, 2010), 41.

la que nos acerca genuinamente a Dios, más allá de cualquier especulación teórica. Nos insta a liberarnos de la tentación de encapsular a Dios en nuestras limitadas comprensiones y a vivir de una forma que manifieste el amor y la gloria divina. Él cree que la religión nos invita a superar nuestras visiones restrictivas de lo divino, enseñándonos a ver más allá de nuestros propios confines intelectuales hacia la verdadera grandeza de Dios. Lejos de disminuir el valor otorgado a lo divino, este enfoque nos invita a profundizar en la apreciación de su magnitud, desafiando los límites de nuestra comprensión. Para ello, incorpora la idea de lo impensable en nuestro razonamiento de tal forma que realmente se convierte en algo que no podemos concebir, animándonos a reflexionar sobre nuestras propias habilidades cognitivas.

La esencia de este mensaje no es llamar a abandonar nuestra idea de Dios, sino a invitar a una introspección más profunda sobre el verdadero significado de lo divino en nuestras vidas. Se nos motiva a adoptar una postura reflexiva y minuciosa, fenomenológica podríamos decir, respecto a nuestra percepción y acercamiento hacia lo que consideramos supremamente trascendente, es decir, aquello que va más allá de lo común y corriente. Este enfoque busca enriquecer nuestra comprensión de la divinidad, instándonos a cuestionar y profundizar en nuestra relación con lo sagrado. Nos alienta a llevar a cabo un análisis exhaustivo sobre cómo comprendemos y nos acercamos a la noción de algo que es supremamente trascendente, animándonos a cuestionar y a profundizar en nuestra comprensión y relación con el concepto divino:

> Tachar a Dios, de hecho, indica y recuerda que Dios tacha nuestro pensamiento porque lo satura; o mejor, que solo entra en nuestro pensamiento obligándolo a criticarse él mismo. Trazamos la tachadura de Dios sobre su nombre escrito solo porque, ante todo, Él la ejerce sobre nuestro pensamiento como su impensable. Tachamos el nombre de Dios para poner de manifiesto, ante nosotros mismos claro

está, que su impensable satura nuestro pensamiento, desde el origen y para siempre.[175]

Jean-Luc Marion eleva el amor a la categoría de principio esencial para reflexionar sobre Dios, subrayando que «Dios es amor, Agapè». Esta perspectiva se distingue radicalmente de las interpretaciones metafísicas y heideggerianas, al colocar al amor como el eje central para eludir la idolatría en nuestra percepción de Dios, fundamentándose en dos razones esenciales. En primer término, por su naturaleza de entrega desinteresada, el amor rompe con las limitaciones del pensamiento racional y las expectativas preestablecidas, ofreciendo una aproximación a Dios libre de condiciones y limitaciones humanas. Este concepto rompe con las cadenas de la idolatría, la cual se apoya en la necesidad de establecer condiciones que intentan asignar a Dios un lugar de acuerdo con su majestuosidad. Sin embargo, cuando se entiende a Dios desde la perspectiva del amor, todas las condiciones previas se disuelven, ya que el amor divino por la humanidad es incondicional. El amor divino, basado únicamente en el deseo de reciprocidad, desmantela toda construcción idólatra sobre Dios. Marion aborda el concepto de «idolatría» como el acto de constreñir a Dios dentro de los límites de nuestras concepciones, imágenes o ideas, las cuales nos resultan accesibles y entendibles dentro de nuestra capacidad de razonamiento. Sostiene que al intentar definir a Dios puramente con base en nuestros propios términos y representaciones, en realidad estamos fabricando «ídolos» en vez de conectar con la auténtica naturaleza divina. No obstante, la idolatría no se limita únicamente al culto de figuras físicas, sino que más bien se trata de una restricción conceptual que atrapa a Dios en el marco de nuestro razonamiento lógico y nuestras preconcepciones.

En segundo término, al imaginar a Dios bajo la luz del Agapè, se impide caer en la trampa de visualizarlo a través de representaciones tangibles o ideales inalcanzables. Este amor incondicional nos

---

175. Jean-Luc Marion, *Dios sin el ser*, trad. Daniel Barreto González, Javier Bassas Vila y Carlos Enrique Restrepo, rev. Javier Bassas Vila (Vilaboa [Pontevedra]: Ellago Ediciones, 2010), 78.

permite alejarnos de las representaciones limitadas de lo divino, favoreciendo una relación con Dios basada en la generosidad y el intercambio altruista. En contraste con los conceptos que buscan capturar y limitar, el amor se caracteriza por su deseo de entregarse de manera ilimitada y sin condiciones, estableciendo una dinámica donde el acto de dar y el don son inseparables. Este amor ilimitado e incondicional prohíbe que nos aferremos a ídolos, promoviendo una comprensión de lo divino libre de cualquier atadura idolátrica.

Así, Marion sostiene que la única manera de trascender la idolatría es abordar a Dios desde su requerimiento fundamental, el cual trasciende cualquier barrera conceptual impuesta tanto por la ontoteología como por las limitaciones inherentes al pensamiento basado en la diferencia ontológica. Dios se torna accesible al pensamiento humano sin incurrir en idolatría, solo cuando se le considera como un regalo, una donación de amor entregado a la humanidad. Para distanciar a «Dios» de cualquier forma idolátrica, Marion nos invita a abordarlo desde una perspectiva que evite su reducción a meros conceptos idolátricos, liberando así a «Dios» de las restricciones conceptuales y permitiéndonos pensarlo más allá de los confines de la metafísica y fuera del ámbito del Ser.

Nuestro sistema Retroprogresivo encuentra resonancia, justamente, en las teorías de estos destacados filósofos que aquí hemos ido tratando. Gracias a ellos, hemos podido argumentar cómo la Fenomenología de lo Sagrado es un enfoque filosófico que nos permite acercarnos a lo divino como fenómeno. Sin embargo, y tal como acabaremos de ver en las próximas líneas, esta Fenomenología de lo Sagrado no es una introspección que simplemente nos lleva a lo más íntimo de un sujeto con relación al cual podemos descifrar lo sagrado como un fenómeno más. Como hemos apuntado en las secciones anteriores, autores como Spinoza o Hegel ya erigen unas bases para permitirnos entender mejor lo sagrado. Spinoza, por ejemplo, concibe a Dios como la suma totalidad, la única y absoluta realidad, argumentando que fuera de Dios no puede existir nada más. Para Spinoza, la infinitud de Dios implica que todo está contenido en Él; cualquier existencia separada limitaría su infinitud, haciéndolo finito, y contradiciendo de este modo su naturaleza.

Así, postula que toda existencia es una manifestación de Dios, de lo sagrado. Es decir, toda búsqueda de lo sagrado es, como más tarde dirá Hegel, una expresión de Dios mismo.

Es por esto mismo que Hegel ve a Dios desplegándose y llegando al autoconocimiento a través del desarrollo de la historia de la filosofía. Para Hegel, este proceso de devenir y autoconocimiento representa el espíritu absoluto manifestándose a lo largo de la historia, con la filosofía erigiéndose como el ámbito en el cual este proceso se despliega de manera más plena. Marion lleva esta idea aún más allá, sugiriendo que Dios también se autoconoce a través de la historia de las religiones. En este marco, las distintas tradiciones religiosas proporcionan a lo divino «máscaras» específicas mediante las cuales lo divino puede experimentarse y revelarse a sí mismo, particularmente a través de los textos sagrados.

En función de lo dicho, nos referimos al Sendero Retroprogresivo como al esquema interpretativo que abarca tanto la filosofía como la religión. Ofrece una visión integradora del autoconocimiento divino que trasciende los límites de toda disciplina o creencia específica, reflejando la unidad subyacente de toda búsqueda de conocimiento y verdad. La diosidad se muestra a sí misma en el fenómeno saturado, más allá de los límites tanto filosóficos como teológicos, surgiendo de la más íntima de las intimidades, pero como exceso radical de la misma y, por tanto, como pura otredad en la inmanencia.

Esta relación entre intimidad y otredad en su seno, para decirlo de algún modo, a la que hemos llegado a través de nuestro estudio fenomenológico de lo sagrado, surge a partir de la relación fenomenológica del objeto intencional, pero para posteriormente trascenderla. Así, en una primera instancia, y siguiendo las premisas de la fenomenología husserliana, hemos dicho que toda relación de la consciencia con el objeto se da a través de la intencionalidad y la donación. El proceso por el cual el objeto se presenta al sujeto, ofreciéndose como una donación a ser descubierta, establece la premisa de que el objeto, en su esencia de donación, está presto para ser conocido.

En contrapartida, el sujeto emerge como la intención que se centra en el reconocimiento del objeto o de la donación en sí. Esto implica que su consciencia está dirigida a conocer el objeto donado. La consciencia del sujeto no es pura, dado que el acto de pensar no puede disociarse de un contenido, es decir, no hay acto de consciencia sin un objeto de pensamiento. No hay *cogito* sin *cogitatum*.

Tras el enfoque de Marion, sobre las bases de Spinoza, Hegel y Schopenhauer, hemos descubierto que bajo la relación entre consciencia y objeto intencional, yace una esfera de vida en la que lo sagrado late permanentemente. Esto permite que la consciencia trascendental se correlacione con sus objetos intencionales, de modo que estos, los fenómenos, puedan darse en la consciencia en la plenitud de su fenomenalidad.

Dicho de otro modo, durante el acto de conocimiento, se produce una intersección de horizontes que, a modo de proceso fenomenológico, permite inicialmente distinguir entre donación e intencionalidad para posteriormente culminar en la unificación de ambos en un solo fenómeno. Un comienzo dual que desemboca en la unidad oceánica de la consciencia pura. La fuente y origen tanto de la donación como de la intencionalidad, el espacio metafísico donde ambos se encuentran, así como la sustancia de ambos, es la misma consciencia pura. En esencia, el fenómeno representa el despertar de la consciencia de su ilusión de dualidad, en la cual lo uno sin segundo se dona e intencionaliza a sí misma, por sí misma, desde sí misma, en sí misma y hacia sí misma. Esta misma idea palpita viva en la siguiente cita:

न निरोधो न चोत्पत्तिर्न बद्धो न च साधकः ।
न मुमुक्षुर्न वै मुक्त इत्येषा परमार्थता ॥

> *na nirodho na cotpattirna*
> *baddho na ca sādhakaḥ*
> *na mumukṣur na vai mukta*
> *ity eṣā paramārthatā*

No hay disolución, no hay nacimiento, no hay esclavitud, no hay aspirantes a la sabiduría, no hay buscadores de la liberación y no hay liberados. Esta es la Verdad absoluta.
(*Māṇḍūkya-kārikā*, 2.32)

Además de la filosofía, no obstante, la religión juega un papel fundamental que, aún sin decirlo, nos ha acompañado a lo largo de todo nuestro estudio, en tanto que la esencia de la religión se halla precisamente en la exploración profunda de la consciencia. A pesar de mi afinidad por el racionalismo, mi enfoque filosófico lo excede y no me confino a él. La lógica y el razonamiento son para meramente el umbral hacia una travesía ascendente que rebasa los límites de lo racional. La trascendencia hacia el dominio supraracional es sinónimo del acceso a lo divino. Divergiendo de las concepciones convencionales de un dios éntico, profundamente arraigadas en las tradiciones religiosas, la realidad de dicha entidad se nos revela como meramente un espejismo o una ficción. Lo que permea el universo es la diosidad o la consciencia.

Reconocer esta consciencia comienza con el ejercicio de la razón, a partir del cual, paradójicamente, nos es posible liberarnos de las ataduras racionales. No es la figura de un dios lo que impera, sino más bien la divinidad, la consciencia universal, o aquella vitalidad que se refleja en cada entidad y en el entramado de la existencia. La noción de Dios, tal como lo conciben las tradiciones religiosas, no encarna una entidad específica, sino que, en esencia, todo y todos constituimos esa divinidad. Sostener que el dios personificado por las religiones no se ajusta a la realidad no implica categorizarnos como ateos, ya que reconocemos la naturaleza divina de la existencia misma. Esta posición nos sitúa más allá de las clasificaciones de fideísmo o ateísmo. Nuestra perspectiva no se alinea con aquellos que afirman o niegan la existencia de un dios éntico y personal, pues Dios no es algo sino todo; no es alguien sino todos.

Según mi propia experiencia, Dios, el Ser o la consciencia se revela como el lienzo en el que se dibuja cada experiencia, erigiéndose como la fuente primigenia de toda vivencia y el medio a través del cual toda experiencia es y puede ser conocida. Dicho de otro modo, Dios es la sustancia fundamental de la cual están tejidas todas las vivencias. Esta diosidad, este Ser, se erige así pues como el fundamento y el hilo conductor de la realidad subjetiva, configurando el espacio en el que se despliegan todas las experiencias.

Bibliografía de la sección X

- Hegel, Georg Wilhelm Friedrich. *Fenomenología del espíritu*. Traducción de Jorge Aurelio Díaz. Bogotá: Siglo del Hombre Editores, 2022.
- Marion, Jean-Luc. *Dios sin el ser*. Traducción de Daniel Barreto González, Javier Bassas Vila y Carlos Enrique Restrepo; revisión de Javier Bassas Vila. Vilaboa (Pontevedra): Ellago Ediciones, 2010.
- Spinoza, Baruch. *Ética demostrada según el orden geométrico*. Traducción de Vidal Peña. Madrid: Alianza Editorial, 1958.

Sección XI
Hacia una Fenomenología Retroprogresiva

CAPÍTULO 42

LA INVERSIÓN RETROPROGRESIVA

Intencionalidad y donación en la fenomenología tradicional

En la fenomenología tradicional, el concepto de donación se refiere al acto por el cual el Ser se manifiesta o se da a la consciencia, mientras que la intencionalidad describe el movimiento de la consciencia al dirigirse hacia un objeto, o *cogitatum*. La intencionalidad es el arrojo de la consciencia a un *cogitatum*. Es el pedido que tiene la consciencia de ser consciente de algo. Como la consciencia ilumina al Ser para que este se torne consciente de sí, decimos que la consciencia es la luz del Ser. La fenomenología es el estudio de esta luz, que es la consciencia. Según la fenomenología de Husserl, la intencionalidad constituye la esencia misma de la consciencia, eso es, de la luz del Ser.

El término «intencionalidad» dibuja una noción de consciencia que no debe entenderse como una caja vacía o neutral que simplemente llenamos con objetos a través de la experiencia. Más bien, la intencionalidad describe la consciencia como un impulso que inherentemente se encuentra dirigido hacia un objeto. A su vez, este objeto, lejos de ser un mero dato pasivo, se presenta a la consciencia formando parte de esa misma estructura intencional que permite su aprehensión desde múltiples perspectivas o modos de aparición. Dichos modos de aparición facilitan que la consciencia perciba un objeto y comprenda su esencia, en un proceso dinámico que podría caracterizarse como una manifestación fenomenológica del Ser, más que una simple donación del fenómeno. Así, el gran descubrimiento de la intencionalidad en la obra de Husserl es que permite dejar claro que no hay objeto sin consciencia, del mismo modo que tampoco puede haber consciencia sin objeto del cual la consciencia es consciente. La consciencia es un *cogito* que, por defecto, pide o exige un *cogitatum*. Dicho de otra manera, es imposible concebir un acto de pensar o cualquier estado de consciencia que no esté dirigido hacia un contenido, un objeto sobre el cual se focaliza dicho acto. La consciencia, por tanto, no es una entidad abstracta y separada del mundo, sino que está continuamente comprometida con este, interactuando con los objetos que se le presentan, formando un movimiento perpetuo de búsqueda y aprehensión de significado.

Así, en la fenomenología clásica, la consciencia se realiza plenamente al volverse consciente de su propia capacidad para intencionar, para proyectarse hacia lo que no es ella misma, buscando siempre trascender y comprender el Ser que se le revela. No puede existir un pensamiento sin un objeto del cual ocuparse, ni una percepción sin un objeto percibido. Cada estado mental —ya sea de pensamiento, emoción, deseo o percepción— está inherentemente vinculado a un objeto que le da forma y lo define. Este vínculo esencial es precisamente lo que define la intencionalidad: la consciencia es siempre «consciencia de algo», y ese «algo» no puede separarse del acto consciente mismo. Más aún, la intencionalidad no solo estructura la consciencia, sino que también revela su naturaleza dinámica. La consciencia no es una entidad pasiva que meramente recibe impresiones del mundo; al contrario, es una actividad constante que se proyecta hacia los objetos, explorándolos, interpretándolos y otorgándoles significado. Este proceso activo es lo que permite a la consciencia construir una relación significativa con el mundo exterior. En su orientación hacia los objetos, no solo los percibe, sino que los configura dentro de un horizonte de sentido que le es propio.

Por otro lado, la «donación» es el segundo concepto esencial en nuestra exploración fenomenológica, ya que juega un papel crucial en la interacción entre el Ser y la consciencia, esbozando un proceso activo y fecundo mediante el cual el Ser se hace presente ante esta. La donación caracteriza la manera en que el Ser se manifiesta y se ofrece a la consciencia, permitiendo que esta lo asimile. Este proceso no es meramente pasivo ni unidireccional; más bien, constituye un fenómeno dinámico en el que el Ser, en su manifestación, exhibe una generosidad intrínseca, desplegándose ante la consciencia en un acto de revelación.

En su dialéctica del Espíritu (*Geist*), Hegel ofrece una visión radicalmente distinta a la de la fenomenología husserliana. En Hegel, el Ser no se presenta de manera inmediata o estática, sino que se entiende como un proceso histórico y dialéctico que se desarrolla y alcanza autoconsciencia a través del tiempo. En este marco, la consciencia no es un punto de partida dado, sino el resultado de la autorreflexión del Espíritu en su despliegue histórico. Para Hegel, la historia es el escenario en el que el Espíritu se reconoce a sí mismo como sujeto, progresando hacia una consciencia absoluta, en la cual el Ser se comprende y se realiza plenamente. Así, el Ser no es una entidad fija, sino un proceso continuo de autoconocimiento y realización que culmina en la consciencia absoluta.

La noción de donación que se desprende de estas aproximaciones se sustenta en la idea de que el Ser no es una entidad estática o clausurada en sí misma, sino que se encuentra en un constante estado de apertura hacia la consciencia. Este concepto resalta la capacidad del Ser para revelarse, para darse a conocer a través de la experiencia consciente. En este proceso, el Ser se revela o desoculta, permitiendo que la consciencia acceda a su esencia profunda. Por tanto, la donación no es simplemente un acto en el que el Ser se entrega; es también el proceso mediante el cual la consciencia acoge, asimila y responde a esa oferta de manifestación del Ser. Por lo tanto, podemos afirmar que la consciencia, con su estructura intencional, no es una receptora pasiva, sino que más bien es un impulso que siempre está orientado hacia algo, acogiendo y asimilando la donación de su correlato, inmersa en una constante búsqueda de sentido.

Desde esta perspectiva, la donación establece un vínculo profundo entre el Ser y la consciencia, un vínculo que es a la vez ontológico y epistemológico. Es ontológico en la medida en que define la manera en que el Ser se relaciona y se abre a la consciencia en todos los actos en los que esta participa. Es epistemológico en tanto que estructura la forma en que la consciencia conoce y se vincula con el Ser. La donación se convierte así en un puente que conecta el Ser con la consciencia, permitiendo que la consciencia se constituya a partir de la apertura del Ser. En la fenomenología, esta relación nos invita a reconsiderar el Ser no como una entidad previamente dada, sino como aquello que se revela y se presenta continuamente en la experiencia vivida, en un incesante proceso de revelación y comprensión.

Esta perspectiva fenomenológica, basada en los conceptos de intencionalidad y donación, desafía de manera contundente las concepciones de la consciencia como una entidad aislada, encerrada en sí misma y limitada a la introspección. Al enfatizar la intencionalidad, la fenomenología redefine la consciencia como una entidad que no solo se relaciona con el mundo, sino que se constituye precisamente a través de esa relación. El *cogito* no es un pensamiento solitario que se contempla a sí mismo; es un acto que implica necesariamente una apertura hacia algo más, hacia un *cogitatum* que le otorga contenido y propósito. Así, la intencionalidad no es simplemente un atributo añadido a la consciencia, sino que constituye su esencia misma. Al requerir un *cogitatum*, la consciencia revela tanto su naturaleza activa y dirigida, como la estructura fundamental que hace posible toda experiencia y conocimiento.

Es esta relación intencional con el Ser lo que permite que el mundo se haga presente para la consciencia y que el Ser, en toda su diversidad, se manifieste ante ella. Sin esta intencionalidad, la consciencia quedaría desconectada de la realidad, y el mundo permanecería oculto e inaccesible. A través de esta orientación constante hacia los objetos, la consciencia construye su experiencia del mundo, posibilitando la comprensión, el conocimiento y, en última instancia, la existencia misma del ser conocido. Este proceso culmina en una especie de cierre fenomenológico cuando la intencionalidad y la donación se integran, es decir, cuando ambos aspectos se unifican en una experiencia indistinguible. En este contexto, la donación se interpreta como el mecanismo por el cual la consciencia se abre a la manifestación del fenómeno, mientras que la intencionalidad corresponde al acto receptivo de la consciencia que acoge dicha manifestación.

Intencionalidad y donación en la Fenomenología Retroprogresiva

La Fenomenología Retroprogresiva propone una reinterpretación innovadora en la que se invierten estos conceptos: lo que tradicionalmente se entendía como intencionalidad, ahora se concibe como donación, y lo que se comprendía como donación, se transforma en intencionalidad. Al invertir los papeles de la intencionalidad y la donación de la fenomenología tradicional, la Fenomenología Retroprogresiva le otorga a la consciencia el papel que le corresponde al Ser y al Ser el que le corresponde a la consciencia. Bajo esta nueva óptica, el Ser es la intencionalidad que pide ser consciente de sí mismo reconociéndose como consciencia. El Ser intenciona la consciencia, medita porque quiere ser conocido, al mismo tiempo que, por su parte, la consciencia se dona abriéndose a sí misma para revelarse como la luz del Ser. De este modo, la relación entre ambos se redefine, alterando profundamente la estructura clásica del análisis fenomenológico.

Dentro de este contexto fenomenológico tradicional que acabamos de describir y que, aun salvando las distancias entre ellos, nos lleva de Hegel a Heidegger pasando por Husserl, el Ser se caracteriza por una acción fundamental de donación. Por su parte, la consciencia, en su dinámica tradicional, se erige como el movimiento de orientación hacia el Ser, como si este fuera su objeto intencional. Sin embargo, bajo la perspectiva de la Fenomenología Retroprogresiva, es ahora la consciencia la que se dona para asumir el estatuto de Ser, mientras que el Ser se intenciona con el propósito de ser aprehendido por la consciencia. Aquí, la consciencia no busca un objeto externo que conocer, sino que ella misma se constituye como ese objeto conocido. Es decir, no es que el Ser sea un objeto que la consciencia aprehende, sino que más bien es la consciencia la que brota como tal y se conoce a sí misma a través del Ser.

En este sentido, la Fenomenología Retroprogresiva revela una inversión ontológica que encuentra un interesante paralelismo con la crítica marxista del trabajo y la mercancía. En la teoría de Marx, el obrero, al invertir su trabajo en la producción de mercancías, transfiere a estas su valor, su vida y su esfuerzo vital. La materia, que en su estado natural es un objeto inerte y sin valor intrínseco, se humaniza a través del proceso laboral, asumiendo las características de lo viviente y valioso que provienen del trabajador. Sin embargo, este proceso culmina en una alienación, donde el obrero queda despojado de su humanidad, cosificándose, mientras que la mercancía, a su vez, es elevada al estatus de sujeto valioso, personificado por su valor de cambio en la economía capitalista. Aquí, en cierto modo, Marx identifica una inversión ontológica: lo que originalmente era humano y viviente se convierte en una cosa, se cosifica, y lo que era una cosa se humaniza, subjetivizándose. Al igual que en el análisis marxista, donde el proceso laboral reconfigura las relaciones entre lo humano y lo material, la Fenomenología Retroprogresiva propone una reconfiguración donde la dicotomía entre Ser y consciencia se desmorona, dando lugar a una unidad en la que el Ser se realiza plenamente solo en su autoconsciencia. En ambos casos, la inversión ontológica desvela profundas implicaciones sobre la naturaleza del Ser, el valor y la consciencia, revelando las dinámicas subyacentes que transforman y a veces distorsionan la realidad en la que vivimos.

La Fenomenología Retroprogresiva introduce una reinterpretación radical de estos conceptos: aquí, el Ser se convierte en intencionalidad a través de la meditación, y la consciencia se transforma en donación por medio de la iluminación o la revelación. La clave de esta inversión reside en el hecho de que el Ser, en cuanto es conocido por la consciencia, se desvela (*alétheia*), reconociéndose como consciencia. Esto sugiere que la consciencia se dona a sí misma, surgiendo como Ser en el proceso de autoconocimiento, donde el Ser se intenciona y la consciencia se reconoce como parte de ese proceso. Cuando el Ser intenciona, lo hace para ser conocido por la consciencia, pidiendo de este modo que la consciencia se haga consciente de su propia esencia. Este proceso culmina en la ruptura de la consciencia individual, que se disuelve al convertirse en Ser, mientras que el Ser asume la forma de consciencia al intencionarse a sí mismo y donarse para recogerse en su propio Ser.

Capítulo 42: La inversión retroprogresiva

En la fenomenología tradicional, la consciencia mantiene una postura de conocer al Ser, de intencionar hacia algo que existe más allá de ella, algo que la transciende. Esa trascendentalidad es la distancia que permite que el objeto pueda aparecer precisamente como algo distinto de la misma consciencia y, por tanto, como objeto de conocimiento de dicha consciencia. En contraste, en la Fenomenología Retroprogresiva, esta relación se vuelve bidireccional y más intrínseca: el Ser se transforma en consciencia, y la consciencia se realiza en el Ser. Así, la dicotomía entre Ser y consciencia se difumina, llegando a un punto donde la consciencia deviene Ser y el Ser deviene consciencia. Este enfoque no solo reconfigura la relación clásica entre ambos términos, sino que plantea una profunda fusión donde la existencia misma se entiende como un proceso de consciencia autorreveladora, en constante devenir y autoidentificación.

La difuminación de la dicotomía entre Ser y consciencia que sucede tras la reinterpretación de la Fenomenología Retroprogresiva también implica el desvanecimiento de la distinción tradicional entre sujeto y objeto, resultando en la unificación de donación e intencionalidad en una única realidad. Es decir, la relación entre consciencia y Ser que redibuja la Fenomenología Retroprogresiva no se fundamenta en un juego de polaridades, eso es, en una relación binaria. Al contrario, en el proceso de donación, el Ser se presenta a la consciencia y esta lo asimila, disolviéndolo en su infinitud y vastedad, completando así la disolución del Ser (*katálysis* κατάλυσις).

Al desaparecer esta dualidad, la consciencia se identifica con el Ser, ya que es plenamente consciente de sí misma. De este modo, en este contexto, podemos afirmar que no existe una distinción entre Ser y consciencia. Ambos se manifiestan como expresiones de una única realidad que se configura a sí misma a través de la intencionalidad y la donación. El Ser intenciona en la meditación, mientras que la consciencia se dona revelándose a sí misma, en un proceso que se despliega desde sí misma y en sí misma. Se trata, así pues, de un acto de reciprocidad en el que la intencionalidad y la donación no son más que dos facetas de una sola realidad, una danza singular donde lo múltiple se encuentra en la unidad del Ser y la consciencia.

Capítulo 43

La luz y la consciencia: una exploración retroprogresiva

La luz y la consciencia en la fenomenología tradicional

Lo expuesto hasta ahora sobre el estudio de los fenómenos y lo sagrado nos lleva a una interpretación en términos de Fenomenología Retroprogresiva. Como hemos explorado en secciones anteriores de este estudio, la etimología de «fenomenología» desvela una relación profunda y significativa con la noción de «luz», al indagar en sus raíces en el idioma griego. La palabra fenómeno proviene del término griego *phainómenon* (φαινόμενον), que tiene sus raíces en el verbo *phaínesthai* (φαίνεσθαι), el cual puede traducirse como 'aparecer' o 'manifestarse'. A su vez, *phaínesthai* deriva del verbo *phaínein* (φαίνειν), que significa 'hacer aparecer' o 'hacer visible'. Este verbo se encuentra intrínsecamente ligado a la palabra griega *phôs* (φῶς), que se traduce como 'luz', de donde proviene la palabra *fósforo*, entre otras. La luz, en su sentido más fundamental, es aquello que permite la visibilidad, que hace que los objetos y las formas se revelen ante nuestros ojos. En otras palabras, es el principio que permite que algo adquiera forma y «aparezca», o se haga manifiesto en nuestra percepción, adquiriendo así su fenomenicidad, su «aparecer» como algo concreto. Por otro lado, el sufijo *-logía* (λογία) proviene de *lógos* (λόγος), que en el contexto griego antiguo abarcaba significados como 'discurso, razón, ciencia o estudio'. En el marco de la fenomenología, este componente del término alude a un enfoque sistemático, a una disciplina que se ocupa de estudiar los fenómenos, es decir, de investigar y comprender aquello que se muestra o se revela ante la consciencia.

Así, cuando hablamos de fenomenología, podemos entenderla como la disciplina que se dedica al estudio de lo que se hace visible, de aquello que se ilumina y se despliega ante la consciencia. Este estudio no es simplemente un análisis de lo que aparece en un sentido superficial, sino una indagación profunda en cómo y por qué los fenómenos se manifiestan en primer lugar y por qué lo hacen de la manera en que lo hacen. La fenomenología explora cómo estos emergen desde la oscuridad hacia la luz de la consciencia, permitiendo una comprensión más clara y completa de la realidad tal como se presenta a la experiencia humana. Este enfoque filosófico no se limita a describir la realidad externa como podría ser en sí misma, sino que se concentra en cómo dicha realidad se revela y es vivenciada por el sujeto consciente.

En el primer libro de la *Metafísica*, Aristóteles introduce una reflexión profunda sobre el papel de los sentidos en el conocimiento, planteando que estos constituyen las primeras facultades mediante las cuales el ser humano es capaz de captar las diferencias (diáforas) entre los objetos del mundo. La teoría aristotélica de la percepción se basa en la idea de que cada uno de los sentidos tiene la capacidad de captar aspectos específicos y limitados de los objetos sensibles, confinándose a una dimensión particular de la realidad. Así, el tacto percibe cualidades como la dureza o la suavidad, pero es incapaz de captar el color o el olor. De manera similar, el olfato se ocupa únicamente de los aromas, mientras que la vista capta el color y la forma, pero no puede aprehender ni el sonido ni el sabor. Esta especialización sensorial refleja la fragmentación inherente de la realidad perceptual, en la medida en que cada sentido se enfoca en una faceta aislada del objeto. Aristóteles sugiere que tal fragmentación es esencial para que los sentidos puedan proporcionar conocimiento sobre las diáforas, es decir, las diferencias que constituyen la pluralidad del mundo fenoménico.

A pesar de que los sentidos nos proporcionan información acerca de la diversidad de lo sensible, Aristóteles reconoce que el conocimiento obtenido a través de ellos es incompleto. Por su naturaleza, los sentidos no pueden captar el objeto en su totalidad ni en su esencia. Cada sentido opera dentro de un ámbito delimitado por las características propias de los objetos sensibles, lo que conduce a un conocimiento fragmentario y limitado, dependiente de lo contingente y sometido a las apariencias. En consecuencia, la percepción sensorial ofrece una visión parcial y superficial de la realidad. Ante esta limitación inherente a los sentidos, Aristóteles introduce una distinción fundamental entre el conocimiento sensible y el conocimiento intelectual. Mientras que los sentidos permiten captar la multiplicidad y la diversidad fenoménica, es el *nous*, o 'intelecto', la facultad que trasciende las apariencias y alcanza la comprensión de la *ousía*, o 'esencia de los objetos'. A diferencia de los sentidos, el intelecto puede aprehender las causas primeras y los principios universales que subyacen a la realidad sensible, lo que le permite acceder a una comprensión unificadora y coherente del mundo. Este conocimiento intelectual es, por tanto, superior al conocimiento sensorial, pues no se limita a lo particular y accidental, sino que se orienta hacia lo universal y necesario, revelando el orden racional que gobierna el Ser.

En su fenomenología, Edmund Husserl ofrece una perspectiva diferente pero que resuena con ciertos aspectos del pensamiento aristotélico, al introducir el concepto de intuición eidética. Para él, aunque los sentidos fragmentan la realidad al presentarnos una multiplicidad dispersa de manifestaciones sensibles, la intuición eidética permite a la consciencia aprehender la esencia del objeto en su totalidad. Este tipo de intuición no se detiene en las apariencias externas ni en las diferencias accidentales; por el contrario, busca penetrar en la estructura esencial del Ser, ofreciendo una comprensión profunda y unificada de la realidad. En este sentido, la intuición eidética supera las limitaciones del conocimiento sensorial; no se presenta simplemente como un complemento de la percepción sensorial, sino como una forma de conocimiento que la trasciende. Mientras los sentidos nos ofrecen una visión dispersa y parcial del mundo, la intuición eidética unifica esas diversas facetas en una aprehensión completa, revelando la unidad subyacente a la multiplicidad fenoménica.

Para Husserl, esta intuición directa de la esencia indivisible del objeto nos permite acceder a un conocimiento más profundo y completo de la realidad, uno que no está sujeto a las restricciones de la percepción sensible.

Este contraste entre Aristóteles y Husserl pone de manifiesto dos enfoques distintos sobre el proceso de conocimiento. Aristóteles concibe el *nous* como la facultad que permite trascender la fragmentación perceptual y acceder a la unidad esencial del Ser. Husserl, por su parte, sitúa esta capacidad en la intuición eidética, que permite a la consciencia aprehender la esencia unificada de los objetos más allá de las divisiones fenoménicas. Ambos, aunque desde perspectivas diferentes, buscan la unidad subyacente que trasciende la diversidad de las apariencias sensibles y postulan la existencia de una facultad superior que permite acceder a una comprensión más profunda e integral de la realidad.

La integración retroprogresiva de lo visible, lo audible y lo táctil

Desde el seno de una investigación propiamente fenomenológica, debemos preguntarnos en qué sentido es posible hablar de una fenomenología que vaya más allá de los pilares de la percepción y el conocimiento sobre los que se sustenta la epistemología tradicional. La fenomenología, tal como ha sido concebida tradicionalmente en Occidente, y como hemos mostrado a lo largo de este estudio, se ha centrado en la manifestación de los objetos a través de su aparición ante la vista, dado que la verdad ha sido históricamente asociada con la adecuación del pensamiento a lo que se muestra visualmente. Este enfoque tiene sus raíces en la filosofía griega y romana, donde la verdad se entiende como una revelación a través de la visión, un proceso de *erscheinung* ('aparición' en alemán) en el cual lo oculto se desvela ante los ojos. No obstante, pensadores contemporáneos como Jean-Luc Marion y Michel Henry han propuesto una ampliación de esta concepción fenomenológica, sugiriendo que el fenómeno no se limita a manifestarse a través de la vista. En este sentido, argumentan que el Ser puede revelarse también a través de la escucha mediante la revelación, lo que implica una revalorización del sentido auditivo en la experiencia fenomenológica.

Esta idea encuentra resonancia en las tradiciones semitas y védicas, en las cuales el oído es considerado el canal principal para la percepción de lo sagrado. El *Shemá Israel* (Escucha Israel), uno de los pilares centrales de la liturgia judía, trasciende su función meramente religiosa y ceremonial para convertirse en una profunda reflexión filosófica sobre la consciencia, la escucha y la relación ontológica con lo divino. Si bien en las traducciones comunes se interpreta simplemente como 'escucha', el verbo hebreo *shamá* encierra una complejidad conceptual que supera ampliamente la simple recepción de estímulos auditivos. En el hebreo bíblico, *shamá* alude a una modalidad de atención integral, que no solo implica la captación de un mensaje, sino también su comprensión profunda, su asimilación y una respuesta activa. Este matiz es clave para entender el significado filosófico y teológico del *Shemá*. Lejos de ser una mera proclamación verbal sobre la unicidad de Dios —«Adonai es uno»—, el *Shemá* constituye una invitación a una disposición existencial hacia lo sagrado. La escucha, en este contexto, no se limita a un acto pasivo de oír palabras; demanda una apertura completa del Ser, un estado de atención sostenida. En esencia, esta escucha activa es una postura epistemológica y ética que exige tanto la aceptación intelectual de la verdad teológica sobre la unidad divina como su integración en la totalidad de la vida. En este sentido, el *Shemá* configura un llamado a reconocer la centralidad de Dios más allá del ámbito ritual. La estructura y el contenido del *Shemá* revelan una demanda de alineación ontológica con la divinidad, un imperativo de vivir en completa alineación con la consciencia de la unicidad de Dios. No se trata únicamente de recitar una oración, sino de una apertura y entrega a lo trascendente.

En este punto, se puede establecer una analogía con la noción de la *alétheia* en la filosofía griega, especialmente en la obra de Martin Heidegger, donde la verdad es más que la correspondencia entre una proposición y la realidad: es el desvelamiento del Ser. El *Shemá*, al igual que la *alétheia*, invita a una revelación constante del Ser en su relación con lo sagrado. Por tanto, el *Shemá Israel* puede interpretarse como una exhortación a vivir en un estado de atenta observación permanente, donde la escucha de lo divino no es una operación mecánica ni esporádica, sino una forma de ser latente que involucra la totalidad de lo que somos. Esta escucha nos transforma, ya que la afirmación de la unicidad de Dios exige un morir y un renacer. De esta manera, el *Shemá* se convierte en un paradigma de la escucha activa, en un modelo de cómo el ser humano debe relacionarse con lo divino: no solo como receptor pasivo de la revelación, sino como un agente dispuesto que transforma su vida a partir de esa escucha, dando lugar a una existencia ética que refleje la unidad y la plenitud que se proclama en la oración.

En la tradición del *sanātana-dharma*, los Vedas, que incluyen los *upaniṣads*, se agrupan bajo el concepto de *śruti*, un término sánscrito que significa 'lo escuchado'. Este concepto se refiere a la revelación divina recibida por los *ṛṣis*, sabios que accedieron a verdades eternas en estados de profunda meditación trascendental. En el hinduismo, los *ṛṣis* ocupan un lugar de profunda reverencia, siendo vistos como aquellos que alcanzaron un estado de iluminación y sabiduría trascendental. A través de la práctica ascética de la meditación, llamada *tapas*, accedieron al conocimiento eterno, plasmado en los himnos védicos que constituyen la base de la revelación. Con el desarrollo del hinduismo, el rol de los *ṛṣis* evolucionó hacia figuras veneradas por su capacidad de acceder a esferas superiores de realidad mediante una estricta disciplina meditativa, lo que les otorgaba una autoridad espiritual incomparable. Este proceso de iluminación implicaba una transformación integral del ser, a través de la cual comprendían directamente las leyes universales y el orden cósmico. *Ṛṣi* se traduce a pali como *isi*. En el budismo, se refiere a individuos de elevado nivel espiritual, como budas, *pacceka-buddhas* (budas solitarios) o *arahats* (seres liberados del *saṃsāra*). Aunque los términos varían, la idea central de un sabio que alcanza la Verdad última a través de la meditación y el conocimiento trascendental es compartida en ambas tradiciones.

Por otra parte, la tradición egipcia ofrece una perspectiva distinta al poner énfasis en el tacto como medio para interactuar con lo sagrado, sugiriendo que la verdad y el conocimiento pueden ser aprehendidos a través del contacto físico, integrando así una dimensión táctil a la fenomenología. La tradición religiosa del antiguo Egipto, cuyo auge se extiende desde aproximadamente el 3200 a. n. e. hasta el 30 a. n. e., concede al sentido del tacto una relevancia primordial en la interacción con lo divino. Esta concepción se inserta en una visión del mundo donde no se distingue claramente entre lo material y lo espiritual; más bien, ambas dimensiones conforman una realidad unificada. Para los egipcios, la esfera física no era un ámbito autónomo o ajeno a lo divino, sino una manifestación directa de las potencias sagradas. En este sentido, los objetos, estatuas y símbolos rituales no se percibían meramente como representaciones simbólicas; eran encarnaciones tangibles del poder y la presencia de las deidades. El acto de tocar estos objetos sacros resultaba esencial para establecer un contacto con las divinidades, ya que a través del tacto se canalizaba la energía divina, permitiendo a los fieles acceder a las esferas trascendentales.

Al descentrar la visión y elevar el oído y el tacto a la misma importancia, se inaugura un nuevo horizonte fenomenológico que invita a reconsiderar las formas en que el Ser se presenta y es aprehendido por la consciencia, antes incluso de que esta pueda pensarse como consciencia. En este marco conceptual, se introduce una concepción de la iluminación que supera lo meramente físico para situarse en el ámbito de lo metafísico. Ya no se trata de una luz que nuestros ojos corporales pueden captar en el mundo fenoménico, ni tampoco lo que nuestras capacidades cognitivas puedan categorizar y comprender en el sentido más tradicional del término. Al contrario, se trata de una iluminación que opera en un plano superior, donde lo sagrado se revela con una profundidad y esencia más plenas, tan plenas que aparecen en tanto que inaparentes, eso es, invisibles e incomprensibles.

La Fenomenología Retroprogresiva se presenta como una corriente que busca integrar estas tradiciones sensoriales —la vista, el oído y el tacto— en una «comprensión» más holística del fenómeno. El punto de inflexión de esta propuesta reside en disociar la iluminación y lo sagrado del sentido de la vista, que ha dominado la tradición occidental, y en reorientar el foco hacia una forma de iluminación que no se circunscribe a lo visible, sino que se extiende a la experiencia de lo inaparente. Por tanto, la Fenomenología Retroprogresiva se distancia deliberadamente de una fenomenología de lo aparente —centrada en lo que se revela a los ojos— para adentrarse en una fenomenología de lo inaparente, enfocándose en aquello que no se muestra ante la vista, pero que sin embargo, posee la capacidad de iluminar. Esta forma de iluminación ya no busca simplemente clarificar lo que es captado por los sentidos, sino que pretende iluminar la consciencia misma, trascendiendo la percepción sensorial en favor de una experiencia más profunda y esencial. Así, la Fenomenología Retroprogresiva redefine la relación entre lo sagrado y su manifestación, proponiendo una fenomenología que abarca lo visible, lo audible y lo táctil, en una síntesis que pretende capturar la totalidad de la experiencia del Ser.

La luz y la consciencia en la Fenomenología Retroprogresiva

La fenomenología tradicional, tal como ha sido concebida, nunca ha abordado lo sagrado como su objeto de estudio principal; siempre se ha enfocado en lo que aparece claramente, dejando de lado lo inaparente. En ese sentido, ha explorado la esencia de objetos concretos, como una planta, un perro, una mesa o una silla, y cómo estos se revelan *qua* objetos claramente en la luz de la consciencia. La Fenomenología Retroprogresiva se distancia del estudio de los objetos que se manifiestan en la luz y en cómo se manifiestan como objetos, y se centra, en cambio, en la luz que hace posible la aparición de esos objetos. El objeto de la Fenomenología Retroprogresiva no es ya la luz de la esencia sino la esencia de la luz. Esta luz es el Ser mismo, la realidad última de lo que somos. Al enfocarse en la luz que subyace a la manifestación de los objetos, esta corriente fenomenológica busca desvelar una dimensión ontológica más profunda, aquella en la que el Ser y lo sagrado se entrelazan en una única realidad esencial. Por tanto, la Fenomenología Retroprogresiva no es una mera investigación de los fenómenos tal como se muestran a través de la luz, sino una exploración de la luz en su calidad de manifestación del Ser.

La Fenomenología Retroprogresiva establece, por tanto, una conexión entre lo sagrado y la iluminación. Su interés no recae en lo que aparece ante la luz, sino en la luz misma y en cómo el ser humano se relaciona con dicha luz en un plano que trasciende la visión y la comprensión. Es fundamental distinguir entre la visión y aquello que permite la visión. En este contexto, la luz se concibe como una claridad que ilumina la capacidad misma de ver, es decir, una luz que aclara y amplifica la consciencia más allá del alcance de lo perceptible. Esta luz interior no es accesible a través de los ojos corporales, sino que es aprehendida por los «ojos del alma»; no se dirige hacia la iluminación del mundo externo, sino hacia la revelación de verdades internas y trascendentales. Es mediante esta luz del alma que el Ser se manifiesta en su verdadera esencia, alejándose de las apariencias sensoriales para adentrarse en su dimensión más auténtica. Así, la luz del alma termina descubriendo el alma de la luz.

En este sentido, la Fenomenología Retroprogresiva puede, paradójicamente, describirse como una forma de posfenomenología. Por un lado, esta se alinea con la fenomenología ontológica al investigar el Ser en relación con la consciencia; por otro, la trasciende al reflexionar sobre la consciencia en sí, explorando cómo se ilumina y revela, brotando como tal, sin la mediación de objetos externos. La Fenomenología Retroprogresiva no aborda la consciencia simplemente como fenómeno, sino que se centra en el *fos*, en la luz primigenia de la cual emergen todos los fenómenos, incluyendo la consciencia misma como fenómeno de estudio. Así, se enfoca en el génesis, el origen (*bereshít*), en esa luz esencial donde tanto los fenómenos como su consciencia se manifiestan.

En este marco, el fenomenólogo retroprogresivo se transforma en un explorador de la esencia pura de la luz reveladora, que posibilita la aparición de cualquier objeto, es decir, que facilita la fenomenicidad de algo, en lugar de limitarse a ser un observador pasivo de objetos iluminados por esta luz. En este contexto, la luz no es meramente un medio para conocer el ente, sino el objeto de estudio en su propia y enigmática profundidad. Esta fenomenología se erige como un esfuerzo para desvelar el Ser ante la consciencia, descubriendo su esencia de forma directa y sin intermediarios. Esta corriente filosófica sostiene que el Ser no solo se manifiesta a la consciencia, sino que su propia razón de ser es precisamente esa: hacerse presente ante ella, proporcionándole significado y orientación. Así, el Ser alcanza su propósito más esencial al convertirse en objeto cognoscible, facilitando que la consciencia tome consciencia de sí misma.

En cierto modo, y a la luz de lo dicho hasta ahora, podemos definir la Fenomenología Retroprogresiva como una fenomenología ontológica de lo sagrado. Esta perspectiva redefine la simple fenomenología, transformándola en una investigación ontológica que no se concentra en lo que se muestra, sino en la luz que posibilita cualquier manifestación y que es el fundamento de todo fenómeno. Este «retroprogreso» refleja las dinámicas de la religión, que es entendida como *re-ligare*, es decir, como la acción de volver a conectar con lo divino, con el origen. En las tradiciones religiosas, este retorno a la fuente o a lo sagrado no es un simple movimiento hacia atrás, sino una unión profunda que reconstituye la totalidad del Ser.

> Otra vez Jesús les habló, diciendo: «Yo soy la luz del mundo; el que me sigue, no andará en tinieblas, sino que tendrá la luz de la vida».
>
> (Juan, 8:12)

Esta luz, que es la esencia misma del Ser y de lo sagrado, es el verdadero objeto de estudio, llevando la reflexión más allá del análisis de los fenómenos para adentrarse en el principio subyacente que sostiene y hace posible toda experiencia. Es un retorno a la fuente primordial, un estudio de aquella luz que no se percibe, sino que simplemente se es, reflejando la realidad de lo sagrado y de nuestra más auténtica naturaleza.

Lo sagrado, por su propia naturaleza, no se manifiesta con la misma claridad y evidencia. Siendo nuestro auténtico Ser, no se muestra de manera directa o inmediata, sino a través de una mediación. La vida humana está constituida por experiencias que aparecen en la luz de la consciencia, y es esta luz la que posibilita que lo experimentado se haga presente. No obstante, es crucial reconocer que el verdadero fundamento de toda experiencia no es el objeto, sino la luz en la cual estos objetos aparecen y son experimentados. Mientras que lo experimentado depende de la luz, la luz no necesita de lo experimentado para ser, lo que nos permite afirmar que, por lo tanto, esta luz constituye el fundamento de toda experiencia y, en última instancia, de todo fenómeno.

La luz misma es no obstante imperceptible en su esencia; lo que captamos son las formas y superficies sobre las que esta se proyecta. Nunca nadie ha observado la luz como tal, pues al hablar de luz nos referimos, en última instancia, a la condición necesaria para que la visión ocurra. La luz no es un fenómeno que se revela por sí solo; su sutileza escapa a los sentidos. Solo a través de la percepción de los objetos inferimos su presencia, ya que, en la completa oscuridad, nada sería visible. De modo similar, la noción de oscuridad alude solo a la ausencia de visión, es decir, a la incapacidad de percibir los objetos del entorno.

Si en este momento un médico te preguntara si eres consciente, sin duda responderías que sí, confirmando así tu propia consciencia de manera inmediata. La consciencia, por tanto, no solo es evidente en sí misma, sino que también lo es para nosotros. Incluso si, de manera paradójica, afirmáramos no estar conscientes, esta misma respuesta constituiría una prueba de nuestra consciencia, pues solo un ser consciente puede ofrecer tal negación. Este reconocimiento de nuestro ser es inevitable y trasciende cualquier necesidad de verificación a través de los sentidos. No requerimos la mediación de los ojos para constatar nuestra existencia; más bien, esta certeza está proporcionada por una intuición interna, profunda y directa de nuestra propia naturaleza. Así como en un espacio iluminado la luz nos permite ver los objetos, en el ámbito de la consciencia existe una «iluminación» no perceptible por los sentidos, pero que nos guía y nos revela nuestro ser de manera infalible. Es una luz que no pertenece al reino físico, sino a la esfera de la autoconsciencia, y su presencia es tan indudable como inmaterial.

Aunque esta luz no se manifieste de manera directa ante nuestros sentidos, el mero hecho de ser conscientes de nuestra existencia implica que hay una fuente de luz, no física sino interior. Incluso en la más absoluta oscuridad sensorial, somos capaces de afirmar, sin vacilación alguna, la certeza de nuestra propia existencia. La falta de estímulos externos no debilita en modo alguno la evidencia de nuestra consciencia, pues esta permanece incuestionable y autoevidente para nosotros. De hecho, la oscuridad física no anula la presencia de una «luz» interior, la cual es una manifestación directa de la consciencia misma. Tal como lo menciona Kṛṣṇa en el *Bhagavad-gītā*:

न तद्भासयते सूर्यो न शशाङ्को न पावकः ।
यद्गत्वा न निवर्तन्ते तद्धाम परमं मम ॥

> *na tad bhāsayate sūryo*
> *na śaśāṅko na pāvakaḥ*
> *yad gatvā na nivartante*
> *tad dhāma paramaṁ mama*

Ni el sol ilumina allí, ni la luna, ni el fuego; habiendo ido allí no regresan; esa es Mi morada suprema.

(*Bhagavad-gītā*, 15.6)

La capacidad de percibirnos a nosotros mismos delata de por sí la presencia de la luz. Meditar es atender y reconocer a la luz de la consciencia que es nuestra auténtica naturaleza.

En el ámbito islámico, *Nūr* se erige como un concepto de honda trascendencia, simbolizando la «luz fría de la noche» o «luz sin calor», comúnmente asociada con el brillo tenue de la luna. A diferencia de la luz solar, caracterizada por su intensidad y calor, *Nūr* es evocada como metáfora de la guía divina y el conocimiento espiritual. Esta luz lunar, suave y apacible, se asocia con la misericordia de Dios, una iluminación que no abrasa, sino que guía con suavidad y calma, otorgando claridad sin imponerse con violencia. *Nūr* se diferencia de *Nar*, que designa el 'fuego', la 'luz caliente' o la luz solar. Mientras que *Nar* puede implicar juicio, severidad o la fuerza abrasadora del sol, *Nūr* representa una forma de iluminación más delicada y espiritual, vinculada al conocimiento que emana directamente de lo divino. Este simbolismo se profundiza en el Corán, donde se afirma:

> Dios es la Luz de los cielos y de la tierra.
> El ejemplo de Su luz es como un nicho dentro del cual hay una lámpara.
> La lámpara está dentro de un cristal, el cristal como si fuera una estrella perlada [blanca],
> iluminada por [el aceite de] un olivo bendito,
> que no es ni del este ni del oeste, cuyo aceite casi brillaría incluso si no fuera tocado por el fuego.
> Luz sobre luz.
> Dios guía hacia Su luz a quien Él quiere.
> Y Dios presenta ejemplos para la gente,
> y Dios es Conocedor de todas las cosas.
> (Corán, *sura* 24:35)

Esta declaración subraya que *Nūr* es una manifestación del conocimiento divino trascendente y señala la omnipresencia de Dios, quien ilumina tanto la dimensión material como la espiritual, otorgando claridad y entendimiento en ambos planos. Así, *Nūr* se convierte en un emblema de la revelación divina que alumbra el camino del creyente y se extiende a toda la creación.

En la Fenomenología Retroprogresiva que aquí presentamos, se sigue una línea fenomenológica que, desde sus inicios, se ha visto llamada a describir «una forma de existencia» que, aunque nos es secretamente inherente, nos permite «atender» a la luz del alma sin verla ni comprenderla. Esta luz, como expresión máxima de lo sagrado, escapa a cualquier intento de comprensión o percepción. Sin embargo, siendo fieles a los principios fundamentales de la fenomenología, la Fenomenología Retroprogresiva no deduce ni presupone la existencia de esa luz. Busca describir la relación del ser humano con ella, más allá de los límites de la percepción y la comprensión. Lejos de negar la percepción o la epistemología, esta fenomenología intenta penetrar en su esencia como herramientas que nos permiten describir cómo y en qué consiste nuestra relación con la luz infinita del alma, una luz que no podemos ver ni comprender.

Quizás siguiendo a Kierkegaard de nuevo, podríamos decir que lo que la fenomenología retroprogresiva pretende explicar es lo que podríamos llamar la experiencia abrahámica: cómo «escucha» Abraham a su Dios («quién es», eso es, el Ser) cuando este le pide que lleve a Isaac al Monte Moriá para sacrificarlo. Abraham no ve a Dios, ni lo comprende, pero escucha su llamado. Este llamado es «brutal», no en un sentido cruel, como algunos han sugerido, sino porque trasciende la razón y expresa lo incomprensible, lo imperceptible. A pesar de esto, Abraham responde en el más absoluto silencio, ya que esta escucha de la llamada divina trasciende también el lenguaje. Él «responde» con todo el peso de la responsabilidad, y al hacerlo, brota él mismo como un sujeto ontológico y ético, como consciencia de sí. Lo que este episodio relata, y lo que la Fenomenología Retroprogresiva descubre, es que existe significado más allá de los límites de la epistemología y del lenguaje. Como se ha adelantado, el Abraham de Kierkegaard responde sin palabras, porque su relación con lo sagrado, con el alma de la luz, trasciende el lenguaje. La escucha del Ser no implica oír palabras, sino ser tocado y dejarse tocar por la luz del alma. Es en ese instante, en ese ahora, donde brota el significado más profundo de la existencia, renovado y perenne.

La vida, en su totalidad, es solo luz; la materia no es más que un espejismo, una ilusión que aparece cuando la visión está velada. Al ver con claridad, las diferencias se disipan, dejando tras de sí un infinito océano de luz, del cual somos apenas olas efímeras, surgiendo en un juego de burbujas y espuma.

> Amados, ahora somos hijos de Dios, y aún no se ha manifestado lo que hemos de ser; pero sabemos que cuando él se manifieste, seremos semejantes a él, porque le veremos tal como Él es.
>
> (Juan, 3:2)

Capítulo 43: La luz y la consciencia: una exploración retroprogresiva

Conocer este océano de luz exige la muerte de lo viejo, lo conocido y lo familiar, para que lo nuevo y fresco renazca. Solo al reconocernos como luz podremos experimentar la vida en su verdadera luminosidad. En la ausencia total de oscuridad, no existe la muerte ni el sufrimiento, sino solo la eterna dicha.

לֹא־יִהְיֶה־לָּךְ עוֹד הַשֶּׁמֶשׁ לְאוֹר יוֹמָם וּלְנֹגַהּ הַיָּרֵחַ לֹא־יָאִיר לָךְ וְהָיָה־לָךְ ה' לְאוֹר עוֹלָם וֵאלֹהַיִךְ לְתִפְאַרְתֵּךְ:
לֹא־יָבוֹא עוֹד שִׁמְשֵׁךְ וִירֵחֵךְ לֹא יֵאָסֵף כִּי ה' יִהְיֶה־לָּךְ לְאוֹר עוֹלָם וְשָׁלְמוּ יְמֵי אֶבְלֵךְ:

(ישעיהו ס', י"ט-כ')

Ya el sol no será para ti luz del día, ni el resplandor de la luna te alumbrará; sino que tendrás al Señor por luz eterna, y a tu Dios por tu gloria. Nunca más se pondrá tu sol, ni menguará tu luna, porque tendrás al Señor por luz eterna, y se habrán acabado los días de tu luto.

(Isaías, 60:19-20)

La consciencia constituye la sustancia primordial que penetra y define a cada Ser, cada experiencia, y fuera de ella, nada posee existencia auténtica. Es más, esta lectura de la relación entre Ser y consciencia, tal como la hemos descrito al inicio de esta conclusión, nos permite convertir esta revelación en el faro, en la luz (*fos*) inquebrantable, que guía toda existencia, lo cual nos lleva a sugerir que la realidad, en su totalidad, eso es, como todo, no es más que la manifestación de una única y vasta consciencia. El reconocimiento de la consciencia trae consigo una transformación profunda en nuestra percepción del mundo. Paulatinamente, los objetos que antes percibíamos como realidades materiales firmes comenzarán a sutilizarse, revelando en su lugar la presencia de seres vivos, emanaciones conscientes que se manifiestan en cada rincón del universo. Eventualmente, este cambio perceptivo alcanzará un clímax, donde la totalidad del mundo se revelará en su verdadero estado, disipando la ilusión de un entorno inerte que no era más que un reflejo de la propia insensibilidad de un sujeto hacia la vida circundante. La Fenomenología Retroprogresiva propone sobrepasar la barrera de la percepción epistemológica tradicional que, no solo desde la filosofía moderna sino ya desde Platón, había dibujado el horizonte de toda comprensión posible de la realidad y toda existencia. Al saltar esta barrera epistemológica, lo que aflora es precisamente una realidad en la que todo lo que nos rodea no solo está vivo, sino que, en su núcleo más íntimo, todo es pura y luminosa consciencia.

Apéndices

Prabhuji
S.S. Avadhūta Śrī Bhaktivedānta Yogācārya
Ramakrishnananda Bābājī Mahārāja

Sobre Prabhuji

Prabhuji es un fiel miembro oficial del hinduismo, así como un místico *advaita* universalista. Combina su profundo compromiso religioso con una destacada labor artística como escritor y pintor abstracto. Es reconocido por su línea de sucesión discipular como un maestro realizado. Como *avadhūta*, un título que le fue conferido como reconocimiento de su estado de realización, ha desarrollado el Sendero de Alineamiento Retroprogresivo, una contribución original enraizada en los principios inclusivos del *sanātana-dharma* (la religión hindú).

Su sólida formación incluye un doctorado en filosofía *vaiṣṇava*, otorgado por el prestigioso Instituto Jiva de Estudios Védicos en Vrindavan, India, y un doctorado en filosofía yóguica obtenido en la Universidad Yoga-Samskrutham. Estos doctorados reafirman su compromiso con las enseñanzas tradicionales y su conexión con las raíces espirituales de la religión hindú.

En el año 2011, con las bendiciones de su Gurudeva, adoptó el sendero del *bhajanānandī* recluido y se retiró de la sociedad a una vida eremítica contemplativa. Desde entonces, vive como un eremita religioso hindú cristiano-mariano independiente. Sus días transcurren en soledad, orando, escribiendo, pintando y meditando en silencio y contemplación. Prabhuji es el único discípulo de S.D.G. Avadhūta Śrī Brahmānanda Bābājī Mahārāja, quien es a su vez uno de los más cercanos e íntimos discípulos de S.D.G. Avadhūta Śrī Mastarāma Bābājī Mahārāja.

Prabhuji fue designado como sucesor del linaje por su maestro, quien le confirió la responsabilidad de continuar el sagrado *paramparā* de *avadhūtas*, designándolo oficialmente como gurú y ordenándole servir como sucesor Ācārya con el nombre S.S. Avadhūta Bhaktivedānta Yogācārya Śrī Ramakrishnananda Bābājī Mahārāja.

Prabhuji es también discípulo de S.D.G. Bhakti-kavi Atulānanda Ācārya Mahārāja, quien es discípulo directo de S.D.G. A.C. Bhaktivedānta Swami Prabhupāda. Podríamos afirmar que Gurudeva Atulānanda asumió afectuosamente la función de guía durante su etapa inicial de aprendizaje, y por ser el primer gurú de Prabhuji, es considerado el abuelo de la Misión Prabhuji. Por su parte, Guru Mahārāja fue el segundo y último gurú de Prabhuji y le proporcionó dirección durante su fase avanzada. Gurudeva actuó como el educador principal en los albores de su desarrollo espiritual, mientras que Guru Mahārāja ejerció con gran diligencia el papel de maestro en el nivel superior, acompañándole hasta su realización.

El hinduismo de Prabhuji es tan amplio, universal y pluralista que a veces, haciéndole honor a su título de *avadhūta*, sus enseñanzas vivas y frescas trascienden los límites de toda filosofía y religión, incluso la suya propia. Sus enseñanzas promueven el pensamiento crítico y nos llevan a cuestionar afirmaciones que suelen aceptarse como ciertas. No defienden verdades absolutas, sino que nos invitan a evaluar y cuestionar nuestras propias convicciones. La esencia de su sincrética visión, el Sendero de Alineamiento Retroprogresivo, es el autoconocimiento y el reconocimiento de la consciencia. Para él, el despertar de la consciencia, o la trascendencia del fenómeno egoico, constituye el siguiente nivel del proceso evolutivo de la humanidad.

Prabhuji nació el 21 de marzo de 1958 en Santiago, capital de la República de Chile. Una experiencia mística acaecida a la edad de ocho años lo motivó a la búsqueda de la Verdad, o la Realidad última, transformando su vida en un auténtico peregrinaje tanto interno como externo.

En su juventud (18 años), Prabhuji abrazó la disciplina monástica mediante largas estancias en varios aśrāms de diferentes corrientes hinduistas (*Gauḍīya* Vaishnavas, *advaita-vedānta* y demás) en Chile, Israel y la India. Allí se sometió a una rigurosa formación dentro de la religión hindú. Inmerso en la estricta observancia de la vida religiosa, recibió una educación sistemática, siguiendo los métodos tradicionales de la enseñanza monástica. Su formación incluía el estudio profundo de las escrituras sagradas, la práctica de austeridades, el cumplimiento de estrictos votos y la participación en rituales prescritos, todo ello bajo la guía de maestros o gurús. Mediante esta disciplina intensiva, interiorizó los principios fundamentales de la vida monástica hindú, adoptando sus valores, códigos de conducta y prácticas contemplativas. Esto le permitió aprender la teoría y también incorporar los ideales que caracterizan la espiritualidad del hinduismo.

Ha consagrado su vida por completo a profundizar en la temprana experiencia transformativa que marcó el comienzo de su proceso retroevolutivo. Ha dedicado más de cincuenta años a la investigación y la práctica de diferentes religiones, filosofías, vías de liberación y senderos espirituales. Ha absorbido las enseñanzas de grandes maestros, chamanes, sacerdotes, machis, shifus, roshis, sháijs, daoshis, yoguis, pastores, swamis, rabinos, cabalistas, monjes, gurús, filósofos, sabios y santos a quienes visitó personalmente durante sus años de búsqueda. Ha vivido en muchos lugares y ha viajado por el mundo sediento de la Verdad.

Desde muy pequeño, Prabhuji notó que el sistema educativo le impedía dedicarse a lo que era realmente importante: aprender sobre sí mismo. Reconoció que en el sistema educativo occidental de escuelas primarias, secundarias y universidades no encontraría lo que quería aprender. A los 11 años decidió dejar de asistir a la escuela convencional y se dedicó a la formación autodidáctica. Con el tiempo, se convertiría en un serio crítico del sistema educativo actual.

Prabhuji es una autoridad reconocida en la sabiduría oriental. Es conocido por su erudición en los aspectos *vaidika* y *tāntrika* del hinduismo, así como en todas las ramas del yoga (*jñāna*, *karma*, *bhakti*, *haṭha*, *rāja*, *kuṇḍalinī*, *tantra*, *mantra* y demás). Su actitud hacia todas las religiones es inclusiva y conoce profundamente el judaísmo, el cristianismo, el budismo, el islam, el sufismo, el taoísmo, el sijismo, el jainismo, el shintoismo, el bahaísmo, el chamanismo, la religión mapuche, y demás.

Durante su estancia en Oriente Medio, su estimado amigo y erudito, Kamil Shchadi, le transmitió profundos conocimientos sobre la fe drusa. También se benefició de su cercanía a otro ilustre conocido, el venerado y sabio Salach Abbas, que le ayudó a comprender en profundidad el islam y el sufismo. Estudió budismo Theravada personalmente del Venerable W. Medhananda Thero de Sri Lanka. Estudió profundamente la teología cristiana con S.S. Monseñor Iván Larraín Eyzaguirre en la Iglesia de la Veracruz en Santiago de Chile y con Don Héctor Luis Muñoz, diplomado en teología de la Universidad Católica de la Santísima Concepción, Chile.

Su curiosidad por el pensamiento occidental lo llevó a incursionar en el terreno de la filosofía en todas sus diferentes ramas. Profundizó en especial en la Fenomenología Trascendental y la Fenomenología de la Religión. Tuvo el privilegio de estudiar intensivamente por varios años con su tío Jorge Balazs, filósofo, investigador y autor, quien escribió *El Mundo al revés* bajo su seudónimo Gyuri Akos. Prabhuji realizó estudios particulares de mitología y filosofía durante cuatro años (1984-1987) con la Dra. Meira Laneado de la Universidad Bar-Ilan. Estudió en privado por muchos años con el Dr. Jonathan Ramos, reconocido filósofo, historiador y profesor universitario licenciado de la Universidad Católica de Salta, Argentina. Estudió también con el Dr. Alejandro Cavallazzi Sánchez, licenciado en filosofía por la Universidad Panamericana, maestro en filosofía por la Universidad Iberoamericana y doctor en Filosofía por la Universidad Nacional Autónoma de México (UNAM). Asimismo, estudió en privado con Santiago Sánchez Borboa, doctor en Filosofía por la Universidad de Arizona, EE. UU.

Sus estudios profundos, las bendiciones de sus maestros, sus investigaciones en las sagradas escrituras, así como su vasta experiencia docente, le han hecho merecedor de un reconocimiento internacional en el campo de la religión y la espiritualidad.

La búsqueda espiritual de Prabhuji le llevó a estudiar con maestros de diferentes tradiciones y a viajar lejos de su Chile natal, a lugares tan distantes como Israel, Brasil, India y Estados Unidos. Habla con fluidez español, hebreo, portugués e inglés. En su estadía en Israel, profundizó sus estudios de hebreo y arameo con el fin de ampliar su conocimiento de las sagradas escrituras. Estudió otros idiomas de forma intensiva como sánscrito con la Dra. Naga Kanya Kumari Garipathi, de la Universidad de Osmania, en Hyderabad (India);

pali en el Centro de Estudios Budistas de Oxford; y latín y griego antiguo con el profesor Ariel Lazcano y luego con Javier Álvarez, licenciado en Filología Clásica por la Universidad de Sevilla.

El abuelo paterno de Prabhuji fue un destacado suboficial mayor de la policía en Chile, quien educó a su hijo, Yosef Har-Zion ZT"L, bajo una disciplina estricta. Afectado por esa educación, Yosef decidió criar a sus propios hijos en un entorno caracterizado por una completa libertad y un amor incondicional.

En este contexto, Prabhuji creció sin experimentar ningún tipo de presión externa. Desde temprana edad, su padre manifestó un amor constante, independiente del desempeño académico o de logros externos. Cuando Prabhuji decidió dejar la escuela para dedicarse a su búsqueda interior, su familia respondió con profundo respeto y aceptación. Yosef apoyó plenamente los intereses de su hijo, animándolo en cada paso de su búsqueda de la Verdad.

A partir de los diez años, Yosef compartió con Prabhuji sabiduría de la espiritualidad hebrea y la filosofía occidental, creando un ambiente propicio para debates diarios que, a menudo, se prolongaban hasta altas horas de la noche. En esencia, Prabhuji encarnó el ideal de libertad y amor incondicional que su padre se había esforzado por cultivar en el seno familiar.

Desde muy temprana edad y por propia iniciativa, Prabhuji comenzó a practicar karate y a estudiar filosofía oriental y religiones de manera autodidacta. Durante su adolescencia, nadie interfería con sus decisiones. A los 15 años, entabló una profunda, íntima y larga amistad con la famosa escritora y poeta uruguaya Blanca Luz Brum, quien fuera su vecina en la calle Merced en Santiago de Chile. Viajó por todo Chile en busca de gente sabia e interesante de la que aprender. En el sur de Chile, conoció a machis que le enseñaron la rica espiritualidad y el chamanismo de los mapuches.

En junio de 1975, a la temprana edad de 17 años, se tituló por primera vez como Profesor de Yoga con S.S. Śrī Brahmānanda Sarasvatī (Dr. Ramamurti S. Mishra), el fundador de la World Yoga University, la Yoga Society de New York y el Ananda Ashram.

Dos grandes maestros contribuyeron en el proceso retroprogresivo de Prabhuji. En 1976, conoció a su primer Gurú, S.D.G. Bhakti-kavi Atulānanda Ācārya Swami, a quien llamaría Gurudeva. En aquellos días, Gurudeva era un joven *brahmacārī* que ocupaba el cargo de presidente del templo de ISKCON en Eyzaguirre 2404, Puente Alto, Santiago, Chile. Años más tarde, dio a Prabhuji la primera iniciación, la iniciación *brahmínica* y finalmente, Prabhuji aceptó formalmente los sacramentos de la sagrada orden de *sannyāsa*, convirtiéndose en un monje de la Brahma Gauḍīya Sampradāya. Gurudeva lo conectó con la devoción a Kṛṣṇa. Le impartió la sabiduría del *bhakti-yoga* y le instruyó en la práctica del *māhā-mantra* y el estudio de las sagradas escrituras.

En 1996, Prabhuji conoció a su segundo maestro, S.D.G. Avadhūta Śrī Brahmānanda Bābājī Mahārāja en Rishikesh, India. Guru Mahārāja, como lo llamaría Prabhuji, le reveló que su propio gurú, S.D.G. Avadhūta Śrī Mastarāma Bābājī Mahārāja, le había dicho años antes de morir que una persona vendría del Occidente y le solicitaría ser su discípulo. Le ordenó aceptar solo y únicamente a ese buscador específico. Cuando preguntó cómo podría identificar a esta persona, Mastarāma Bābājī le respondió: «Lo reconocerás por sus ojos. Debes aceptarlo porque será la continuación del linaje». Desde su primer encuentro con el joven Prabhuji, Guru Mahārāja lo reconoció y lo inició oficialmente *como su discípulo*. Para Prabhuji, esta iniciación marcó el comienzo de la etapa más intensa y madura de su proceso retroprogresivo. Bajo la guía de Guru Mahārāja, estudió *vedānta advaita* y profundizó en la meditación. Debido a que su gurú era un gran devoto de Śrī Rāmakṛṣṇa Paramahamsa y Śāradā Devī, Prabhuji quiso ser iniciado en esta línea de sucesión discipular. Solicitó iniciación de Swami Swahananda (1921-2012), ministro y líder espiritual de la Sociedad Vedanta del Sur de California de 1976 a 2012. Swami Swahananda fue discípulo de Swami Vijñānānanda, un discípulo directo de Rāmakṛṣṇa. Le inició en el año 2008 y le concedió tanto el *dīkṣā* como las bendiciones de Śrī Rāmakṛṣṇa y la Madre Divina.

Guru Mahārāja guio a Prabhuji hasta otorgarle oficialmente los sacramentos de la sagrada orden de *avadhūtas*. En marzo del 2011, S.D.G. Avadhūta Śrī Brahmānanda Bābājī Mahārāja ordenó a Prabhuji, en nombre de su propio maestro, aceptar la responsabilidad de continuar el linaje de *avadhūtas*. Con dicho nombramiento, Prabhuji es el representante oficial de la línea de esta sucesión discipular para la presente generación.

Además de sus *dikṣā-gurus*, Prabhuji estudió con importantes personalidades espirituales y religiosas como S.S. Swami Yajñavālkyānanda, S.S. Swami Dayānanda Sarasvatī, S.S. Swami Viṣṇu Devānanda Sarasvatī, S.S. Swami Jyotirmayānanda Sarasvatī, S.S. Swami Kṛṣṇānanda Sarasvatī de la Divine Life Society, S.S. Ma Yoga Śakti, S.S. Swami Pratyagbodhānanda, S.S. Swami Mahādevānanda, S.S. Swami Swahānanda de la Ramakrishna Mission, S.S. Swami Adhyātmānanda, S.S. Swami Svarūpanānda y S.S. Swami Viditātmānanda de la Arsha Vidya Gurukulam. Mientras que la sabiduría del tantra fue despertada en Prabhuji por S.G. Mātājī Rīnā Śarmā en India.

En Vrindavan, estudió el sendero del *bhakti-yoga* en profundidad con S.S. Narahari Dāsa Bābājī Mahārāja, discípulo de S.S. Nityānanda Dāsa Bābājī Mahārāja de Vraja. También estudió el *bhakti-yoga* con varios discípulos de Su Divina Gracia A.C. Bhaktivedānta Swami Prabhupāda: S.S. Kapīndra Swami, S.S. Paramadvaiti Mahārāja, S.S. Jagajīvana Dāsa, S.S. Tamāla Kṛṣṇa Gosvāmī, S.S. Bhagavān Dāsa Mahārāja, S.S. Kīrtanānanda Swami entre otros.

En 1980, Prabhuji recibió las bendiciones de S.G. Madre Krishnabai, la famosa discípula de S.D.G. Swami Rāmdās. En 1984, aprendió y comenzó a practicar la técnica de la Meditación Trascendental de Maharishi Mahesh Yogui. En 1988, realizó el curso de *kriyā-yoga* de Paramahaṁsa Yogānanda. Después de dos años, fue iniciado oficialmente en la técnica de *kriyā-yoga* por la Self-Realization Fellowship. En 1982 recibió *dikṣā* de S.S. Kīrtanānanda Swami, discípulo de Śrīla Prabhupāda, quien también le dio segunda iniciación en 1991 e iniciación *sannyāsa* en 1993.

Prabhuji deseaba confirmar los sacramentos de la sagrada orden de *sannyāsa* también con el linaje del *vedānta advaita*. Su *sannyāsa-dīkṣā*, o sacramentos, fueron confirmados el 11 de agosto de 1995 por S.S. Swami Jyotirmayānanda Sarasvatī, fundador de la «Yoga Research Foundation» y discípulo de S.S. Swami Śivānanda Sarasvatī de Rishikesh.

Prabhuji ha sido honrado con varios títulos y diplomas por muchos líderes de prestigiosas instituciones religiosas y espirituales de la India. El honorable título de Kṛṣṇa Bhakta le fue otorgado por S.S. Swami Viṣṇu Devānanda (el único título de Bhakti Yoga otorgado por Swami Viṣṇu), discípulo de S.S. Swami Śivānanda Sarasvatī y fundador de la «Organización Sivananda». El título de Bhaktivedānta le fue conferido por S.S. B.A. Paramadvaiti Mahārāja, fundador de «Vrinda». El título Yogācārya le fue conferido por S.S. Swami Viṣṇu Devānanda, el «Paramanand Institute of Yoga Sciences and Research of Indore, la India», la «International Yoga Federation», la «Indian Association of Yoga» y el «Śrī Shankarananda Yogashram of Mysore, India». Recibió el respetable título Śrī Śrī Rādhā Śyam Sunder Pāda-Padma Bhakta Śiromaṇi directamente de S.S. Satyanārāyaṇa Dāsa Bābājī Mahant de la Chatu Vaiṣṇava Saṁpradāya.

Prabhuji dedicó más de cuarenta años al estudio del *haṭha-yoga* con prestigiosos maestros del yoga clásico y tradicional como S.S. Bapuji, S.S. Swami Viṣṇu Devānanda Sarasvatī, S.S. Swami Jyotirmayānanda Sarasvatī, S.S. Swami Satchidānanda Sarasvatī, S.S. Swami Vignānānanda Sarasvatī, y Śrī Madana-mohana.

Llevó a cabo varios cursos sistemáticos de formación de profesores de *haṭha-yoga* en prestigiosas instituciones hasta alcanzar el grado de Maestro Ācārya en dicha disciplina. Completó sus estudios en las siguientes instituciones: World Yoga University, Sivananda Yoga Vedanta, Ananda Ashram, Yoga Research Foundation, Integral Yoga Academy, Patanjala Yoga Kendra, Ma Yoga Shakti International Mission, Prana Yoga Organization, Rishikesh Yoga Peeth, Swami Sivananda Yoga Research Center y Swami Sivananda Yogasana Research Center. Prabhuji es miembro de la Indian Association of Yoga, Yoga Alliance ERYT 500 y YACEP, la International Association of Yoga Therapists y la International Yoga Federation. En 2014, la International Yoga Federation le honró con la posición de Miembro Honorario del World Yoga Council.

Su interés por la compleja anatomía del cuerpo humano lo llevó a estudiar quiropráctica en el prestigioso Instituto de Salud de Espalda y Extremidades en Tel Aviv, Israel. En 1993, obtuvo el diploma de manos del Dr. Sheinerman, fundador y director del instituto. Posteriormente, obtuvo el título de masajista terapéutico en la Academia de la Galilea Occidental. Los conocimientos adquiridos en este campo agudizaron su comprensión del *haṭha-yoga* y contribuyeron a la creación de su propio método.

El Yoga Retroprogresivo es el fruto de los esfuerzos de Prabhuji por perfeccionar su propia práctica y sus métodos de enseñanza; se trata de un sistema basado especialmente en las enseñanzas de sus gurús y en las escrituras sagradas. Prabhuji sistematizó diferentes técnicas yóguicas tradicionales creando una metodología apta para el público occidental. El Yoga Retroprogresivo aspira a la experiencia de nuestra auténtica naturaleza, promoviendo el equilibrio, la salud y la flexibilidad a través de dieta apropiada, limpiezas, preparaciones (*āyojanas*), secuencias (*vinyāsas*), posturas (*āsanas*), ejercicios de respiración (*prāṇāyāma*), relajación (*śavāsana*), meditación (*dhyāna*), así como ejercicios con cierres energéticos (*bandhas*) y sellos (*mudras*) para dirigir y potenciar el *prāṇa*.

Desde su infancia, y a lo largo de toda su vida, Prabhuji ha sido entusiasta admirador, estudiante y practicante de karate-do clásico. Desde los 13 años, estudió en Chile estilos como el kenpo con el Sensei Arturo Petit y el kung-fu, pero se especializó en el estilo japonés más tradicional del shotokan. Recibió el grado de cinturón negro (tercer dan) de Shihan Kenneth Funakoshi (noveno dan). Aprendió también de Sensei Takahashi (séptimo dan) y de Sensei Masataka Mori (noveno dan). Además, practicó el estilo shorin ryu con el Sensei Enrique Daniel Welcher (séptimo dan) quien le confirió el rango de cinturón negro (segundo dan). A través del karate-do, profundizó en el budismo y obtuvo conocimiento adicional acerca de la física del movimiento. Es miembro de la Funakoshi's Shotokan Karate Association.

Prabhuji creció en un entorno artístico y su amor por la pintura comenzó a desarrollarse en su infancia. Su padre, el renombrado pintor chileno Yosef Har-Zion ZT"L, le motivó a dedicarse al arte. Aprendió con el famoso pintor chileno Marcelo Cuevas. Las pinturas abstractas de Prabhuji reflejan las profundidades del espíritu.

Desde su más tierna infancia, Prabhuji ha sentido una especial atracción y curiosidad por los sellos postales, las tarjetas postales, los buzones, los sistemas de transporte postal y toda la actividad relacionada con el correo. Ha aprovechado cada oportunidad para visitar oficinas de correos en diferentes ciudades y países. Se ha adentrado en el estudio de la filatelia, que es el campo del coleccionismo, la clasificación y el estudio de los sellos postales. Esta pasión le llevó a convertirse en filatelista profesional, distribuidor de sellos autorizado por la American Philatelic Society y miembro de las siguientes sociedades: Royal Philatelic Society London, Royal Philatelic Society of Victoria, United States Stamp Society, Great Britain Philatelic Society, American Philatelic Society, Society of Israel Philatelists, Society for Hungarian Philately, National Philatelic Society UK, Fort Orange Stamp Club, American Stamp Dealers Association, US Philatelic Classics Society, Filabras - Associação dos Filatelistas Brasileiros y Collectors Club of NYC.

Basándose en sus amplios conocimientos de filatelia, teología y filosofía oriental, Prabhuji creó la «Filatelia Meditativa» o el «Yoga Filatélico», una práctica espiritual que utiliza la filatelia como soporte para la práctica de atención, concentración, observación y meditación. Esta se inspira en la antigua meditación hindú del mándala y puede llevar al practicante a estados elevados de consciencia, a la relajación profunda y a la concentración que promueve el reconocimiento de la consciencia. Prabhuji escribió su tesis sobre este nuevo tipo de yoga, la «Filatelia Meditativa», atrayendo el interés de la comunidad académica de la India debido a su innovador enfoque de conectar la meditación con diferentes aficiones y actividades. Por esta tesis, fue honrado con el doctorado en Filosofía Yóguica por la Universidad Yoga-Samskrutham.

Prabhuji vivió en Israel por más de veinte años, donde amplió sus estudios de judaísmo. Uno de sus principales profesores y fuentes de inspiración fue el Rabino Shalom Dov Lifshitz ZT"L, a quien conoció en 1997. Este gran santo lo guio durante varios años por los intrincados senderos de la Torá y el Jasidismo. Le enseñó personalmente Tanaj, Talmud, Midrash, Shulján Arúj, Mishné Torá, Tanya, Cábala y Zohar. Ambos desarrollaron una relación muy cercana. Prabhuji también estudió el Talmud con el Rabino Rafael Rapaport Shlit"a (Ponovich), Jasidismo con el Rabino Israel Lifshitz Shlit"a y la Torá con el Rabino Daniel Sandler Shlit"a.

Prabhuji es un gran devoto del Rabino Mordejai Eliyahu ZT"L, quien personalmente lo bendijo.

Prabhuji visitó EE. UU. en el año 2000 y durante su estadía en Nueva York, se percató de que era el lugar más adecuado para fundar una organización religiosa. Le atrajeron especialmente el pluralismo y la actitud respetuosa de la sociedad americana hacia la libertad de culto. Le impresionó el profundo respeto tanto del público como del gobierno hacia las minorías religiosas. Después de consultarlo con sus maestros y solicitar sus bendiciones, Prabhuji se trasladó a los Estados Unidos. En el 2003 nació la Misión Prabhuji, una iglesia hindú destinada a preservar la visión universal y pluralista del hinduismo de Prabhuji y su «Sendero de Alineamiento Retroprogresivo».

Aunque no buscó atraer seguidores, durante 15 años (1995-2010), Prabhuji consideró las solicitudes de algunas personas que se acercaron a él pidiendo ser discípulos monásticos. Aquellos que eligieron ver a Prabhuji como a su maestro espiritual aceptaron voluntariamente votos de pobreza y dedican sus vidas a la práctica espiritual (*sadhāna*), la devoción religiosa (*bhakti*) y el servicio desinteresado (*seva*). Aunque Prabhuji ya no acepta nuevos discípulos, continúa guiando al pequeño grupo de discípulos veteranos de la Orden Monástica contemplativa Ramakrishnananda que fundó.

Según Prabhuji, la búsqueda del Ser es individual, solitaria, personal, privada e íntima. No se trata de un esfuerzo colectivo que deba emprenderse a través de la religiosidad organizada, institucional o comunitaria. Desde el año 2011, Prabhuji ha discrepado de la espiritualidad practicada de manera social, comunal o colectiva. Por lo tanto, no hace proselitismo ni predica, ni intenta persuadir, convencer o hacer que alguien cambie su perspectiva, filosofía o religión. Su mensaje no promueve la espiritualidad colectiva, sino la búsqueda interior individual.

En el 2011, Prabhuji fundó el Avadhutashram (monasterio), en Catskills Mountains, en el norte de Nueva York, EE. UU. El Avadhutashram es su ermita, la residencia de los discípulos monásticos de la Orden Ramakrishnananda y la sede central de la Misión Prabhuji y la Academia de Yoga Retroprogresivo en la que Prabhuji, enseña personalmente su método de yoga a discípulos y estudiantes, sin apartarse de su vida eremítica. El *āśram* organiza proyectos humanitarios como el «Programa Prabhuji de Distribución de Alimentos» y el «Programa Prabhuji de Distribución de Juguetes». Prabhuji opera diferentes proyectos humanitarios inspirado en su experiencia de que servir la parte es servir al Todo.

Prabhuji ha delegado a sus discípulos la elección entre mantener sus enseñanzas exclusivamente dentro de la orden monástica o difundir su mensaje para el beneficio público. Ante la petición explícita de sus discípulos, Prabhuji ha accedido a que se publiquen sus libros y se difundan sus conferencias, siempre que ello no comprometa su privacidad y su vida eremítica.

En 2022, Prabhuji fundó el Instituto de Alineamiento Retroprogresivo en el cual sus discípulos más antiguos pueden compartir sistemáticamente sus enseñanzas y mensaje a través de video conferencias. El instituto ofrece apoyo y ayuda para una comprensión más profunda de las enseñanzas de Prabhuji.

Prabhuji es un respetado miembro de la American Philosophical Association, la American Association of Philosophy Teachers, la American Association of University Professors, la Southwestern Philosophical Society, la Authors Guild, la National Writers Union, PEN America, la International Writers Association, la National Association of Independent Writers and Editors, la National Writers Association, la Alliance Independent Authors y la Independent Book Publishers Association.

La vasta contribución literaria de Prabhuji incluye libros en español, inglés y hebreo como por ejemplo *Kuṇḍalinī-yoga: el poder está en ti*, *Lo que es, tal como es*, *Bhakti yoga: el sendero del amor*, *Tantra: liberación en el mundo*, *Experimentando con la Verdad*, *Advaita Vedānta: ser el Ser*, *Yoga: unión con la realidad*, comentarios sobre el *Īśāvāsya Upaniṣad* y el *Sūtra del Diamante*, *Soy el que Soy*, *El giro simbólico*, *Ser*, *Cuestionando tus respuestas: la filosofía como pregunta*, *Más allá de las respuestas: filosofía en la búsqueda eterna*, *Fenomenología de lo sagrado: Fundamentos para una Fenomenología Retroprogresiva*, *Descubriendo el Último Dios* y *La espiritualidad Mapuche*.

El término Prabhuji por
S. G. Swami Ramananda

Hace varios años, los discípulos, devotos y seguidores de Su Santidad Avadhūta Bhaktivedānta Yogācārya Śrī Ramakrishnananda Bābājī Mahārāja, hemos decidido referirnos a él como Prabhuji. En el presente artículo, deseo clarificar el profundo significado de este término sánscrito. La palabra *prabhu* en sánscrito significa 'un maestro, señor o rey' y en las escrituras, se refiere a Dios o al gurú.

Al igual que muchas palabras en el idioma sánscrito, este término tiene varios componentes y la comprensión de su etimología nos ayudará a descubrir sus diversos significados. La palabra *prabhu* es una combinación de la raíz *bhu* que significa 'llegar a ser, existir, ser, vivir' y el prefijo *pra* que es 'adelante o hacia adelante'; combinados sería 'quien hace existir, quien da la vida, de quien emana la vida, quien sostiene o mantiene'.

El prefijo *pra* también puede significar 'mucho o supremacía', y luego cuando se une a la raíz *bhu* significaría 'ser el amo, gobernar'. El sufijo *jī* es un título honorífico en hindi y en otros idiomas de la India. Se agrega después de los nombres de los dioses y de las personalidades estimadas para mostrar respeto y reverencia.

A lo largo de las escrituras védicas, se llama Prabhu ('maestro de la creación') a la divinidad, en sus varios nombres y manifestaciones. Grandes *ṛsis*, o 'videntes', y gurús también se llaman *prabhus* ya que son representantes de la divinidad. Por ejemplo, el sabio Nārada se refiere al *ṛsi* Vyasadeva como *prabhu*:

जिज्ञासितमधीतं च ब्रह्म यत्तत्सनातनम् ।
तथापि शोचस्यात्मानमकृतार्थ इव प्रभो ॥

jijñāsitam adhītaṁ ca
brahma yat tat sanātanam
tathāpi śocasy ātmānam
akṛtārtha iva prabho

Has delineado plenamente el tema del Brahman impersonal, así como los conocimientos derivados del mismo. ¿Por qué deberías estar triste, a pesar de todo esto, pensando que no has concluido, mi querido maestro (*prabhu*)?

(*Bhāgavata Purāṇa*, 1.5.4)

Mahārāja Parīkṣit se dirige a Śukadeva como *prabhu* cuando se le acerca al sabio para pedirle guía espiritual, y así aceptarlo como su gurú.

यच्छ्रोतव्यमथो जप्यं यत्कर्तव्यं नृभिः प्रभो ।
स्मर्तव्यं भजनीयं वा ब्रूहि यद्वा विपर्ययम् ॥

yac chrotavyam atho japyaṁ
yat kartavyaṁ nṛbhiḥ prabho
smartavyaṁ bhajanīyaṁ vā
brūhi yad vā viparyayam

¡Oh, Prabhu, por favor dime qué debe un hombre escuchar, cantar, recordar y adorar, y también lo que no debe hacer! Por favor, explíqueme todo esto.

(*Bhāgavata Purāṇa*, 1.19.38)

El término *avadhūta*

Esta cita es del libro *Sannyāsa Darśana* de Swami Niranjanānanda Sarasvatī, un discípulo de Paramahaṁsa Swami Satyānanda.

Etapas del *sannyāsāvadhūta*

«El *avadhūta* representa el pináculo de la evolución espiritual; ningún otro es superior a él. *Avadhūta* significa 'aquel que es inmortal' (*akṣara*) y que ha cortado totalmente los vínculos mundanos. Él es verdaderamente Brahman mismo. Ha realizado que es la inteligencia pura y está despreocupado de las seis flaquezas del nacimiento humano, a saber: tristeza, falsa ilusión, vejez, muerte, hambre y sed. Él se ha liberado de toda esclavitud del mundo experimental y anda libremente como un niño, un loco o alguien poseído por espíritus.

Él puede ir con o sin ropa. No usa ningún emblema distintivo de alguna orden. No tiene deseos de dormir, de mendigar o de bañarse. Ve su cuerpo como un cadáver y subsiste con los alimentos que recibe de cualquier clase social. No interpreta los *śāstras* o los Vedas. Para él, nada es justo o injusto, santo o profano.

Él está libre de karma. Los karmas de esta vida y sus vidas pasadas se han quemado, y debido a la ausencia de *kartṛtva* (el hacedor) y *bhoktṛtva* (el deseo de disfrute), no se crean karmas futuros. Solo los *prārabdha-karmas* (inalterables) que ya han empezado a operar afectarán su cuerpo, contribuyendo a mantenerlo, pero su mente no se verá afectada. Él vivirá en este mundo hasta que los *prārabdha-karmas* se extingan y luego su cuerpo caerá. A continuación, logrará *videhamukti* (estado de consciencia del cuerpo).

Tal alma liberada nunca vuelve al estado encarnado. No nace nuevamente; él es inmortal. Él ha alcanzado el objetivo final del nacimiento en este mundo».

El *Bṛhad-avadhūta Upaniṣad* dice así: «El *avadhūta* se llama así porque es inmortal; es el más grande; ha desechado las ataduras mundanas; y está aludido en el significado de la frase "Tú eres Eso"».

Su Divina Gracia Śrīla Bhakti Ballabh Tīrtha Mahārāja en su artículo titulado «*Pariṣads*: Śrīla Vamśi das Bābājī» escribió: «Él fue un Vaiṣṇava Paramahaṁsa que actuó en la forma de un *avadhūta*. La palabra *avadhūta* se refiere a quien ha sacudido de sí mismo todo sentimiento y obligación mundanos. Él no se preocupa por las convenciones sociales, en particular el *varṇāśrama-dharma*, es decir, que es bastante excéntrico en su comportamiento. Nityānanda Prabhu se caracteriza a menudo como un avadhūta».

Del prólogo del *Avadhūta-gītā* de Dattātreya, traducido y comentado por Swami Ashokananda: «El *Avadhūta-gītā* es un texto del *vedānta advaita* que representa el *advaita* extremo o no-dualismo. Se le atribuye a Dattātreya, que es visto como una encarnación de Dios. Por desgracia, no poseemos datos históricos sobre cuándo o dónde nació, cuánto tiempo vivió, o cómo llegó a los conocimientos descritos en el texto.

Avadhūta significa un alma liberada, alguien que 'ha superado' o 'ha sacudido' todos los apegos y preocupaciones mundanas y ha alcanzado un estado espiritual equivalente a la existencia de Dios. Aunque *avadhūta* implica naturalmente la renuncia, incluye un estado adicional y más elevado aún que no es ni apego ni desapego, sino que está más allá de ambos. Un *avadhūta* no siente la necesidad de observar las normas, ya sean seculares o religiosas. Él no busca nada ni evita nada. Él no tiene ni conocimiento ni ignorancia. Después de haber experimentado que él es el Ser infinito, él vive en esta realización vívida».

Swami Vivekānanda, uno de los mayores advaitins de todos los tiempos, a menudo cita de este *Gītā*. Una vez dijo: «Hombres como el que escribió esta canción mantienen la religión viva. Ellos han experimentado. No les importa nada, no sienten nada que se le hace al cuerpo; no les importa el calor, el frío, el peligro, o cualquier otra cosa. Se sientan quietos, gozando de la dicha del Ātman, y aunque brasas quemen su cuerpo, ellos no las sienten».

El *Avadhūta Upaniṣad* es el número 79 del canon *Muktikā* de los *upaniṣads*. Es un *Sannyāsa Upaniṣad* asociado con el Yajurveda Negro (Kṛṣṇa): «Aquel que ha superado el sistema *varṇāśrama* y se ha establecido siempre en sí mismo, ese yogui, quien está por encima de las divisiones del *varṇāśrama*, se denomina *avadhūta*». (*Avadhūta Upaniṣad*, 2).

El libro de *Brahma-nirvāṇa Tantra* describe cómo identificar los *avadhūtas* de las siguientes clases:

Bramhāvadhūta: Un *avadhūta* de nacimiento, que aparece en cualquier casta de la sociedad y es totalmente indiferente al mundo o las cosas del mundo.

Śaivāvadhūta: *Avadhūtas* que han tomado a la orden de vida renunciante o *sannyāsa*, a menudo con el pelo largo enmarañado (*jaṭa*), o que se visten a la manera de shaivitas y pasan casi todo su tiempo en trance *samādhi*, o meditación.

Virāvadhūta: Esta persona se parece a un *sadhū* que se ha puesto pasta de sándalo de color rojo en su cuerpo y se viste con ropa color azafrán. Su pelo es largo y vuelan con el viento. Llevan en su cuello una *rudrākṣa-mālā* o una cadena de huesos. Ellos tienen en la mano un palo de madera o *daṇḍa* y, además siempre tienen un hacha (*paraśu*) o un *ḍamaru* (tambor pequeño) con ellos.

Kulāvadhūta: Estas personas se supone que han tomado iniciación de la Kaul *Sampradāya*. Es muy difícil de reconocer a estas personas ya que no llevan ningún signo exterior que pueda identificarlos. La especialidad de estas personas es que se queden y viven como la gente normal. Pueden manifestarse en forma de reyes o de hombres de familia.

El *Nātha Sampradāya* es una forma de *Avadhūta-pantha* (secta). En este *Sampradāya*, el gurú y el yoga son de extrema importancia. Por lo tanto, el libro más importante en este *Sampradāya* es *Avadhūta-gītā*. Śrī Gorakṣanāth se considera la forma más elevada del estado de *avadhūta*.

La naturaleza del *avadhūta* es el tema del *Avadhūta-gītā*, atribuido tradicionalmente a Dattātreya.

Según Bipin Joshi, las principales características de un *avadhūta* son: «Aquel que es un filósofo inmaculado y se ha desprendido de los grilletes de la ignorancia (*ajñāna*). El que vive en el estado sin estado y disfruta de su experiencia todo el tiempo. Se deleita en este estado dichoso, imperturbado por el mundo material. En este estado único, el *avadhūta* no está ni despierto ni en sueño profundo, no hay ningún signo de vida ni de muerte. Es un estado que desafía toda descripción. Es el estado de la dicha infinita, que el lenguaje finito es incapaz de describir. Solo puede ser intuido por nuestro intelecto. Un estado que no es ni verdad ni no verdad, ni existencia ni no existencia. Aquel que ha realizado su identidad con lo imperecedero, que posee una excelencia incomparable; que se ha sacudido las ataduras del *saṁsāra* y nunca se desvía de su meta. Eso eres tú (*tat tvam asi*), y otras declaraciones upanishádicas, están siempre presentes en la mente de tal alma iluminada. Ese sabio que está arraigado en la experiencia plenaria de «Verdaderamente, yo soy Brahman (*ahaṁ Brahmāsmi*)», «Todo esto es Brahman (*sarvaṁ khalvidaṁ brahma*)», y que «...no hay pluralidad, Yo y Dios somos uno y lo mismo...», y demás. Apoyado en la experiencia personal de tales afirmaciones védicas, se mueve libremente en un estado de dicha total. Tal persona es un renunciante, un liberado, un *avadhūta*, un yogui, un *paramahamsa*, un *brāhmaṇa*».

De Wikipedia, la enciclopedia libre

Avadhūta es un término sánscrito usado en las religiones de la India para referirse a místicos o santos antinómicos, que están más allá de la consciencia egoica de la dualidad y las preocupaciones mundanas diarias y se comportan sin tener en cuenta el estándar de la etiqueta social. Tales personalidades «vagan libremente como niños sobre la faz de la Tierra». Un *avadhūta* no se identifica con su mente, cuerpo o 'los nombres y las formas' (en sánscrito: *nāma-rūpa*). Esta persona se considera de consciencia pura (en sánscrito: *caitanya*) en la forma humana.

Los *avadhūtas* desempeñan un papel importante en la historia, los orígenes y el rejuvenecimiento de una serie de tradiciones como los *paraṁparās* del yoga, *vedānta advaita*, budismo y bhakti incluso estando liberados de las observancias estándar. Los *avadhūtas* son la voz del *avadhūti*, el canal que resuelve la dicotomía del *Vāmācāra* y *Dakṣiṇācāra* o 'tradiciones de la mano izquierda y derecha'. Un *avadhūta* puede continuar practicando ritos religiosos o abandonarlos, ya que está exento de la observancia ritual y afiliación sectarias.

El diccionario sánscrito Monier Williams define el término *avadhūta* de la siguiente manera: «अवधूत / अव-धूत – aquel que se ha sacudido de los sentimientos y obligaciones mundanas».

De *El hinduismo, una guía alfabética* por Roshen Dalal

Avadhūta: Un término que denota un alma liberada, quien ha renunciado al mundo. Totalmente ajeno a todo lo que es, un *avadhūta* no sigue ninguna regla ni prácticas fijas y no tiene necesidad de seguir las normas convencionales. Hay varios textos que tratan acerca de la vida y la naturaleza de un *avadhūta*. En el *Avadhūta Upaniṣad*, el Ṛṣi Dattātreya describe la naturaleza del *avadhūta*: tal persona es inmortal, ha descartado todos los lazos terrenales, y está siempre colmada de dicha. Uno de sus versos declara: «Deja que el pensamiento contemple a Viṣṇu, o deja que se disuelva en la dicha de Brahma. Yo, el testigo, no hago nada ni soy la causa de nada». (V.28)

El *Turīyātīta Avadhūta Upaniṣad* incluye una descripción del *avadhūta* que ha alcanzado el estado de consciencia más allá del *turīya*. En este estado, la persona es pura, desapegada y totalmente libre. Un *avadhūta* que ha alcanzado este nivel, no repite mantras ni practica rituales, no lleva las marcas de la casta, y cesa todos los deberes religiosos y seculares. No se viste, y come cualquier cosa que encuentra. Él vaga solo, observando el silencio, y está totalmente absorto en la no-dualidad. El *Avadhūta-gītā* relata descripciones similares. El *Uddhava-gītā*, que forma parte del *Bhāgavata Purāṇa*, describe un *avadhūta* como aquel que aprendió todos los aspectos de la vida y para quien cualquier lugar en el mundo es su casa. El término *avadhūta* puede aplicarse a cualquier persona liberada, pero también se refiere específicamente a una secta *sannyāsa*.

Avadhūta Upaniṣad: *Avadhūta Upaniṣad* es un *upaniṣad* pequeño que se compone de alrededor de 32 mantras. Pertenece a la categoría de los *Sannyāsa Upaniṣads* y es parte del Kṛṣṇa Yajur Veda. El *Avadhūta*

Upaniṣad consiste en un diálogo entre Dattātreya y Ṛṣi Saṁkṛti.
Un día Ṛṣi Saṁkṛti le hace a Dattātreya las siguientes preguntas: «¿Quién es un *avadhūta*?; ¿Cuál es su estado?; ¿Cuáles son los signos del *avadhūta*?; ¿Cómo vive?». A continuación, las respuestas otorgadas por el compasivo Dattātreya:

¿Quién es un *avadhūta*?

Se lo denomina *avadhūta* porque ha superado toda decadencia; vive libremente según su voluntad, destruye la esclavitud de los deseos mundanos y su único objetivo es Ese eres tú (*tat tvam asi*).
El *avadhūta* va más allá de todas las castas (por ejemplo, *brāhmaṇa*, *vaiśya*, *kṣatrya* y *śūdra*) y *Āśramas* (como *brāmhacaryā*, *gṛhastha*, *vānaprastha* y *sannyāsa*). Él es el yogui más elevado que está establecido en el estado constante de autorrealización.

¿Cuál es su estado?

Un *avadhūta* siempre disfruta de la felicidad suprema. La dicha divina representa su cabeza; la felicidad, su ala derecha; el éxtasis, su ala izquierda; y la dicha es su naturaleza misma. La vida de un *avadhūta* se caracteriza por un extremo desapego.

¿Cuáles son los signos del *avadhūta*? ¿Cómo vive?

Un *avadhūta* vive según su propia voluntad. Puede llevar ropa o ir desnudo. No hay ninguna diferencia entre el dharma y el *adharma*, el sacrificio o la falta de sacrificio, porque él está más allá de estos aspectos. Lleva a cabo el sacrificio interior que forma su *aśvamedha-yajña*. Él es un gran yogui que no se ve afectado incluso cuando se ocupa de objetos mundanos y permanece en la pureza.

El océano recibe agua de todos los ríos, pero aun así no se ve afectado. Del mismo modo, un *avadhūta* no se ve afectado por los objetos mundanos. Él siempre está en paz y (como el océano) todos los deseos son absorbidos en esa paz suprema.

Para un *avadhūta*, no hay nacimiento ni muerte, esclavitud o liberación. Puede haber realizado distintas acciones para alcanzar la liberación, pero estas quedan en el pasado una vez que se hace *avadhūta*. Él está siempre satisfecho. La gente deambula con la intención de cumplir sus deseos, sin embargo, un *avadhūta* estando ya satisfecho, no corre tras ningún deseo. Otros realizan varios rituales por el bien del cielo, pero un *avadhūta* ya está establecido en el estado omnipresente y, por lo tanto, no necesita rituales.

Maestros cualificados invierten tiempo en enseñar las escrituras (los Vedas), pero un *avadhūta* va más allá de cualquiera de estas actividades porque él permanece sin acción. Él no tiene ningún deseo de dormir, de mendigar (*bhikṣa*), de bañarse o limpiarse.

Un *avadhūta* está siempre libre de dudas ya que vive en constante unión con la suprema realidad, por lo que ni siquiera necesita meditar. La meditación es para aquellos que aún no se han unido con Dios, pero un *avadhūta* está siempre en el estado de unión y, por lo tanto, no necesita la meditación.

Los que están detrás de los *karmas* (acciones) se llenan de *vāsanās*. Estas *vāsanās* los persiguen incluso cuando han acabado su *prārabdha-karma*. Los hombres ordinarios meditan porque desean cumplir con sus deseos. Sin embargo, un *avadhūta* siempre permanece a salvo de tal trampa. Su mente está más allá de destrucciones mentales y el *samādhi*, que ambos son posibles modificaciones mentales. El *avadhūta* ya es eterno y, por lo tanto, no queda nada que deba alcanzar.

Seguir las ocupaciones mundanas, es como disparar una flecha de un arco, es decir, que no puede parar de dar frutos buenos o malos que causan un ciclo de acción-reacción. Sin embargo, un *avadhūta* no es un hacedor a ningún nivel y no participa en ninguna acción.

Habiendo alcanzado una etapa de desapego, un *avadhūta* no se ve afectado, incluso si sigue una forma de vida según lo prescrito por las escrituras. Aun si se involucra en acciones tales como la adoración a Dios, el baño, la mendicidad, etc. permanece desapegado a ellos. Vive como un testigo y, por lo tanto, no realiza ninguna acción.

Un *avadhūta* puede ver claramente a Brahman delante de sus ojos. Está libre de la ignorancia o *māyā*. No le quedan acciones por ejecutar ni nada más que alcanzar. Él está totalmente satisfecho y no se lo puede comparar a nadie más.

नलिनी नालिनी नासे गन्धः सौरभ उच्यते ।
घ्राणोऽवधूतो मुख्यास्यं विपणो वाग्रसविद्रसः ॥

nalinī nālinī nāse
gandhaḥ saurabha ucyate
ghrāṇo 'vadhūto mukhyāsyaṁ
vipaṇo vāg rasavid rasaḥ

Debes saber que las puertas llamadas Nalinī y Nālinī son las fosas nasales, y la ciudad de Saurabha representa al aroma. El acompañante llamado *avadhūta* es el sentido del olfato. La puerta que recibe el nombre de Mukhyā es la boca, y Vipaṇa es la facultad del habla. Rasajña es el sentido del gusto.

(*Bhāgavata Purāṇa*, 4.29.11)

Significado de S.D.G. Bhaktivedanta Swami Prabhupada:

La palabra *avadhūta* significa «sumamente libre». La persona que ha alcanzado el estado de *avadhūta* ya no tiene que seguir ninguna regla, regulación o mandamiento. Ese estado de *avadhūta* es exactamente como el aire, que no tiene en cuenta ningún obstáculo. En el *Bhagavad-gītā* (6.34), se dice:

चञ्चलं हि मनः कृष्ण प्रमाथि बलवद्दृढम् ।
तस्याहं निग्रहं मन्ये वायोरिव सुदुष्करम् ॥

cañcalaṁ hi manaḥ kṛṣṇa
pramāthi balavad dṛḍham
tasyāhaṁ nigrahaṁ manye
vāyor iva suduṣkaram

La mente es inquieta, turbulenta, obstinada y muy fuerte, ¡Oh, Kṛṣṇa!, y pienso que someterla es más difícil que dominar el viento.

(*Bhagavad-gītā*, 6.34)

De la misma manera que nadie puede detener el aire o el viento, las dos fosas nasales, que están situadas en un mismo lugar, disfrutan del sentido del olfato sin impedimento alguno. Con la lengua, la boca saborea continuamente todo tipo de alimentos deliciosos.

अक्षरत्वाद्वरेण्यत्वाद्धूतसंसारबन्धनात् ।
तत्त्वमस्यर्थसिद्धत्वात् अवधूतोऽभिधीयते ॥

*akṣaratvād vareṇyatvād
dhūta-saṁsāra-bandhanāt
tat tvam asy-artha siddhatvāt
avadhūto 'bhidhīyate*

Dado que es inmutable (*akṣara*), el más excelente (*vareṇya*), puesto que él ha eliminado todos los apegos mundanos (*dhūta-saṁsāra-bandanāt*) y ha realizado el significado de *tat tvam asi* (Eso eres tú), se le llama *avadhūta*.

(*Kulārṇava Tantra*, 17.24)

De la Yogapedia

¿Qué significa *avadhūta*?

Avadhūta es un término sánscrito utilizado para referirse a una persona que ha alcanzado una etapa en su desarrollo espiritual en la que está más allá de las preocupaciones mundanas. Las personas que han alcanzado la etapa de *avadhūta* pueden actuar sin tener en cuenta la etiqueta social común o su propio ego. Este término se utiliza a menudo en los casos de místicos o santos.

Los practicantes avanzados de yoga pueden encontrar inspiración en la idea de alcanzar este estadio mediante una meditación y una práctica de *āsanas* más sostenidas.

Avadhūta se asocia a menudo con algún tipo de comportamiento excéntrico y espontáneo de una persona santa. Esto se debe en parte al hecho de que los místicos que han alcanzado este nivel de iluminación espiritual pueden renunciar a llevar ropa o a cualquier otro comportamiento social normal.

Sobre la Misión Prabhuji

La Misión Prabhuji es una organización religiosa, espiritual y benéfica hindú fundada por S.S. Avadhūta Bhaktivedānta Yogācārya Śrī Ramakrishnananda Bābājī Mahārāja. Su propósito es preservar el «Sendero de Alineamiento Retroprogresivo», que refleja la visión de Prabhuji del *sanātana-dharma* y aboga por el despertar global de la consciencia como solución radical a los problemas de la humanidad. Además de impartir enseñanzas religiosas y espirituales, la organización lleva a cabo una amplia labor benéfica en EE.UU., basada en los principios del karma-yoga, el trabajo desinteresado realizado con dedicación a Dios.

La Misión Prabhuji se estableció en el 2003 en EE. UU. como una iglesia hindú destinada a preservar la visión universal y pluralista del hinduismo de su fundador. La Misión Prabhuji opera un templo hindú llamado Śrī Śrī Bhagavān Yeshua Jagat Jananī Miriam Premānanda Mandir., el cual ofrece adoración y ceremonias religiosas a los feligreses. La extensa biblioteca del Instituto de Alineamiento Retroprogresivo proporciona a sus profesores abundante material de estudio para investigar las diversas teologías y filosofías exploradas por Prabhuji en sus libros y conferencias.

El monasterio Avadhutashram educa a los discípulos monásticos en varios aspectos del enfoque de Prabhuji sobre el hinduismo y les ofrece la oportunidad de expresar su devoción a Dios a través del servicio devocional contribuyendo desinteresadamente con sus habilidades y formación a los programas de la Misión. La Misión publica y distribuye los libros y conferencias de Prabhuji y lleva a cabo proyectos humanitarios como el «Programa Prabhuji de Distribución de Alimentos», un evento semanal en el que docenas de familias necesitadas del norte de Nueva York reciben alimentos frescos y nutritivos, y el «Programa Prabhuji de Distribución de Juguetes», que proporciona a los niños menos privilegiados abundantes regalos en Navidad.

Avadhutashram
Round Top, Nueva York, EE. UU.

Sobre el Avadhutashram

En el yoga tradicional, un *āśrama* es una ermita donde vive un maestro espiritual con sus discípulos. Desde los primeros tiempos de la civilización, los *āśramas* han existido en Oriente como centros de estudio y práctica espiritual bajo la guía de un maestro. La epopeya *Mahābhārata* describe a Śrī Kṛṣṇa, durante su juventud, viviendo en el *āśrama* de su maestro Sāndīpani Muni, quien le impartió enseñanzas y guía. El Rāmāyaṇa nos dice que el Señor Rāma y sus hermanos estudiaron del sabio Vaśiṣṭha en su *āśrama*, y Sītā vivió la última parte de su vida en reclusión en el *āśrama* del sabio Vālmīki.

El Avadhutashram (monasterio) fue fundado por Prabhuji en el año 2011. Es la sede central de la Misión Prabhuji y la ermita de S.S. Avadhūta Bhaktivedānta Yogācārya Śrī Ramakrishnananda Bābājī Mahārāja y sus discípulos monásticos de la Orden Monástica Contemplativa Ramakrishnananda.

Los ideales del Avadhutashram son el amor y el servicio desinteresado, basados en la visión universal de que Dios está en todo y en todos. Su misión es distribuir libros espirituales y organizar proyectos humanitarios como el «Programa Prabhuji de Distribución de Alimentos» y el «Programa Prabhuji de Distribución de Juguetes». El Avadhutashram no es comercial y funciona sin solicitar donaciones. Sus actividades están financiadas por Prabhuji's Gifts, una empresa sin ánimo de lucro fundada por Prabhuji, que vende productos esotéricos de diferentes tradiciones que él mismo ha utilizado en prácticas espirituales durante su proceso evolutivo con el propósito de preservar y difundir la artesanía tradicional religiosa, mística y ancestral.

El Sendero de Alineamiento Retroprogresivo

El Sendero de Alineamiento Retroprogresivo no requiere que formes parte de un grupo o seas miembro de una organización, institución, sociedad, congregación, club o comunidad exclusiva. Vivir en un templo, monasterio o *āśram* no es un requisito, porque no se trata de un cambio de residencia sino de consciencia. No te insta a creer, sino a dudar. No requiere que aceptes algo, sino que explores, investigues, examines, indagues y cuestiones todo. No propone ser como deberías ser, sino como eres realmente.

El Sendero de Alineamiento Retroprogresivo apoya la libertad de expresión, pero no el proselitismo. Esta ruta no promete respuestas a nuestras preguntas, pero nos induce a cuestionar nuestras respuestas. No nos promete ser lo que no somos ni lograr lo que no hemos alcanzado ya. Es un sendero retroevolutivo de autodescubrimiento que conduce desde lo que creemos ser a lo que somos en verdad. No es el único camino, ni el mejor, ni el más sencillo, ni el más directo, sino que es un proceso involutivo por excelencia que señala lo que es obvio e innegable pero que generalmente pasa desapercibido: lo sencillo, inocente y natural. Es un camino que comienza y termina en ti.

El Sendero de Alineamiento Retroprogresivo es una revelación continua que se amplía eternamente. Profundiza en la consciencia desde una perspectiva ontológica, transcendiendo toda religión y sendero espiritual. Es el descubrimiento de la diversidad como realidad única e inclusiva. Se trata del encuentro de la consciencia consigo misma, consciente de sí misma y de su propia realidad. En realidad, este sendero es una simple invitación a danzar en el ahora, a amar el momento presente y a celebrar nuestra autenticidad. Es una propuesta incondicional a dejar de vivir como víctimas de las circunstancias para hacerlo como apasionados aventureros. Es una llamada a volver al lugar que nunca hemos abandonado, sin ofrecernos nada que no poseamos, ni enseñarnos nada que no sepamos ya. Es un llamado a una revolución interna y a entrar en el fuego de la vida que solo consume sueños, ilusiones y fantasías, pero no toca lo que somos. No nos ayuda a alcanzar nuestro objetivo deseado, sino que nos prepara para el milagro inesperado.

Esta vía fue nutrida durante una vida dedicada a buscar la Verdad. Consiste en una agradecida ofrenda a la existencia por lo recibido. Pero recuerda, no me busques a mí, sino que búscate a ti. No es a mí a quien necesitas, porque eres tú lo único que realmente importa. Esta vida es solo un maravilloso paréntesis en la eternidad para conocer y amar. Lo que anhelas yace en ti, aquí y ahora, como lo que realmente eres.

Tu bienqueriente incondicional,
Prabhuji

Prabhuji hoy

Prabhuji está retirado de la vida pública

Prabhuji es el único discípulo de S.D.G. Avadhūta Śrī Brahmānanda Bābājī Mahārāja, quien es a su vez uno de los más cercanos e íntimos discípulos de S.D.G. Avadhūta Śrī Mastarāma Bābājī Mahārāja.

Guru Mahārāja guio a Prabhuji hasta otorgarle oficialmente los sacramentos de la sagrada orden de *avadhūtas*. Prabhuji fue designado como sucesor del linaje por su maestro, quien le confirió la responsabilidad de continuar la línea de sucesión discipular de *avadhūtas*, o el sagrado *paramparā*, designándolo oficialmente como gurú y ordenándole servir como sucesor Ācārya con el nombre S.S. Avadhūta Bhaktivedānta Yogācārya Śrī Ramakrishnananda Bābājī Mahārāja. Prabhuji es también discípulo de S.D.G. Bhakti-kavi Atulānanda Ācārya Mahārāja, quien es discípulo directo de S.D.G. A.C. Bhaktivedānta Swami Prabhupāda.

En el año 2011, con las bendiciones de su Gurudeva, adoptó el sendero del *bhajanānandī* recluido y se retiró de la sociedad a una vida eremítica contemplativa. Desde entonces, vive como un eremita religioso hindú cristiano-mariano independiente. Sus días transcurren en soledad, orando, escribiendo, pintando y meditando en silencio y contemplación. Ya no participa en *sat-saṅgs*, conferencias, encuentros, reuniones, retiros, seminarios, grupos de estudio o cursos. Les rogamos a todos respetar su privacidad y no tratar de contactarse con él por ningún medio para pedir encuentros, audiencias, entrevistas, bendiciones, *śaktipāta*, iniciaciones o visitas personales.

Las enseñanzas de Prabhuji

Como *avadhūta* y Maestro realizado, Prabhuji siempre ha apreciado la esencia y la sabiduría de una gran variedad de prácticas religiosas del mundo. No se considera miembro o representante de ninguna religión en particular. Aunque muchos lo ven como un ser iluminado, Prabhuji no tiene la intención de presentarse como una personalidad pública, predicador, difusor de creencias, promotor de filosofías, guía, *coach*, creador de contenido, persona influyente, preceptor, mentor, consejero, asesor, monitor, tutor, orientador, profesor, instructor, educador, iluminador, pedagogo, evangelista, rabino, *posek halajá*, sanador, terapeuta, satsanguista, apuntador, psíquico, líder, médium, salvador, gurú de la Nueva Era o autoridad de ninguna clase, ya sea espiritual o material. Según Prabhuji, la búsqueda del Ser es individual, solitaria, personal, privada e íntima. No se trata de un esfuerzo colectivo que deba emprenderse a través de la religiosidad organizada, institucional o comunitaria. Desde el año 2011, Prabhuji ha discrepado de la espiritualidad practicada de manera social, comunal o colectiva. Por lo tanto, no hace proselitismo ni predica, ni intenta persuadir, convencer o hacer que alguien cambie su perspectiva, filosofía o religión. Muchos pueden considerar sus reflexiones valiosas y aplicarlas de manera parcial o total a su propio desarrollo, pero las enseñanzas de Prabhuji no deben interpretarse como un consejo personal, dirección, asesoramiento, instrucción, guía, tutoría, métodos de autoayuda o técnicas para el desarrollo espiritual, físico, emocional o psicológico. Las enseñanzas propuestas no aspiran a ser soluciones definitivas a problemas espirituales, materiales, económicos, psicológicos, emocionales, románticos, familiares, sociales o corporales de la vida. Prabhuji no promete milagros, experiencias místicas, viajes astrales, sanaciones de ningún tipo, conectarse con espíritus, ángeles o extraterrestres, viajes astrales a otros planetas, poderes sobrenaturales o salvación espiritual.

Aunque el énfasis de Prabhuji no ha sido atraer seguidores, durante 15 años (1995-2010), consideró las solicitudes de algunas personas que se acercaron a él pidiendo ser discípulos monásticos. Aquellos que eligieron ver a Prabhuji como su maestro espiritual aceptaron voluntariamente votos de pobreza y dedican sus vidas a la práctica espiritual (*sādhanā*), la devoción religiosa (*bhakti*) y el servicio desinteresado (*seva*). Prabhuji ya no acepta nuevos discípulos, pero continúa guiando al pequeño grupo de discípulos veteranos de la Orden Monástica contemplativa que fundó llamada Ramakrishnananda.

El servicio y la glorificación del gurú son principios espirituales fundamentales en el hinduismo. La Misión Prabhuji, siendo una iglesia hindú tradicional, practica la milenaria tradición de *gurubhakti* de reverencia al maestro. Prabhuji ha delegado a sus discípulos la elección entre mantener sus enseñanzas exclusivamente dentro de la orden monástica o difundir su mensaje para el beneficio público. Ante la petición explícita de sus discípulos, Prabhuji ha accedido a que se publiquen sus libros y se difundan sus conferencias, siempre que ello no comprometa su privacidad y su vida eremítica. Algunos discípulos y amigos de la Misión Prabhuji, por iniciativa propia, contribuyen a preservar el legado de Prabhuji y sus enseñanzas interreligiosas para las generaciones futuras mediante la difusión de sus libros, videos de sus charlas internas y sitios web.

La vía sacra

En la sagrada travesía hacia la trascendencia, Prabhuji consolidó hace ya un tiempo su resolución de no disturbar a quienes no mostrasen interés por compartir su senda. Este acto no es meramente un desprendimiento, sino una elección deliberada para preservar la esencia de la ruta migratoria: un compromiso hacia la autenticidad y la profundización en la autoinvestigación. Tal decisión, lejos de ser un abandono, es un respetuoso reconocimiento de la autonomía individual hacia la divergencia de destinos y aspiraciones.

Servicios públicos

A pesar de que el monasterio no acepta nuevos residentes, voluntarios, donaciones, colaboraciones o patrocinios, el público está invitado a participar en los servicios religiosos diarios y los festivales devocionales del templo Śrī Śrī Bhagavān Yeshua Jagat Jananī Miriam Premānanda Mandir.devocionales del templo Śrī Śrī Bhagavān Yeshua Jagat Jananī Miriam Premānanda Mandir.

Libros por Prabhuji

Lo que es, tal como es: Satsangas con Prabhuji (Spanish)
ISBN-13: 978-1-945894-27-5

What is, as it is: Satsangs with Prabhuji (English)
ISBN-13: 978-1-945894-26-8

Russian:
ISBN-13: 978-1-945894-18-3

Kundalini yoga: El poder está en ti (Spanish)
ISBN-13: 978-1-945894-31-2

Kundalini yoga: The power is in you (English)
ISBN-13: 978-1-945894-30-5

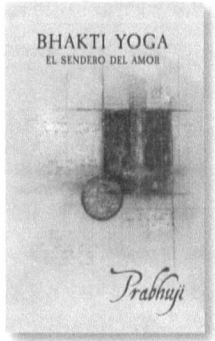

Bhakti-yoga: El sendero del amor (Spanish)
ISBN-13: 978-1-945894-29-9

Bhakti yoga: The path of love (English)
ISBN-13: 978-1-945894-28-2

Experimentando con la Verdad (Spanish)
ISBN-13: 978-1-945894-33-6

Experimenting with the Truth (English)
ISBN-13: 978-1-945894-32-9

Hebrew:
ISBN-13: 978-1-945894-93-0

Tantra: La liberación en el mundo (Spanish)
ISBN-13: 978-1-945894-37-4

Tantra: Liberation in the world (English)
ISBN-13: 978-1-945894-36-7

Advaita Vedānta: **Ser el Ser (Spanish)**
ISBN-13: 978-1-945894-35-0

Advaita Vedanta: Being the Self (English)
ISBN-13: 978-1-945894-34-3

**Más allá de las respuestas:
La filosofía en la búsqueda
eterna (Spanish)**
ISBN-13: 978-1-945894-88-6

**Beyond Answers: Philosophy
in the Eternal (English)**
ISBN-13: 978-1-945894-91-6

**Descubriendo al último Dios
(Spanish)**
ISBN-13: 978-1-945894-81-7

**Discovering the last God
(English)**
ISBN-13: 978-1-945894-75-6

**Cuestionando tus respuestas:
La filosofía como pregunta
(Spanish)**
ISBN-13: 978-1-945894-77-0

**Questioning your answers:
Philosophy as a question
(English)**
ISBN-13: 978-1-945894-80-0

Īśāvāsya Upaniṣad
comentado por Prabhuji
(Spanish)
ISBN-13: 978-1-945894-40-4

Īśāvāsya Upanishad
commented by Prabhuji
(English)
ISBN-13: 978-1-945894-38-1

El Sūtra del Diamante
comentado por Prabhuji
(Spanish)
ISBN-13: 978-1-945894-54-1

The Diamond Sūtra
commented by Prabhuji
(English)
ISBN-13: 978-1-945894-51-0

Soy el que soy
(Spanish)
ISBN-13: 978-1-945894-48-0

I am that I am
(English)
ISBN-13: 978-1-945894-45-9

Ser - Volumen I y II (Spanish)
ISBN-13: 978-1-945894-70-1
ISBN-13: 978-1-945894-94-7
Being - Volumen I and II (English)
ISBN-13: 978-1-945894-73-2
ISBN-13: 978-1-945894-74-9

El giro simbólico (Spanish)
ISBN-13: 978-1-945894-58-9

Symbolic turn (English)
ISBN-13: 978-1-945894-61-9

La fenomenología de lo sagrado (Spanish)
ISBN-13: 978-1-945894-64-0

Phenomenology of the sacred (English)
ISBN-13: 978-1-945894-67-1